经济宪法学的界面

赵世义 著

浙江大学出版社

·杭州·

图书在版编目(CIP)数据

经济宪法学的界面 / 赵世义著. --杭州：浙江大
学出版社，2022.11
ISBN 978-7-308-23235-7

Ⅰ.①经… Ⅱ.①赵… Ⅲ.①宪法－研究－中国
Ⅳ.①D921.04

中国版本图书馆 CIP 数据核字(2022)第 207296 号

经济宪法学的界面

赵世义　著

责任编辑	傅百荣
责任校对	梁　兵
封面设计	周　灵
出版发行	浙江大学出版社
	（杭州市天目山路 148 号　邮政编码 310007）
	（网址：http://www.zjupress.com）
排　版	杭州隆盛图文制作有限公司
印　刷	杭州宏雅印刷有限公司
开　本	710mm×1000mm　1/16
印　张	22
插　页	2
字　数	365 千
版 印 次	2022 年 11 月第 1 版　2022 年 11 月第 1 次印刷
书　号	ISBN 978-7-308-23235-7
定　价	88.00 元

赵老师在西安

赵老师在杭州西湖苏堤

赵老师游黄果树瀑布

赵老师在绍兴

赵老师与浙大同事夏立安教授在黄果树
瀑布赵老师在绍兴

赵老师和胡锦光教授合影

赵老师在家中和贾宇教授(中)、付子堂教授(右)合影

赵老师在家中和学生刘义合影

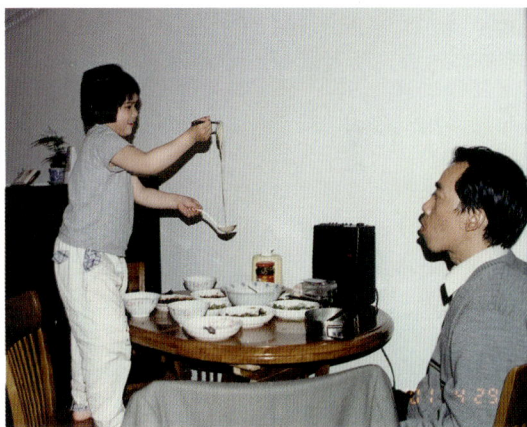

女儿眼中的爸爸的别一面

赵老师携女儿赵尔卓游绍兴墨华亭

赵老师携妻女游西湖

兄长赵世国在赵老师杭州家中

再版序言

自清末"预备立宪"以降,风云激荡的 20 世纪的重大主题就是探寻中国的独立发展之路。回望百年风雨历程,民族独立、国家富强与人民幸福一直是各界先贤和有识之士殚精竭虑的根本旨趣。杉原泰雄曾指出:"人类以国家为单位的各个历史阶段,每走过一个艰难困苦的里程,都要通过宪法来制定为克服困难所需要的新规则,以此来继续人类的发展;每经过一段苦难深重的生活,都要通过宪法来确定为消除苦难所需要的新的政治及社会的基本形态,从而进入新的历史阶段。"[①]我国现行宪法序言的叙述文脉,其实也昭示了这一点。宪法,不仅是民族苦难的集体记忆,也是面向美好未来的根本筹划。从这个意义上看,"建构国家而非解构国家",已成为我国 1954 年宪法和现行宪法的观念基因。

在这样的背景下,新中国宪法学长期以来比较注重从政治学的角度建构自身的理论体系,侧重国家制度层面的政治分析,致力于揭示宪法的政治属性。虽然这种研究取向可说是"作为政治的宪法"的题中应有之义,但是宪法的政治正当化功能毕竟并非单纯确证某些政治现实,而是还担负着"为政治权力设定界限"的规范使命。这基本上也是立宪法治国家的主流立场。党的十八大以来,我国全面推进依法治国战略和加强宪法实施,主流法政观念已更加强调"法治的精髓在于宪治",扎根中国本土大地的法治蓝图显然并未自外于这种世界潮流。而从作为社会科学的宪法学的视角来看,宪法与经济、文化、社会、伦理等的关系皆可以归入宪法学研究领域,我国传统的政治解说性宪法

---

① ［日］杉原泰雄:《宪法的历史:比较宪法学新论》,吕昶等译,社会科学文献出版社 2000 年版,第 2 页。

学的确具有显见的局限性。

先师赵世义教授的经济宪法学研究，大体属于"作为社会科学的宪法学"的一种理论尝试。在其博士学位论文基础上出版的专著（《资源配置与权利保障——公民权利的经济学研究》）的"自序"中，先生就明快地指出："当今时代是一个急剧变革的时代，变革时代面临着整体性、全局性的问题。……必须打破宪法学与其他人文社会科学间的固定疆界，把宪法现象置于社会的整体环境之中，研究它与政治、经济、社会、文化、伦理等各种现象的关系，形成政治宪法学、经济宪法学、宪法社会学、宪法文化学等边缘交叉学科组成的综合宪法学科群。其中，经济宪法学研究具有重大的理论价值与实践意义。"在本书中，赵世义教授把宪法学理论的完善与中国社会经济体制改革的实践有机结合起来，把公民权利保障的制度建设与资源配置手段的市场机制密切联合起来，"阐明了'市场经济是法治经济'这一牵涉经济增长和法治发展的命题的真谛"（许崇德 语）。

如果有人把这本书视为世纪之交的中国宪法学研究方法的更新方面的扛鼎之作和中国经济宪法学研究的正式奠基之作，恐怕并不为过。透过这本书的字里行间，我们依稀可以感受到一代青年学人拓展中国宪法学研究疆域、打通宪法学问与经济发展的互动界面的匠心独运。不过，波斯纳等人的经济分析法学、诺斯等人的制度经济学和布坎南等人的公共选择理论，都并非赵世义教授开拓的经济宪法学研究议程的唯一智识资源，书中不乏充满哲学与伦理意味的段落，读罢颇令人回味。这种多元知识背景与文风特色，在后续的研究成果中也有所展露。

比如，在关于制宪权的论文《代际冲突与宪政发展》之中，作者从考察解决代际冲突的两种模式（成文宪法与不成文宪法）入手，精辟总结其所对应的两种理论逻辑（理性论与经验论）与体制（人民主权与基本人权），内中留下了如下文字："在无限复杂的世界面前，我们的无知是无边无际的海洋，而我们的知识不过是无知大海中小小的孤岛，注定是有限的、残缺的，我们所能得知的最准确无误的知识就是我们的普遍无知。人类有限的理性能力，不可能做到事事深思熟虑，传统、习俗和惯例为我们对绝大多数事项的处理提供了便利指导。但传统或经验都不是什么神秘力量，而是前人运用自己的理性能力应付环境的压力和挑战时所形成的认知结构与行为结构。"捧读这样的段落，笔者曾数次为之叫绝。

众所周知,市场经济的两大法律基石就是契约自由和私有财产权。纵观国内相关文献,赵世义教授当属于"财产权的宪法保障"这一研究课题的早期开拓者之一。在《论财产权的宪法保障与制约》一文中,作者开宗明义地指出:"财产法律制度并不是一个单纯的民法问题,它首先是一个宪法问题。"站在这样的认识起点上,作者活用了其法经济学与法哲学知识背景,探讨宪法财产权的内涵与意义,继而揭示出普遍性(universality)、排他性(exclusivity)、资格的不可转让性(untransferability)等特征,最后提出保护宪法财产权的方法与路径。在《财产征用及其宪法约束》一文中,作者贯彻了宪法财产权的征用作为一种外在限制手段及其反限制的基本法理("限制的限制"),接着从征用的目的、补偿与正当程序等三个维度展开这一法理,为确立宪法学上的财产权认知体系乃至为我国宪法第十三条的后续修改,提供了一种相对完整的学理认识视角。

在供职于浙江大学公法与比较法研究所时发表的力作《宪法学的方法论基础》一文中,作者再度沿袭经济学与(宪)法学的交叉学科视野,但也融入了哲学、伦理学等学科的知识背景。该文立意高远,大开大合,依次阐释了三个论点,即资源的稀缺性、方法论的个体主义和有限理性主义。这是我国宪法学者首次公开表述基于学科立场的世界观、社会观和人性观,有很高的可读性和启发性。比如文中倡导"要把宪法的制度设计同资源的稀缺性联系起来……把资源配置的实质理解为权利配置","正因为人具有自利的天性,就需要宪法和法律制度确认和保障人权与公民权利","宪法学在高扬理性旗帜、追求真知的同时,必须承认人的无知和理性的缺陷,不能过高估计人的德性、智慧和能力",凡此皆为明证。

这样的思想与写作风格,在作者的《为私法正名》一文中体现得淋漓尽致。在该文中,作者对源于罗马法的公、私法划分进行详细梳理与考辨,所涉及的文献包括前注释法学派、法律实证主义、社会法学派和哈耶克的法律学说,论题时间跨度达千年之久。该文视野宏阔,精巧透辟,持论有据,有一气呵成之感,仅就文献的铺陈与梳理而言已有很高的学术价值,显示出成熟学者对文献的高超驾驭能力。不用多说,此文中依旧留下了许多闪烁着思想光芒的文字。兹截取其第四部分中的几个片段:"公共利益、普遍利益从来不能抽象地存在,总是寓于个人的特殊利益中,社会的公共利益就在于人类每个个体生命活力的充分展现、创造才能的全面发挥、正当利益的完全实现","法庭审判并不只是解决个别纠纷的一个戏剧性场面,原告起诉、被告应诉和法官裁判的过程,充分展现了法律成长的动力机制","无论职业法律家的法律还是代议机构的立法,都不能无中生有地创造新的规则,他们只能表述、阐释、澄清或修正既有的规则","法律乃是一门艺术、一种职业,把握这种艺术、操持这一职业,需要长期的经验"。

赵世义教授的《经济宪法学基本问题》一文,在宪法学界属于有相当辨识度的代表作,曾荣获浙江省哲学社会科学优秀成果类论文类一等奖。经多年积累,作者在此文中直击"基本问题",应属学术思想趋于成熟阶段的作品了。该文对于提升我国宪法学的理论宽度、协调经济增长与宪法发展有原创性贡献,彰显了一代宪法学人浓郁的学术热忱和鲜明的现实关怀。以今日眼光来看,此文具有重要学术价值的要点至少包括:(1)经济宪法的内涵有三个层次。一是经济宪法应体现市场经济的原理和规律,此为观念形态的经济宪法;二是经济宪法是调整个人与国家、国家机关与国家机关在经济活动中的关系的基本原则和根本法规范,这属于规范形态的经济宪法;三是个人和社会经济组织行使经济自由和经济权利,国家恪守宪法原则和规范行使经济权力、履行经济职责,形成资源配置市场化和权利(权力)配置法治化的宪治经济秩序,此为现实层面的经济宪法。(2)经济宪法学的理论体系包括经济宪法总论、经济权利论和经济权力论。总论部分以财产权为基石范畴,把公民与国家的关系理解为个人财产权与国家财政权的冲突,然后把这一冲突置于产权、人权与政权的关系中考察。经济宪法学的基本命题包含宪治经济原则、经济中立原则和从资源配置到权利配置。经济权利论部分,主要围绕经济自由和经济权利二元体系展开;经济权力论部分,以征税权为逻辑起点,以财政权为核心内容,建构以货币发行权为主要手段的国家经济权力体系。

纵观赵世义教授以上代表作,其学术思想的一个鲜明特色就是倡导学科之间的交叉贯通,注重宪法学理论创新与变革时期经济社会问题的深度契合。从这些文字中,我们还可以感知到一代宪法学人的那种不媚权、不媚俗的学者风骨,这大概就是古人推崇的"道德文章"的境界吧!然而,至今仍令人感喟的是,就在赵世义教授即将迎来另一波学术高产的时刻,他却永远地离开了我们。这对于当时的浙大公法与比较法研究所乃至我国宪法学界来说,都可以说是一个极大的损失!

赵世义教授去世之时,本人拜于门下才一月有余,不料竟成为先师的"关门弟子"。好在入门前的 2002 年暑假,先师在浙一医院病床上坚持指导我撰写了第一篇学术论文(《现行宪法文本的缺失言说》),其间的过程回想起来真是既羞愧又感恩。羞愧的是,专业阅读过于浅薄,行文表达总不能让老师满意;感恩的是,得蒙先师亲自手把手逐句指导完成初稿,羞愧之余便自觉有所进益。此文后经师兄刘连泰教授捉刀修订,才得以在《法制与社会发展》联合署名发表。

斯人虽逝,文字长存。2021 年 10 月 16 日举行的第十七届中国宪法学基本范畴与方法学术研讨会议上,中国法学会宪法学研究会原会长、中国人民大学法学院韩大元教授和北京大学国际法学院黄卉教授曾专门梳理并高度评价先师在经济宪法学研究领域的贡献,武汉大学法学院黄明涛教授亦就先师的经济宪法学及其治学心路历程进行纪念性发言,中国法学会宪法学研究会秘书长、北京大学法学院张翔教授建议组织关于先师经济宪法学的纪念活动。先师去世不久,广东财经大学法学院朱孔武教授和西南财经大学法学院吴越教授先后出版专著《财政立宪主义研究》《经济宪法学导论:转型中国经济权利与权力之博弈》。凡此等等,在很大程度上都可以视为先师学问在国内学界的回响。

怀特海在回顾欧洲 16 世纪科学状况时说:"这是一个翻腾酝酿的时代。当时各种新范畴和新观点被提出的固然不少,可是被确定下来的却无可称述。"①所幸的是,先师披荆斩棘的经济宪法研究领域已得到了很多学者的认同,目前经济宪法作为部门宪法的一个分支也已具备了一定的"确定性"。我国目前仍然处于全面深化改革时期,转型时期的宪法面临着如何有效统合社会这一更具有挑战性的问题。在加强宪法学中国自主性的当下,如何进一步彰显经济宪法学的本土化仍待深度耕耘。就此而言,期待国内学界在这一领域兴起更多的学术成果!

先师生前作品能够以《经济宪法学的界面》的面貌集结出版,全有赖浙江大学光华法学院张永华书记、常务副院长胡铭教授、副院长郑磊教授等学院领导鼎力支持,他们多次过问作品的策划、启动、选稿和内容编排、封面设计等方面进展,公法与比较法研究所执行所长冯洋副教授就先师文稿的汇集、联系浙江大学出版社等有关事项做了大量工作,公法与比较法研究所的其他老师也

---

① [英]A. N. 怀特海:《科学与近代世界》,何钦译,商务印书馆 1959 年版,第 1 页。

为先师作品集结出版给予了很多的支持与帮助,光华法学院在读博士生林栋、殷瑞洁、吕正义、王姿惠和硕士生云佳伦为文字校对付出了很多心血。感谢以上诸位师友、领导、学棣的辛苦付出!最后,先师作品出版已经获得梅艳师母的正式授权,感谢梅师母及其家人对此次出版工作的大力支持!

愿先师在"那个好得无比的地方"安息!在那里,"不再有死亡,也不再有悲哀、哭号、疼痛,因为以前的事都过去了"。愿先生的学问与风骨永存!

刘 义

2022 年 5 月 17 日

自　序

　　法学研究总是与现实问题的解决密切相关的,但它毕竟不是对策分析,往往不能当下给人的行为以明确的指示。其价值更多地表现为使问题成其为问题,也就是"使问题得以成立,使问题得以提出,迫使自己进入这一发问状态"①。学术创新离不开学者的问题意识,只有不断向世界提出新的追问,才能催生出新的方法、新的理论和新的学派。欧美学术界具有强烈的创新精神,用毕加索的话说,就是"讨厌模仿自己"。19世纪后期到20世纪前半叶,分析实证主义取代了自然法学派,20世纪80年代以前"新左派"流行,近来"后现代"方兴未艾,"新儒学"旋即登台。这种对创新的过分赏识与陶醉,加上对"亚洲奇迹'的想象,产生了用亚洲替代欧洲、东方中心替代西方中心的强烈冲动"。

　　"述而不作,信而好古",用考据、注释的方法来研究儒家经典,强烈反对标新立异,一向是中国的学术传统。这一传统中断以后,学术研究出现了明显的功利倾向。在理论与实践相结合的口号之下,学者争相为实践献策,理论创新甚至理论本身的价值受到怀疑。近年来,在西方法学思潮的巨大冲击和国内现代化建设的紧迫压力下,我国学术界也开始具有问题意识,关注理论创新的价值,其主旋律已经从理论怎样为实践服务转变到如何创新和发展自己的学术理论。在近来的法学界,"法治的本土资源"成为中国法学界最流行的语词之一。

　　从语词的意蕴来说,资源本是经济学术语,本土兼有地缘、文化蕴涵,法治自然属于法学概念,七字合成,全面涵盖法律、经济、文化与地理诸多学科领

---

①　[德]海德格尔:《形而上学导论》,商务印书馆1996年版,第1页。

域;从方法论来说,本土资源来自中国古代儒家经典与现今尚存的乡土民俗,研究方法则以当代西方经济学与后现代思潮为理论基础,可谓中西互补,珠联璧合,天衣无缝,非大方之家不能为也。从价值取向来说,本土资源直接导源于"新左派""后现代"和"新儒学"等当代西方思潮,同样把所谓"亚洲奇迹"作为亚洲代替欧洲、东方中心取代西方中心的佐证。亚洲金融风暴并不单纯是一个金融或经济问题,而是一个经济、法律与政治问题的并发症。没有完备的民主政治、良好的法治环境作支撑,经济就不可能持续发展,这是我们应当能够从中得到的深刻教训。

如果承认学术研究的价值在于使问题成为问题,那么"本土资源"涉及的就是一个不成问题的问题,或者说是虚构的问题、假问题。"法治的本土资源"一词在这种语境中是一个没有所指对象的空洞符号,因而缺乏外延。从学理上讲,经济学研究的是如何有效配置稀缺资源的问题,法学研究的是如何运用制度安排协调稀缺资源使用中的利益冲突问题。没有稀缺性,就没有人类文明,更用不着法律制度或法学理论。本土资源恰如阳光与空气一样取之不尽,用之不竭,并不"稀缺"。花费大量稀缺资源去研究丰富资源的有效利用问题,是很不"经济"的。西方法治经验与法学理论所以值得借鉴,就是因为我们原本没有这些东西,对我们来说,它们属于稀缺资源。正如在经济建设中不能因为美元是美国货币而拒绝利用一样,在法制建设上也不应当因为某种行之有效的制度设计起源于西方而予以排斥。从哲学方法论来说,本土资源论强调法律是地方知识,具有特殊性的一面,忽略乃至否定法律是时代知识,具有普适性的方面,这是一种时空分离的世界观。他们否定的只是近代西方法治理论,接受的则是现代西方对法治的批评。这对尚未完全进入实现法治时代的中国意味着什么,是值得深思的。

在本书付梓前夕,一位好心的朋友曾提醒我,法律的经济分析近来在美国受到批判,其研究价值正遭到怀疑。我认为:第一,在美国没有什么理论观点或学术派别是不受批判的,法律的经济分析如果被学术界"举手表决,一致通过",反倒成为一件怪事了。因为批评与怀疑恰恰是理论健康发展的条件,而非失败的标志。第二,法律的经济分析最初的轰动效应消失了,不过断言它的失败还为时过早。正如加里·贝克所说:一种新理论出现了,人们最初感到兴奋。它展示新的景象,并帮助我们解释许多现象。当然,后来这些观念被人们学习、吸收了,然后他们会问:"接下来你还能为我们做什么呢?"随着兴奋和新奇感的消失，人们期待的是进一步应用和更多地吸取其基本观念。① 不能认为引起轰动的理论就是真理，没有轰动效应的学说就是谬误，因为学术研究是理性的认识过程，评价学术不应像评论音乐会那样以观众的喝彩为标准。第三，西方市场经济和法治国家已经历数百年的自发调适，对法律进行经济分析的贡献主要在于法律技术方面。数十年来，经济分析法学的影响已深深嵌入美国法制和法学之中。而对中国来说，主动建立市场经济与法治国家并协调二者的关系，更应发挥理性的建构作用。而且，对法律进行经济分析在我国并无重大理论进展与实际影响。对宪法和法律进行经济研究，不仅可以完善法律技术和方法，更有助于法律价值的选择。第四，简单地重复经济分析法学观点或者批判法学对它的批判都不恰当，本书也不打算以经济分析法学为唯一的理论背景。

当今时代是个急剧变革的时代，变革时代面临着整体性、全局性的问题。我们的宪法学不应当是分析或者纯粹宪法，而应当是综合宪法学。必须打破宪法学与其他人文社会学科间的固定疆界，把宪法现象置于社会的整体环境之中，研究它与政治、经济、社会、文化、伦理等各种现象间的关系，形成政治宪法学、经济宪法学、宪法社会学、宪法文化学等边缘交叉学科组成的综合宪法学科群。其中，经济宪法学研究具有重大的理论价值与实践意义。这种研究与其说是要把宪法与经济简单地结合起来，还不如说首先是要把它们分离开来，无论法律制度设施还是政府机构，都不应当沦为"赚钱的工具"。因此，经济宪法学研究的基础应当建立在宪法的经济中立价值之上。从认识方法来说，只有首先将研究对象分离出来，然后才能将它与其他现象综合考察。从理论方面看，最深奥的学说往往来自最简单的事实，经济学善于从平淡无奇的常识问题开始，来揭示制约人类行为最微妙、最复杂的机制。经济宪法学可以把被传统法学复杂化了的问题重新还原为简单的经验事实，使制度安排与各人种利益之间的联系变得更加清晰可见，从而避免用神秘的本质代替具体分析，一个"阶级性打遍天下无敌手"的状况；从实践来说，经济宪法学把市场经济、市民社会与政治国家，产权、人权与政权，法制现代化、经济现代化与文化现代

---

① 《芝加哥大学法律评论》于 1997 年举行了法律经济学未来的圆桌讨论会（roundtable discussion），参加者包括加里·贝克、罗纳德·科斯、理查德·艾普斯坦、米尔顿·米勒、理查德·波斯纳。See Douglas G. "The future of Law and Economics: Looking Forward." The University of Chicago Law Review, V. 64, Fall 1997, No. 4.

化综合起来研究,为整个现代化建设提供理论指导。[①] 如果可以把对权利保障制度的经济研究看作整个宏大建筑的一块砖瓦的话,那么作者将非常乐意进行一次"抛砖引玉"的不等价交换,以期从学界师友与同仁的批评中获得更多的收益。

作 者

1998 年 7 月 17 日于西安南郊

[①] 经济宪法学不是政治学,"对于那些已定的规则内行事的政治行为是提不出什么政策建议……它的整个分析目的,在于对那些参与宪法变革讨论的人提供指导"。(詹姆斯·布坎南语,见《市场社会与公共秩序》,生活·读书·新知书店 1996 年版,第 334 页)

t 目录
con*t*ents

下编 赵世义学术论文选编

上 编
资源配置与权利保障
——公民权利的经济学研究

第一章　权利的经济分析及其方法

第一节　传统权利学说的局限

一、人权理论的困境

自近代宪法产生时起，人权理论就一直是公民权利宪法保障制度的理论基础。因而研究公民权利保障制度，就不能不考虑人权理论与人权问题。回顾西方人权问题的坎坷历程，总结西方人权理论的历史经验教训，是很有意义的。

古典人权学说隐含的缺陷

人权观念的最早萌芽，大致可以远溯到古希腊的自然法和自然权利思想。据考证，"人权"一词早在古希腊悲剧作家索福克勒斯（Sophocles）的作品中就出现了。近代意义上的人权概念则是由欧洲文艺复兴运动的先驱、意大利诗人但丁首先提出来的。到 17 世纪和 18 世纪，西方启蒙思想家洛克、卢梭等人以自然法学说和社会契约论为理论基础，提出并系统地阐述了天赋人权理论。他们认为，在国家出现以前，人类生活在自然状态中，人人享有生命、自由和财产等自然权利。由于自然权利受到侵犯，人们才相约建立国家以保护这些基本人权。因此，生命、自由、平等、安全和财产是人与生俱来的权利，不可转让、不可剥夺，国家的目的就是保护这些基本人权不受侵犯。天赋人权学说在吸引广大群众参与推翻专制统治、争取人权的资产阶级革命过程中发挥了极其重要的作用；革命胜利以后，资产阶级围绕基本人权目标，按照人民主权、三权分立和法治原则制定宪法并建立国家制度。可以说，天赋人权学说对于推动人权斗争的发展和建立公民基本权利的宪法保障制度作出了重要贡献,功不可没。

但是,天赋人权学说隐含着三个重大理论缺陷:一是它把人权建立在"自然状态"这一虚构的前提之下。绝大多数启蒙学者虽然并未断言历史地存在一个自然状态,却都将它作为一个假定前提,并从中推导出基本人权的结论。在启蒙学者的阵营中,如果说卢梭是人民主权学说的捍卫者,那么洛克就可以称得上是天赋人权的奠基人,他似乎混淆了人权的逻辑前提与历史前提,认为历史上存在一个真正的自然状态,从而暴露出天赋人权理论的前提是脆弱的。二是天赋人权学说认定人权是与生俱来、不证自明的。如洛克曾说:"人类天生都是自由、平等和独立的。"卢梭宣称:"每个人都生而自由、平等。"北美《独立宣言》更加明确地断言,人人生而平等,都从他们的造物主那里被赋予了生命、自由和追求幸福的权利等信念是"不言而喻的真理"。三是作为天赋人权学说理论依据的自然法学派虽然正确地强调了秩序、正义以及民主、法治、人权等宪法的基本价值,但却未能联系社会经济发展的具体过程来说明宪法的社会经济功能,从而把法律价值抽象化,也缺乏应有的说服力。总之,天赋人权学说回答不了人何以享有人权这一重大理论问题,找不到人权产生和存在的历史的和现实的根据,只好求助于自然状态的假定,宣布人权是不证自明的、不言而喻的。因此,古典人权理论之所以产生过巨大的影响,主要是因为它适应可反抗专制统治的需要并具有强烈的道德感染力,而不在于其理论上的说服力。随着时间的推移,反对封建专制的任务基本完成,天赋人权理论的道德感召力逐渐丧失,其理论上的缺陷也日益暴露出来。

古典人权学说的这些根本缺陷,到19世纪以后就逐渐成为实证主义思潮否定人权理论、抛弃人权口号的口实,致使人权理论不断走向低沉和衰落,遭到公开批判和蔑视。从奥斯丁(John Austin,1790—1859)的古典分析法学和边沁(Jeremy Bentham,1748—1832)的功利主义法学到黑格尔的哲理法学,嘲笑、否定人权观念渐成时尚。狄骥(Léon Duguit,1859—1928)宣称:"必须彻底从法学中排除法的实质、权利主体、主观权利的形而上学观念……并为同一集团的人规定某种积极和消极的义务"[1],黑格尔(Georg W. F. Hegel,1770—1831)更是给了自然法学派和社会契约论致命的一击。[2] 以致19世纪

---

① [法]莱翁·狄骥:《宪法论》第1卷,商务印书馆1959年版,第7-8页。
② 参见[德]黑格尔:《法哲学原理》,商务印书馆1961年版,第253-255页。

中期以后,自然法学说连同古典人权理论在西方学术界已近乎绝迹。在实践中,人权和公民权利也经历了殖民掠夺、种族歧视和两次世界大战等严峻的考验,甚至受到公开的践踏。第二次世界大战结束以后,人们才逐渐从血的教训中清醒过来,开始重新认识自然法学派的功过,重新估价基本人权的价值,从而在当代把人权理论再一次推向高潮。但是,当代人权理论并没有从根本上摆脱古典人权理论的困境,同时又无力应付新的矛盾,依然存在着严重的弊端。

当代人权理论的困境

当代西方人权理论虽然派别林立,代表人物众多,相互间在理论观点方面也有很大差别,但在基本立场、观点上则有很多共同点,因而它们面临的困境也是共同的。

第一,当代人权理论依然未能为人权提供充分的理由,说明不了人权产生和存在的原因,难以摆脱怀疑论和否定论的困扰。当代人权理论已不再断言权利可以不证自明,而是力图为人权的存在寻找理论支持,但这种努力显然是不成功的。

实证论者倾向于用人的利益或需要来证明人权。乔尔·芬伯格(Joel Feinberg)认定,人们"能有权利的事物恰恰是他们有(或能有)利益的事物"。苏珊·奥金(Susan Moller Okin)认为,从人对基本的自然物品、肉体安全以及受到尊重的三种需要中可以推导出三种基本人权。但是,无论人的利益还是需要,都只能从主观上说明人权存在的必要性,而不能证明人权存在的客观可能性。新托马斯主义法学派的代表人物马里旦(Jacques Maritain,1882—1973)复兴自然法的学说,用自然法来证明人的尊严,进而用人的尊严来说明人权。他说:"人的尊严?如果这一讲法不是指由于自然法,人有权受到尊重,是权利主体,拥有权利,就没有什么意义。"[①]问题是,说人有尊严与说人有权利两者之间没有实质性的差别,用人的尊严与价值来证明人权多少有点同义语反复。至于作为两者共同前提的自然法根源于上帝的神学观念,则更难以得到验证。美国哲学家格维尔茨(A. Gewirth)认为,人的理性使其行为对他自身来说是有价值的,因而人本身也就获得了价值和尊严,进而可以成为享有人权的主体,他把尊严与价值看作是理性人的自我肯定,无疑是可取的。不

---

① 沈宗灵等主编:《西方人权学说》下册,四川人民出版社1994年版,第121-122页。

过，离开人与人的社会关系，单纯的自我肯定是不可能产生人权的。

正是在人权理论不能为人权的存在提供充分理由的情况下，怀疑和否定人权的思潮至今仍不失其市场。罗伯特·杨（Robert Young）说："我看不出为什么一个没有道德权利的世界会是一个有道德缺陷的世界……诉诸人的权利可以获得某些策略上的便利，但不等于说这样做比仅仅依靠道德原则作出的判断更富有道德意义。"英美著名伦理学家麦金太尔（Alasdair Chalmers MacIntyre）更加露骨地说："自然的或人的权利不过是一种虚构""断言无这种权利存在的最好理由，与断言不存在魔力和独角兽时所拥有的最好理由完全是同一类型的：试图为相信存在有这种权利而提供充分理由的所有努力都失败了。"①在这些怀疑和否定人权的论调面前，当代人权理论已难以招架，无力捍卫自己的阵地。

第二，当代人权理论无力协调现实生活中错综复杂的矛盾和冲突，陷于无谓的争论。古典人权学说面对的是统治者与被统治者之间的矛盾，它以界定公民权利和国家权力的方案予以解决，这至少在当时还是成功的。而当代人权理论面临的矛盾、冲突更加复杂多样，主要表现为三个方面。

一是各个国家、民族、阶级、派别与集团的局部利益与人类共同利益的矛盾。世界历史从分散走向整体，使人类的共同利益日益明显地显现出来。著名比较法学家勒内·达维德（René David）指出："国家间的相互依存和全人类的休戚与共是当今世界有目共睹、无可否认的事实。世界已经成为一个整体。"②人类的共同利益正越来越受到国际社会的关注，《联合国宪章》序言已经明确地把国际人权保障置于人类共同利益的基础之上。③但是，处于相同发展阶段、面临不同境况的各个国家、民族、阶级和集团，特别是各国的统治集团又都具有各自的特殊利益。如何协调人类社会局部利益与人类共同利益的关系，至今仍是一个没有得到很好解决的问题。当代人权理论对于这一问题的答案，并没有真正的建树和贡献。

二是发达国家与第三世界国家之间的冲突。发达国家要维护经济上、政治上的既得利益和霸权地位，力主人权的普遍性，以保护国际人权为理由指责

---

①　[美]A.麦金太尔：《德行之后》，龚群等译，中国社会科学出版社1995年版，第89页。

②　[法]勒内·达维德：《当代主要法律体系》，上海译文出版社1984年版，第5页。

③　《联合国宪章》序言指出："欲免后世再遭今代人类两度身历惨不堪言之战祸，重申基本人权，人格尊严与价值，以及男女大小各国平等之信念。"

或制裁某些第三世界国家。经济、社会都比较落后的第三世界国家为谋求自身利益与发展的条件,则竭力主张人权的特殊性。双方虽然都诉诸人权,但由于受各自特殊利益所限,这两种人权要求之间难以展开有效的对话与沟通。这就造成了很多根深蒂固的观念分歧,并由此进一步加深了现实生活中的利益冲突。当代人权理论花费了很多笔墨进行意识形态论战,却无力协调实际利益的冲突并促成两个世界之间的对话。

三是在各国国内,私权与公权的矛盾仍然是人类利益冲突的基本方面,人权理论面对的基本矛盾依然是公民权利与国家权力的冲突。只是在当代世界一体化的大趋势下,私权与公权这一国内范围的矛盾与前述两种国际范围的冲突形成相互掣肘、内外交错的格局,使得情况更加复杂化。当代人权理论把注意力过多地倾注在国际人权领域,不仅无益于国内基本人权问题的解决,反而沦为各国统治集团推行其政治主张的工具,具有浓厚的意识形态色彩。这也正是人权理论争执不休的主要原因。

第三,理论视野的狭隘性和研究方法的单一性,使当代人权理论不仅难以突破古典人权学说的窠臼,而且在某些方面还出现倒退。人权问题广泛涉及哲学、伦理、宗教、文艺、政治、法律、社会、经济诸多领域,需要各门不同学科将不同的视角和多种研究方法结合起来进行考察。但是到目前为止,人权理论研究基本上是被封闭在哲学、伦理学、政治学或法学等学科内部进行的,各学科间缺乏应有的交叉和渗透,经济学、社会学等实证科学则极少涉足人权这一是非之地。不少西方人权哲学家同时兼具神学家的身份,他们从上帝那里为人权寻找根据,用神学语言替人权作注解,新托马斯主义的自然法学说已经成为当代西方人权理论的主流学派。与古典人权理论以人对抗神,用人权反抗神权的精神相对照,当代人权理论同宗教神学言归于好是颇有讽刺意味的,它反映了当代人权理论走向颓废的迹象。

总之,在人类社会错综复杂的现实矛盾面前,当代人权理论由于未能充分说明人权的社会经济功能而显得软弱无力。它既不能为国际人权保护提供可靠的理论依据,也没有为国内人权和公民权利的保障找到切合当代形势的制度方案。但是,说当代人权理论失败指的是其功能分析方面的失败,它在价值分析上却仍然是有所贡献的。我们不应走得更远,以致全面否定当代人权理论甚至否定人权本身。平等、自由和人权是在血与火的洗礼中诞生和成长起来的,任何时候,人类都可能因为忽视它们而重新付出沉重的代价。从根本上说,公民权利宪法保障制度的建立是以普遍承认和尊重人权为前提的,而人权和公民权利的根源不在于国家意志之中,只能从社会经济生活中求得理解。

二、权利的法学理论

权利现象复杂多样,有关权利的学说也异彩纷呈。不同时代、不同民族有着不同的权利观念,不同的学者对权利有不同的诠释。要从中找到一个简单明了而又不引起争议的完整的权利定义,几乎是不可能的。但从总体上说,法学家们的权利学说在一个社会中往往占据着十分重要的地位,而且构成公民权利宪法保障制度的理论基础。因此,回顾法学家的权利学说,并分析其成败得失就很有必要。

从词源上考察,古代汉语中很早就出现了"权利"一词。不过,它最初的含义是权势和利益,属于贬义词,与近现代意义上的法定权利或者道德权利相去甚远。《盐铁论·杂论篇》中的"或尚仁义,或务权利",都不是人们今天所理解的那种得到道德认可或法律保障的权利,且含有强烈的道德谴责意味。另外,在先秦时期,中国人已经明显具有了权利的观念。《尹文子·大道上》有"名定则物不竞,分明则私不行"的议论,所谓定名、分明都与应得或应予的权利义务观念密切关联。不过在那时,由于没有明确的权利概念,先秦诸子的权利观一般都内含于正义概念之中。正就是不偏不倚,义就是"各得其宜"①。这时的正义观通常都是轻视利益的,墨子则力求把正义与利益结合起来,认定"利,义也"②。这种义利结合的正义观已经比较接近近代权利概念了。但是,自秦汉以降,中国人的正义观念发生了重大转折,一是专制主义的大一统思想强调整齐划一,把一统天下的正统视为正义与合理性的根据。对于"正",《说文解字》的注解是"正,是也,从止,一以止。凡正之属皆从止"。二是义的内容也越来越脱离现实的人际关系和物质生活,逐渐变成了个人心性修养的一种境界。《说文解字》称"義,己之威仪也,从我,从羊"③。郑玄和段玉裁的注疏均谓义与善、美含义相同,段注曰:"威仪出于己,故从我……从羊者,与善美同意。"三是正义观不断远离社会生活,排斥物质利益,形成重义轻利、舍利取义的文化价值观念。这种氛围漠视个人的物质利益,压制权利要求,无论观念形态的权

---

① 《荀子·强国》注。
② 《墨子·经上》。
③ 许慎:《说文解字》,中华书局 1968 年版,第 39、267 页。

利还是制度形态的权利都难以从中孕育成长。

在作为近代权利学说发源地的西方世界，正如英美伦理学家麦金太尔所说的那样："在中世纪临近结束之前的任何古代或中世纪语言中，都没有可以恰当地译作我们所说的'一种权利'的表达，也就是说，1400年以前在古代的或中世纪的希伯来语、希腊语、拉丁语和阿拉伯语中，没有任何说法可以用来表达这一概念，更不用说古英语了。在日语中，甚至到了19世纪中叶仍然是这种情况。"①不少西方学者的考证也与此说相吻合，虽然不能据此否定权利的存在，但早期社会没有明确的权利概念，也不可能有受到确切保护的权利，则是可以肯定的。权利观念和权利现象在西方的出现比权利概念要早得多，与我国古代的情形大致相同，西方的权利观念在早期也是从正义概念中衍生出来的。在拉丁语中，"jus"是个多义词，其基本含义是指正义，作为"法律"和"权利"的含义从作为正义的jus中分离出来是从16世纪开始的，古希腊人和古罗马人都没有专门用来指代"权利"的词汇。古希腊先哲们并不热衷于讨论权利问题，他们谈论的主要是正义问题。古希腊人虽然还没有明确的权利概念，但也不是没有任何权利观念的。苏格拉底（Socrates）临死前对他的门徒克立同说，我欠阿斯克勒庇乌斯一只鸡，你会记得还吗？这说明当时已经有了比较清晰的债权债务观念。在古罗马，法学家们把正义观念与实在法结合起来，因而出现了权利概念的最初萌芽。他们认为"正义是给每个人他应得的部分的这种坚定而恒久的愿望。""法律的基本原则是……给予每个人他应得的部分。"②这种以正义观念为基础，并得到实在法支持的"应得"与"应予"，正是法律上权利和义务概念的雏形。到中世纪末期，托马斯·阿奎那（Thomas Aquinas，1226—1274）继承并发展了古罗马的正义权利观，认为权利就是正当的要求，从而首次明确了权利概念。后来，在英语、德语、法语、俄语等语言文字中，都是用同一个词来表达权利，表达抽象的法和正义等相关概念的。

可见，在古代和中世纪，无论我国还是欧洲，权利观念都是与正义观念紧密联系，不可分割的。人们早已明确地认识到，凡属权利皆为正当、合法，所谓"正当权利"或"合法权利"的说法不过是同义反复。但是，古代和中世纪的权利观也存在一个重大缺陷就是极少注意利益因素的作用。

到了17、18世纪，欧洲的启蒙思想家们运用自然法的理论来论证自然权

---

① ［美］A.麦金泰尔：《德性之后》，龚群等译，中国社会科学出版社1995年版，第89页。
② ［古罗马］查斯丁尼：《法学总论》，商务印书馆1989年版，第5页。

利,提出了系统的天赋人权学说。启蒙学说继续坚持权利的伦理价值,认为符合自然法的要求就是正当的要求,正当的要求即构成人的自然权利,它高于任何实在法上的权利。因此法定权利必须符合自然法的正义理念,反映人的自然权利要求。这种权利正义论实际上是古代和中世纪权利的正义观的系统化和理论化,对于推动近代人权斗争发挥了重大影响。启蒙学说的另一倾向就是认定权利即自由,这是由洛克最先倡导的自由主义权利观,认为法律上的权利乃是对自由的保障。自由主义权利观包括以德国古典哲学大师康德(Immanuel Kant,1724—1804)为代表的理性自由权利观和以黑格尔为代表的意志自由权利观。康德提出:"启蒙运动除了自由而外并不需要任何别的东西,而且还确乎是一切可以称之为自由的东西之中最无害的东西,那就是在一切事情上都有公开运用自己理性的自由。"[①]"权利就是按照普遍的自由法则,任何人的自愿行为与他人的自愿行为相协调的全部条件。"[②]黑格尔的法哲学,实际上应当是权利学,它揭示了权利与自由意志的关系,认为抽象的法即是人人享有普遍权利,权利根源于自由意志,自由乃是意志的内在规定性。他说:"法(即权利——引者注)的基地一般说来是精神的东西,它的确定的地位和出发点是意志。意志是自由的。所以自由就构成法(权利)的实体和规定性。"[③]

从分析法学派开始,法学家们的注意力逐渐转向权利的利益因素。分析法学派的创始人奥斯丁认为,权利是由法律规定的其他人的义务来保证的,因而可以说是一种权力。同时,他已经注意到权利所具有的利益特质。18世纪的功利主义法学家边沁对权利中的利益内容也做过一些讨论。德国法学家鲁道夫·冯·耶林(Rudolf von Jhering,1818—1892)明确地引入利益概念来分析权利,使人们普遍注意到权利背后的利益因素,从而改变了整个西方权利学说的面貌。耶林指出,权利就是得到法律保护的利益,并非所有的利益都是权利,只有那些受到法律保护的利益才是权利。自耶林以后,法律实证主义和社会法学派都很重视对权利与利益之间关系的讨论,这使得利益学说在权利理论中成为最有影响的学说之一。实证主义法学思潮关注的问题比较分散,对利益的研究缺乏系统性,对权利学说的影响就不及社会法学派。社会法学派

---

① [德]康德:《历史理性批判文集》,商务印书馆1990年版,第24页。

② Kant,The Philosophy of Law(Edinburgh:T. & T. Clark,1987)P27.

③ [德]黑格尔:《法哲学原理》,商务印书馆1961年版,第10页。

的代表庞德(Roscoe Pound,1870—1964)指出"利益是各个人所提出来的……这样一些要求,愿望或需要,即如果要维护并促进文明,法律一定要为这些要求、愿望和需要作出某种规定"①。他把利益划分为个人利益、公共利益和社会利益,并对每种利益详细区分不同情况予以研究。庞德肯定个人利益,同时又特别强调社会利益。他还著有《社会利益概论》(*A Survey of Social Interests*)一书,专门研究社会利益问题。他的利益概念指的是人的需要和欲望,是完全主观的,对利益的研究虽然广泛而细致,并提到了物质利益和经济生活,却未能就此深入下去以探寻权利的经济渊源。

自近代以来,关于权利的学说经历了一个从正义、自由到利益的演变过程。启蒙思想家们揭示了权利的正义价值与实质内容而忽略了它的社会经济属性与功能。法律实证主义思潮虽然注意到权利的社会功能分析,但并未注意权利的经济功能,而且它从根本上否定法和权利的伦理价值则更是为害深远的。

三、我国宪法学的权利观

在我国,人权理论一向比较薄弱,公民权利问题属于宪法学的研究范围。由于宪法学理论在整个法学理论中处于相对落后的状况,从而极大地制约了公民权利研究的广度和深度。因而探讨我国公民权利的理论,就有必要把它与整个宪法学理论体系的状况联系起来分析。对于我国宪法学理论体系的缺陷,近年来已有学者做过剖析,并进行了重构宪法学理论体系的初步尝试②。笔者以为,我国现有宪法学理论的根本缺陷,主要在于以下两个方面。

第一,从理论与实践的关系看,现有宪法学严重落后于实践。虽然学术理论不是、也不可能是现实功利的婢女,但是理论的价值不仅在于它对人类终极关怀的思考,而且也表现在它对特定时空条件下的人们的当下关怀的探究,真正具有理论价值或永久价值的理论是那些同时具有实践价值和时代价值的学说。以此为标准来判断,的确不应对现有宪法学理论估计过高。

自 20 世纪 70 年代末以来,中国国家和社会的中心任务已经逐步转移到了经济建设方面,阶级关系不再是主要的社会关系,阶级斗争也已不是解决问题的主要方法。经济关系成为最基本的社会关系,人们之间的矛盾主要是社

---

① [美]庞德:《通过法律的社会控制》,商务印书馆 1984 年版,第 37 页。
② 参见童之伟:《宪法学研究方法之改造》,《法学》1994 年第 9 期;《用社会权利分析方法重构宪法学体系》,《法学研究》1994 年第 5 期。

会经济过程中发生的物质利益冲突。市场竞争就像一场比赛,比赛不能没有规则,市场竞争与公平的竞赛一样,是在宪法和法律确定的制度框架与规则的约束下进行的。自 80 年代起,我国制宪与修宪工作基本上是围绕建立市场导向的经济体制结构与竞争性经济关系的规则进行的。1982 年,现行宪法颁布时即已宣告"国家的根本任务是集中力量进行社会主义现代化建设"。此后开展了两次修宪工作,都是以经济建设为中心,目的是解决经济体制改革过程中的问题。1988 年修宪将私营经济合法化和土地使用权买卖合法化,从经济主体和经济行为两方面扩展了社会经济活动的法律空间。1993 年更大幅度的修宪工作不仅承认了市场经济体制在根本法中的地位,为建立市场经济体制提供了宪法依据,而且界定了国家在市场经济体制条件下的新的地位和作用。我国宪法的这种转变与世界宪法发展的总趋势恰好相映成趣。从世界范围来看,自 1919 年德国魏玛宪法率先确立社会经济生活规范以来,政治宪法向经济宪法的转变就已经成为宪法发展的大趋势,当今亚洲的立宪则表现出更加明显的经济宪法倾向。

国际国内宪法的社会化和经济化趋势,对于以阶级分析为己任的我国现有宪法学理论体系无疑是一个严峻的挑战和巨大的冲击。不少学者已经正确认识到,"阶级分析不是唯一的方法,也不是一切问题都是阶级分析方法能解决的"[①]。确切地说,当今中国社会的关键是经济发展,绝大多数问题都是阶级分析方法所不能解决的。但是,我国宪法学理论仍以阶级学说为理论基础,以阶级分析方法为观察、分析和解决宪法问题的基本方法。本来,阶级的存在以及阶级间的利益冲突都是客观的现象,作为社会科学的宪法学承认并研究它是必要的、正常的。但是把阶级分析推向极端,以至机械照搬马克思、恩格斯的片言只语对不同的学术观点无限上纲,排斥任何理论创新和方法改进,则是极为有害的。正是这种貌似革命的"左"的束缚,使我国宪法学理论严重脱离了经济建设与法制建设实践,难以发挥应有的作用,逐渐沦为无用之学。如果不理解宪法的价值、不充分发挥宪法的功能,而是一味地重复揭露宪法的所谓"本质",宪法学的理论源泉必将最终枯竭。

我国现有宪法学理论抓不住经济建设这一时代的主旋律,而在阶级斗争这个相对说来已经变得次要的问题上纠缠不休,以至大题小做而小题大做,理

[①]　魏定仁主编:《宪法学》,北京大学出版社 1989 年版,第 9 页。

论严重脱离实践。宪法是一定经济基础的上层建筑,具有特定的经济功能,可以促进或阻碍经济的发展,阶级关系不过是经济关系的特殊表现,这是历史唯物主义的简单常识。邓小平同志也反复强调,"中国要警惕右,但主要是防止'左'"。不要拿大帽子吓唬人,必须解放思想,加快发展,"发展才是硬道理"①。这对宪法学理论上的"左"的幼稚病,应当成为一剂良方。

第二,轻公民,重国家,具有浓厚的国家主义色彩。宪法是调整公民与国家之间关系的根本法,它通过界定公民的基本权利与义务、国家机关的职权与职责的特定方式来调整公民与国家的关系。实际上,宪法并不直接调整阶级关系,即使能够对阶级关系产生影响,也是以自己特有的方式、方法间接表现出来的。阶级矛盾不是宪法的基本矛盾,公民权利与国家权力之间的矛盾才是宪法的基本矛盾,宪法的基本功能就是通过权利界定以维持公民权利与国家权力之间动态均衡的秩序。"在权力与自由、权威与民主、政府与社会之间如何达到一种百分之百、令人满意的平衡,显然有各种不同的观点。"②这正是宪法学理论的用武之地。宪法学就是以公民与国家这一特殊矛盾为主题展开其理论体系的,它应当研究公民权利与国家权力之间相互制约、动态均衡的制度安排,在我国尤其应强调公民权利的保障与国家权力的制约问题。

现有宪法学理论习惯于从国家制度、政府机关的组织与活动方面来理解宪法现象,认定宪法就是"国家法",宪法学理论也就事实上成为国家学说的翻版。这一倾向最初源于西方国家的法学体系,在英国、美国和法国等近代宪法发源地,宪法的基本功能被视为制约国家权力,基本人权往往被认为具有高于宪法之上的独立价值,受到专门研究,宪法学一般不以人权和公民权利研究为重点,而是专门研究国家的制约。如奥斯丁就认为:"宪法就是确定最高统治机关的组织或结构的实在道德或实在道德与实在法的混合。"③英国的《牛津法律大辞典》和《布莱克维尔政治学百科全书》也都是从政府的组织与政府权力运作的角度给宪法下定义的。④ 苏联的国家法体系实际上受到西方宪法学体系在结构与形式上的影响,而我国宪法学则照搬了苏联的国家法体系。我

---

① 《邓小平文选》第 3 卷,人民出版社 1993 年版,第 375、377 页。

② [法]米歇尔·克罗齐、[美]塞缪尔·亨廷顿、[日]绵贯让治等:《民主的危机》,求是出版社 1989 年版,第 58 页。

③ See Goffrey Marshall, Constitutional Theory, P8.

④ 参见[英]戴维·M.沃克编:《牛津法律辞典》,光明日报出版社 1988 年版,第 202 页;戴维·米勒、韦农·波格丹诺:《布莱克维尔政治学百科全书》,中国政法大学出版社 1992 年版,第 165 页。

国是一个封建专制传统很深、民主法治观念淡薄的国度,人权和公民权利是与宪法一道从西方特别是苏联移植进来的。新中国成立以后,长期实行计划经济体制,国家广泛干预和控制社会经济生活,使得国家权力高高在上、不受限制的局面不仅没有根本改变,反而愈演愈烈。因此,我国的人权与公民权利没有自发的民主传统可以依赖,只能通过成文宪法来确认和维护。这种特殊的国情决定了我国宪法学不能照搬西方宪法学或苏联国家法学的体系,必须把公民权利保障与国家权力制约结合起来研究。

但是,我国现有宪法学不承认公民与国家的关系是最基本的宪法关系,没有把公民权利与国家权力作为宪制运行过程的基本矛盾来考察。比较系统的宪法学著述或教科书都明显具有轻公民、重国家的倾向。为了阐明国家权力,作者们首先都要对作为权力主体的国家进行详细的说明,在"国家制度"的篇目之下,形成了包括国家性质、政权组织形式、国家结构形式和选举制度等在内的比较系统的国家学说,国家成为宪法学最重要的基本范畴。在说明公民权利时,对于作为权利主体的个人或公民则没有深入探讨,即使提到公民资格,也只谈到国籍这一形式要件,至于公民地位的独立性、身份的平等性、行为的自主性等公民资格的实质要件则完全没有受到注意,公民被排除于宪法学的基本范畴之外。在阐释公民权利时,宪法学以较大的篇幅说明公民权利与自由的限度、公民义务、权利与义务的一致性以及正确行使权利的原则等等,这当然是必要的。问题是在讨论国家权力的长篇大论中却极少提及国家权力的必要限度、职权与职责的高度统一性以及依法行使国家权力的要求。因此,现有宪法学理论重国家、轻公民,从内容到形式都明显表现出强烈的国家主义色彩。用这种理论来指导宪制实践,必然助长国家权力高度集中、高高在上、不受制约,公民权利缺乏实际保障的状况。让被管理者守法,几乎是自文明社会以来绝大多数国家都能做到的,而要使政府和掌权者服从法律,则只有在法治国家里才能办到。法治固然要求普通公民遵守法律,但法治社会的基本标志则是掌权者遵从法律,国家权力受到宪法和法律的强有力制约。"法之不行,自上犯之"[①],这是中国古人很早就认识到的一个朴素的真理。一旦国家权力不受制约,宪法的权威将荡然无存,依法治国的目标就难以实现,最终将妨碍市场经济体制的发育和市场经济秩序的形成,现代化建设也就会成为一句空话。

---

① 司马迁:《史记·商君列传》。

第二节　经济学视野中的权利

把政治、法律现象与经济现象结合起来思考的最早尝试,可以远溯到古希腊的亚里士多德(Aristotle,公元前 384—前 332)和我国春秋战国时期的管仲、墨翟等先哲。到了近代,亚当·斯密(Adam Smith,1723—1790)率先把经济发展与政治、法律制度环境联系在一起,开创了古典政治经济学的先河。美国实用主义法学家、大法官霍尔姆斯(Oliver Wendell Holmes,1841—1935)曾断言:未来的法律属于研究统计学和经济学的人们。这些早期探索已经昭示着法学、宪法学与经济学理论交汇,从经济发展的角度或运用经济学的方法研究权利问题的前景。

一、马克思主义的权利经济观

严格说来,对权利问题进行比较深入的经济研究,并不是当代西方经济学家的首创。实际上,早在一个多世纪以前,马克思和恩格斯就已经开始运用经济的观点与方法对政治、法律制度以及权利问题进行深刻的分析、研究。他们共同创立的历史唯物主义的基本原理认为,生产力与生产关系、经济基础与上层建筑的矛盾是社会的基本矛盾,社会基本矛盾的运动推动着人类历史发展。在构成这一原理的四个范畴中,有三个是经济范畴。历史唯物主义始终坚持从生产力发展来理解社会经济进程,从经济关系的变革来考察包括宪法在内的上层建筑的变化。在马克思和恩格斯看来,阶级不过是一个经济范畴,阶级关系只是经济关系的特殊表现。恩格斯指出:"这些相互斗争的社会阶级在任何时候都是生产关系和交换关系的产物,一句话,都是自己时代的经济关系的产物。"[①]马克思主义承认阶级斗争的历史作用,但更加强调生产力发展对社会进步的根本重要性。马克思指出:发现阶级的存在和阶级间的斗争都不是他的功劳,在他之前资产阶级的历史学家对此已经有过记述,资产阶级的经济学家也有过分析,他的贡献在于说明阶级与生产发展的特定阶段相联系,提出无产阶级专政的理论。坚持阶级和阶级斗争观不等于坚持马克思主义,只有

---

① 《马克思恩格斯选集》第 3 卷,人民出版社 1966 年版,第 146 页。

坚持经济观和无产阶级专政理论才是坚持马克思主义。邓小平建设有中国特色的社会主义的理论抓住了经济发展和人民民主专政这两个根本,从而恢复了经济观在马克思主义理论中的地位。

马克思通过曲折的探索过程,确立了法与经济关系的一般原理。在1859年为《政治经济学批判》所作的序言中,马克思回顾了这种探索历程:"我学的专业本来是法律,但我只把它排在哲学和历史之次辅助学科来研究。1842—1843年间,我作为《莱茵报》的编辑,第一次遇到要对所谓物质利益发表意见的难事。"[①]这里所说的"物质利益"实际上就是权利问题,带着这个令人苦恼的疑问,马克思对黑格尔法哲学进行了批判性分析。"我的研究得出这样一个结果:法的关系正像国家的形式一样,既不能从它们本身来理解,也不能从所谓人类精神的一般发展来理解,相反,它们根源于物质的生活关系,黑格尔按照18世纪的英国人和法国人的先例,称之为'市民社会',而对市民社会的解剖应该到政治经济学中去寻求。"[②]

马克思从法律到哲学与历史,再到经济的认识历程,找到了揭开社会历史的奥秘的钥匙,确立了经济的观点和方法在历史唯物主义中的基础地位。要理解国家和法,首先需要理解市民社会,而理解市民社会的关键又在于考察经济状况与经济关系。现有宪法学的国家理论既不研究市民社会,也不分析经济关系,试图单纯从阶级关系入手来理解国家,显然不符合历史唯物主义的基本原理。正是对生产什么、如何生产和为谁生产这三个经济学的基本问题的不同解决方式,确定了整个社会的政治、法律制度的总体结构特征。

马克思和恩格斯运用经济学的原理与方法,对人权和公民权利进行了深入研究。在《1844年经济学哲学手稿》中,马克思对土地、货币和劳动的产权及其对权利主体地位的影响作过精辟的分析。在与恩格斯合著的历史唯物主义的奠基作《德意志意识形态》一书中,他们从财产权研究入手,深刻剖析了所有制、财产权与国家制度和法律制度的关系,说明了经济关系的变革与个人社会地位变迁的联系,此后,在《经济学手稿(1857—1858)》《资本论》《家庭、私有制和国家的起源》等著作中,马克思和恩格斯始终把财产权作为理解资本主义制度、揭示社会历史发展规律的一把钥匙。他们指出,在古代,罗马人首先制定了私权利和私有财产权,并把私人权利视为国家权利的最高准则,以私人

---

① 《马克思恩格斯选集》第2卷,人民出版社1995年版,第31页。
② 《马克思恩格斯选集》第2卷,人民出版社1995年版,第32页。

权利的准则来看待政治权利。中世纪,德意志人的私人权利被王权取代了,国家制度就建立在私有财产基础上,而私有财产的权利则成为国家的权利。结果,私有财产在法律上表现为各种形式的特权。① 到了近代,资产阶级"不得不以人权的形式承认和批准现代资产阶级社会"②。从资本主义时代开始出现的民主宪制、平等、自由和人权不是财产私有制的结果,而是商品交换和市场经济关系的产物,是人类制度文明的共同财富。恩格斯指出:"一旦社会的经济进步,把摆脱封建桎梏和通过消除封建不平等来确立权利平等的要求提到日程上来,这种要求就必定迅速地获得更大的规模。虽然这一要求是为了工业和商业的利益提出的,可是也必须为广大农民要求同样的平等权利……所以这种要求就很自然地获得了普遍的、超出个别国家范围的性质,而自由和平等也很自然地被宣布为人权。"③

我国法学以马克思主义为指导,运用经济观点和方法研究权利问题本应成为我国法学的优势。但"左"的思潮把马克思、恩格斯的权利经济观教条化,使对权利的经济研究长期裹足不前。相反,一些西方经济学家发展起来的新制度经济学和新经济史学对权利的分析都曾深受马克思和恩格斯的启发。

二、法学与经济学理论交融中的权利思想

在当代法学与经济学相互融合的过程中,经济学家在研究领域的拓展和研究方法的更新方面充当了理论先导,法学家们则为之提供阵地,扮演着组织者的角色,并将两个学科的结合系统化。

从古典政治经济学到芝加哥学派的领域拓展

古典经济学的开山鼻祖亚当·斯密的最大贡献就在于发现了市场的自发秩序。当每个人为追求自己的目标而努力的时候,他好像被一只看不见的手指引着去实现公共利益。因此,政府只能是守夜人,对于自由竞争的任何干预都是多余的、有害的,管得最好的政府就是管得最少的政府。他说:"如果政治家企图指导私人应如何运用他们的资本,那不仅是自寻烦恼地去注意最不需要注意的问题,而且是僭取一种不能放心地委托给任何个人,也不能放心地委之于任何委员会或参议院的权力。把这种权力交给一个大言不惭地、荒唐地

---

① 《马克思恩格斯选集》第 1 卷,人民出版社 1995 年版,第 482-490 页。
② 《马克思恩格斯全集》第 2 卷,人民出版社 1995 年版,第 156 页。
③ 《马克思恩格斯全集》第 20 卷,人民出版社 1995 年版,第 116 页

自认为有资格行使的人，是再危险也没有了。"①亚当·斯密鼓吹市场机制，强调自由放任的结论，是在对经济行为的制度环境进行分析的基础上作出的。斯密的《国富论》问世的时候，英国君主立宪制的宪制和法治秩序已经初步确立，随后，美国和法国等都建立了自由民主宪制和法治社会。在这种条件下，古典政治经济学虽然没有将市场机制在其中起作用的政治、法律制度正式纳入经济学研究领域给予充分考察，但它注重对政府作用的分析，认定没有政府干预的市场优于有政府干预的市场，对后来经济学研究领域的拓展具有重要的意义。

从19世纪以后，经济学日益转向对纯粹经济问题的研究，把经济与政治、法律和社会割裂开来，古典政治经济学的传统完全被抛弃了。30年代初发生的世界性经济大萧条全面暴露了市场体制的缺陷，动摇了人们对"看不见的手"的信念。政府对经济的干预已不可避免，经济活动与法律事务的关系更加密切，政治、法律和社会制度结构对经济生活的作用日益显现。在这种条件下，经济学开始向法学渗透，形成了以美国经济学家约翰·康芒斯(John R. Commons，1862—1945)等为代表的制度经济(Institutional Economics)。制度经济学主张"法制先于经济"，明确地将制度财产权、交易等问题纳入经济学范围。康芒斯把制度定义为"集体行动控制个人行动"，他反对自然权利观，倾向于强调义务和责任。他把作为客体的财产和作为人与人的关系的财产权明确区分开来，指出："交易……是个人与个人之间对物质的东西的未来所有权的让与和取得"，"而不是实际交货意义上的物品转移。"康芒斯认为，法院对经济利益冲突的调节系根据宪法上关于合法程序、保护财产和自由以及平等的法律保障这几方面的条款来行动的"，制度经济学试图把"法律制度配合到经济学里面，或能配合美国司法机构所采取的这种根据宪法的路线"②。从理论上看，制度经济学虽然广泛论及财产权、自由、平等以及公民的宪法上的权利，但由于没有形成与之适应的研究方法上的更新，其权利学说显得不够深入系统。

自20世纪30年代后期凯恩斯主义(Keynesianism)在西方兴起并入主经济学以来，政府被视为克服市场缺陷的唯一救"世"主，其权力不断扩张，传统

---

① [英]亚当·斯密：《国民财富的性质和原因的研究》(下册)，商务印书馆1983年版，第27-28页。

② [美]约翰·康芒斯：《制度经济学》(上册)，商务印书馆1962年版，第74、79页。

宪法的"限权政府"信念受到冲击。但是,随着政府日益强化的对市场的调节和干预,政府缺陷也很快暴露无遗:财政赤字、结构性失业、经济滞胀都成为难以克服的顽症,正统经济学,用"菲利普斯曲线"(Philips curve)描绘的失业与通货膨胀之间的反相关性,已经无法解释和解决失业与通货膨胀并存的滞胀问题。[①] 在这种条件下,新自由主义学派从四个方面开展了对经济学研究领域的拓展:一是该学派的代表人物著名经济学家米尔顿·弗里德曼(Milton Friedman)的货币理论。弗里德曼指出,通货膨胀与失业之间的关系经历了三个阶段,从反相关、不相干到正相关,经济滞胀的根本原因在于政府以优先就业为政策目标,不注重维护货币稳定。因此,国家是造成不稳定的因素,这种结论自然要求把国家纳入经济学研究领域。二是舒尔茨(Theodore W. Schultz)等人的人力资本理论。通过对教育、健康、职业培训以及家庭、婚姻等非商业性关系的研究,特别是加里·贝克尔(Gary Becker)对人类行为广泛的经济分析,使经济学的研究领域几乎无所不包,经济学开始变成一门人类行为学。三是以罗纳德·哈里·科斯(Ronald H. Coase)为代表的新制度经济学的产权与制度理论,表明了经济学方法在法律制度分析中的有效性。[②] 四是由詹姆斯·布坎南等开创的公共选择(public choice)理论,直接运用经济学方法研究宪法问题。由于新自由主义经济学的上述突破性进展,政治学、社会学、经济学、人类学和法学等社会人文学科之间的藩篱已被打破,微观经济学已经成为研究"在社会相互作用的制度中,有关人的选择和人的行为的一种普遍理论"[③]。

新制度经济学的方法更新

运用经济学方法全面研究法律或制度,是由以科斯为代表的新制度经济学(New Institutional Economics)首开先河的。1960 年科斯在《法与经济学杂志》(*Journal of Law and Economics*)上发表《社会成本问题》,提出了后来

---

① 英国经济学家菲利普斯通过对英国 1861—1957 年的统计资料的分析,认为失业率下降,工资就上升,工资上升推动物价上涨,形成通货膨胀。反之,失业率上升,通货膨胀率就下降。失业率和通货膨胀之间存在负相关的关系。

② 我国经济史学界通常将约翰·肯尼斯·加尔布雷斯所代表的学派称为"新制度经济学",但该学派无论就理论贡献或世纪影响而言都不及科斯代表的学派。正如科斯所说,它"除了一堆需要理论来整理不然就只能一把火烧掉的描述性材料外,没有任何东西流传下来"。有人建议把它译作"后制度经济学",也可资区别。本书所称新制度经济学,是以科斯为代表的学派。

③ [法]亨利·勒帕:《美国新自由主义经济学》,北京大学出版社 1984 年版,第 20 页。

被称为"科斯定律"的基本思想：如果市场交易是无成本的，则权利的界定与经济运行的效率没有关系，但事实是市场交易是有成本的，因而权利的初始界定必然影响经济制度运行的效率。

新制度经济学以交易费用（Transactional Cost）学说为理论基础，以财产权为逻辑起点，全面研究制度安排（Institutional Arrangements）与资源配置（Resources Allocation）效率的关系，为分析法律制度和权利现象提供了一个全新的理论构架，更新了经济学的研究方法。该学派以对财产权的研究著称，有"产权经济学"之称。对于科斯的产权理论，瑞典皇家科学院1991年在授予其诺贝尔经济学奖的新闻公报中给予了高度评价，指出：关于法院行为的假设"连同以权利或财产权表示的一般形式，已成为发展'法律和经济学'（Law and Economics）新学科的动力，以及再远一些，成为法律科学的许多方面更新的动力"。[①]

自20世纪60年代起，一些西方经济学家在科斯的启发下，开始运用经济学方法研究法律制度。其中，美国新经济史家道格拉斯·诺斯（Douglass C. North）把财产权与国家制度结合起来分析，具有广泛的影响。他认为，宪法的"目的是通过界定产权和强权控制的基本结构使统治者的效用最大化"。其目标是建立财富与收入分配方式，为竞争界定一个保护体制，设立执法体制的框架以减少经济部门中的交易费用。诺斯指出："离开产权，人们很难对国家作出有效的分析。"[②]他根据产权理论，提出了"新古典国家理论"，认定国家决定产权结构，因而应对产权结构造成的经济增长衰退或停滞负责。国家具有三个特征：一是提供"保护"和"服务"以换取收入；二是为使收入最大化而为不同的集团设置不同的产权；三是面对其他国家或国内潜在统治者的竞争。国家的目的具有两重性，既要使统治者的租金最大化，又要降低交易费用使社会总产值最大化以增加国家的税收。这两个目的之间的矛盾冲突和对抗，就成为国家兴衰的原因。

新制度经济学承继了康芒斯的制度经济学传统，认定市场交易并不仅仅是实物的转移，而是权利的相互让渡。权利交易是一个耗费资源的过程，存在着交易费用，为了降低交易费用，就需要运用法律尽可能清晰地界定权利。正

---

①　王宏昌编译：《诺贝尔经济学奖金获得者讲演集》，中国社会科学出版社1994年版，第143页。

②　［美］道格拉斯·诺斯：《经济史中的结构和变迁》，上海三联书店、上海人民出版社1994年版，第229、21页。

如货币作为经济制度设施的出现降低了实物转移的成本一样,权利作为法律制度被创造出来同样降低了实物交割费用。对新制度经济学的理论创新,应当给予全面、客观而公正的评价,不能把产权明晰化等同于产权私有化。我国建立市场经济体制,就是要学会运用经济手段和法律手段管理经济,所谓运用经济手段就是要尊重市场经济的自发秩序。所谓运用法律手段就是运用法律来界定交易各方的权利,确定交易的制度规则,使市场机制更充分地发挥作用。建立市场体制的一项重要任务就是建立产权明晰、责权明确的现代企业制度,新制度经济学对此也有深入研究。当然,新制度经济学没有也不可能给我们的经济改革和法制建设提供现成的方案,但其思路的启发性是不可否认的。

法律经济学

与制度经济学几乎同时出现的法律现实主义运动,直接导源于霍尔姆斯等的实用主义法学,其重要倾向之一就是"强调经济学"。[①] 美国芝加哥大学法学院率先为法律专业的学生开设经济学课程,聘请著名经济学家执教,极大地推动了法学与经济学的融合。1958 年经济学家迪莱克特(Derector)教授在芝加哥大学法学院创办《法与经济学杂志》,为新制度经济学和法律经济学的产生提供了理论阵地。

但是,直到 70 年代以前,法学家们在法学与经济学的交叉领域并无很大的理论建树。1973 年里查德·波斯纳(Richard B. Posner)的鸿篇巨制《法律的经济分析》(*Economic Analysis of Law*)的问世,才从根本上改变了局面,标志着法学与经济学进入了全面系统的双向融合阶段。波斯纳的分析不仅涉猎了普通法中的财产法、契约法、侵权行为法和刑法,也囊括了政府调节市场、商业组织与金融市场、收入与财富分配等方面的法律以及程序法,宪法和联邦制也成为经济分析的对象,从而形成了法律经济学的庞大理论体系。

在《法律的经济分析》一书中,波斯纳对财产权、契约自由和公民权利的宪法保障进行了广泛讨论,他提出了排他性地使用有价值的资源的权利。原始人之所以实行土地公有制是因为那时土地资源并不稀缺,因而界定和维护财产权的成本可能超过因此而带来的收益。契约自由则是为了方便财产权通过自愿方式从低价值利用者向高价值利用者流动的制度设施。由于经济上投机

---

① ［美］戈尔丁:《二十世纪美国法理学与法哲学》,载《南京大学法律评论》1995 年春季号。

取巧的倾向,仅仅靠人们自觉履行他们的承诺是不够的,法律通过保护自由契约的约束力,可以有效地克服投机倾向。关于宪法对公民权利的保护,波斯纳指出:宪法保护的很多权利都具有反对权力垄断、限制政府威胁反对派的功能。但并非所有的宪法权利都是如此,宪法对一些个人权利的保护有时是为了增加剥夺它们的成本。[①] 他提出,对于任何群体选举权的剥夺都会引起该群体的财富向选举中实力强大的集团再分配,选举权的普及将增加财富再分配的难度。这些分析都使人耳目一新,富有启发性。

三、公共选择学派的权利学说

公共选择学派的基本目标就是用研究市场的方法来研究政治问题和宪法问题。在《自由的限度》一书中,布坎南提出这样的论断:"我们时代面临的不是经济方面的挑战,而是制度和政治方面的挑战。"[②]由于公共选择把经济学方法运用于非市场决策研究,因而有"新政治经济学"(New Political Economics)之称。而当代政治不应当是无规则的游戏,改进政治决策的关键在于变革决策过程据以进行的基本规则。1962年,在奠定公共选择学说理论基础的合著《赞同的计算》中,布坎南和戈登·图洛克(Gordon Tullock)就表达过这样的信念,"公共选择观点直接导致人们注意和重视规则、宪法、宪法选择和对规则的选择",因而是一种"政治宪法的经济理论"。[③] 1982年11月,由美国遗产基金会发起在华盛顿召开了以"宪法经济学"为主题的讨论会,会议论文由该会议组织者理查德·麦肯齐(Richard B. McKenzie)教授汇编成题为《经济宪法学:制约政府经济权力》的论文集,于1984年出版。因此,公共选择的另一别名"宪法经济学"(Constitutional Economics)也就得到了公认。

公共选择学派提出了制约政府权力的两个方面的理论依据:一是把经济学的核心假定"理性经济人"运用到政治领域,认定政治决策者与市场决策者一样也是理性的、自利的人。布坎南提出,选民总是把选票投给能为他们带来最大预期利益的人,由于信息费用的存在,一些选民会放弃投票,也是合乎理性的。政府官员同样在谋求自身利益最大化,尽管他们有反映公众利益的愿

---

① See Richard Posner, Ecnomic Analsys of Law(Little, Brown. & Commpany Limited, 1986)P29-32, 79-82, 581-586.

② 转引自[法]亨利·勒帕日:《美国新自由主义经济学》,北京大学出版社1985年版,第153页。

③ 参见[美]布坎南:《自由、市场与国家》,北京经济学院出版社1988年版,第22页。

望,但这不过是他们的众多愿望之一罢了。因此,不能把他们都看成大公无私的救世主。他主张,要设计出能够制约掌权者权力和行使权力行为的宪法和法律条款,就一定要把掌权者也视为自身利益最大化的追求者。① 二是美国经济学家曼瑟尔·奥尔森(Mancur Olson)的集体行动(Collective Action)理论。奥尔森认为,集团成员对集团利益会有共同兴趣,对于为获得这种利益要支付的成本却没有共同兴趣,每个人都希望别人支付全部成本而自己得到一份收益。② 只有小规模集团才能有效地组织公共物品的供应,对于大规模集团则需要通过强制性的奖惩规则实行"选择性激励"(Selective Incentives),以分摊集体行动成本。即使如此,大规模集团公共物品的供应水平仍低于最优水平,对集体行动不应抱有过高的期望,集体行动的逻辑就是个人行动。按照上述两个方面的理论依据,公共选择的核心问题就是:"在组织了政府并赋予它促进全体社会成员共同利益的必要权力后,如何防止它为了少数人的利益运用其经济和政治权力损害公众?"③

对此,公共选择学派的答案有三个:其一是从经济上复兴亚当·斯密倡导的收支平衡的政治经济学传统,把"限权政府"的要求重点放在限制政府的经济权力方面。布坎南批评凯恩斯主义把家庭肆意挥霍的愚蠢行为当作国家理财的明智之举,主张国家和家庭一样需要节俭和量入为出。应当修改宪法,确立财政税收、货币方面的宪法规则,来限制政府的经济权力。④ 其二是在政治上回归 18 世纪和 19 世纪的立宪主义立场。布坎南声称,他的理论是"18、19世纪传统智慧精华部分的表达和再现"。⑤ 公共选择理论以社会契约论和个人主义为政治信条,崇尚民主、平等、自由和个人权利的宪法价值观,认为宪法应当适应民主的要求,民主需有宪法保障。布坎南指出:"为真正民主理论提供基础的最重要的前提是把个人看作价值的唯一来源。"⑥个人作为政治实体的成员都是社会契约的参与者,有平等决定政策的权利。

① 参见[美]布坎南:《自由、市场和国家》,北京经济学院出版社 1988 年版,第 28-29 页。
② 参见[美]曼瑟尔·奥尔森:《集体行动的逻辑》,上海三联书店、上海人民出版社 1995 年版,第 18 页。
③ Richard B. Mckenzie,Constitutionat Economics,Preface by Edwin J. feulner Jr. ,1984.
④ 参见[美]布坎南:《赤字中的民主》,北京经济学院出版社 1988 年版,第 180-184、253 页。
⑤ James M. Buchanan, Constitutional Economics, Oxford, 1991, p.43.
⑥ [美]布坎南:《自由、市场和国家》,北京经济学院出版社 1988 年版,第 253 页。

第三节　权利的经济分析方法

一、权利经济分析的理论前提

对社会现象的研究不仅要以一定的哲学世界观、伦理价值观为基础,而且也应有一定的经济观作为前提。不过这种理论前提时明显表现出来,有时是暗含于研究过程与结果之中的,学者们把这种或隐或显的理论前提称为假定(Hypothesis)。对公民权利进行经济学研究自然离不开特定的经济理论前提,西方经济学的基本假定主要有"理性经济人"(Rational Economic Man)、"资源的稀缺性"(Resources Scarcity)、经济行为的"外部性"(Externality)、环境的"不确定性"(Uncertainty)等,新制度经济学还提出了交易费用普遍存在的独特假定。运用经济的观点观察权利现象,运用经济学方法研究权利问题,首先需要理解这些理论前提。

"理性经济人"与权利主体的人格假定

社会科学都是以特定的人性假定为前提展开其理论的,无论历史、哲学、政治学、社会学、经济学还是法学都不能例外。可以说,对人性的伦理假定是社会科学的起点。公民权利的宪法保障是直接处理人自身问题的制度安排,显然离不开对人性前提的关注和分析。那种谈人色变,谈性色变,把对人自身的思考简单地斥之为资本主义的东西,说成是抽象的人性论的做法,不利于对公民权利问题的深入思考。其实,人性论不是西方资本主义社会才有的东西,我国春秋战国时期的诸子百家也都有自己的人性观。至于抽象与具体不过是科学研究的两种方法,不能认为具体就是好的,抽象就是坏事,科学研究离不开抽象,深入到事物与现象的属性或本质时就更是如此。因此,宪法学应当把公民权利保障制度的研究根植于对人性伦理特质的深刻理解之中。

关于人性伦理特质的认识主要有三种,即性善论、性恶论和人性无善恶论。中国古代以性善论最有代表性,认为"人之初,性本善",只是由于后天缺少教化,逐渐受到环境的影响才发生变化的。西方在基督教原罪说的影响下,性恶论居于主导地位,基督教认为亚当和夏娃因偷食伊甸园禁果而知善恶,因而人的理性正是人性恶的表现。可以说,经济学、近代政治学与法学对人性的估计总的说来是比较悲观的,持性恶论者居多。运用经济学方法研究公民权利保障,首先需要肯定的是,市场主体与权利主体在伦理人格上是一致的。虽然传统的西方政治学、法学包括宪法学对人性都有某些共同的看法,但经济学从人与人的利益关系、人的理性禀赋及其缺陷三个方面全面揭示了人的伦理特征,在人性论上具有典型意义。

早在我国春秋战国时期,管仲、墨翟等古代先哲就有了经济人观念的萌芽。亚当·斯密最早概括了经济人的基本特征,他说:每个人所盘算的只是他自己的利益,并不打算促进公共利益。[①] 约翰·斯图亚特·穆勒(John Stuart Mill,1806—1873)在此基础上首次明确提出了"经济人"概念,认为经济人就是会计算、有创造性、寻求自身利益最大化的人。到了 20 世纪,不少人对经济人假定提出了批评和修正,并注意到了人类行为中具有的利他因素。当然,也有人说"利他实际上意味着明智的利己"[②]。马克思和恩格斯在《德意志意识形态》一书中也说:"各个人的出发点总是他们自己。"[③]由此可见,经济人并不是西方社会独有的现象,只不过它在西方经济学中得到了完整而系统的表达。这一假定的适用范围远远超出西方社会或者经济学的界限,对于法律关系中的权利主体也是同样适用的。用理性经济人概念来观察公民权利的主体,可以得到以下三方面的认识。

第一,利益最大化是权利主体的基本特征。经济学认为,人是自利的,其一切行为都表现为趋利避害,追求自身的最大利益。用这种眼光来看待宪法上的公民虽然并不全面,但是同样地,把公民都看成完全利他主义者或者要求公民都成为利他主义者,也是单纯而幼稚的。公民个人的人格既有利己倾向,也有利他精神。利己需要对利益得失的算计,与理性相联系;利他乃是对他人的友爱与关怀,同人的情感相关联。对社会而言,无论利己倾向还是利他精神都具有双重的效果。利他精神有助于缓和利益的冲突,使社会关系更易于协调,便于国家进行组织和管理。但是,在公共生活领域,极端的利他主义者往往自以为超脱了自身利益的局限,就能比普通公民高明得多,甚至不惜借助国家权力强制推行自己的个人主张。当这种以救世主自居的人成为国家政权的掌握者时,平等、自由和公民的宪法上权利都将不复存在。

---

① 参见[英]亚当·斯密:《国民财富的性质和原因的研究》(下册),商务印书馆 1974 年版,第 27 页。

② [美]赫伯特·西蒙:《现代决策的理论基石——有限理性说》,北京经济学院出版社 1989 年版,第 147 页。

③ 《马克思恩格斯选集》第 1 卷,人民出版社 1995 年版,第 119 页。

同时，并非只有普通公民或经济人的行为具有利己倾向，政府官员及其组成的政府机构虽然具有谋求公共利益的职责和意愿，但他们与普通公民一样也有着自身利益，政府决策不可能完全超越这种利益。在缺乏有效的制度约束的条件下，政府规模和权力倾向于自发扩张，假公济私、投机取巧、贪污腐化等现象必然在一些官员身上出现。而且，由于他们掌握着公共权力，其极端利己行为对公共利益具有更大的危害性。而在私人领域，对利他精神的过分强调将刺激部分人投机取巧，产生不公平的财富再分配。合理的利己倾向可以激励个人的创造精神，推动社会文明的进步。正是无数个人对自身利益不懈地关注、追求和实现，社会经济发展和政治法律制度进步才具有了不竭的动力源泉。而极端的利己主义行动则会破坏正常的社会变往，造成交易费用的上升，阻碍社会文明的进步。

因此，不能简单地认为利己就一定是坏事而利他就必然是好事，把公共生活中官员应当遵守的政治伦理标准运用于公民私人生活中，是十分有害的。在宪法确定的制度安排中，保障公民权利就是对个人追求和实现自身利益的正当性与合理性的充分肯定，公民义务乃是对极端自利、损人利己倾向的制度上的防范。政府的职责就在于协调利益冲突，把利己或利他行为控制在权利与义务设定的适当范围以内，防止极端化。

第二，公民个人具有理性禀赋与自主能力。理性是与非理性盲目冲动、狂热等相对立的，它表明个人在很大程度上能够正确认识、追求并实现自身利益，无须旁人代劳。因此，历史是人民群众创造的，不是英雄创造的，个人不需要救世主。正是人人具有的这种认识能力、行为能力和责任能力，才使市场经济能够自发形成一定的秩序，在很大程度上把买者与卖者、个人与社会之间的利益关系自发协调起来；才使他们能够自立、自主、自治能够享有自由，因而具有成为权利主体的潜能，可以接受法律规则的指引去享受权利、承担义务。同时，也只有基于这种个人理性，人类行为才成为可以合理预期、有效调控的活动，这是国家进行社会管理维护社会秩序的基础。如果个人没有理性能力，他就不配享受权利，也无力承担义务，更不能合理地追究其法律责任。同样，在国家生活中，不能只看到人的意志的作用，否定理性的作用。没有理性指导的意志只能是一种任性的冲动，权力意志论的严重危害性我们在十年"文化大革命"中深深体验过了。制宪和立法都不是凭掌权者意志对行为规则的任意创造，而是一种发现。而且立法者发现的并不仅仅是规律，也包括发现个人的理性,即他们认识、追求与实现自身利益的能力及其限度。因为社会生活不同于自然过程,主体的参与状况同社会发展具有不可分割的联系,因而也没有完全独立于主体的客观规律可以发现。法律的基本功能就在于界定权利与权力、权利与义务、职权与职责立法者在划定这些界限时,必须充分考虑个人的理性能力及其限度。

第三,个人理性的有限性。个人的理性是不完全的,有限的人自身的生理、心理、社会和文化局限性,加上环境的不确定性和复杂性,使任何个人都不可能全面收集和正确处理与决策相关的一切信息,因而也不可能作出完全正确的决策并完全正确地实施这些决策,习惯性、随机性乃至非理性的行为就会大量存在。这不仅会损害市场机制的自发调节作用,也会破坏正常社会生活秩序,以至损害公共利益。在市场交易过程中,一些极端利己者正是利用人的理性的有限性进行投机取巧,以欺诈手段获取暴利。这损失了市场的经济效率,又破坏了法律的公平秩序。因此,就要运用宪法和法律划定权利的界限,并明确公民义务,以克服因投机行为造成的市场失灵,增强个人行为的可预测性和可调节性。理性的有限性无论在私人决策的社会经济领域,还是在公共决策的政治领域同样都是有效的。在政府决策过程中,即使政府及其官员把公共利益置于个人利益之上,理性的局限性也使他们不可能完全正确地作出公共决策并完全正确地执行这些决策。不能把政府官员都视为全知全能、永远正确的完人,即使政府官员都有服务公众的很高的热忱,把全体公民的权利和利益仅仅寄托于掌权者的道德良知和对公共事务的热情上,也是危若累卵的。只有实行法治,注重运用宪法与法律的力量制约权力,强化政府官员行为的可预测性和可调节性,公民权利才有真正可靠的保障。

权利客体"资源的稀缺性"

宪法学不仅要研究人自身,还要研究人类生活于其中的外部世界。自从柏拉图描绘出哲学王治理下的理想国、基督教预言耶稣的复活以来,建立一个理想的千年王国(Millennia)一直是学者们魂牵梦萦的期盼,政治家们不懈的追求。人们都期待着在这个千年王国里,丰富的物产人人可以自由享用,没有纷争,没有贫困与匮乏,只有永恒的幸福与正义。

理想是美好的,而现实是无情的。经济学告诉我们,有着无限需要的人生活在一个资源稀缺的世界上,永远面对着纷争与不幸,物产不可能丰富到人人自由取用的程度,没有什么千年王国、永恒的正义与幸福,人们所能做的只是减轻不公与匮乏,缓和冲突,而不可能彻底消除它们。这就是社会科学应当面对的现实前提,也是它们能够存在的理由。如果资源是无限丰富、取之不尽、用之不竭的,就不需要生产和交换,也无须考虑生产什么、如何生产和为谁生产的问题,更没有必要研究什么经济学。同样地,如果上述假设成立,也就不需要创造出宪法和法律来划定权利与义务的界限,更没有法学或宪法学之类的东西存在的理由了。这种没有文明、没有进步的千年王国并不是值得追求的目标,因为在其中,人类也许只能过着动物般的生活。而所幸的是,现实状况正好与以上假设相反,相对于人们无穷无尽的需要而言,绝大多数资源都是稀缺资源。可以说,资源的稀缺性是法学和经济学面临的基本前提。经济学就是研究如何配置和使用稀缺资源以满足人类需要的学科,而法学则是研究如何界定稀缺资源的使用权以协调利益冲突问题的学科。

宪法学必须充分认识到,资源是稀缺的,在这种条件制约下人们之间的利益冲突具有长期性和不可避免性,把社会的根本制度安排与资源的稀缺性联系起来分析。那种以为将来某个时刻资源会无限丰富,任人使用的乐观倾向是肤浅的,据此来进行社会的基本制度安排,也是十分有害的。

人的生产能力是有限的,由此创造出来的社会财富往往不足以满足人的需要。即使生产能力有无限发展的前景,自然资源的存量也是有限的,很多自然资源都是不可再生资源,社会生产受物质资源稀缺性的制约,没有无限发展的前景。这就要求界定财产权,使现有资源获得有效利用。在物质资源稀缺状态加剧时,财产权保障制度的进一步缜密带来的收益开始递减,这正是19世纪后期私有财产权保护制度受到猛烈抨击的经济原因。在物质资源稀缺时,经济增长就日益转向对人力资源的依赖,以寻求资源替代,这必然引起人力资源的稀缺。"物以稀为贵",人力资源的稀缺化同样促使其经济价值不断提高,最终导致人的伦理价值的普遍提高。在自然资源稀缺的当今社会,缓解人力资源的稀缺性已经不能再依靠增加人口数量的办法来解决了,而应当注重运用宪法来保障公民的基本权利,特别是人力资源的权利,以激励人们增加人力资本投资,提高人力资本的质量。人力资源的稀缺状态造成了这种资源利用上的利益矛盾,基本人权保障制度被创造出来,就是为了协调这一矛盾,缓解人力资源的稀缺性。可见,从实质上解决资源稀缺问题,就是要发展生产,增加社会财富总量;从形式上解决这一问题,就需要界定财产权利,从制度上保证资源的有效利用。这正是需要经济学与宪法学共同努力研究解决的问题。

权利与义务对外部性的内在化

可以说,在权利与义务、权力与责任的关系问题上,现有宪法学理论的认识是比较片面的。一方面,它把权利与义务之间应当是对应的、平等的和一致的这种追求的目标当作已经实现了的东西,混淆了理想与现实的界线。另一方面,也是更重要的方面,就在于它把人们之间根本利益的一致性作为权利与义务一致性、平等性与对应性的现实依据,实际上就是没有找到二者一致性的根据。因为任何社会都存在着利益上的矛盾和冲突,这种冲突既有根本利益方面的,也有一般利益方面的。宪法就是用来协调根本利益方面的冲突,使之尽可能保持一致性的制度结构,普通法律则是解决一般利益冲突的制度安排,如果人们的根本利益是完全一致的,那还要宪法这种根本法干什么呢?正因为人们在根本利益上可能产生分歧,才需要根本法来解决矛盾,协调冲突。宪法学的根本利益一致论无疑否定了权利、义务界分本身存在的必要性。经济学的外部性假定,为我们充分理解权利与义务的一致性提供了启示。

按照新经济史家道格拉斯·诺斯等的说法,"收益或成本在个人和社会之间的差别意味着第三方面或更多方面的存在。他们没有参与活动,也会获得一些收益或者付出些成本"。这就是所谓的"外部性"或"外部效应"(Externality)。新古典经济学大师萨缪尔森等指出:"当生产或消费对他人产生非自愿的成本或收益时,外部性或溢出效应便发生了。就是说,成本或收益被加诸他人,而施加或接受影响的人却没有为此付出代价。更确切地说外部性就是一个经济人的行为对另一个人福利产生的影响,而这种影响却没有从货币或市场交易中反映出来。"[1]可见,外部效应包括两个相互关联的方面:即外部收益和外部成本。外部收益就是没有支付成本而取得的收益,外部成本就是没有取得收益而支付的成本。人们倾向于赞成无偿为社会提供外部收益,谴责给社会和他人造成外部成本的行为。但经济学认为,无论外部收益还是外部成本的存在都意味着成本与收益、个人利益与公共利益之间的不协调,这将使价格机制失去自发调节功效,形成资源的无效配置。要提高经济效率,就必须使获得收益的人支付成本,已经付出成本的人取得他应得的收益,不能由一些人支付代价而由另一部分人坐享收益,这就是经济学所谓外部性的"内

---

① [美]保罗·A.萨缪尔森、威廉·D.诺德豪斯:《经济学》(第12版)(下册),中国发展出版社1992年版,第1193页。

在化"（Internality）。市场体制要求通过自发的价格机制尽可能地将外部性内在化。

宪法学理论必须承认人们之间利益关系的复杂性和矛盾性。企业或个人创造财富需要耗费资源、付出成本，按照经济规律，资源的消耗应当得到补偿、获得收益。但是，他们之间不仅在资源的使用上相互影响，如房地产的相邻关系，而且生产出的产品的控制权也不可分割地联结在一起。理性的经济人为提高收益、降低成本，总是力图搜取他人的收益并向他人转嫁成本。即使是少数人不负责任、怠惰偷懒的行为，也会极大地损坏资源价值或降低最终产出。利益上的相互交织需要合作，但这同时也是纠纷和冲突之源。因此，一个充满生机活力的社会同时就是一个充满利益矛盾和冲突的社会。

宪法学不应通过回避和掩盖利益冲突的办法使自己无所事事，而应当把社会利益冲突与宪法上的制度安排联系起来，寻求缓解冲突的办法。权利和义务的设立和界分，就是对利益的分配是对外部性进行内在化的制度安排。可以把权利看成是对外部收益的内在化，义务则是对外部成本的内在化。权利与义务相一致对应的要求，乃是市场经济的成本与收益相统一的要求在制度上的表现。同时，公共领域与私人领域的外部性的表现形式不同，内在化的方法也不一样。宪法学应当研究市场经济、市民社会与国家的关系，明确区分公共领域与私人领域不可逾越的界限。必须承认，公域和私域的利益关系不同，调节方法也不一样，不能把国家强制直接运用于私人领域，也不应把自愿交易适用到公共领域，前者是专制的温床，后者会导致腐败。从经济利益关系的角度看，公民权利与义务、国家机关的职权与职责，都是将外部性内在化的方法。权利与义务的一致性，职权和职责的统一性，最终根源于经济生活中成本与收益的一致性。

二、实证分析与规范分析

规范分析与实证分析是经济学的两种基本研究方法，由此形成了规范经济学与实证经济学的分野。运用实证分析方法与规范分析方法，可以帮助我们深入理解公民权利宪法保障制度的价值与功能。

实证分析方法

实证分析（Positive Analysis）就是通过对事实情况和关系的描述，来回答事物"是什么"的问题。经济学在运用历史材料、经验观察、调查统计等方法，具体描述经济的实际运行过程,说明市场机制发生作用的机理等方面,都作出了积极的贡献。但是,与法学一样,经济学也曾把实证分析推向极端,以致否定价值判断和道德评价在认识经济现象中的意义。在经济学说史上,西尼尔就是实证主义的积极倡导者,他曾说:"作为一个政治经济学家的职责,既不是有所推荐,也不是有所告诫,而是说明不容忽视的一般原理。"①在法学领域,奥斯丁是实证主义法学的先驱,他反对对法律进行道德评价。自从 20 世纪中叶以来,人们越来越清醒地认识到了实证主义思潮对社会的有害影响,因而这种思潮已经有所收敛。实证分析不等于实证主义,实证主义的衰落并不影响实证分析方法的认识价值。马克思和恩格斯指出:"在思辨终止的地方,在现实生活面前,正是描述人们实践活动和实际发展过程的真正的实证科学开始的地方。"②宪法学研究公民权利不能从本本出发,或者仅仅从书面上规定的权利出发,必须从现实出发,面向市场经济体制建设和依法治国的实践,说明权利的界定与维护同经济增长的关系,分析公民权利保障制度的经济功能。市场经济是通过权利交易的方式运行的,必须实行法治,运用法律充分界定和切实维护市场主体的经济权利,通过企业和个人自愿交易来安排生产,以刺激经济增长。尽快完善公民权利保障制度是市场经济发展的迫切要求。不能把权利看成洪水猛兽,把时间和精力浪费在批判权利本位论上。

运用实证分析方法,首先,要求研究者具有客观求实的态度,把自己作为观察者的身份与作为个人的身份区别开来。要用事实材料说明问题,而不能凭主观好恶下结论。市场经济是否需要界定权利,权利保障对经济主体的创造力有何影响,影响的程度如何都不是可以主观肯定或否定的。其次,对于观察形成的初步认识必须运用经验材料进行反复检验。凡与实际材料不相符的,予以剔除,与实际材料相符的予以保留。即使暂时未被证伪的认识,也不一定就是真理,还应运用理论逻辑作出进一步分析论证。在事实面前,我们必须随时准备放弃不成熟的观点,任何人都无权以正统自居,宣称自己掌握着终极真理。实证分析要求承认人类行为的不确定性和社会现象的复杂性,"人类最难控制,难以证实,最不遵守法则和最难以预测"③。由于人具有自由选择的能动性,社会现象就不是确定不移的纯粹客观的过程,相同条件下同样的运

---

① 转引自张宇燕:《经济发展与制度选择》,中国人民大学出版社 1992 年版,第 41 页。
② 《马克思恩格斯选集》第 1 卷,人民出版社 1995 年版,第 73 页。
③ [美]艾伦·艾萨克:《政治学:范围与方法》,浙江人民出版社 1987 年版,第 63 页。

动过程可能产生不同的结果。因此,在借鉴经济学的定律、理论模型和经济学揭示的规律时,就不能把它们等同于自然科学的定律、公式和自然规律,否则就会形成机械决定论和独断论,从而不能正确理解权利现象。

规范分析方法

规范分析(Normative Analysis)就是对事物和现象进行的伦理价值判断,它回答事物"应当怎样"的问题。自19世纪中叶实证主义兴起以后,规范分析长期受到排斥,无论在经济学还是法学领域,都有一种否定正义标准的客观性,排除平等、自由与人权概念的强烈倾向。直到20世纪中叶,随着实证主义思潮走向衰退,规范分析方法才重新被人们所注重。著名的瑞典经济学家、1974年诺贝尔经济学奖获得者冈纳·缪尔达尔(Gunnar Myrdal)指出:"研究的客观性问题不能仅仅通过试图排除价值观念来解决。相反,社会问题的每项研究,无论范围多么有限,都是且一定是由价值观念决定的。'无偏见的社会科学'从来就不存在,将来也绝不会有。努力逃避价值观念是错误的,并且注定是徒劳和破坏性的,价值观念和我们在一起,即使我们把它们打入地下,它们仍然指导我们的工作。"①

借鉴经济学原理对权利进行价值评判,首先要明确据以作出判断的价值准则。"经济"一词,作为名词通常是指与物质财富的生产、交换、分配和消费相关联的过程、关系及制度等,作为形容词的"经济"就是节省、节约,即"用较少的人力、物力、时间获得较大的成果"。② 可见,作为名词的经济过程、关系和制度与作为形容词的经济具有直接同一性,经济活动必须讲究效率,尽可能节约成本,提高收益。效率(Efficiency)是经济活动的基本特征,一切经济活动都与效率相关。同时,效率也是经济学的基本问题。判断经济活动的基本价值准则就是效率准则。在当代西方经济学中,进行经济效率评价的标准主要有两种。

一是帕雷托最优(Pareto Superiority)标准,也就是严格的效率标准。据此,一项交易在不使其他人的境况更坏的条件下能够使至少一个人的境况变得更好,那么该项交易就被认为是有效率的。但在现实经济生活中,外部性是普遍存在的,多数交易都涉及第三者的利益,不使一些人的境遇变坏,往往很

---

① [瑞典]冈纳·缪尔达尔:《亚洲的戏剧:对一些国家贫困问题的研究》,北京经济学院出版社1992年版,第13页。

② 《现代汉语词典》,商务印书馆1978年版,第589页。

难使另一些人的境遇得到改善。生产、分配和再分配都是紧密联系的,帕雷托最优标准过于理想化,与现实生活相去甚远。

二是卡尔多-希克斯效率概念(Kaldor-Hicks Concept),即放宽的效率标准。按照这一标准,只要一项交易的净收益大于第三方因此所受的损失,这项交易所进行的资源配置就是有效率的。该标准也称潜在的帕雷托标准,因为获利者在补偿受损害者的损失以后可能还有剩余利益存在。但是,除非受损失的第三者的损失得到实际补偿,否则资源的配置就不是帕雷托最优的。

资源配置必须符合效率的要求,而宪法对于公民基本权利的界定具有资源的元配置功能,不可能不对经济效率发生影响,这种影响比具体的生产、交易活动甚至更为广泛和深远。因而宪法对公民权利的界定不能不讲究经济效率。宪法的经济功能,就是宪法对经济效率的影响,只有在市场经济条件下,这种经济功能才能首先通过权利的界定与维护得到实现。同时也必须看到,即使对经济学来说,效率也不是唯一的价值准则。经济活动不是与道德无关的,德国学者科斯洛夫斯基(Peter Koslowski)认为"事实上经济不是'脱离道德的',经济不仅受经济规律的控制,而且也是由人来决定的,在人的意愿和选择里总是有一个由期望、标准、观点以及道德想象所组成的合唱在起作用"[①]。一项交易不仅可以是有效率或无效率的,而且可能是公平、正义或不公平、非正义的。因此,我国经济体制改革遵循效率优先、兼顾公平的原则是完全正确的。

在法律领域内,秩序乃是基础价值,公平、正义则是法律的最高价值,宪法是法律价值的集中体现,它以秩序价值为基础,以正义价值为核心,把人权、民主、法治作为实现社会正义的基本制度安排,极大地推动了社会全面进步和人的解放。这是宪法学应当充分肯定、继续弘扬的方面。早期西方宪法产生于商品经济高度发展的时期,对效率的促进作用是自发实现的,制宪者并没有明确的经济效率追求。后来宪法的发展逐渐与经济市场化的过程相分离,宪法也就成为纯粹的政治法,失去了促进效率的功能。20世纪以来宪法的社会化,是人们重新认识宪法功能的结果。因此,宪法学在坚持正义价值主导地位的同时,必须重视效率价值,自觉地把权利界定与经济增长联系起来研究。英国学者彼德·斯坦(Peter Stein)和约翰·香德(John Shand)指出:"法律中所

---

① [德]科斯洛夫斯基:《资本主义的伦理学》,中国社会科学出版社1996年版,第3页。

存在着的价值,并不仅限于秩序、公平和个人自由这三种。许多法律规范首先是以实用性、以获得最大效益为基础的,简言之,即使个人付出的代价减少到最低的限度。"①

传统宪法学和政治学不仅缺乏明确的效率观念,甚至把效率与正义对立起来,把权利、自由置于理想的象牙塔中,认为它们是超越经济,脱离世俗生活的。当代美国著名伦理学家约翰·罗尔斯(John Rawls)的观点很有代表性,他说:"正义否认某个人失去自由会由于别人享有更大的利益而变得理所当然起来。它不承认强加给少数人的牺牲可以由于许多人享有更大的利益而变得无足轻重。因此,在一个正义的社会里,平等的公民自由权被认为是确然不移的;得到正义保障的权利不受政治交易的支配,也不受制于社会利益的权衡。"②他正确地坚持了正义标准的优先地位,但却明显将平等置于自由之上,否定制度安排对效率的考虑。这种观念在发达的西方社会或许具有进步作用,但对于经济上落后的第三世界民族国家而言,没有经济现代化,一切民主、平等的实现都会困难重重。权利保障制度应注重效率,但效率不是权利界定与维护所体现的唯一价值,甚至也不是最根本的价值。效率优先、兼顾公平作为经济体制改革的基本方针,无疑是正确的。但正义和公平是现代法制的根本价值准则,在重视权利的经济功能时,必须坚持公平、正义是宪法和法律的首要价值准则的基点。也就是说,在以宪法为核心的法律体系中,效率只能是从属于正义价值的准则。如果放弃正义标准单纯追求经济效率,把公民权利保障制度、宪法乃至整个法律制度仅仅作为发展经济的工具,也会走上歧途。只有在这一前提下,才能形成既符合公平理想又能促进经济效率提高的权利保障制度,把公平与效率有机地结合起来。

三、定性分析与定量分析方法

(一)定性分析方法

我国宪法学长期片面强调定性分析,忽视定量分析。在对宪法现象进行定性分析时,又过分看重宪法的政治属性特别是阶级性的揭示,忽视宪法的法

---

① [英]彼德·斯坦、约翰·香德:《西方社会的法律价值》,中国人民公安大学出版社 1990 年版,第 2 页。

② [美]约翰·罗尔斯:《正义论》,上海译文出版社 1991 年版,第 4 页。

律属性、经济属性、伦理属性及社会属性,从而严重地制约着我国宪法学理论繁荣与宪制建设的进展。

实际上,宪法现象包括权利问题的属性是多层次的。就权利的政治属性来看,不仅不同阶级对权利有不同的认识,不同的阶层、利益群体、职业集团以及不同民族、性别、年龄的人们也会有不同的权利观念和权利要求。不能只见树木,不见森林,仅仅在阶级问题上做文章。权利保障也不只是为了实现人民当家作主,实现社会正义、发展经济、最终促进人类的全面解放,都是权利保障的价值目标。

从经济属性来看,权利现象是社会经济发展的产物,无论财产权利还是人权要求,首先都是从经济过程中提出来的,市场交易的实质就是权利交易。看不到权利的经济属性,就很难理解权利的真正价值。权利最原始的形态并不是法定权利,而是道德权利,权利保障是人类在反抗社会不公、追求公平正义的斗争中建立起来的制度设施,没有正义的理想和追求,就不可能有真正有效的权利保障制度。也就是说,权利的伦理属性是不可忽视的,那种否定人类共同伦理标准的存在、消解制度安排正义价值的观点是错误的。法定权利是权利最完备的形态,通过宪法和法律的保障,就可以赋予权利以强制执行的效力,只有宪法和法律切实保护的权利才具有不可侵犯性。权利具有伦理属性,但是不能把宪法上的公民权利仅仅作为道德权利,在法庭上不能引证,在实践中无法强制执行,这样的权利在宪法上规定得再多、再完备,都是毫无意义的,反而有损于宪法的权威和尊严。宪法学应当充分重视权利的法律属性,研究权利在立法、行政和司法过程中得到实现的途径与形式。近来宪法学界已有学者开始研究公民宪法上基本权利的适用性问题,这是一个进步。① 仅仅从政治上、阶级属性上给宪法和公民权利定性,是一种简单化的办法,不可能真正深刻地理解权利现象。

（二）定量分析方法

数学是研究自然界物质现象之间数量关系的科学,定量分析最初是自然科学从数学中借用过来研究自然现象的方法,在物理学、化学、生物学等学科中获得广泛的运用,社会现象则一直被认为是难以用数量分析加以解释的领域。到了 19 世纪,瑞士经济学家瓦尔拉斯和他的学生帕雷托开始用数量分析方法研究市场均衡,创立了数理经济学,定量分析方法才开始进入社会科学领域。从政治、法律领域来看,在 18 世纪和 19 世纪,孔多塞和数学家博尔达等人就曾用数学方法对投票过程进行过分析。但是,定量分析在经济领域获得巨大成功的同时,在政治和法律研究方面却沉寂了一个多世纪之久,到20世纪中期以后法学才从经济学家们手中再度接过数量分析工具。如前所述,在20世纪,美国芝加哥学派特别是加里·贝克尔等人把经济学研究从市场关系扩展到非商业关系领域,为对人类行为全面进行数量分析开辟了广阔的前景。对政治与宪法问题进行数量分析作出开创性贡献的是以詹姆斯·布坎南为代表的公共选择学派,该学派运用经济数学模型对国家、选举、政党等问题进行了深入数理分析,对经济学、政治学和宪法学等社会科学研究产生了广泛而深远的影响。

经济学比较成功地把数学工具运用于人类行为分析,"获得了其他社会科学无与伦比的技术上的优势"[1]。这是由生产、交换和分配领域普遍存在着数量关系,货币成为衡量一切物质财富乃至部分精神财富的一般等价物的事实促成的。在宪法现象领域,数量关系虽然也大量存在,却不如经济现象中那样普遍,不同现象之间也没有统一的量的衡量标准。宪法的公平、正义,平等、自由等理想价值并不是都可以量化的东西,生命、自由的价值与财产的价值也不能互相替换。但这并不表明宪法学只能采用定性分析而不能采用定量分析,实际上,对宪法特别是公民权利保障制度的功能的研究完全可以借鉴经济学处理数量关系的模型、公式和定律进行分析,把定性与定量结合起来。财产权利、社会经济权利保障对社会经济生活的影响,选举权、被选举权的行使与政治生活的关系如何,平等、个人自由有无经济激励功能等等,都是可以也应当运用数理加以说明的。制宪与行宪对权利的界定和维护,实际上是一个利益的冲突及其取舍的过程,对于冲突中的利益如何抉择,首先要看利益的合宪性,以便舍弃违宪利益,保护合宪利益。同时还要进行定量分析,因为合宪与合法利益相互间也会发生冲突,而且这种合法利益之间的矛盾更普遍,仅仅通过定性分析是难以作出正确选择的。只有通过定量分析,比较冲突着的合宪合法利益的大小,按照舍小取大的原则才能妥善解决问题。

---

[1] [美]罗伯特·考特、托马斯·尤伦:《法和经济学》,上海三联书店、上海人民出版社1994年版,第10页。

第二章　权利的经济属性

第一节　权利概念的经济内涵

一、利益要素在权利构成中的地位

说明复杂多样的权利现象,仅靠一个简单的定义是远远不够的,当代法学家们转而对权利概念进行要素分析,以便更加深入地揭示权利的内涵。

由于权利包含或涉及的因素很多,关于权利构成要素的主张也不胜枚举。美国分析法学家霍菲尔德(W. N. Hohfeld)曾经明确提出,分析法学必须对权利、义务以及其他法律关系的概念进行严格的考察、区别和分类。他还身体力行自己的主张,在《权利的基本概念》一书中把权利划分为特权和自由、权利要求、权力、豁免四个要素。[①] 这一著名的权利概念分析被西方多数法学家所接受,《美国法律重述》就是以霍菲尔德的权利、义务分析为标准对判例法加以解释的。战前日本宪法学者美浓部达吉就曾把利益作为权利的构成要素之一来对待,他说:"于权利的观念里面,有三种要素是必要的。一以一定的利益为内容;二以意思的力为手段;三依法而被承认。"[②]美浓部达吉的权利概念把利益作为权利的构成要素,具有一定的价值,但是由于受到分析实证主义学派的影响,古典自然法的正义理念已被排除于权利要素之外。美国社会法学大师庞德(Roscoe Pound)对权利要素作了细致的分析,指出权利具有六种要素,简单

---

① 参见[英]戴维·米勒、韦农·波格丹诺编:《布莱克维尔政治学百科全书》,中国政法大学出版社1992年版,第611-612页。

② [日]美浓部达吉:《宪法学原理》,商务印书馆1927年版,第47页。

地说就是"利益、利益加上保障这种利益的法律工具、狭隘的法律权利、权力、自由和特权"①。在我国学者中,张文显教授曾从资格、主张、自由、利益、法力、可能、规范、选择八个方面概括关于权利的学说;陈云生教授曾以利益范畴为核心给权利下过定义。② 由此可见,在当代法学理论中,绝大多数学者已经把利益作为不可缺少的要素纳入了权利概念之中,这对于从社会关系,尤其是从经济生活的层面来研究权利问题是很有帮助的。

如前所述,权利概念涉及各个方面与多种因素,如果把这些因素都视为构成权利的要素,不仅事实上不恰当,理论上也不科学,只有那些对于权利来说不可缺少的因素才能成为权利的构成要素。而且,权利的各构成要素之间也不是相互平行的关系,它们分别处于不同的层次上,不能将它们等量齐观。分析法学由于没有把对权利概念的分析与社会经济关系联系起来,并把权利的各构成要素放在同一个层次上来看待,因而难以将利益范畴纳入权利概念。有的学者把资格与权能、主张与要求并列为权利的不同构成要素,也是不科学的。资格与权能、主张与要求实际上分别都是一对同义语,它们之间虽然在细节上会有这样或者那样的差异,但并不如人们想象得那么大。笔者认为,权利是由利益、正义、意志、力量和要求五个要素构成的整体,是以利益为内容、以意志自由为表现形式、以法律强制力为保障的正当要求,具体说来:

第一,权利是一种主张或要求。据此,权利主体可以用语言或行为向他人提出要求其作为或不作为的请求;即使在以自己的行为行使的绝对权利中,也包含着权利主体对他人不得妨碍其权利行使的潜在要求。如果一项权利仅仅规定在书面宪法上,主体不能据此提出任何有效的主张或要求,那就根本不是什么权利。同时,作为权利构成要素的要求不仅仅限于提出要求本身,还应当能够引起一定的法律后果。也就是说,公民正式提出的权利要求应当能够引起权利保护程序的开始,必须有专门的机构来受理并处理公民的权利要求。

第二,权利是正当、合理要求。并非主体的一切要求都能成为权利,只有那些正当、合理的要求才能构成权利。所谓正当、合理的要求,就是符合社会的正义标准,因而被社会普遍认为应当满足的要求。具体地说,正当合理包括三个方面的条件:一是客观上存在满足这种要求的可能性,无法满足的要求不

---

① 〔美〕罗斯科·庞德:《通过法律的社会控制法律的任务》,商务印书馆 1984 年版,第 48 页。

② 分别参见张文显:《法学基本范畴研究》,中国政法大学出版社 1993 年版,第 74-81 页;张庆福主编:《宪法学基本理论》,中国社会科学出版社 1994 年版,第 491 页。

能成为权利;二是与其他人同样的要求可以协调共存,与他人同样的要求不能共存的要求属于特权;三是符合公认的社会正义标准。

第三,权利以自由意志为表现形式。权利是主体意志自由的体认,在权利界限划定的范围内,权利主体只受自己意志的支配,不受国家、组织或他人的强制性干涉与控制。权利意味着意志的自由选择,如果一切都由某个自居于全体公民之上的主宰决定,也就不存在什么权利了。

第四,权利是得到法律保障的正当要求。并非所有的正当要求都是权利,只有那些得到一定的社会力量支持的正当要求才能成为权利。仅仅诉诸理性和良知的要求只是道德权利,如果没有一定形式的强制力的保障,任何再正当的要求都是脆弱的,不可能成为一项有效的请求,从而也不是真正的权利。权利必须与一定的力量结合起来才会产生实际效果,如果没有宪法和法律的制度化保障,任何权利要求都难以得到实现。马克思在分析劳动力买卖关系时指出:买者要求延长劳动时间,卖者要求缩短劳动时间。"于是这里出现了二律背反,权利同权利相对抗。这两种权利,都同样是商品交换规律所承认的。在平等的权利之间,力量就起决定作用。"[1]在社会生活中,正当要求可能得到两种力量的支持而成为权利:一是精神力量,得到这种道义力量支持的正当要求构成道德权利,这是法定权利的基础;二是国家强制力量,以国家强制力为后盾的正当要求构成法定权利,这是道德权利的保障。法学著述经常在权利面前冠以"合法"二字,其实是完全不必要的。因为既然讲的就是法定权利,自然就是合法权利,没有人见过"非法权利"。法定权利,包括宪法确认的公民基本权利,与道德权利虽然同属于权利,却存在着重大差别,不能把宪法上的公民权利仅仅当作道德权利来对待。必须注重运用国家强制力保护公民的基本权利不受侵犯,使之在立法、行政与司法过程中均具有不得违反的强制执行效力。

最后,权利的内容是某种利益。权利之所以设立,是因为利在其中,需要划清利益界限。利益是权利的内容,权利是利益的形式。权利的界分和维护,都是由于利益的存在,是为了对利益加以承认、分配和保护。没有确定的利益内容。任何权利都会成为多余而毫无价值的东西。乔尔·芬伯格正确地指出:人们"能有权利的事物恰恰是他们有(或能有)利益的事物"[2]。权利必然

---

① 《马克思恩格斯全集》第23卷,人民出版社1995年版,第262页。
② 转引自沈宗灵等主编:《西方人权学说》,四川人民出版社1994年版,第121页。

要指向特定的利益,权利要求就是对利益的要求,不存在没有任何利益的权利。罗马法学家认定:"正义是给予每个人他应得的部分的这种坚定而恒久的愿望。"①衡量一个要求的正当与否,显然不能脱离它所指向的目标与对象,利益就是这样的目标与对象,利益的质和量直接影响到要求本身的成立与否。道义力量或国家权力就是用来支持和保护利益的手段,只有利在其中,它们才显示其权威,从而要求人们尊重和服从。意志自由也离不开利益的目的与动机,受到利益得失的制约。马克思和恩格斯指出:"实际上,滥用这个概念对于私有者具有极为明确的经济界限,如果他不希望自己的财产即他的滥用的权利转入他人之手的话。"②利益不仅是权利必不可少的构成要素,而且是制约权利的界定、行使与维护的重要因素。

二、权利的经济本源

利益是一个含义极其广泛而复杂的范畴,各门社会科学虽然经常都会涉及利益问题和利益概念,但要界定或说明利益概念却也并非轻而易举的事情。西方学者包括耶林、庞德和利益法学派的代表人物都是从人的主观需要来理解利益的,他们认为:"利益是由个人、集团或整个社会的、道德的、宗教的、政治的、经济的,以及其他方面的观点而创造的。"③的确,利益具有主观性,与人的欲望、需要或需求有着密切的关系,利益的实现也给人们带来主观上的效用与满足。凡是不能满足需要、不能提供效用的东西,也就不值得欲求,不会成为权利的目标。在这一方面,西方学者的认识是比较明确的。但把利益看成是主观的需要或欲望本身,则是片面的。果真如此,人们就既不需要从事生产,也不需要界定和维护权利,只要不断地幻想就够了,但实际情况并非如此。利益还具有客观性,也就是说,能够满足人的主观愿望或需要的东西不是人的主观愿望或需要本身,而是在主体自身之外的客观存在的资源或财富,包括物质的、精神的和人身的资源与财富。即使是其中的精神财富,也是以特定的物质形式表现出来的,而不仅仅存在于人的头脑中。从来源看,利益也不是人的欲望或观点创造出来的,而是由人类的生产活动,包括物质生产和精神生产活动创造出来的。利益涉及两个方面的关系:一是主体与对象的关系,即客观存

---

① [古罗马]查斯丁尼:《法学总论》,商务印书馆 1989 年版,第 5 页。
② 《马克思恩格斯选集》第 1 卷,人民出版社 1995 年版,第 133 页。
③ [英]戴维·沃克:《牛津法律大辞典》,光明日报出版社 1988 年版,第 454 页。

在的资源与财富能与人的主观愿望和需要相适应,能够满足这些愿望、需要。二是主体与主体间的关系。即人们在生产、交换和分配用来满足需要的资源方面的协作和冲突的关系。宪法通过权利界定,为组织协调人类创造财富的活动,并在冲突的利益之间作出取舍提供了一定的制度结构。

利益具有非常广泛的内涵。从主体的角度,可以区分出个人利益、团体利益、国家利益和社会公共利益;从内容来看,有物质利益、精神利益与人身利益;从性质上说,还有合法利益与非法利益,等等。因此,利益关系也是复杂多样的,包括个人、团体、国家和社会在人身、精神以及物质资源等方面的利益关系,权利正是利益关系最一般的表现形式。不探讨利益关系,是难以深刻理解公民权利保障制度的。

社会关系普遍具有利益关系的属性,而物质利益关系则是最基本的社会关系。物质利益关系不但制约着其他各种利益关系,而且对于权利及其保障都有着深刻的影响。马克思在担任《莱茵报》主编期间,"第一次遇到要对所谓物质利益发表意见的难事"①。带着这个令人"苦恼的疑问",他对黑格尔的法哲学进行批判,从而认识到"物质的生活关系"对于法律和权利的重要意义。马克思和恩格斯共同创立的历史唯物主义学说,就是从探究物质利益关系入手,通过分析人类社会各种物质利益之间的冲突,来深入揭示国家、法律以及权利对物质生产与交换的依赖关系的。在《德意志意识形态》这部历史唯物主义的奠基性著作中,马克思和恩格斯指出:"随着分工的发展也产生了单个人的利益或单个家庭的利益与所有相互交往的个人的共同利益之间的矛盾。"②在对个人、国家与社会利益的矛盾、冲突进行分析的基础上,他们阐发出历史唯物主义的基本原理,探寻到国家、法律与权利的经济根源。

在《资本论》这部经济学巨著中,马克思还从权利与契约的联系方面探讨了权利的经济根源,他说:商品交换"这种具有契约形式的(不管这种契约是不是用法律固定下来的)法权关系,是一种反映着经济关系的意志关系。这种法权关系或意志关系的内容是由这种经济关系本身决定的"③。马克思主义创始人对法律和权利进行经济学研究的原理、方法对于我们深入探讨法律和权利的经济属性,从经济发展的角度来观察公民权利宪法保障制度,是很有价值

---

① 《马克思恩格斯选集》第2卷,人民出版社1995年版,第31页。

② 《马克思恩格斯选集》第1卷,人民出版社1995年版,第84页。

③ 《马克思恩格斯全集》第23卷,人民出版社1995年版,第102页。

的。但是,马克思主义的经典作家们没有、也不可能穷尽真理,在市场经济条件下如何正确认识和处理经济发展与权利保障的关系,不可能从书本上找到现成的答案,还需要我们作进一步的具体研究。我国学者虽然能够从生产力与生产关系、经济基础与上层建筑这对社会基本矛盾的运动中去把握权利的经济根源,却也常常忽略了社会基本矛盾作用于个人、团体和国家需要通过的物质利益中介,并没有真正弄清权利的经济根源。西方法学家们虽然注重对权利进行利益分析,并对社会的利益冲突与协调多有研究,但由于没看到物质利益的关键作用,也不可能深刻理解权利与经济的关系。

权利实际上是对人与人之间利益关系的一种制度安排,从形式上它表现为意志关系,从内容上来看,则是一种利益关系。而从根本上说,权利的本源在于物质利益关系。物质利益不仅直接构成权利最重要的内容,而且也制约着权利的范围、界分方式和保障手段。这当然不是说,权利仅仅体现物质利益而与其他利益无关,也不是一切利益都可以最终归结为物质利益的。事实上,权利反映和涉及的利益是多种多样的,各种利益因素都需要通过权利获得制度化的整合,因而都会对权利保障制度产生影响。但物质利益始终是一个中介,起着关键作用。从性质上看,物质利益关系实际上也就是一种经济关系,这是因为用来满足人的需要的物质财富是由物质生产创造出来的,生产力水平决定了用以满足需要的物品的质量、数量和范围;物质财富的生产离不开人与人之间的分工与协作,生产关系对权利界定也具有重要影响;生产的产品要用来满足人们的需要,就要进行交换和分配,这也是制约人的需要及其满足的基本因素。因此,生产什么、如何生产和为谁生产这三个基本经济问题是制约一个国家和社会权利保障状况的决定性因素。

在社会生活中,特殊利益与普遍利益,个人利益、团体或群体利益与社会公共利益,公民利益与国家利益等不同利益间的矛盾是普遍的、必然的,其中最为深刻而持久的矛盾是物质利益方面的冲突。那种以为将来某个时刻会有一个"千年王国"到来,一切利益矛盾与冲突都将归于消失的想法,是天真幼稚的。以这种观点为指导,就会把权利保障当作权宜之计,在解决利益冲突时往往不自觉地企图用消除矛盾一方的办法来解决问题,因而是十分有害的。从人类历史发展的纵向长河观察,利益冲突是一个不断演变的过程,其中旧的利益矛盾得到解决,新的冲突又会产生,永无止境。从特定历史时期人类社会的横向结构来说,利益矛盾和冲突内在于社会结构之中,物质利益的矛盾是特定社会结构得以存在和进步的基本条件。要维护现存社会结构和社会秩序就必须对冲突中的利益加以协调,使代表各种冲突中利益的社会力量保持平衡。不能用非此即彼的观点压制利益冲突,也不能用你死我活的办法来消灭冲突。

三、权利范畴的学理定位

市场经济是法治经济,同时也是权利经济。建立社会主义市场经济体制,必须与依法治国同步进行。在市场经济条件下,深入考察权利在法学,特别是宪法学中的地位,说明人权与公民权利、权利与义务、权利与权力的关系,对于促进依法治国是很有必要的。

（一）人权与公民权利的关系

人权与公民权利的关系,是东西方国家之间一个长期争论不休的问题。西方国家一些学者比较注重人权,轻视公民权利,而一些东方国家的学者则以公民权利概念取代人权概念。应当说,二者都是片面的。顾名思义,人权(Human Rights)就是一个人作为人享有或者应当享有的权利,其特点是普遍性、理想性和内容的不确定性。公民权利(Civil Rights)则是指由一国宪法和法律所确认的、主要由该国公民所享有的权利,它具有民族性、现实性和内容的确定性。人权与公民权利的关系表现为一致与差别两个方面。

从一致性来看,承认和尊重人权是保障、实现公民权利的基础。在当代民主宪制制度下,法治的根本目标在于保障基本人权,人权理念的存在不仅提供了评价现行法律制度的价值准则,而且给公民权利保障制度提供了道义力量的支持。没有人权就没有法治,即使法律具有权威,也只是恶法的统治,不可能使公民权利得到实现。公民权利则是人权理念的制度化、法律化和现实化。因为仅仅从观念上承认和尊重人权是不够的,要实现人权,就必须运用宪法和法律来确认人权,运用国家强制力来保障人权,使之不可侵犯。人权经过宪法和法律的确认,就转化为明确具体的公民权利了。因此,承认和尊重人权是保护公民权利的前提条件,公民权利的宪法和法律保障是实现人权的基本途径。

人权和公民权利的差别主要表现在下述三个方面。

第一,人权具有普遍性和世界性,公民权利具有特殊性和民族性。人权是人之为人的权利,其主体是人,人皆有权,一切个人不分民族、种族、性别和国界都是人权的享有者。但是,各国家、各民族、各地区的物质文明、制度文明和精神文明的发展程度不同,保障和实现人权的条件、途径和方式就不会完全一样。因此,各国宪法和法律所保护的公民权利就显得千差万别,各具特色,不可能千篇一律。

第二,人权具有理想性和应然性,公民权利具有现实性和实然性。人权首先表现为一种理想状态,作为人类长期矢志不渝的追求,人权是人应当享有的权利。无论国家是否承认和保护它,它都作为一种准则发挥着评价现行法律制度的功能,良法与恶法的根本分野就在于二者对人权采取的不同立场。良法以保障人权为根本目标,恶法则是压制人、奴役人的工具。宪法和法律对人权的保障首先表现为把理想、观念形态的人权规范化、书面化,使之变得更加明确具体,向实现人权前进了一步,因而具有现实性和实然性。但宪法和法律对人权的书面规定只是人权的规范状态,对公民权利的书面规定不等于权利的实现,只有同时从制度上为国家权力设定严格的制约,公民权利才能真正得到实现。

第三,人权的内容具有模糊性和不确定性,公民权利则应当是明确而具体的。人权表现为尊重人的价值,承认人的尊严的一般要求,属于道德权利,而道德规范往往并不见诸文字,它存在于人们的观念之中,因而以伦理道德规范为基础的人权究竟包括哪些内容往往是不确定的。在诸多人权中,基本人权相对说来比一般人权更具有确定性,通常被认为是基本人权的有生命、自由、财产、安全等项。但与公民权利相比,基本人权仍然缺乏明确具体性,因为在究竟哪些人权属于基本人权的问题上,也不存在完全一致的意见。而在一国范围内,公民权利是由宪法和法律明文规定的,其内容就比较明确具体。

(二)权利与义务的关系

我国法学界通常把权利和义务作为法学的基本范畴,并在此基础上阐发了权利本位学说,这种定位实际上源于苏联法学。如马图佐夫就曾指出:"权利构成法律体系的核心,法律体系的许多因素是由权利派生出来的,由它决定,受它影响,权利在法律体系中起关键作用。在对法律体系进行广泛解释时,权利处于起始地位,是法律体系的主要的、中心的环节,是规范的基础和基因。"[①]一般而言,把权利与义务作为法学的基本范畴是正确的,因为从广义上讲,权力和责任也可以说是权利与义务的一种特殊形式。国家运用法律手段进行经济调控,主要就是通过立法过程来界定权利,通过行政过程实现权利,

---

① 转引自张文显:《法学基本范畴研究》,中国政法大学出版社 1993 年版,第 88 页。

通过司法过程保护权利。离开权利保障,不仅市场经济不可能正常运行,而且法律也就不再是现代意义上的法了。

从最广泛的意义上,可以说,权利与义务是法学的一对基本范畴,其中权力、责任分别被看作是权利、义务的特殊形式。在这种意义上究竟是"权利本位"还是义务本位的问题,宪法早已解决了。世界上绝大多数国家的宪法在确认公民基本权利时,都把权利置于义务之前。正是为了突出权利相对于义务的重要性,不少国家的宪法只规定了公民的权利,对于公民义务没有具体规定。美国宪法修正案就只有权利规范,没有义务规范;法国现行宪法仅在序言中宣称忠于《人权宣言》和1946年《宪法》所补充的各项人权,也没有规定公民义务。[①] 我国1954年《宪法》虽然把国家机构置于公民权利与义务之前,但在公民权利与义务的专章中还是把权利放在义务之前的。只有1975年《宪法》是把公民义务放在公民权利之前规定的,而这部宪法是在"文化大革命"进行到第10个年头制定的,其指导思想是"阶级斗争必须年年讲,月月讲,天天讲"和"无产阶级专政下继续革命"的错误思想。这部《宪法》的严重缺陷,包括它对国家制度和公民权利保障制度的不良影响,应当说是众所周知的。否定权利本位实际上回到了1975年《宪法》的立场上,这是非常危险的。

我国现行《宪法》把公民权利置于公民义务之前加以确认,就是明确肯定权利对义务的优先性。本来这是改革开放以后拨乱反正的成果,应当得到肯定和维护,但是一个时期以来,有人不是从学术上而是从政治上批判权利本位观念,而且,最激烈的批判者正是过去权利本位论的积极倡导者。批判者虽然引经据典,但却忽视了"工人革命的第一步就是使无产阶级上升为统治阶级,争得民主"[②]。民主自然不能没有权利,如果革命的目的是争得义务,无论资产阶级革命还是社会主义革命都不会发生了,因为在前资本主义社会,人们的义务比权利要重要得多。对权利本位论的批判,实际上就是对现行宪法结构中体现的基本宪法和法制观的批判,这就使我们不禁联想到20世纪50年代末"法律上人人平等"的宪法原则遭受政治批判的情形。对于宪法的条款不仅完全可以而且也应当进行学术上的探讨与批评,但给宪法结构扣上政治帽子来批判,则是一个值得重视的问题了,因为它可能再一次使宪法的权威丧失殆尽。

---

① 参见何华辉:《比较宪法学》,武汉大学出版社1988年版,第47页。
② 《马克思恩格斯选集》第1卷,人民出版社1995年版,第293页。

从狭义上理解,权利与义务属于私法即民商法的基本范畴,而不是公法的基本范畴。民商法调整的社会关系正是市场机制发生作用的领域。财产权的充分界定是市场交易的前提,企业或个人参与市场交换,必须对用于交换的资源拥有支配权,没有明确的占有、使用、收益及处分财产的权利,就没有独立的经济主体。而财产权是一种绝对权利,在产权关系中,享有权利的主体是明确、具体的,而与之相对的负有义务的主体则是不特定的。财产权利作为绝对权利,不是说它是绝对的不受限制的权利,而是说只有先行界定权利,才能确定义务。从法律技术上看,如果不从确认权利入手,而是从规定义务出发,显然不可能清晰地界定财产权市场交易是通过经济主体自愿缔结和履行契约的方式进行的,切实保障契约自由是市场经济对民商法和宪法的基本要求。交易各方从各自的利益出发通过自愿达成的协议不仅决定了商品价格,同时也起到了传导市场信息的作用。法律的任务之一就是维护契约的效力,保证经济主体获得"正确价格"的权利,显然不能把合同法的基本精神说成是给人们强加上签订契约的义务。

市场经济是"消费者主权"(Consummer's Sovereignty)经济,消费者按照自己的意愿与偏好从市场上选购商品,从而把需求信息传达给生产者,生产者在利益动机的驱使下按照消费者的需要安排生产,消费者手中的货币选票决定了生产者生产什么、生产多少的问题。因此,民商法的重要功能就是确认和保护消费者权益,使生产者向消费者承担责任。只有在计划经济体制下,法律才把生产什么、生产多少的经济选择变成生产者对国家的义务,把决定个人消费什么变成国家对消费者的权力,这就搞乱生产者、消费者与国家的关系。因此,"在权利义务关系之中,权利是出发点,因为一切义务的设定都是为了人民当家作主这一根本权利的更好实现,而不是相反,不论法律规范的表现形式是禁止性还是授权性的或是义务性的,都是如此"[①]。市场经济是权利经济,生产什么、如何生产、为谁生产和如何消费的问题,都是由经济主体理性决策、自主安排的事情,换言之,也就是他们的权利。说明在私法领域权利相对于义务具有根本的重要性,并不意味着义务是无足轻重,可有可无的。而是说权利保障是法律的基本目标,义务的设定乃是为权利的实现服务的。没有义务的支持,任何权利都不可能得到实现。

---

① 刘作翔:《在社会主义法制建设中应当重视权利问题》,《当代法学》1990 年第 4 期。

权利与权力的关系

在公法范围内,权利与义务这对法学的基本范畴具体表现为公民权利与国家权力的关系。宪法就是全面、集中调整公民与国家的关系,划定和维护公民权利与国家权力合理界限的国家根本法。它的基本功能简单地说就是保障公民权利,制约国家权力。具体而言,宪法无论对于公民权利还是国家权力都是既保障又限制,对于公民权利重在保障、对于国家权力则重在制约。

无论是反对权利本位,还是主张义务重心,都有一个不便言的潜台词,那就是权力本位。我国封建专制传统深远,加上新中国成立后又长期推行计划经济体制,这就使我国法学,特别是宪法学极易接受国家主义的影响。在近代,西方文明向东方的传播经过两条途径:一是从英国——法国——德国——日本到俄国的路径,二是由英国——美国——加拿大到澳大利亚路径。自清末开始,我们一直处于前一条路径的末端,倾向于向封建势力较为强大的日本、俄国或德国学习,而对于后一条途径,我们则拒绝得很坚决,这种选择偏好主要是源于我国的国家主义传统。清朝末年颁布过一部《钦定宪法大纲》就是以日本《明治宪法》为蓝本的,它以君上大权为正文,确认封建皇帝总揽国家统治权力,而以臣民的权利义务为附录,规定了臣民极为有限的权利和自由。从性质上看,《钦定宪法大纲》是一部封建性的法律文件,充分体现了封建专制制度之下权力本位、权利无足轻重的事实,遭到人民的唾弃。

新中国是人民当家作主的社会主义国家,中华人民共和国成立后,公民权利保障状况发生了根本的变化,取得了前所未有的进步。自 20 世纪 50 年代中期我国开始长期实行计划经济体制,权力本位观念不仅没有根除,而且愈演愈烈。计划经济就是权力经济,个人消费什么、消费多少悉听国家安排,不存在消费者的经济主权只有至高无上的国家权力。我国 1975 年《宪法》的结构明显表现出权力本位与义务本位相结合的倾向,它不仅把公民义务排列在公民权利之前,而且把国家机关放在公民权利与义务之前,这是当时计划经济体制日益走向僵化,法制遭到破坏,公民权利不受重视的现实的反映。1975 年《宪法》的严重缺陷,包括它对公民权利与国家权力关系的错误定位,随着"文革"的结束很快得到了纠正。我国现行《宪法》在结构上把公民权利置于国家机关之前加以规定,正是为了昭示公民权利相对于国家权力和公民义务的首要地位。因此,权利与权力的关系问题,同样是一个在现行宪法中已经得到圆满解决的问题。从历史顺序上看,人民只有争得了制宪权,有了行动自由,才能制定宪法和法律;从理论逻辑上说,宪法是对已经争得的民主事实的确认,以民主为前提,是对民主制度的保障,没有民主就没有宪法,而民主是离不开权利与自由的。因而公民权利在历史上先于国家权力,在逻辑上优于国家权力。[①]

四、公民权利的经济观

用经济的眼光看待权利,就是要把公民权利视为能够促进经济增长的资源。

首先,公民权利是一种制度资源。现代市场经济的发展,改变了传统的生产要素结构。自近代开始,物质资本对经济增长的贡献已经超过了土地资源的贡献,19 世纪末到 20 世纪初人力资本的贡献也日益大于物质资本,而从 20 世纪中叶起,制度成为生产的第四要素对经济发展的贡献正在不断增长,越来越引起人们的关注。制度也是生产力,能够创造经济绩效,这一观点自 80 年代开始引起经济界和法律界的共鸣。美国哈佛大学法学教授哈罗德·伯尔曼 (Harold J. Berman)指出:"法律像田地和机器一样,是一个社会中生产方式的一部分;不经操作,田地或机器便毫无意义,而法律恰是关于它们操作的组成部分。如果没有关于工作和交换的权利和义务,就没有播种和收获庄稼。如果没有某种法律对机器的生产和使用活动予以规定,就没有人生产机器,机器就不会从生产者转移到使用者手中并予以使用,它的使用价值和受益也就不会获得。这样的法律调整本身就是资本的一种形式。"[②]加拿大安大略省汉密尔顿市迈克玛斯特大学戴维·菲尼(Divid Feeny)教授也明确提出,仅有正统经济学的天赋要素、技术和偏好这三大柱石还不够,制度作为第四大柱石已经是不言而喻的了。他说:"土地、劳动和资本这些要素,有了制度才得以发挥功能。制度至关重要。"[③]制度作为生产要素的地位日渐显现,它通过与土地资本和劳动力的相互作用,对经济增长的贡献越来越多。新制度经济学虽然把制度作为经济学研究的基本课题,但在宏观制度结构与微观制度安排方面,该学派关注的重点问题是所谓制度安排。也就是说,他们考察的主要是微观的

---

① 参见何华辉《比较宪法学》,武汉大学出版社 1988 版,第 46-47 页。
② [美]哈罗德·伯尔曼《法律与革命》,中国大百科书出版社 1993 年版,第 664 页。
③ [国际经济增长中心]斯特罗姆、菲尼、皮希特编:《制度分析与发展的反思——问题与抉择》,商务印书馆 1992 年版,第 122 页。

制度,对于宪法上的宏观层次的制度问题,他们与正统经济学一样把它视为既定环境。道格拉斯·诺斯等更加强调微观安排:"一项制度安排是支配经济单位之间可能合作与竞争方式的一种安排,制度安排可能最接近于'制度'一词的最通常使用的含义了。"[①]

这种注重制度安排(即我们通常所说的"体制"),轻视制度结构(也可以直接称之为"制度")的倾向,与西方国家的具体经验有关。因为在这些国家里,经济曾经历过一系列动荡、危机和制度安排变革,而宪法与法治的基本框架则长期保持相对稳定,于是,经济制度安排对经济增长的贡献明显表现出来,宪制对经济效率的促进作用则变得模糊不清了。但是在事实上,这种作用显然是存在的,而且是十分重要的。列宁曾经说过:"民主共和制是资本主义所能采用的最好的政治外壳,所以资本一掌握………这个最好的外壳,就能十分巩固十分可靠地确立自己的权力,以致在资产阶级民主共和国中,无论人员、无论机构、无论政党的任何更换,都不会使这个权力动摇。"[②]列宁的这一论述是富有洞察力的,它说明,西方宪制之所以是资本最好的政治外壳,很重要的一个方面就是它充分界定了各种生产要素的使用权,能够在相当长的时期内维持经济的基本稳定与持续增长。没有这种制度结构的作用,西方世界今天的经济发达程度就会成为难以理解的现象。

对于许多第三世界国家来说,宪法层次上的制度安排对经济现代化的影响要远远超出经济过程中的具体制度安排的作用。从我国的情况来看,改革开放十多年来取得的经济增长,主要应归功于制度要素,其中既有具体经济体制安排的作用,如家庭承包经营、企业承包、租赁、股份制等,但更重要的还是宪法上制度改革的贡献,包括多种经济成分并存的所有制结构的建立,从单纯的指令性计划管理到承认市场调节、确认有计划的商品经济,直到建立社会主义市场经济体制等,无不都是由宪法变迁来完成的,并取得了举世瞩目的成效。这说明,良好的宪法制度结构和安排不仅可以产生经济效益,而且在特定条件下能够创造出比具体经济制度安排更多的经济效益,因而也是生产的制度要素的重要组成部分。公民权利宪法保障制度作为生产的第四要素,是与其他生产要素结合起来促进经济发展的,这包括财产权、劳动权、契约自由和

① [美]科斯等:《财产权利与制度变迁》(论文集),上海三联书店、上海人民出版社1994年版,第270页。

② 《列宁选集》第3卷,人民出版社2012年版,第120页。

贸易自由等方面。新制度经济学把制度作为经济学的基本范畴，是具有时代意义的。但它囿于发达国家的经验，对制度的理解过于狭隘，因而难以为包括中国在内的第三世界国家的经济增长提供真正建设性的方案。

其次，公民权利是对人力资源（Human Resources）的保护。从古典政治经济学到马克思主义，劳动价值论得到充分发展。按照劳动价值论，物质资本不过是劳动的外化和积累，也就是说，物质资本是人力资源的产物。马克思指出："获得了自由的、本身自行构成工业和获得了自由的资本，是劳动的必然发展。"①人的体力与智力，知识与技能，是一切物质财富的最终源泉。但是，在整个人类历史过程中，始终是物质资本支配着人力资本（Human Capital），死劳动支配着活劳动。"资本是对劳动及其产品的支配权。资本家拥有这种权力并不是由于他的个人的或人类的特性，而只是由于他是资本的所有者。他的力量就是他的资本的那种无可抗拒的购买力。"②物质资本对人力资本的经济上的支配，在政治上表现为物质财富的拥有者对人力资本的所有者的统治。之所以如此，是因为物质资本可以与人自身相分离，实现在少数人手上的集中。资本流动的规律是从低收益走向高收益，当经济领域的投资趋于饱和时，资本拥有者会将投资转向社会，进行诸如文化投资、慈善事业投资，以获得情感和声誉；在经济与社会领域的投资均出现饱和的时候，物质资本所有者就会转而进行政治投资。战国末年，阳翟大贾吕不韦视秦质子子楚为"此奇货可居也"，遂破财千金资助子楚争夺秦国太子位。子楚立为秦太子后，吕不韦终于得为秦国宰相，"封文信侯，食河南洛阳十万户"，以致家僮万人，食客三千人。"吕不韦乃使其客人人著所闻集论，以为八览六论十二纪二十余万言，以为备天地万物古今之事，号曰《吕氏春秋》。"③吕不韦投资千金从政，其收益不仅是政治上居一人之下万人之上，经济上食十万户，而且在文化方面亦博得芳名，足见其收益之丰厚。新制度经济学派代表人物之一哈罗德·德姆塞茨关于政治投资的收益往往小于经济投资的结论，只适用于市场经济与民主政治相结合、政治垄断（political monopoly）程度低下的社会。④ 政治领域属于垄断性事业，权力越是集中，政治垄断的程度就越高，政治投资的收益就越大。

---

① ［德］马克思：《1844 年经济学哲学手稿》（单行本），人民出版社 1979 年版，第 61 页。
② ［德］马克思：《1844 年经济学哲学手稿》（单行本），人民出版社 1979 年版，第 18 页。
③ 司马迁：《史记·吕不韦列传》。
④ 参见［美］哈罗德·德姆塞茨：《竞争的经济、法律和政治维度》，上海三联书店 1992 年版，第 54-56 页。

物质资本向政治领域转移,购买的是国家权力。因此,在专制社会,财产权利往往与国家权力结合在一起,形成支配和奴役人的力量,宪法和公民权利的制度化保障也就不可能与私有财产一道出现。

人力资源的占有是个体化的,人的智力和体力知识和技能,劳动者的综合素质,都是与人身不可分离的财富,不可能脱离个人的控制而被集中到少数人手中。即使人身被占有的奴隶,也可以通过怠惰来控制自己的劳动力。这样,人力资本处于分散状态,在生产过程中就不可能取得支配地位,在政治上也不可能获得统治权。到了 20 世纪,随着物质资源的更加稀缺化,生产发展越来越依赖于人力资本,人力资源与物质资本才开始在生产过程和政治领域达成某种均衡。不过,这种均衡的长期维持则需要宪法从制度上保护人力资源的权利。

公民权利保障制度不仅是协调各种生产要素的利用关系,促进经济发展的制度资源,而且能够通过维护和扩展个人的选择能力来提高人力资源的经济价值,促进经济增长。其中具有显著贡献的是个人权利与自由、社会经济文化权利,如生命权、健康权、劳动权、受教育权、表达自由、迁徙自由等等。真正完备的民主宪制制度是以市场经济为基础的,在市场体制之下,个人是其自身人力资本的拥有者,他对自身人力资源的使用作出的决策与自身利益具有密切联系,创造的成果由自己享用,造成的闲置与浪费由自己承担,就会激励个人尽可能有效利用自身的人力资源来创造财富,促进经济增长。"市场被当作使个人排列其消费偏好(Preference)和自由追求这些偏好的能力达到最大化的一种制度安排。"[①]如果劳动者不能自由决定自己劳动技能的使用,无权选择劳动条件和待遇,对劳动创造的成果也没有支配权,经济发展就缺少应有的动力。正如道格拉斯·诺斯等所说:"如果一个社会经济不能增长,那一定是因为它不能激发起经济上的进取精神。"[②]宪法保障公民权利的制度具有的一个重要功能就是界定人力资源的使用权,以充分调动全体社会成员创造财富的进取精神,最终促进经济高速增长。

---

① [美]V. 奥斯特罗姆、D. 菲尼、H. 皮希特:《制度分析与发展的反思——问题与抉择》,商务印书馆 1992 年版,第 26 页。

② [美]道格拉斯·诺斯、罗伯特·托马斯:《西方世界的兴起》,学苑出版社 1988 年版,第 2 页。

第二节　资源比价变动与权利主体的诞生

黑格尔曾经正确指出:"'人权'不是天赋的,而是历史地产生的。"[①]个人普遍取得公民身份,其根本利益被界定为基本权利并受到宪法的保护,是社会经济发展到一定阶段的产物,归根到底是生产力发展的结果。社会生产力发展对权利保障的作用主要表现在两个方面:一是作为外部条件,生产力的发展创造出的更多物质财富,成为界定、维护和行使权利的物质基础。对于这一方面,我国法学界已有很多说明,这里不再赘述。二是作为内在动因,物质生产力的发展使人的伦理价值得到提高,形成合格的权利主体,产生出现实的权利要求。这是较少引起人们注意的方面,需要在此加以探讨。

一、两种生产及其对制度变迁的作用

权利是调整人与人之间利益关系的形式,但人与人的这种利益关系不是孤立存在的,它同人与物的关系是相互依存,相互制约的。正如马克思和恩格斯所说:"人们对自然界的狭隘的关系决定着他们之间的狭隘的关系,而他们之间的狭隘的关系又决定着他们对自然界的狭隘的关系。"[②]因此,探讨公民权利保障与经济增长的相互关系时,不仅应当明确市场经济体制的作用,而且要重视生产力的作用。

恩格斯在 1884 年为《家庭、私有制和国家的起源》所作的序言中提出了著名的两种生产的理论,他说:"生产本身又有两种。一方面是生活资料,即食物、衣服、住房以及为此所必需的工具的生产;另一方面是人自身的生产,即种的繁衍。一定历史时代和一定地区内的人们生活于其下的社会制度,受着两种生产的制约:一方面受劳动的发展阶段的制约,另一方面受家庭的发展阶段的制约。劳动越不发展,劳动产品的数量、从而社会的财富越受限制,社会制度就越在较大程度上受血族关系的支配。"[③]说明权利的经济属性,不仅要考察交换环节,还应分析生产环节。从生产环节来看,公民权利不仅与物质生产

---

① 参见《马克思恩格斯全集》第 2 卷,人民出版社 1995 年版,第 146 页。
② 《马克思恩格斯选集》第 1 卷,人民出版社 1995 年版,第 82 页。
③ 《马克思恩格斯选集》第 4 卷,人民出版社 1995 年版,第 2 页。

有关,而且也受到人自身生产的制约。

在我国,人们在正确地强调物质生产的基础性地位的同时,往往忽视了人类自身生产对社会文明的影响。这种机械的指导思想在实践方面就是无视人口增长给经济发展带来的压力,在理论上也难以充分理解社会制度变迁与经济发展的内在联系。马尔萨斯(Thomas Robert Malthus,1766—1834)的人口理论则走向了另一个极端,它在注意到人口增长对社会发展造成的重大压力的同时,却看不到物质生产的根本重要性,也不了解人口增长对社会发生影响的两重性,片面强调人口增长对社会的阻碍作用。马尔萨斯指出,人类社会服从两条法则:"第一,食物为人类生存所必需。第二,两性间的情欲是必然的,且几乎会保持现状。"于是人口按几何比率增加,生活资料却仅仅以算术比率增加,因而人口的增长力无限大于土地为人类生产生活资料的能力。这就成为人类社会不可克服的巨大困难,无论依靠人类自身来发展物质生产还是变革社会制度,都不可能缓解人口压力,实现社会进步。他得出结论,只有罪恶和苦难才能有效地抑制人口增长。马尔萨斯的悲叹虽然未能揭示普遍适用的人口规律,但它对于理解商品经济发展初期人口与经济发展和社会制度变迁的联系仍有一定的参考价值。

两种生产的活跃性程度不同,因而对社会的制度安排发挥作用的方式也不一样。物质生产始终是一个能动的积极因素,蕴藏着进步的巨大潜能,能够不断地从低级阶段向高级阶段发展。相比之下,人自身的生产则是一个被动的消极因素,它的发展变化极其缓慢,而且日益受到不断发展起来的物质生产的有力制约。因此,两种生产对社会制度变迁的作用既不是孤立发生的,也不是均衡发展的,在人类历史发展的不同阶段,它们之间的相互关系不同,各自对社会的影响也不一样。社会制度变迁的动因在于两种生产的状况及其相互作用的方式,而在两种生产的相互作用过程中,人的生产状况最终又取决于物质生产的发展水平。

需要特别强调的是,物质生产的决定性作用是从人类的整个历史长河来说的,但是,当物质生产尚未充分发达的时候,人自身的生产就具有不可忽视的重要作用,在特定历史时期,这种作用是极为关键的。从整个人类历史长河来看,物质生产可以看成是以一定的加速度增长的,随着物质生产发展速度的递增,人口经历了一个从低增长率到高增长率,再从高增长率到低增长率的演变过程。而就中世纪到近代的特定时期来说,则人口增长与经济增长是交替发生的。正是在这交替增长过程中，人权与公民权利保障制度被创造出来。

二、财富积累与个人主体地位的确立

公民权利状况不仅受到人们现有物质生活资料生产能力的影响，也受到过去创造财富的制约。过去，由于受"左"的思潮和"重义轻利"等传统观念的束缚，人们一度把贫穷当作社会主义，对于财富采取鄙视的态度，自然也就看不见它的社会价值。这不仅极大地阻碍了我国的经济发展和社会进步，对公民权利保障也产生了不利的影响。实际上，马克思主义是高度重视财富对历史发展的作用的，马克思和恩格斯创立的历史唯物主义理论，明确地把物质财富的极大丰富视为人类解放的基本前提，并把财富形态的演变与政治、法律和社会、经济制度变迁联系起来说明人类历史的发展。

这里，我们可以把社会财富理解为能够为人们所认识、控制与利用以满足其需要的各种资源的总和。其中包括有形财富和无形财富，物质财富、精神财富和人身财富等等。社会财富是质与量的统一体，财富的量就是它所体现的价值量的多少，质就是财富的存在形式或者形态。这样，我们就可以从社会财富的数量积累与形态演进两个方面来分析它对公民权利状况的影响。

首先，从财富数量积累的社会后果来看，在人类社会发展的初期，由于物质生产能力低下，完全没有任何剩余产品。虽然人与人之间的关系是平等的，社会管理也可以说是民主的，但个人却不是自由的，没有独立的地位和自主的能力。个人必须依附于群体，群体则完全依赖于自然界，以此谋求生存，因而个人在群体面前没有任何值得特别尊重的价值，这时还谈不上有什么权利与自由。物质生产力的逐渐发展，使财富的数量增加到有了剩余产品以后，那些掌握剩余财富的人们的地位率先起了变化，具有了独立自主的能力，享有一定的权利和自由。但在财富数量有限的条件下，掌握剩余财富的总是少数人，他们的权利也就成为特权。国家和法律制度的创新，最初就是与保护这种特权的需要相适应的。"物以稀为贵"，在社会财富稀缺状态下，人的价值与财富的价值相比是微不足道的，古代社会民刑不分、重刑轻民，把民事侵权作为犯罪来惩罚，对侵犯财产的一般盗窃罪往往处以极刑，就充分说明了人的价值受到物的价值的制约。到了近代，物质生产能力的巨大进步产生了巨额的社会财富积累，尽管绝大多数财富仍然由少数人掌握着，但是多数社会成员除了满足基本生活需要外，也分享了剩余财富。人均财富占有量的大大增加，意味着财富的贬值与人的价值提高。因此,个人普遍地具有了身份独立、行为自主和意志自由,成为权利的主体。运用根本法的形式承认个人独立的公民身份,以保障其权利与自由不受侵犯,也就具有了现实的意义。

由此看来,我国虽然处于社会主义初级阶段,但物质生产能力的发展已经为个人独立、自主提供了前提条件,我们应当承认和注重个人价值与主体地位,运用宪法和法律切实保障公民应有的权利,实现宪法和法律上规定的权利。我们完全有条件在推进宪制建设、切实保障公民权利与自由方面取得更大的进展,使宪制建设与经济增长同步、协调发展。

其次,就财富形态对人的价值和地位的作用来看,社会财富的演变不仅表现为数量上由少到多的不断积累,在质量上还表现出从低级形态向高级形态的变化,这种变化大体上可以概括为一个从土地到动产到货币的演进过程。马克思和恩格斯对财富存在形态的演变及其政治、法律意义进行过研究,在《德意志意识形态》一书中,他们指出:"在古代民族中,由于一个城市里同时居住着几个部落,因此部落所有制就具有了国家所有制的形式,而个人所有权则局限于简单占有,但是这种占有……仅仅涉及到地产。无论在古代或现代民族中,真正的私有制只是随着动产的出现才出现的……在起源于中世纪的民族那里,部落所有制先经历了几个不同的阶段——封建地产,同业公会的动产,工场手工业资本——然后才变为由大工业和普遍竞争所产生的现代资本,即变成抛弃了共同体的一切外观并消除了国家对财产发展的任何影响的纯粹私有制。"[1]这一论述虽然是为了说明所有制的历史演变过程,但实际上也提出了社会财富形态演化三阶段的理论。把这一理论运用于人权与公民权利保障制度分析,是很有意义的。

人类最初能够拥有的唯一财富就是他们定居其上并用以维持生计的土地。土地作为不动产,其重要特点之一就是不能被收藏或转移。在早期社会中,人离开群体所居住的土地将一无所有,因而只能依附于土地和他所在的群体。除了为人类活动提供空间外,土地不能直接用于满足人们的消费需要,只有与劳动相结合,才能生产出满足大类需要的物质生活资料。马克思曾经指出:"而土地只有通过劳动、耕作,才对人说来是存在着的。因而,财富的主体的本质已经移入劳动中。"[2]反过来我们也可以说,正是通过劳动,劳动对象的

---

① 《马克思恩格斯全集》第 3 卷,人民出版社 1995 年版,第 69-70 页
② [德]马克思:《1844 年经济学哲学手稿》,人民出版社 1979 年版(单行本),第 68 页。

特点也在作为主体的人身上打上深深的烙印。在以土地为财富基本形态的社会里，农业是最重要的生产部门，而农作物的培植、生长和成熟需要经过较长的时间。这就从空间和时间两个方面制约了人的活动自由，使他们依附于土地，难以有行动自主，也就不可能有很充分的权利和自由。西方有句谚语"没有无主的土地"(nulle terre sans maitre)，土地需要主人，以土地为财富主要形式的农耕民族也需要自己的政治主宰，这是农耕民族不尚权利的主要经济原因。

随着物质资料生产能力的提高，社会产品不断增加，有了更多的剩余，这些逐渐积累起来的剩余产品就成为动产。动产的特点是可以被转移，甚至随身携带，能够进行交换并直接用来满足人的特定消费需要。有了动产，人们就有了离开土地而行动的一定程度的自由。但是，动产的贮存、转移或携带都需要人们支付一定的代价，特定的动产按其用途只能满足人的特定消费需要。动产，从来都是不动产的附属物，在经济过程中没有充当过决定性的生产要素，动产所有者也没有取得政治上的支配权。拥有动产，人的独立自主程度仍然十分有限，农民有限的权利和自由常常是与少数封建地产所有者的特权相互依存的。

在生产分工和交换扩大的基础上，货币作为便利商品交换的工具成为财富的代表。货币本身经过实物货币、贵重金属货币到纸币，直到当代的信用货币的发展，使人类一步步摆脱了有形财富形态的制约。货币扬弃了财富的一切特殊性，代表了现有的一切物质财富乃至某些精神财富"具有购买一切东西、占有一切对象的特性"，"是人类外化了的能力"[①]，能够满足人的一切可以由物质世界来满足的愿望和要求。有了货币，交换的目的就不再局限于对特定物品与服务的需求，而是对财富的一般形式即购买力的需求。正因为如此，有人视金钱为万能，把货币当作"看得见的神"来顶礼膜拜。另一方面，"金钱没有主人"(l'argent n'a pas de maitre)，它可以为任何人、任何目的服务，人们因此斥之为人皆可夫的娼妓和撮合交易的皮条客，并试图废除之。但是无论人们对货币作何种道德评判，它促进商品经济发展和社会全面进步的贡献仍然是不可否认的。金属货币，特别是纸币的出现，极大地便利了财富的携带、贮存、交换和结算，而信用货币则几乎不受时空限制。正是货币促使人摆

---

① 马克思：《1844 年经济学哲学手稿》，人民出版社 1979 年版（单行本），第 68、107 页。

脱了对于物的依赖,个人摆脱了对于群体和他人的依附,获得了独立、自主、自由活动的物质条件。可以说,人权和公民权利保障制度同市场经济的联系,是与货币的作用不可分割的。但是,人在摆脱了对具体形态的物质财富的依赖以后,同时又受到货币这种抽象财富的制约。在市场经济条件下,货币不仅充当着衡量物质财富价值量的尺度,也成为衡量人力资源的价值量的尺度,这就为拜金主义的滋长提供了土壤,最终也会损害人的独立自主地位,妨碍人权和公民权利的实现。

在我国改革开放以前,由于受到"左"的思潮的严重束缚,商品交换被取消,货币的功能受到极大的限制,公民权利事实上缺乏可靠保障,应当说这二者是有一定联系的。改革开放以后,商品经济得到发展,并逐渐向市场经济过渡,货币的经济功能也充分发挥出来。与此同时,公民权利的实际享有和行使状况也得到不断改善,这也不是彼此孤立的过程。因此,财富形态的演进已经为我国公民享有充分的权利创造了条件,虽然财富的数量积累尚不充分会对权利保障产生消极影响,但这种影响也并非不可克服的障碍,不能把公民权利保障方面的问题都说成是生产力水平低下的结果。

三、劳动力价值上升与人的伦理价值提高

人既是人类自身生产的要素,又是物质生产中最活跃的因素。两种生产的相互作用及其对社会制度安排的影响,从根本上说都是由人的活动所推动的,其结果反过来又改变了人自身的地位,提高了人的自身价值。美国新经济史学家道格拉斯·诺斯等人提出的生产要素比价变动学说和新制度经济学家西奥多·舒尔茨的人力资本理论对于我们把公民权利与经济状况联系起来考察,说明个人地位与价值的提高具有一定的参考价值。

土地、资本和劳动力都是物质生产不可缺少的要素,在不同社会发展阶段,它们各自对经济增长作出的贡献是不同的。在前资本主义时期,商品经济很不发达,土地和劳动力作为最基本的生产要素,构成这一时期物质生产的基本矛盾,资本的作用则没有真正体现出来。英国《剑桥中世纪史》写道:"人们的社会地位在各方面都要取决于他与土地的关系,另一方面土地所有权决定了政治权力和责任。"在西方庄园经济向商品经济和市场经济转变的过程中,人自身的生产最后一次发挥了它的关键作用。诺斯等人指出:"人口增长的历史性的结果是进一步造成土地的稀缺,与这个阶段不断增长的人口相比,收益

的递减表明了生活水平的下降。当生活水平下降到饥荒和瘟疫给社会造成浩劫的时候,周而复始的循环再次表现为劳动量稀缺而土地有余,所有的情况于是再次反复出现。"①然而,人口与土地稀缺状态的这种周期性变动并不是完全简单的循环,它事实上产生了经济增长和制度创新两方面的后果。

在经济增长方面,人力资本与土地比价的变化起到了两种作用:一是人口增长对土地的压力造成农业收益递减,而工业相对来说需要较少的土地和较多的劳动力,从而促使人们向工业寻求出路,刺激了工业的发展;二是人口增长从地域和容量两个方面扩大了市场基础,促进劳动分工和生产专门化,商业贸易随之得到刺激。这些进步的积累在特定条件下使欧洲社会最终突破了周期性经济循环走向近现代商品经济和市场经济。但是,人口与土地资源比价的变动对经济增长的促进,不应被估计过高。因为除了欧洲以外的其他民族和地区在封建时代也存在或出现过类似的经济循环,却没有自发地转向市场经济。即使承认在西方中世纪由于某种原因,生产资料比价变动引致的经济增长比其他封建社会更显著一些,人口增长带来的进步也可能被人口随后的减少造成的倒退所抵消。这就需要引入某种外生变量来说明生产资料比价变动带来的经济发展何以被保存下来的问题,以探明西方社会得到充分发展的独特原因和条件。笔者以为,这些外生变量主要有两个,即殖民扩张与制度创新。同时,这两个因素与人权和公民权状况也有紧密的关系。

首先,我们看殖民扩张。事实上,西方世界的崛起始于15世纪后半期,美洲的发现和通往亚洲的新航线的开辟,这两件大事使西欧开始了殖民扩张的冒险历程。殖民扩张产生了巨大的外部效应,也就是说,西方从中获得的巨额收益是以殖民地民族付出惨重代价为条件的。欧洲国家在世界范围内抢占土地,掠夺金银财宝,奴役和灭绝土著居民,贩卖与使用黑人奴隶,几乎独占了人类当时的全部收益,而代价则是由殖民地、半殖民地人民支付的。亚当·斯密指出:由于欧洲人的不义之举"对于西印度及东印度两处的土人,这两件事(指发现美洲和开辟亚洲航道,引者注)本来能够产生的一切商业上的利益,却被它们引起的不幸完全抵消了"②。深通经济学的斯密虽未明确指出殖民扩张造成外部不经济的后果,但却感觉到了这种活动不符合商品交换的规则,他把

① 转引自[美]道格拉斯·诺斯、罗伯特·托马斯:《西方世界的兴起》,学苑出版社1988年版,第12、31页。

② [英]亚当·斯密:《国民财富的性质和原因的研究》(下册),商务印书馆1974年版,第95页。

这种取得收益而不付出代价并将代价转嫁给其他民族的殖民掠夺称为不义之举。在西方经济兴起的过程中,西方以外的民族和地区付出的代价不仅是经济上的资源和劳力,还包括人的自身价值、尊严甚至生命。马克思指出:"美洲金银产地的发现,土著居民的被剿灭、被奴役和被埋葬于矿井,对东印度开始进行的征服和掠夺,非洲变成商业性地捕获黑人的场所:这一切标志着资本主义生产时代的曙光。"①没有殖民扩张,没有殖民地半殖民地付出的代价,西方世界的发展在当时几乎是很难想象的。正是殖民扩张积累起来的不义之财,为西方经济的工业化和市场化提供了最初的动力,打破了封建经济的周期性循环。因此,西方的高度发达与东方的积贫落后是相互联系、相互补充的,构成同一枚硬币的两个方面。发达与落后之间的联系就在于外部性,殖民扩张在将外在利润内在化的同时,将内部成本外在化,转嫁给其他国家和民族,这是近代西方兴起的关键所在。此后,土地对于经济发展的重要地位逐渐被资本所取代,劳动与资本的矛盾成为物质生产领域的基本矛盾。由于殖民体系的瓦解,当代西方经济越来越倾向于以人力资源为驱动力。正如舒尔茨指出的那样,战后联邦德国与日本的经济奇迹,美国国民收入增长持续高于投入增长的速度,以及工资的大幅度增加,都只能用人力资源对经济发展的贡献增加来说明。

其次,在人口增长的压力下产生的制度创新,是西方实现现代化的又一根本因素。具体说来,这包括财产权保障和人权保障两个方面。一是人口增长使土地变得稀缺,地价上扬,"土地实际价格的提高会给社会上各个相互竞争的集团以刺激,要他们去建立、重建和规定土地的所有权"。② 如果土地是廉价的,那么建立和维护土地产权所花费的成本就会超过因此带来的收益,得不偿失。地价上涨使土地产权和财产权制度得到创新。二是人口的迅速增长导致生活水平的持续下降,饥荒、瘟疫与战乱接踵而来,造成人口锐减,劳动力变得稀缺起来,价格不断上升。劳动力价格的上升使自耕农的处境有所改善,农奴也较过去有了更多的行动自由。舒尔茨指出:"人的经济价值之不断增长也迫使社会额外设立一些有利于人力因素的权利。"③在劳动力升值的时候,劳动者的某些基本要求就被认为是正当合理的,因而成为个人权利。这种自由

① 《马克思恩格斯选集》第2卷,人民出版社1995年版,第265页。
② [美]道格拉斯·诺斯、罗伯特·托马斯:《西方世界的兴起》,学苑出版社1988年版,第86页。
③ [美]西奥多·舒尔茨:《论人力资本投资》,北京经济学院出版社1990年版,第30页。

与权利首先得到道德认可,作为习惯权利被积累下来。而殖民扩张通过对外移民与商业贸易,缓解了新增人口对土地可能产生的压力,于是劳动力价格上升时期积累起来的个人权利和自由就不致被人口增加、劳动力价格下降的相反趋向所抵消,并逐渐得到法律制度的正式认可。当那些被保留下来的无数习惯权利结成一体的时候,成文法律就开始对财产权、个人权利与自由作出明确规定,宪法也就开始出现了。

总之,在西欧近代,由于两种生产的相互作用,使劳动力与土地资源的比价处于不断变化之中。当人口增长、土地资源变得稀缺时,确立财产权利就有了必要和可能;而人口下降时、劳动力资源稀缺时,人权与公民权保障就有了条件。随着劳动力价格的稳步攀升,人力资本对经济增长的贡献也显著增加,人的经济价值的增长最终导致人的伦理价值的全面提高,从而产生了确认和维护人的价值、尊严与福利,保障人权与公民权的普遍要求。宪法的出现以及公民基本权利得到根本法保障,就是制度对人的价值提高作出的反应。劳动力价格与人的经济价值提高促进基本权利保障制度创新;财产权和公民权利保障制度的创新又进一步刺激了人的创造力,反过来推动了经济的高速增长。在建立我国社会主义市场经济体制、依法治国的过程中,对于西方世界兴起的这些经验,应当认真加以总结和吸取。

现在我们回过头来分析我国何以未能自发地走向经济与法制现代化。中国农业文明的传统长期延续,从未有过中断,奴隶制没落与封建制兴起之时,农业已经趋向成熟。畜牧业、手工业和商业从未真正实现与农业的分离,始终是作为农业的附属物与补充,它们不能发挥瓦解农业文明的作用,反而强化了小农经济的自给自足性和包容能力。在农业内部,小土地占有居于主导地位。自耕农、佃农和分片出租土地的地主都处于分散经营、自给自足的氛围中。小农经济把土地和劳动力直接结合起来,使人与土地的矛盾不像西欧中世纪末期那样尖锐。

从政治方面看,自秦汉以来专制主义中央集权政治与小农经济紧密结合,相互补充,形成了中国封建社会超稳定的政治经济结构。分散的小农经济十分脆弱,难以承受自然灾害和社会事变的冲击,需要强有力的保护人,专制君主适合扮演这种角色。而实际上,中国历朝开明君主也确实起到了维护土地与劳力的直接结合,并排除冲击小农经济的外来因素的作用。小农经济与专制政治的不解之缘,正如马克思在谈到路易·波拿巴政变时指出的那样:"他们不能代表自己，一定要别人来代表他们。他们的代表一定要同时是他们的主宰，是高高站在他们上面的权威，是不受限制的政府权力，这种权力保护他们不受其他阶级侵犯，并从上面赐给他们雨水和阳光。所以，归根到底，小农的政治影响表现为行政权支配社会。"[1]

当人口增长，土地显得稀缺时，官僚和豪强就开始兼并土地，生活水平已经下降的农民处境就更加艰难：但他们并没有转向手工业或商业，而是把希望寄托在明君和清官身上。历代君主也推行一些抑制土地兼并，分散土地的政策、措施，用政治手段缓解劳力与土地的矛盾。中国历代农民起义的基本目标不外是两个：即平均土地或改朝换代，而且对于绝大多数人来说，改朝换代的最终目的还是"均田地"。当人口的持续增长使抑制兼并的土地政策最终归于无效，劳动与土地的分离不可避免时，经济矛盾就终于引起了全国性的农民起义，以寻求对经济冲突的政治解决。经过长期战乱，旧的王朝被推翻，新的王朝建立起来了，在战乱造成人口锐减的条件下，新王朝的专制君主就可以推行有效的土地分散政策了。因此，把中国封建王朝的崩溃仅仅看成是君王昏庸的结果，或者将封建王朝的兴盛归因于某个君王的贤明，乃是十分肤浅的英雄创造历史的观点。总之，中国封建时期也存在着土地与人口周期性的矛盾，但劳动与土地比价的周期性变动在小农经济和专制政治的夹缝中既没有引致经济的工业化和商业化，也不可能带来人的伦理价值的提高，更不可能导致财产权和公民权利保障制度的创新。

第三节　不同经济形态与权利的相关性

在说明社会的制度结构与制度安排同经济的关系方面，我们一向只看到了生产的影响，忽视了交换的作用，这与计划体制推行产品经济，排斥商品交换有很大的关系。公民权利不仅受生产过程的影响，而且受到交往过程的影响，后者往往起到更加重要的作用。

一、"从身份到契约"的社会进步与制度创新

第一，经济制度安排作用于政治、法律制度的经济原因。作为以科斯为代

---

[1] 《马克思恩格斯选集》第 1 卷，人民出版社 1995 年版，第 678 页。

表的新制度经济学理论基础的交易费用学说，揭示的是权利的初始界定与经济制度运行效率之间的关系。据此我们可以把社会的制度看作是公共物品，人们创新社会的制度安排是为了获取更多的收益，同时，也必须支付制度设计与实施的费用。只有预期的净收益超过预期的成本时，一项制度安排才会被创新。因此，制度创新不是凭借主观好恶、单纯的正义理念或者依靠暴力强制就可以成功的，它受到经济法则特别是成本收益法则的制约。也就是说，社会的政治、法律制度之所以与经济制度安排存在着一致性，是成本收益（cost-benifit）法则起作用的结果。

从制度设计成本来看，现成可供选择的制度"菜单"以及现有社会科学知识的状况直接影响到制度设计成本的高低，关系到制度创新的成败。通常，有现成的制度安排可供选用时，制度设计的成本最低。在制度"菜单"中没有可供选用的安排时，制度设计的成本将会增加，但如果有社会科学知识可以提供参考，制度设计的成本上升将受到限制。因此，制度作为资源与物质资本一样，是可以共享的，而社会科学与自然科学技术一样也是生产力，二者既是制度文明与精神文明的组成部分，同时又可以服务于物质财富的创造。新制度经济学家弗农·拉坦（Vernon W. Ruttan）指出："在 20 世纪后半期，社会科学知识的进步已对制度创新成本的降低作出了重大贡献。"[①]因此，制度也是资源，社会科学与自然科学技术一样是生产力，注重学术自由保障有利于经济发展和社会进步。如果无视现成可供选择的制度安排"菜单"，又没有成熟的社会科学知识可供参考，人们就只能通过学习过程来发现有效率的制度方案，在这种情况下，制度创新进展缓慢，代价高昂，甚至难以成功，我国体制改革的进程也证明了这一点。

人要生存，首先要有人类自身的生产和物质生活资料的生产，制度创新总是首先从两种生产和物质交往领域开始的。一旦经济活动的参加者认识到存在新的获利机会，这种利益超过制度创新的成本时，他们就会自发行动起来创新经济社会制度，创新成本是要从预期可获得的利益中支付的。而政治、法律制度的创新者却未必能获得创新带来的利益，因而自发创新的动力不足。如果从现有经济制度安排"菜单"中选取某种方案稍加改造，能够满足政治、法律领域的需要，就不必另行支付设计与发明一项全新制度安排的费用，这将会大

---

① ［美］科斯等：《财产权利与制度变迁》论文集，上海三联书店、上海人民出版社 1994 年版，第 353 页。

大降低政治与法律制度设计的成本。因此,政治、法律等上层建筑中的制度安排往往以经济制度安排为蓝本,甚至直接将生产和交换中某种制度移植进来,实际上是对制度设计成本的节省。

从制度实施过程来说,如果把整个社会制度看成一个制度结构,那么政治、法律和经济等不同领域的制度规则就是一种制度安排。各种制度安排之间相互关联、彼此牵制,它们之间的摩擦和冲突会增加制度运行成本,只有它们之间的协调一致,才能有效降低制度运行成本,保证整个制度结构的运行效率。政治、法律制度采用生产关系提供的社会整合机制,就能够与经济上力量强大的集团、阶级或阶层的利益保持一致,从而大大减少制度实施所需要的宣传费用和强制费用。因此,当人自身的生产在社会生活中占据主导地位,并为社会提供了以血缘关系为纽带的纵向一体化整合机制的时候,政治、法律制度安排就以纵向支配服从关系为特征,实行集权或专制制度;当物质生产和交往成为社会生活的主旋律,并为社会提供了以契约为纽带的横向一体化整合机制的时候,政治、法律制度安排就以自愿交往关系为特征,自由、平等、民主、法治与人权就成为政治与法律制度的基本价值取向,并得到宪法的保障。

第二,制度文明是"从身份到契约"的进步。英国历史法学家亨利·S.梅因(Henry Sumner Maine,1822—1888)指出"所有进步社会"的运动,到此处为止,是一个'从身份到契约'(from status to contract)的运动"[①]。在古代,人的一切关系都被概括在家族关系中,随着社会的进步运动,源自家族的各种关系逐渐为契约关系所取代,在以契约构建的新的社会秩序中,人们之间的一切关系都是个人的自由合意而产生的。因此,一个先进文明的社会是以独立、自主和自决的个人为标志的。这一思想在19个世纪末到20世纪前半期,曾一度受到西方工团主义思潮的怀疑和否定。工团主义者认为,古代由家庭担当的任务,将来可能要由工团来担任,个人独立地位可能只是一个历史插曲。我国学术界也认为,梅因"从身份到契约"的公式把社会进步描绘成从集体到个人的运动,颠倒了历史运动过程。实际上,我国学术界对梅因的批评,主要是由于马克思曾批判过历史法学派,恩格斯也批评过梅因。但他们从未否定"从身份到契约"这一命题本身,相反,还肯定了它的正确性。[②] 到了20世纪中叶,西方学术界重新评价了梅因"从身份到契约"的公式,我国理论界在90年代以

---

① [英]亨利·梅因.梅因:《古代法》,商务印书1959版,第97页。

② 《马克思恩格斯选集》第4卷,人民出版社2012年版,第91页。

后也开始重新认识它的价值。

无论是物质生产还是人自身的生产,都是在人们相互交往的社会关系中进行的。由于物质生产的能动性,物质生产关系也是一个活跃的因素,物质生产能力的发展使它处于不断变革与进步之中;人自身的生产能力则是相对稳定、较少改变的,人的自身生产的关系包括婚姻关系、家庭关系和亲属关系的演变也极其缓慢,并且主要是物质生产发展的结果,前述生产要素比价变动正是由于两种生产的活跃程度不同造成的。恩格斯在阐述两种生产的理论时指出:"亲属关系在一切蒙昧民族和野蛮民族的社会制度中起着决定作用。""被共同的婚姻纽带所联结的范围,起初是很广泛的,后来越来越缩小,直到最后只留下现在占主要地位的成对配偶为止。"①在早期社会,人类的物质生产能力低下,人自身的生产是人类生存的基本形式,人口增长的同时就是物质生产能力的增长。物质生产关系尚未为社会结合提供基础,社会的制度安排就直接采用婚姻关系衍生的婚姻、家庭与亲属制度。其中,父母、子女、兄弟、姐妹相互间的义务,乃是这些民族的社会制度的实质性的组成部分。在中世纪以前,物质生产关系在社会整合方面的作用虽然日益增强,但婚姻家庭关系一直是社会结合的基础,社会制度安排在很大程度上都是以家庭关系为范本的。而到了近代,物质生产力的高度发展不仅造就了工业社会和市场经济,而且物质生产关系也突破了血缘和地域的界限,把整个社会乃至全人类紧密地联系在一起。马克思和恩格斯说:"资产阶级在它的不到一百年的阶级统治中所创造的生产力,比过去一切世代创造的全部生产力还要多,还要大。"②于是,一切封建关系和封建制度都成为发展生产力的桎梏,必须被打破,"起而代之的是自由竞争以及与自由竞争相适应的社会制度和政治制度、资产阶级的经济统治和政治统治"③。实际上,梅因的公式与马克思和恩格斯在这里所揭示的原理具有很大程度的一致性。

马克思曾经从人的自由发展的历程着眼,把人类历史划分为三个阶段,他说:"人的依赖关系(起初完全是自然发生的),是最初的社会形态,在这种形态下,人的生产能力只是在狭窄的范围内和孤立的地点上发展着。以物的依赖性为基础的人的独立性,是第二大形态,在这种形态下,才形成普遍的社会物

---

① 《马克思恩格斯选集》第4卷,人民出版社1995年版,第25、27页。
② 《马克思恩格斯选集》第1卷,人民出版社1995年版,第277页。
③ 《马克思恩格斯选集》第1卷,人民出版社1995年版,第277页。

质变换,全面的关系,多方面的需求以及全面的能力的体系。建立在个人全面发展和他们共同的社会生产能力成为他们的社会财富这一基础上的自由个性,是第三个阶段。"①这与恩格斯后来提出的两种生产的理论是相互补充、完全一致的,它为我们正确理解生产关系的变革与权利保障制度创新的关系提供了科学的依据。实际上,到目前为止的人类历史发展,已经经历了第一个阶段,正在经历第二个阶段,至于第三个阶段的到来,则难以预料。第一阶段是以低下的物质生产能力为前提的自然经济阶段,人的生产关系是社会制度安排的依据,人与人之间的全面依附关系使个人没有独立的人格。第三阶段以高度发达的物质生产能力为前提,市场交换冲破了狭隘的血缘关系的束缚,用物质利益和契约形式把广大范围内更多的人们联系起来。计划经济则不是一种独立的经济形态,而是人为的政策体制,它可以与自然经济相结合,也可以同市场经济并存共同发挥作用。而在不同的经济形态下,社会关系表现出不同的特征,个人具有不同的地位,因而社会的权利状况也各不相同。

二、自然经济与权利的反相关性

在物质生产能力低下,物质生产关系还没有普遍确立起支配地位的自然经济社会,各地区、民族、各种人类群体之间都是彼此孤立,互无联系的。"邻国相望,鸡犬之声相闻,民至老死不相往来"②,老子所描绘的这幅小国寡民的图景,就是对自然经济社会各种群体孤立分散状态的真实写照。而在各地方、民族或群体内部,情况正好相反,在生产水平低下的条件下孤立、分散的个人行动难以维持社会的存在,就需要"以群体的联合力量和集体行动来弥补个体自卫能力的不足"③。《吕氏春秋·恃君览》对此做过颇含哲理性的说明:"凡人之性,爪牙不足以自守卫,肌肤不足以捍寒暑,筋骨不足以从利辟害,勇敢不足以却猛禁悍。然且犹裁万物,制禽兽,服狡虫,寒暑燥湿弗能害,不唯先有其备,而以群聚邪!群之可聚也,相与利之也。"④人们紧密结合成群体,就是为了弥补个人力量之不足,以获取利益,维持生存。因此,物质生产力越不发达,群体就越显示其重要性,导致群体的独立性和个人对群体的依附性。因此,在

---

① 《马克思恩格斯全集》第46卷(上),人民出版社1995年版,第104页。
② 《老子·道德经》。
③ 《马克思恩格斯选集》第4卷,人民出版社1995年版,第30-31页。
④ 转引自冯天瑜等:《中国文化简史》,上海人民出版社1993年版,第59页。

物质生产关系没有全面建立起来,不能产生出社会聚合力的时候,为于节省制度创新成本,人自身的生产关系就被移植到更加广泛的社会制度领域。

人自身生产的基本纽带是血缘关系,它为社会提供的是纵向一体化的整合机制。血缘的纵向传递很自然地把人们按照血统传承顺序划分为不同的辈分和年龄,他们不仅获得了不同的称谓,更重要的是作为制度化的形式,这些不同的称谓标明了各人不同的义务,"这些义务的总和构成这些民族的社会制度的实质部分"①。到了文明时代,亲属间的血统传承就具有了政治含义,成为长幼尊卑关系。这是建立等级特权制度的事实模本,也是维护等级制度的理论根据。因此,自然经济条件下制度安排的价值取向就不在于确认和实现人与人之间的平等关系,而是要维护他们之间的不平等。血统自上而下单向传递的事实,还形成了尊卑、长幼间支配服从关系的模式,长辈对下辈、家长对子女的监护权往往在被监护人成年以后继续维持其效力,前者对后者有生杀予夺之权。

在这种支配服从关系成为最自然、最普遍的社会结合方式的地方,国家制度必然是以等级制为基础的专制体制,君权至上,臣民只有无条件服从的义务,没有提出权利要求的资格。在商品经济和市场经济条件下,出生仅与行使权利的程序有关,对实体权利与义务没有影响。而在自然经济社会里,出生这一自然事实不仅决定了人们在程序方面的权利与义务,而且也决定着实体权利与义务的分配,因而人的身份、地位和待遇就不以他的意志与行为为转移,是与生俱来,不可更改,传诸子孙后代的,世袭制正是以此为依据建立起来的。马克思指出:"出生只是赋予人以个人的存在,首先只是赋予他以生命,使他成为自然的个人;而国家的规定,如立法权等等,则是社会产物……所以个人的出生和作为特定的社会地位、特定的社会职能等等的个体化的个人之间存在着直接的同一,直接的吻合,就是一个怪事,一个奇迹……贵族的秘密就是动物学。"②这种状况根源于物质生产不发达,人的生产关系支配社会的事实,正如恩格斯后来的研究所揭示的那样,贵族制的秘密不仅在于动物学,而且是经济学。

自然经济社会以血缘为人际交往的基本纽带,并竭力排斥物质利益关系。老子明确主张摒弃物质利益的力量。"人多利器,国家滋昏;人多伎巧,奇物滋

---

① 《马克思恩格斯选集》第4卷,人民出版社1995年版,第25页。
② 《马克思恩格斯全集》第1卷,人民出版社1972年版,第377页。

起;法令滋彰,盗贼多有。"①孔子也罕言利,他认为"惟小人喻于利"②。在西方中世纪,基督教长期宣扬禁欲主义信条,要求人们轻视物质利益,注重灵魂升华。但是,只要有人类社会,就有对物质利益的追求。德国思想家马克斯·韦伯(Max Weber,1864—1920)正确地指出:获利的欲望,对营利、金钱的追求,一直存在于所有的人身上,"可以说,尘世中的一切国家、一切时代的所有的人,不管其实现这种欲望的客观可能性如何,全都具有这种欲望"③。只是由于物质生产能力低下,缺乏满足人们需要和愿望的充分条件,才会产生排斥物质利益的禁欲主义意识形态来抑制过多的欲望。在自然经济条件下,如果人人都注重并自觉追求物质利益的满足,而社会财富又极其稀缺,就会激化利益冲突,不仅难以获得更多的物质利益,反而可能招致更大的损失。道格拉斯·诺斯指出:"意识形态是一种节约机制,通过它,人们认识了他们所处的环境,并被一种世界观导引,从而使决策过程简单明了。"④可见,重义轻利或禁欲主义的意识形态是为了向人们表明,自然经济条件下社会财富是稀缺的,并非人人有利可图,从而减少了因无谓的牟利行为造成的无谓的冲突,降低了损失。

　　总之,在自然经济社会里,只有群体才具有独立性,才是社会构成的基本单位。个人被血缘关系牢固地束缚在群体之中,除最高统治者以外每个人都要受到自上而下的绝对权威的支配,处于自下而上的依附关系之中,没有独立的人格,不是社会构成的基本单位。因而个人不具备权利主体的资格,他们之间不存在独立、平等与自主的关系。虽然人们也能享用某些物质利益与人身利益,并存在着个人财产与自由行动的空间,但这不过是一种事实状态或经法律许可的合法状态,而不能构成正当权利。在伦理价值上,物质利益受到排斥和蔑视,法律本身也被作为权力可以任意加以利用的工具。人们之所以能够占有财产和采取行动,不是由于他们有权利这样做,而是因为这些利益暂时还没有被权力所剥夺,个人不能根据这种事实状态或合法状态提出一种社会应当给予满足、国家必须给予保护的有效请求。自然经济社会没有合格的权利主体,缺乏承认与尊重物质利益与个人权利的意识形态,实行君主专制、等级特权和世袭制的制度安排,因而不可能自发地产生近代意义上的公民权利保

①　《老子·道德经》。
②　《论语·里仁》。
③　[德]马克斯·韦伯:《新教伦理与资本主义精神》,三联书店1987年版,第7-8页。
④　[美]道格拉斯·诺斯:《经济史中的结构与变迁》,上海三联书店、上海人民出版社1994年版,第53页。

障制度。

计划经济不是一种经济形态,而是人为建立起来的经济管理体制,可以在市场经济条件下发挥调节经济的作用,也可以在自然经济环境中起作用。严格的计划经济,通常是在生产力水平低下,自然经济形态居于主导地位的国家,通过社会革命夺取政权以后再利用国家政权的力量建立起来的。在物质生产能力低下的情况下,国家要用行政权力组织生产,不可能很快从根本上改变自然经济占支配地位的局面,只有商品经济的出现才能迅速地促使自然经济走向瓦解。计划体制虽然打破了自然的血缘关系网络形式,但血缘身份关系的精神却很容易在自上而下的权力关系体系中复活。从经济上来说,国家属于自然垄断的范畴,它对合法暴力的独占性运用能够发挥规模经济效应,使国家能以比其他任何组织或个人低得多的费用向社会提供公共产品与公共服务。因此,国家对经济的适度调节比完全自由放任具有更高的效率。但是,由国家直接调配资源、组织生产和分配产品的高度集权的计划经济模式,则超越了适度规模经济的界限。按照科斯定律揭示的原理,市场交易是有成本的,通过企业或政府的组织与控制,可以将市场交易成本内在化从而降低经济制度的运行成本,但组织也是有成本的,组织化的程度越高经济运行的组织成本就越高,以至超过了市场交易成本。

就笔者的研究目的来说,更重要的是,计划经济体制形成了国家对政治暴力和经济资源的双重垄断,公共权力与财产权利合二为一,这就进一步强化了自然经济条件下的权力本位观念与体制。行政权力支配社会,国家对社会实行纵向一体化控制,行政级别被广泛运用于各类社会的制度设施,等级特权依然存在,法律面前人人平等难以实现。计划经济的指令性还强化了国家与个人之间单向的命令与服从关系,遏制了横向的自愿交往关系的形成。个人依附于国家,社会、经济活动不能自主,私域被取消。个人并不具备真正独立的人格,其权利主体地位受到影响,享受权利和自由也很不充分。但是,我国的计划经济体制是以自然经济为基础的,它只是改变了自然经济抑制权利生长的形式,并没有消除自然经济及其社会影响。在很大程度上,可以说,计划经济对权利的抑制作用的根源还在于它奠基其上的自然经济形态。

三、市场经济与平等、自由和人权

虽然市场经济与民主宪制之间并不存在一种简单明了、一一对应的关联,人们对于它们相互关系的认识也远远没有达到清晰一致的程度,但经济自由与政治民主、市场机制同民主宪制之间具有相关性几乎是没有疑问的。亚当·斯密的《国富论》以其对市场机制的敏锐洞察与分析创立了古典政治经济学,北美《独立宣言》则以其对基本人权的郑重宣告奠定了成文宪法的基础。而这两个划时代的历史文献都在 1776 年问世,似乎不是偶然的巧合:"从君主专制下得到政治自由和从国家法令的干预下解放出来的价格和工资,这两者是密切相关的。"①

法国著名政治历史学家托克维尔(Charles Alexis de Tocqueville,1805—1859)早在 100 多年前就通过经验观察认识到,平等、自由与独立同经济贸易之间存在着某种联系:"贸易使人们相互独立并且使人们注重自己个人的重要性;这就导致他们想要管理自己的事务并且教会自己如何进行成功的管理。这因此而使他们倾向于自由。"②美国新自由主义经济学家米尔顿·弗里德曼(Milton Friedman)则把市场经济看作是政治自由的必要条件。③ 市场经济与公民权利的关系具有两面性,一方面,一般而言,市场化经济与公民权利之间是正相关的关系,二者相互促进;另一方面,纯粹自由放任的市场经济也会对公民权利构成威胁。我们首先分析市场经济与公民权利的正相关性。

第一,市场交易的内容是权利。交易(Transaction)的概念最初是由古希腊的思想家亚里士多德提出来的,在《政治学》一书中,他把交易作为致富的艺术之一,并对交易进行了分类说明:按照制度经济学派的观点,交易并"不是实际'交货'意义上'物品'的交换,它们是个人与个人之间的对物质的东西的未来所有权的让与和取得,一切取决于社会集体的业务规则"④。在商品经济并不发达的早期社会,交易就是简单的物物交换,权利本身也处于未分化状态,人们很难把物品和对物品的权利区别开来。但在商品交换极为频繁的市场经济社会,除了即时清结的交易活动以外,物品或劳务的转移只是交易的外在形式,权利的让渡才是交易的实质内容。这在当今市场经济条件下,已经成为显而易见的事实。

---

① [美]保罗·A.萨缪尔森、威廉·D.诺德豪斯:《经济学》第 12 版(上册),中国发展出版社 1992年版,第 3 页。

② 转引自[美]奥斯特罗姆等编:《制度分析与发展的反思——问题与抉择》,商务印书馆 1992 年版,第 57 页。

③ 参见[美]米尔顿·弗里德曼:《资本主义与自由》,商务印书馆 1986 年版,第 9 页。

④ [美]约翰·康芒斯:《制度经济学》(上册),商务印书馆 1983 年版,第 73 页。

在市场经济条件下,无论在市场上还是在企业内部,交易关系都是普遍存在的。它发生于两个技术上可分离的主体之间,包括企业与企业、车间与车间、个人与个人之间。这种交易不同于简单商品交换的重要特点,就是在空间与时间上具有可分性。交易双方无须在同一地点进行面对面的接触,他可以委托代理人,或者通过先进的通信工具在广大地域范围内同时从事多项交易活动。绝大多数交易不是物品与劳务的当下交换,而是对它们未来交换的预先安排。没有权利界定和义务约束,这种时间与空间上大跨度的交易是不可能顺利进行的。只有通过权利转让而不是物品与劳务转让,才能达成有效的交易。因此,以普遍的权利交易为特征的市场经济,要求充分界定的普遍权利。民商法界定的个人的私权利直接构成市场交易的内容,宪法界定的公民的公权利虽然不能直接进入市场交易,但它是私权利得以顺利界定并参与交易的前提。因此,用宪法这一根本法的形式来确认和保障包括产权在内的公民权利,就从经济上适应了市场体制的要求。

第二,市场交易的平等、自由内涵。市场交易本身已包含了平等(Equality)和自由(Freedom)的因素,同时,一切观念和制度形态的平等、自由不仅是以市场交换为基础的,而且也是对其中蕴含的平等、自由因素的发展。马克思对平等、自由与市场经济的联系,曾经做过深刻的剖析。他指出:"平等和自由不仅在以交换价值为基础的交换中受到尊重,而且交换价值的交换是一切平等和自由的生产的、现实的基础。作为纯粹观念,平等和自由仅仅是交换价值的交换的一种理想化的表现;作为在法律的、政治的、社会的关系上发展了的东西,平等和自由不过是另一次方上的这种基础而已。"①

在市场关系中,交易各方都是权利的享有者,对于他所掌握的物质与劳务具有独立的支配权,他们彼此承认对方作为权利主体的资格是完全平等的。交易的任何一方对他方都没有强制支配的权力,任何特殊的身份都不能成为影响交易进行的条件。尽管在进入市场之前,交易的参加者拥有财富的多少、他们的需求与偏好各不相同,而一旦进入市场,他们就都是平等的主体。市场经济是竞争性经济,竞争只有在规则约束下才能正常进行,经济主体在市场上都要遵守共同的规则。以赛亚·伯林(Isaih Berlin)指出:"通过限定,所有规

---

① 《马克思恩格斯全集》第 46 卷(上),人民出版社 1995 年版,第 197 页。

则都包含有一定程度的平等……实施一条规则就是促进行为或待遇的平等。"①因此,市场交易的规则是平等的。同时,平等的主体进入市场按照平等的交易规则进行交易,交易过程是平等的,但这并不要求交易结果也是平等的。

等价交换是市场经济的基本交易规则,它不仅体现了规则平等,而且起着维护主体地位平等和交易过程平等的重要作用。但过去我们对等价交换规则存在比较片面的理解,限制了它的作用的发挥。用于交换的物品和服务千差万别,有关它们权利的内容也不一样,特别是交易主体自身的需求与偏好又各不相同。因此用以判别一项交易是否等价、应不应当有效成交的标准,就并不仅仅取决于凝结在用于交易的物品或服务中的社会必要劳动这一客观价值,更取决于交易主体的需要和偏好,取决于交易主体的主观价值评判,任何组织或者个人都不能将自认为正确的价格强加于人。奥地利经济学派(Austrian School of Economics)创立的边际效用价值论肯定了价值的主观性,该学派经济学家弗·冯·维塞尔(Friedrich von Wieser,1851—1926)指出:"当然个人兴趣的内在估价总是无例外地同客观价值相联系的,但这些估价究竟还是主观的,对一个人来说是大一些,对另一个人说又小一些。"②过去我们把边际效用价值论说成"庸俗经济学",不屑一顾,显然是过于偏激了。奥地利经济学派虽有夸大价值主观性的一面,但价值与主体是不可分割的,在市场交易中,商品和服务的交换价值并不是与人无关的纯粹客观因素,个人的主观因素不仅是确实存在的,其作用也是不可忽视的。

商品价值由生产所创造,但这种价值必须通过交换才能实现。不同的人们对同一物品或劳务会因其需要或偏好不同而出现很大的差别,这是完全正常的,而且也是市场交易的激励因素,因为正是估价的差别才会使交易各方有利可图。如果认为价值是纯客观的,就存在谁来认定正确价格的问题,这就把不必要的强制权威引入了市场,不仅干扰了市场交易,也损害了人们的平等、自由和权利。

客观价值论是与计划经济体制下国家统一定价的要求相适应的。既然各人的需求和偏好各不相同,不同的人们对相同的物品或服务会有不同的估价,

①　转引自[美]埃德加·博登海默:《法理学——法哲学及其方法》,华夏出版社 1987 年版,第 281 页。

②　[奥]弗·冯·维塞尔:《自然价值》,商务印书馆 2011 年版,第 57 页。

等价交换就只能以交易主体自愿承认的价值量为依据,而不应求助于市场外的某种权威,无论这种权威是以科学、正义的道义力量还是以国家的强制力来认定价格,都会造成价格的扭曲。一项交易能否达成,以何种价格成交,都要由交易主体通过自由选择决定,暴力与强制被排除于市场之外。只有个人自愿接受的价格才是市场的正确价格,自愿交易创造了个人自由。马克思正确地指出了市场交换中存在的自由因素,他说:"尽管个人 A 需要个人 B 的商品,但他并不是用暴力去占有这个商品,反过来也一样,相反地他们互相承认对方是所有者,是把自己的意志渗透到商品中去的人。因此,在这里第一次出现了人的法律因素以及其中包含的自由的因素。"①

第三,契约具有创设与实现权利的功能。公民权利不是写在纸上就能变成现实的,它是市场经济发展和契约关系普遍化的产物。市场经济是契约经济,它用经济主体间自愿订立和履行契约的形式,来组织生产、交换、分配与消费。在商品交换关系尚不发达,经济活动没有普遍采用契约形式的时候,即使运用宪法和法律规定了广泛的公民权利也难以真正起作用。法律并不创造权利,它只能确认和保障已有的权利,减少行使权利的阻碍。因此,法定权利和实有权利之间存在巨大的差别。李步云教授曾将权利划分为三种存在形态,并指出:"在一个国家里,法律对人的应有权利作出完备的规定,并不等于说这个国家的人权状况就很好了。在法定权利和实有权利之间,往往有一个很大的距离。"这种距离的大小与商品经济发达的程度有着紧密的关系,也就是说,法定权利得到实现的程度同契约关系普遍化的程度是一致的。权利既不是由法律赋予的,也不是国家赐予的,权利的行使同样不能全面依靠国家强制,完全由国家干预来实现公民权利是不现实的,因为用于强制的成本将十分高昂。

契约具有创设权利的功能。社会、经济、科技与文化的发展会导致许多新的应有权利的出现,国家立法仅仅是确认权利的一种形式,而且由于立法技术和信息不完全等原因,正式立法往往不能及时把应有权利转化为法定权利,从而出现权利的立法空白。人们通常只承认国家司法机关运用的衡平、拟制和类推等是弥补法律空白的措施,对契约在弥补法律空白或权利空白中的作用往往视而不见。事实上,很多应有权利都不是通过国家立法的渠道向实有权利转化的,契约在将应有权利转化为实有权利方面具有重要作用,"法不禁止

---

① 《马克思恩格斯全集》第 46 卷(上),人民出版社 1995 年版,第 195 页。

即自由"的命题只在契约关系普遍化的条件下具有实际意义。契约是一种"制度装置",美国新经济史家兰斯·戴维斯(Lance Davis)和道格拉斯·诺斯认为:"制度装置,是行动团体所利用的文件和手段,当这些装置被应用于新的安排结构时,行动团体就利用他们来获取外在于现有安排结构的收入。"①他们举例说,国家给公司的特许状就是一种制度装置。其实,个人与个人、企业与企业、个人与企业等等之间也广泛存在着这种相互给予特许权的事实,只不过其表现形式不是令状,而是契约而已。当法律没有确认某项应有权利时,通过契约获得相对当事人的同意,人们仍然可以实际行使某种权利。在非市场体制的社会里,即使存在权利,其享有也要么取决于身份,要么取决于国家立法,因而权利的范围狭小,实现程度也比较低,很难产生普遍、平等的人权观念和切实有效的公民权利保障制度,一个很重要的原因就在于契约关系尚未普及。而在契约关系普遍化了的市场经济条件下,不仅法定权利可以通过契约得到现实化,而且能够派生出法律没有设定的权利。合法契约本身即具有法律效力,它设定的权利虽然只适用于缔约者之间,但与法定权利一样具有约束力,受到侵犯时同样可以请求国家保护。

契约具有实现权利的功能。权利行使并不是没有代价的,契约能够以比国家强制更低的成本来实现权利。宪法和法律确认的许多权利由于普遍适用的需要,往往比较原则和概括,这就容易产生权利纠纷。而通过契约将法定权利转化为人们之间具体的关系,权利主体、权利和义务的内容以及权利客体都变得更加明确清晰,有利于减少因法律规范的含糊性造成的纠纷。即使在权利纷争出现以后,国家保护也只是最后手段,权利主体可以相互协商,在法律程序之外达成和解协议,从而减少或避免因诉讼所支付的费用。一些学者往往把企业或个人在权利受到侵犯时不愿诉诸法律解决视为法制观念和权利观念淡漠,其实这只看到了问题的一方面,另一方面,当事人在诉诸法律保护其权利之前,一个很重要的考虑就是成本与收益问题。当旷日持久的诉讼最终结案的时候,权利人得到保护的权利给他带来的收益可能完全被诉讼中的开支所抵消,甚至得不偿失。对国家来说也一样,通过不断增设的机构和增加的官员强制公民履行义务,在社会经济关系日益复杂的当今时代,强制成本将高到无法承受的程度。而通过确认公民权利,权利主体在利益动机的驱使下,运

---

① [美]科斯等:《财产权利与制度变迁》,上海三联书店、上海人民出版社 1994 年版,第 272-273 页。

用契约形式经过谈判协商来维护自身权利,监督义务人履行义务成本就会大大降低。因此、经济的市场化和经济关系的契约化,是公民权利宪法保障制度得以建立和公民权利得到实现的现实基础。

契约对建立和完善民主宪制的作用是通过私法与公法的相互影响和相互渗透来实现的。古罗马在简单商品经济的基础上出现了法律结构的分化,诸法合一的局面被打破,形成了公法与私法的划分。"公法涉及罗马帝国的政体,私法则涉及个人利益。"①在私法领域,协议就是法律。私法规范多为任意性规范及授权性规范,只在当事人之间没有协议时生效,协议的效力优先于私法规范。而在公法范围内,通行的规则是当事人的协议不得变更法律,公法规范多为强行性规范、义务性规范与禁止性规范,国家在公法领域仍拥有专制权力。马克斯·韦伯指出:"一般而言,私法中契约重要性的增加是市场经济的法律反映。"②随着商品交往关系的发展,到了中世纪末期,在西欧出现了私域的独立和扩张,经济关系实现了契约化。私域不仅摆脱了国家的强制性干预,并且不断向公域扩张,公域的范围比过去相对缩小,因而公法也不断采纳私法的技术和精神。在此基础上,私法的自治精神便成为法制统一的准则,民商法的制度安排就成为公法制度创新的模本。

宪法的产生及其根本法地位的确立,是私法与公法制度均衡的需要,它按照私法的精神把私法的自由与公法的强制协调一致起来。西欧各国近代宪法的产生显然与民商法的完备和法典化是相互补充的,即使在宪法先于民商法典而出现的国家,能够长期维持其效力的宪法典也往往出现于民法典编纂以后,这是说明问题的。因此,真正具有最高法律效力的宪法只能是充分吸收了民商法精神的宪法。近代自然法学派之所以用社会契约论为民主法治和人权开道,是有其深刻的经济原因的,虽然它并没有自觉地认识到这一点。当然,不能直接把公法关系简单地理解为契约关系,宪法上的公民权利显然不同于契约设定的私法权利。但是公民权利宪法保障制度安排最终必须与市场经济相呼应,其内容应当体现契约关系的独立、自主、平等和自由精神。

但是,对市场经济与公民权利的关系不应作过于理想化的描述,它们之间除了具有一致性的主导方面以外,还具有相互抵触的方面。市场经济体制虽然蕴含着平等、自由因素,并以权利的充分界定为前提,但市场的基本目标并

---

① 〔古罗马〕查斯丁尼:《法学总论》,商务印书馆1989年版,第5页。
② 转引自张乃根:《西方法哲学史纲》,中国政法大学出版社1993年版,第237页。

不是保证人人都能实现自己的权利,而是尽一切可能降低成本、增加收益以提高经济效率。

　　效率与公平、福利与自由、经济自由与政治民主等等,都不是自发协调一致的。美国经济学家和政治学家查尔斯·林德布洛姆(Charles Edward Lindblom)说:"一个设想中的纯粹而不加修正的市场制度,将是十分极端的和难以容忍的;在那里,它几乎剥夺了个人向社会其他成员提出要求的权利。"①因为只有当个人具有某种东西提供交换的时候,他才能对他人提出有效的权利要求。阿瑟·奥肯(Arthur M. Okun)对平等与效率的问题进行了专题研究,指出:"事实上,金钱可以买到很多我们民主社会里原本不出售的东西,现实状况与抽象原则大相径庭,市场实际上侵犯了每一项权利。"②具体分析,市场经济对权利的不同方面有不同的作用。一般说来,市场效率要求更多的自由,以便各人充分发展和运用其创造才干,有利于自由权的产生和实现;市场机制虽然以主体平等、规则平等与过程平等为条件,但通过竞争必然出现不平等的结果,以至侵犯平等权利。虽然人身权利、政治权利是禁止买卖的,但行使权利需要支付代价,拥有强大经济实力的人们就能够比普通个人更充分地运用他们的权利来实现自身利益。

---

① [美]查尔斯·林德布罗姆:《政治与市场:世界的政治经济制度》,上海三联书店、上海人民出版社 1994 年版,第 51-52 页。

② [美]阿瑟·奥肯:《平等与效率——重大的抉择》,华夏出版社 1987 年版,第 17 页。

第三章　权利保障制度的经济功能

第一节　权利保障制度的经济功能概说

一、目的与手段：权利保障制度的经济功能定位

从经济发展的角度来观察权利问题，自然要注重权利保障制度在经济生活中的作用，从而也就是把权利视为提高经济效率的手段。这就不可避免地要涉及长期存在的目的与手段的争论。有一种机械决定论的观点，认为目的决定手段，只要目的是正当的，采用什么手段来达到目的就是无所谓的。按照这种见解，权利究竟是手段还是目的似乎就决定了它的地位重要与否。于是一方面有人始终坚持权利与自由具有独立的价值，本身就是目的，不允许它受到经济利害得失权衡的左右，就像约翰·罗尔斯那样；另一方面同样有人主张只有经济效率才是评判权利价值的现实标准，权利保障只有在为经济目的服务时才能显现其价值，就像某些第三世界国家所做的那样。

实际上，目的与手段的关系并不是简单地由这一个决定那一个的问题，而是复杂的相互交错、相互转化的关系。虽然在具体社会事件中目的为手段指明方向，手段为目的的服务，目的对手段有极大的制约作用。但是，手段往往是当下采取的行动，具有现实性，目的则存在于理想观念之中，能否真正实现还需要人的努力，具有非现实性。很多伦理上正当的远大目标实际上根本无法实现，如果为此不择手段，显然是不值得的。而且，对于一个需要采用多种多样的复杂的手段、经过长时期的努力才能实现的长远目标来说，只有手段的正当性才能保证最终目的也是正当的。只注重目的的正当性，忽视对手段正当

性的要求,危害是深远的。

在这个问题上,德国古典哲学家伊曼努尔·康德所持的观点是意味深长的,他说:"在目的的王国里,每种事物不是有价格就是有尊严,凡是有价格的就可以被等值的东西来替代,凡是高于任何价格的,因此就没有与之等值的东西,所以就有尊严。凡是与人类的一般倾向和需要有关的都有市场价格……但是那些构成条件从而成为目的本身的东西并不仅仅具有相对的价值或价格,而且还有内在价值。它们具有尊严——只有良好的道德和人类……才有尊严。"①这就从方法论方面解决了目的与手段、价值与功能的关系问题。

说明权利的经济功能(Economic Function),必须以承认权利本身的内在价值为前提。从根本上说,无论发展经济还是保障公民权利,最终都是以承认并尊重人的价值与尊严为条件的,它们都是实现人的价值和尊严的手段,离开这一条件,二者都没有任何意义。也就是说,经济发展和权利保障都不是最终目的,从终极意义上,可以把二者当作手段进一步分析,则公民权利与经济发展互为目的与手段,二者可以相互补充、相互促进。经济发展为更好地保障和实现公民权利创造物质条件,而权利保障则增加人力资源的创造力,为经济发展提供制度环境,因而在实践中应当兼顾经济效率和权利保障两个方面,不能顾此失彼。具体到法制建设、宪制发展同社会全面进步的关系上,就可以说,经济发展是实现公民权利的手段,公民权利的充分享有和实现是经济发展所要达到的目的。公民权利保障具有自身独立的特殊价值,这种价值根源于人自身的尊严与价值。经济绩效不能代替社会的全面进步,通过牺牲公民权利来谋求经济绩效,可能是得不偿失的,最终也未必能够奏效。但是,人自身的价值和尊严是在经济发展过程中得到确证和承认的,并非从来就有,永恒不变的。只有随着经济发展,人力资源的经济价值得到不断提高,人的自身价值才能全面显现出来,建立和维护系统的公民权利宪法保障制度也才成为必要的和可能的事情。权利保障制度伴随着经济发展而产生,并反过来对经济效率发生重要影响,对此显然不能视而不见。因此,公民权利保障制度安排必须考虑经济效率,不应不计代价,脱离社会经济现实。

在本节,我们将概要说明公民权利在节省投票与组织费用、协调利益冲突方面的作用,因为这两方面的作用对于读者来说比较易于理解。在随后的两

---

① 转引自[美]奥斯特罗姆等:《制度分析与发展的反思》,商务印书馆1992年版,第293-294页。

节中,笔者将重点考察公民权利的资源配置功能和外部效应内在化的功能。

二、节省投票与组织费用

在界说公民权利的经济学研究方法时,我们曾提到新制度经济学关于"交易费用"(Transactional Cost)普遍存在的假定。科斯指出:"通过市场交易修改权利最初的合法限定通常是有可能的。当然,如果这种市场交易是无成本的,那么通常会出现这种权利的重新安排,假如这种安排会导致产值的增加的话。"[1]但是,"一旦考虑到进行市场交易的成本,那么显然只有这种调整后的产值增长多于它带来的成本时,权利的调整才能进行……合法权利的初始界定会对经济制度运行的效率产生影响。权利的一种调整会比其他安排产生更多的产值"。[2] 概括地说,科斯的意思是说,在市场体制之下,如果没有交易费用的存在,无论法律对财产权利的初始界定状况如何,都可以通过自愿交易来调整它们,使之适合于提高经济效率的要求。但是,由于市场交易过程本身也会消耗资源,存在交易费用,因而通过市场调整法律上最初的财产权利界定就必须满足一个条件,即经过交易调整后的权利安排所带来的收益减去交易费用所得余额必须大于调整前的收益。正因为通过市场交易调整法律上对权利的初始界定并非易事,所以立法过程中就必须考虑权利配置与资源配置效率的关系。上述关于交易费用的两个相互关联的命题分别被人们概称为"科斯第一定律"和"科斯第二定律",甚至也有人概括出了"科斯第三定律"。[3] 从最一般的意义上来理解,科斯定律就是用交易费用来说明权利的初始界定与资源配置效率之间关系的公式。交易费用概念主要是描绘市场经济活动中的商品与服务交换费用的,实际上,科斯在提出交易费用时使用了外延更加广泛的"社会成本"(Social Cost)概念,因而社会成本就不仅适用于经济生活,同时也适用于政治与法律制度领域。科斯所说的权利交易实际上仅仅只是私权交易,也就是与财产相关的物权和债权等的交易,虽然他试图建立权利的法律界

---

① [美]科斯:《企业、市场与法律》,盛洪、陈郁译,格致出版社、上海三联书店、上海人民出版社2009年版,第112页。

② [美]科斯:《企业、市场与法律》,盛洪、陈郁译,格致出版社、上海三联书店、上海人民出版社2009年版,第113页。

③ 最早将科斯提出的上述原理概括为"科斯定律"的是著名经济学家乔治·斯蒂格勒(George Stigler),关于科斯定律的详细讨论,可参见黄少安《产权经济学导论》,山东人民出版社1995年版,第298-341页。

定与经济效率的一般关系的理论模型,但是并没有完全获得成功。

在当代文明社会,虽然人权和公民权利"黑市交易"并没有被根绝,但无论宪法的基本原则还是社会的基本价值观念都只承认私权交易的合法性,人权与公民权利被认为是不可转让的,不允许权利主体为了经济目的而自愿让渡其人权与公民权利。比如在当代社会,卖身为奴、出售选票等行为都是被严格禁止的。也就是说,科斯定律只适用于与财产相关的民事、商事权利,不能适用于人权与公民权利。尽管如此,宪法对于人权和公民权利的初始界定与经济效率的关系仍然是无可否认的事实,所以科斯定律的基本思路仍然可以适用于人权与公民权利的界定、行使与维护的问题。

在政治领域,选民参加投票与在市场上参与交易一样,是为了实现自身利益最大化。如果不存在投票费用,所有的投票者将运用他们的选票来反对无效率的政治方案,选择最有效率的方案,从而使直接民主与经济上的高效率紧密结合起来。但事实上,投票行为与交易行为一样是有成本的,选民要弄清各种可供选择的政治方案的后果及其与自身利益的关系,了解政党及其候选人并向他们提出自己的要求,都需要花费代价。另外,政治投票与市场交易又存在一个重大区别:市场上消费者的决策彼此间具有可分性,即一个消费者支付多少货币,大体上就能得到相当价值的物品与服务,而不取决于其他消费者的合作;但政治决策的结果具有不可分割性,每个投票者的选票对政治决策结果的影响是微不足道的,一个选民作出的选择的有效性取决于其他选民的合作。尽管政治决策对选民的利益会产生重大影响,但反过来单个选民的投票行为对政治决策的影响几乎可以忽略不计,因而单个选民就不愿意花费时间和金钱搜集与投票有关的信息或进行投票,他们宁愿把控制权力交给少数人,而自己则保持"理性无知"(Rational Ignorance)。

投票费用的存在使得选举和民主议事程序不能经常进行,直接民主就显得缺乏效率。新制度经济学家德姆塞茨对此有过精辟的概括,他说:"正是投票费用阻碍了一个信息完全的选民去不断地参加投票。每个候选人往往与政治争议问题有关,要给分散的选举活动中的投票者提供这方面充分的信息,费用是如此之大,以至于中间媒介是必须的。"[①]所以古往今来,政治始终表现为少数人对多数人的统治或管理,到目前为止,君主制仍然是统治人类历时最久

---

① [美]哈罗德·德姆塞茨:《竞争的经济、政治和法律维度》,上海三联书店1992年版,第57页。

远的政体,即使在当代立宪共和政体之下,政党和利益集团也是选民与政治决策之间不可缺少的中介。

在以个人为交易主体的完全分散化的市场交易中,交易费用的存在导致了企业的出现。科斯在《企业的性质》中说:"市场的运行是有成本的,通过形成一个组织,并允许某个权威(一个'企业家')来支配资源,就能节约某些市场运行成本。"①同样,在政治决策领域,由于投票费用的存在,如果事无巨细都由选民亲自投票决定,信息费用和投票费用将令人难以承受。尤其是在采用直接民主形式的情况下,社会将无力承受如此高昂的费用。相反,建立代议制,通过政党为选民提供政治决策信息,由利益集团分别向代议机构反映一部分选民的意愿,就可以节省信息费用,使政治活动更为"经济"。

虽然国家权力仍然由少数人执掌,但现代民主政治与专制体制或古代民主制的根本区别就在于前者是立宪主义,宪法把身体自由、精神自由和财产交易自由等事关个人幸福的事项,以及政治制度的选择、法律的制定、对政府的监督等事关公共福利的事项,都作为不可侵犯的公民权利保留给了个人。因此,人权和公民权利是排除于政治决策影响范围之外的个人领地,国家只需设立宪法实施监督机构、司法机关来确保人权与公民权利的实现,而不必再将这些事项纳入公共决策过程。如果没有人权和公民权利界定,又要保持政治过程的民主性,那么选民投票就必须经常举行,无论私人的投票费用还是政府的组织费用都将大幅度上升。古代希腊罗马的民主制就是这样,所以它只适用于小国寡民的时代。因此,把权利界定作为是民主制度之下对选民投票费用和政府组织费用的节省就是自然而然的事情了。

三、协调利益冲突

协调个人与集体的利益关系

权利的界定与维护对于利益冲突具有协调功能,对此应当是没有疑问的。但是,对于宪法究竟应当把权利配置给个人还是群体的问题,则有不同的看法。一般说来,世界各国宪法确认的公民权利都是以个人为主体的,极少将民族、阶级或其他群体、团体作为独立的权利主体。我国宪法在规定公民权利时,也主要是以个人作为权利主体的。即使包括如选举权与被选举权、集会结

---

① [美]科斯:《论生产的制度结构》,上海三联书店1994年版,第7页。

社和游行示威自由等被马克思称为"只有同别人一起才能行使的权利"①,也都不是以集体为权利主体的。

而在理论上,宪法的这种权利配置似乎并没有得到真正的理解,有人甚至极力反对这种配置方式,他们主张:"当个人利益与集体利益发生矛盾的时候,个人利益应当无条件地服从集体利益"。"民族、社会、国家等集体的权利高于个人权利。"这样一来公民权利宪法保障制度的价值就被完全否定了,宪法本身也可以成为可有可无的东西了。因此,在说明公民权利宪法保障制度的利益协调功能时,关键是要弄清宪法对个人与集体之间利益冲突所持的立场。

在近代史上,正是由于市场经济的分散化和市民社会的个体化,使个人利益具有了受到特别保护的价值,才产生了宪法与宪制。在社会经济发展过程中,封建庄园制经济和君主专制政治的组织与管理成本日益显得昂贵,以分散化和个体化的交易形式取代大一统的封建制度,就是对组织成本与管理成本的降低。但是分散化与个体化的市场交易与社会交往也是有成本的,为了节省交易和交往成本,企业与社团被建立起来。同样,企业与社团活动也存在组织与管理成本,庞大而严密的组织固然可以在很大程度上降低交易与交往的费用,但其组织费用可能更高。因此,必须保持集体化与个体化的平衡,保持组织费用与交易费用的平衡,才能最大限度地降低人类活动的资源消耗。正如亨利·梅因当时只看到了社会经济生活个体化的现状而未预见到集体化的未来趋势一样,现在的集体权利论者也是只见集体不见个人,二者都不能适应社会经济发展对于提高效率的要求。在17—18世纪,市场交易的主体曾经主要是个人,公司只是经过政府特许的特殊经济主体,只有最高立法机关或中央政府才能颁发特许状,因而也只有极少数获准开业的企业。而自19世纪后期开始,企业法人逐渐成为最重要的市场主体。

社会经济在经历了向个体化分化的阶段以后再向集体化整合,是历史的辩证法,但是这种集体化整合绝不是简单地倒退到封建群体中去,而是在保存个人独立性和主体地位基础上的社会合作,个人利益的价值并没有也不应当被否定。马克思和恩格斯指出:"只有在集体中,个人才能获得全面发展其才能的手段,也就是说,只有在集体中才可能有个人自由。""从前各个个人所结成的那种虚构的集体,总是作为某种独立的东西而使自己与各个个人对立起

---

① 《马克思恩格斯全集》第1卷,人民出版社1972年版,第436页。

来;由于这种集体是一个阶级反对另一个阶级的联合,因此对于被支配的阶级说来,它不仅是完全虚幻的集体,而且是新的桎梏。"①在当代社会,个人独立、自主与自由是集体存在的前提和基础。集体是实现个人利益的手段,任何集体组织与活动的根本目的都是为了更好地满足作为它的成员的个人的需要。不能只强调个人离不开集体,实际上更应当强调集体离不开个人,集体利益存在于各个个人利益的有机结合之中,没有脱离个人利益的抽象的集体利益。那种否定个人利益、凌驾于个人利益之上、并与个人相对立的集体,不过是少数人虚构出来用以欺骗、压迫和操纵个人的工具。

平等是法治的基本要求,从法律上看,不存在个人利益无条件服从集体利益的任何抽象的、先验的理由。无论集体利益还是个人利益,只要是合法的,都应当给予保护,对于非法利益无论其属于集体还是个人都要坚决取缔。权利主体在法律上地位平等,不存在谁高谁低的问题,集体权利高于个人权利的主张没有法律依据。离开合法性标准来论证集体利益高于个人利益,只能导致法治的破坏。而且,个人的基本权利都是宪法权利,多数的集体权利属于普通法律上的权利或者根本不是法律上的权利,如果要区分高低,就只能说个人的宪法权利高于集体的普通法律权利,否则,宪法的最高法律效力就只是一句空话。张文显教授指出:"在对法律权利的保护上,绝对不能依主体来分为轻重、先后、主次而给予不同的对待。"②宪法对个人利益给予优先于集体利益的保护,有其历史与现实的原因。从历史上看,宪法是针对封建国家和教会等虚幻的集体对个人的压迫和奴役规定个人权利的;从现实来说,无论在哪个国家、民族,个人在与国家、社会或集体的力量对比中,始终属于势弱的一方,要保证其利益不受侵犯,运用根本法的形式确认高于其他权利的公民基本权利就是必要的。

利益冲突是普遍存在的,集体利益的主张者过分强调法律的秩序价值,企图压制冲突着的个人利益之间的公开竞争,以维持社会的秩序。但是,就像社会学家科瑟(L. Coser)在《社会冲突的功能》一书中所说:"威胁到一个结构平稳的不是冲突本身,而是僵化。僵化使得敌对情绪积累,以致一旦爆发只能走上一条分裂的道路。"③压制利益冲突不仅引起大规模的政治动荡,直接造成

---

① 《马克思恩格斯全集》第 3 卷,人民出版社 1995 年版,第 84 页。

② 《当代人权》论文集,中国社会科学出版社 1992 年版,第 40 页。

③ 转引自郑也夫:《代价论》,生活·读书·新知三联书店 1993 年版,第 37 页。

资源的重大破坏,而且使利益激励机制无法发挥作用,导致资源的无效配置。在资源稀缺的条件下,并不是任何人的任何要求都能随时随地得到满足的,利益冲突具有不可避免性,压制了冲突的一种形式,它又会以另一种形式表现出来。承认个人利益的合理性并确立保证各种利益间公开的、正当竞争的制度,是协调利益冲突,并利用这种冲突促进社会进步的前提。为此,宪法普遍赋予社会成员以公民身份,使个人具有利益主体的资格,同时承认各个个人的基本需要具有优先满足的价值,并规定公民享有不可侵犯的基本权利以保证这种优先满足。

公民权利意味着公民可以向国家、社会和集体提出有效请求,国家、社会或者集体必须提供满足这种请求的条件。因此,把"不得损害国家的、社会的、集体的利益和其他公民的合法的权利和自由"作为行使公民权利的先决条件,是很不妥当的。这种要求不仅把集体利益绝对地凌驾于个人利益之上,而且还把普通法律置于宪法之上,因为它认定宪法保护的公民基本权利应让位于普通法律保护的国家、社会、集体或他人利益。如果把个人利益置于集体的混沌之中,把集体当作权利主体,回避个人之间的利益冲突,权利就不能发挥利益协调功能。

计划经济体制试图消除个人之间的利益冲突,甚至消灭个人利益本身,而不是协调这种冲突。利益冲突没有被纳入法律制度的框架,因而只有合法利益与非法利益的冲突,合法利益之间的冲突被假定为不存在,法律也没有为协调合法利益冲突确定有效机制。在市场经济体制下,一旦个人利益及其公开、公平竞争得到法律制度的认可与保护,再简单地以合法性为标准来确定冲突的利益的取舍,就可能面临进退两难的处境。利益冲突可以存在于合法利益与非法利益之间,也可能出现于非法利益与非法利益之间,还可以存在于合法利益与合法利益之间。单纯依靠合法性标准就不可能正确解决合法利益与合法利益之间的冲突,在此基础上还必须引入新的判别标准以便在冲突着的合法利益之间作出选择。

有人提出集体权利高于个人权利,个人利益无条件服从集体利益的主张,实际上就是以利益所涉及人数的多少为标准来取舍,认为利益主体的人数多的应当保护,人数少的不应当保护。按照这种标准,只要多数人高兴,少数人的生命、健康等重大利益就可以视同草芥。必须考虑到,政治决策涉及各种各样的事项,今天这一部分人是属于少数,明天那一部分人可能是少数,如果可以无视少数人的利益,那么多数人的权利同样没有保障。显然,这样的标准并不科学。科斯提出,在损害赔偿问题上传统的办法将问题视为甲损害了乙,所要决定的问题是:如何制止甲?这样的思路是错误的。真正的问题是:是允许甲损害乙,还是允许乙损害甲?关键在于避免较严重的损害。① 因此,应当引入效率标准来解决利益冲突问题。在合法利益与非法利益之间,显然应当选择合法利益;而在同样合法的两种利益发生冲突时,就应当借助于效率标准进行取舍。也就是说,通过对冲突中的利益的大小进行权衡比较,选择较重大的利益加以保护,以增加社会财富总量。在此基础上,由较大利益的获得者给较小利益的损失者提供必要的补偿。这样,不仅社会利益的总量有了增加,冲突双方也各得其所。如果不考虑效率和利益大小,随意取舍,就可能保护了较小的利益,损失了较大的利益,不仅社会利益总量减少,而且冲突一方损失的较大利益也不可能由较小利益的获得者来补偿。如此一来,就既无效率可言,又损害了法律的公平价值。

公民权利与阶级利益冲突

应当承认,自人类进入文明时代以来;阶级的存在及其对社会变迁的深刻影响,都是无可否认的事实,利益冲突有时也以阶级为主体。但是,阶级是一个十分复杂的社会现象,它既可以指由特定的经济状况决定的客观上的阶级地位,也可以是一种主观认识上的阶级觉悟。只有具有共同阶级地位的人们形成了对这种地位的共同认识,即有了阶级觉悟,一个阶级才有可能成为利益冲突的主体。按照马克思的说法,自在的阶级要成为自为的阶级必须具备一定的主客观条件。从主观条件来说,需要有代表这一阶级的知识分子为他们提供思想武器。从客观方面,马克思认为:"只有到了现存社会制度即将崩溃时,客观的阶级地位和主观的革命的阶级觉悟之间才会有较高的相关度"②。

只有在社会面临急剧变革,需要通过阶级的集体行动来捍卫或获取具有共同阶级地位的人们有或可能有的利益的情况下,才有自觉的阶级出现。从主观条件与客观条件的关系来说,客观条件具有根本的重要性。主观条件是受客观条件制约的,只要社会面临重大危机,阶级利益的代言人就总会出现,不是这一个,就是那一个。一旦社会危机促使阶级自觉行动起来,法律或权利

---

① 参见〔美〕科斯:《论生产的制度结构》,上海三联书店 1994 年版,第 142 页。
② 〔美〕西摩·马丁·李普塞特:《一致与冲突》,上海人民出版社 1995 年版,第 59 页。

都将被重新安排,以适应组成阶级的人们对利益重新分配的需要。但是当危机过去的时候,阶级的成员又都回到生产和交换关系之中,阶级利益又分散地体现在各成员的身上。由于在经济关系中不具有互补性,通常的情况是,同一阶级的成员之间的竞争比不同阶级成员之间的斗争可能还要激烈得多。所以,在日常社会经济生活中,个人并不总是、甚至主要不是政治性的阶级角色,相反,他们更多地扮演着社会、经济的多种角色。

人们之所以高估阶级斗争的作用,主要是因为在社会急剧变革的关键时刻,一些阶级就凝聚起来并采取行动。事实上,以阶级斗争的形式解决利益冲突,无论作为阶级成员的个人付出的私人成本,还是整个社会支付的社会成本,都是十分高昂的,其中包括生命、财产、自由的丧失和自然资源的破坏等。当一次决定性的阶级斗争未能创造出有效率的制度结构和安排时,阶级斗争的社会成本就会大于社会收益。因此,在资源稀缺的条件下,用阶级斗争的方式可以解决利益矛盾,但却不能同时有效地缓解资源的稀缺性。而个人之间利益冲突的公开竞争则有助于提高经济效率,是有效缓解稀缺的解决方式。这并不意味着阶级的存在及其作用的完全否定,阶级和阶级斗争的作用表现为两个方面:其一,当社会的现有制度安排无力协调利益冲突,使某些具有相同阶级地位的人们面临资源极端稀缺的状态时,阶级斗争的结果可以在一定程度上缓解参与者个人的稀缺状态,恢复社会公正;其二,赢得阶级斗争的人们创新了制度,这种制度创新可能促进经济效率的提高。但是,正因为利益冲突以阶级冲突的形式出现代价高昂,常常得不偿失,所以它才只在危机来临的时期发生,不能像个人利益的公开竞争那样经常推动经济发展和社会进步。

人要生存,首先就不能不扮演某种经济角色,人们之间的关系也更多地表现为生产的指挥者与直接的生产者、消费者、买主与卖主、债权人与债务人等等的经济关系。同时,人们还担任着父母、子女、夫妻、兄弟、姐妹、邻居等多种社会角色,参与各种社会关系。在稳态的社会中,人们正是通过扮演多样化的角色来谋求自身利益的。只有在社会动荡使人们通过个人角色已经无法实现其自身的基本利益时,他们才以阶级成员的身份争取自身利益。其实,马克思在关于阶级的学说中,也从来没有认为在任何时候、对任何个人来说,阶级成员都一定是一个有意识的角色。因此,宪法把人们划分为阶级或者确定不同阶级的地位,都不能真正协调利益冲突,它必须把各个个人视为不依赖于阶级或集团的独立主体,才能通过权利界定来缓和利益矛盾。有人提出:"在阶级社会中,人始终是阶级的人,人的本质始终是阶级的本性,因此,人权也只能是阶级的人权。"这种观点把阶级人格化、独立化、抽象化,把基本人权宪法保障制度当作特权保障制度,把公民权利视为阶级特权,实际上是一种"左"的思潮,其潜台词是阶级斗争无处不在、无时不有,显然是荒谬的、有害的。

第二节　公民权利的资源配置功能

一、基本权利对资源的原配置功能

人的问题永远是:无限的需要,有限的资源。社会发展已经、正在并将继续受到资源稀缺性的严厉制约。美国新制度经济学家阿尔钦(Armen A. Alchian)说:"在本质上,经济学是对稀缺资源产权的研究⋯⋯一个社会中稀缺资源的配置就是对使用资源权利的安排。"①实际上,资源稀缺不仅是一个经济学问题,也是一个政治学、社会学和法学问题。民商法无疑具有重要的资源配置功能,通过物权法、契约法、工业产权与知识产权法和侵权行为法的具体制度安排,将物质资源和人力资源的使用权界定给各个社会经济关系主体,保证了资源的有效利用。宪法的公民权利保障制度则从宏观上确定了资源配置的制度结构,从民主、法治的基本原则到所有制结构、经济体制,实际上限定了资源的流转与使用的边界。从我国改革开放的实践来看,多种经济成分并存的所有制结构是公民个人财产权、私营企业和乡镇企业经营权得到保护的制度基础。公民受教育的权利、从事科学研究、文学艺术创作的自由,正是民商法保护工业产权和知识产权的制度依据。同样,没有宪法确认的市场经济体制,契约法就不可能在广泛的社会经济领域具有约束力。

市场经济的基本特征就是市场机制对资源配置发挥基础性作用,而市场机制的资源配置功能的发挥是以权利的明确界定为前提的。宪法对财产权利和公民基本权利的分配乃是对资源使用权利的初始界定,它确定了市场机制发挥作用的基本制度框架,宪法上的产权安排涉及的只是稀缺的物质资源的使用权利,公民权利安排则是用于确定人力资源的使用权利,宪法确定的公民

---

① 转引自[美]科斯等:《财产权利与制度变迁》,上海三联书店、上海人民出版社 1994 年版,第 205 页。

权利保障制度具有资源初始配置的功能,将直接影响到经济体制运行的效率。因此,宪法学应当注重公民基本权利保障制度对稀缺资源配置的经济功能的研究。

二、财产权界定对物质资源稀缺性的缓解

如前所论,稀缺资源是制约人类社会生活的基本条件,是经济学和法学研究的共同前提。稀缺资源的范围和资源稀缺的程度是随着历史条件的变化而改变的,食物短缺是一个老问题,随着工农业的发展,人口不断增长、人类活动范围不断拓宽,土地变得越来越稀缺了;长期被当作取之不尽、用之不竭的水资源、新鲜空气资源也因环境污染开始被列入稀缺资源的范围。人类最初面对着社会财富稀缺难以满足基本需要的问题,当生产发展了,社会财富日渐丰富时,自然资源又被开发殆尽。人力资源就成为经济增长的支柱,在近代特别是当代社会,人力资源也正变得日益稀缺。社会的制度安排作为一种资源,其经济价值在当代也正引起人们越来越多的关注。自然资源和社会物质财富都属于物质资源,而人力资源和制度资源则属于人文资源,所有这些资源都是稀缺的。资源稀缺性是不可避免、不能消除的,人们所能做的就是尽量缓解这种稀缺。缓解资源稀缺状态是全人类、全社会的共同目标,而不只是经济界和经济学的职责。因此,法学、宪法学也要研究资源的稀缺性及其缓解,法律制度和宪制制度应当发挥其缓解资源稀缺性方面的功能。

最初,自然资源是相对丰富的。由于生产力水平低下,人们从丰富的自然资源中提取出来用以满足自身需要的产品却十分有限,因而人类一开始面对的贫困和匮乏是社会财富的稀缺,而不是自然资源的稀缺,生产力的巨大发展带来了生产的工业化和交换的市场化,社会财富以前所未有的速度积累起来,出现了庞大的财富积累。马克思指出:"资本主义生产方式占统治地位的社会财富,表现为'庞大的商品堆积'"①。但在这一阶段,资源的稀缺性同样存在,主要表现在两个方面。

一方面是社会财富的稀缺状态依然存在,只是由过去的绝对稀缺变为相对稀缺。稀缺的相对性首先是相对于人的无限欲求和愿望而言,无论社会财富以怎样迅速地节律增长都满足不了全面的需要;同时,由于社会的制度安排

---

① 《资本论》第 1 卷,人民出版社 1972 年版,第 47 页。

的局限性,在任何时候,总是有人可以挥霍无度而另一些人则为生计所困。然而,丰富的物质财富和精神财富毕竟为满足社会全体成员多方面、多样化的需求创造了客观上的可能,与过去的一切时代相比,社会财富的稀缺已不再是绝对的,而是相对的。

另一方面,社会财富的增长来自对自然能量的提取。热力学第一定律告诉我们,物质与能量不生不灭,只能从一种形式转化为另一种形式。生产并不是无中生有,它只是资源的转化,即把自然资源转化为社会财富,社会财富的增加,也就是自然资源的减少。经济发展过程是一个社会财富不断增加与自然资源持续减少的过程,不会有无中生有的奇迹出现。热力学第二定律带来的消息更坏:从一种物质、能量转化为另一种物质、能量的过程不可能无代价地发生,任何物质与能量的转化都伴随着一部分有用能量向无用能量的转化,即能量转化必然造成能量损耗。同样地,把自然资源转变为社会财富的过程,也伴随着一部分自然资源转化为废弃物和无用能的过程。新制度经济学的交易费用学说与热力学的两大定律可以说是一致的。工业生产引起的环境污染、臭氧层破坏,就使得清洁的水资源、清新的空气资源和适宜的气候变得稀缺起来。这是一个人力所难以逆转的过程,自然资源稀缺已经成为人类社会进一步发展的障碍。

物质资源的稀缺更多的是通过经济过程与生产活动来缓解的,只要社会尊重经济法则,国家对经济不加干涉就能达到目标。但即使如此,没有确切的财产权保护制度的社会仍将长期处于贫困状态。因而单纯发展生产的经济具有明显的局限性、经济发展必须与法制建设相协调,资源稀缺性的缓解需要健全财产权保障制度。资源稀缺不是绝对的贫瘠与匮乏,而是相对于人的不断增长、永无止境的需要而言的。财产权保护也不是直接保护物质资源的完好和不受破坏,而是对人的激励。

首先,产权界分把缓解资源稀缺性的责任个体化。没有财产权,资源的稀缺性只对社会而言是真实的,对于各个个人就不能明显显现出来,人们将把社会的稀缺资源当作个人的丰富资源,不计成本地利用它们。相反,产权界定使个人只能支配属于自己的那部分有限的资源,他必须进行仔细的盘算,以便用最小的代价换取最大的收益。这就大大减少了经济活动中资源的无效使用和消耗,有利于社会财富的增加和稀缺性的缓解。

其次,产权的维护保证了所有者对其资源的排他性控制权,从而增加了财富的社会价值。如果有两件生产成本与使用价值完全相同、产权完整性程度不同的物品，人们倾向于给产权更完整的物品以更高的估价。最明显的例证就是个人仅有使用权的房地产的价格大大低于具有全部占有、使用、收益和处分权的私人房地产。可见，权利的维护与商品的交换价值关系密切。

最后，产权界定和维护是市场交换的前提。"物以稀为贵"，价格是资源稀缺度的表现。财产权保障使买卖双方能够通过在市场上竞争性地出价和要价，促使资源从低估价到高估价方向流动，从低稀缺场所向高稀缺场所流动。通常，最需要某种商品的人就是出价最高的买者，他将赢得竞争并最终得到他特别需要的资源。离开以产权保障为基础的市场机制，财产流转实行无偿调拨，就难以弄清谁是最需要资源的人。

三、人权保障对人力资源稀缺性的缓解

在当代，工业化和都市化带来的人口爆炸、能源短缺和环境污染已成为全球性危机，经济增长日益转向对人的知识、技能、智力和综合素质的依赖，以寻求资源替代。民族国家间的竞争主要是人才的竞争，资源稀缺主要表现为人力资源的稀缺。与物质资源短缺不同，人力资源的稀缺状态只有在人类早期社会是用鼓励人口增加的办法来应付的，但现代社会人力资源稀缺问题显然已经不能用加快人的自身生产来解决了。

人力资源并非从来都是稀缺的，在野蛮时代，"人的劳动力还不能提供超出维持它的费用的显著的盈余"[①]。这时候就没有奴隶制，因为奴隶没有什么用处，战俘通常都被杀掉。生产发展和劳动创造的剩余产品增加，带来的第一个进步就是战俘的生命得到保全，成为战胜者的奴隶。随着生产规模的扩大和交往的增加，奴隶逃跑到邻近的地方谋生并不困难，从而提高了实行奴隶制度和管理奴隶的费用。[②] 于是农奴制取代了奴隶制，这不仅提高了经济效率，同时也改善了劳动者的处境。但前资本主义社会始终是一个自然资源丰饶而社会财富匮乏的时期，由于生产力水平低下，劳动力没有充分表现出对经济增长的贡献，人力资本的经济价值低微，人的伦理价值和尊严也不可能得到普遍承认。只有极少数上帝的选民、真命天子、达官贵人才有人的尊严，绝大多数

---

① 《马克思恩格斯选集》第4卷，人民出版社1995年版，第51页。
② 参见[美]道德拉斯·诺斯、罗伯特·托马斯：《西方世界的兴起》，学苑出版社1988年版，第26页。

平民不过是一介草民,谈不上人的价值。

在自然资源和社会财富的稀缺对经济发展构成更加强有力的制约的市场经济条件下,作为一种特殊财富的人力资源给人类福利的进一步增加带来了新的希望。美国新制度经济学家舒尔茨指出,"劳动者变成资本家并非传说中因为公司股份所有权扩散所致,而是由于他们获得具有经济价值的知识和技能的结果"①。人力资本已经主要不是表现为人的体力,更重要的是人的知识、技能与全面的素质。教育的普及是人力资本投资的重要方面,它导致了人的整体素质的全面提高,使劳动者在生产过程中能以比过去更少的资源消耗生产出更多、更好的产品。同时,人力资源还通过技术创新和制度创新对经济发展作出更大的贡献。

马克思主义强调科学技术是第一生产力,新制度经济学把制度设施视为至关重要的生产要素,都表明在自然资源稀缺、社会财富有限的条件下,人力资源已经成为支撑经济发展和社会全面进步的主要动力。科学技术进步需要研究自然科学与工程技术,制度安排革新需要研究人文与社会科学,并通过发展教育事业,普及科技、文化与社会知识,以增加人力资源存量。这些都是人力资源的开发利用。我国有学者指出:"尽管在人类发展的早期阶段,智能在社会能量中的份额还微不足道,但它对于人类社会的进化却起着至关重要的作用。"②到了今天,无论怎样强调人力资源的重要性都不为过,向科学文化教育投资、向保障人力资源使用权利的制度设施投资,将成为明智的决策。

但是,人力资源与物质资本一样也不是无限丰富、可以任意取用的,而是有限的、稀缺的。人生短促,没有来世或者第二次生命,生命与健康、自由与幸福在时间条件的约束下就显得格外珍贵。个人应当成为自己短暂人生的主宰,以追求人生的幸福、实现人生的价值。财富的创造都是在一定的时间维度中进行的,也就是对人的生命、健康和自由的占用与消耗,因而使用时间有很高的机会成本(opportunity cost)。③ 从伦理价值上看,每个人都具有自身独特的、无可比拟的、无可替代的最高的价值和尊严,他的生命、健康、自由与幸福既不是别人能替换的,更不是金钱所能买卖的。这些都只有在经济得到一

---

① [美]西奥多·舒尔茨:《论人力资本投资》,北京经济学院出版社 1990 年版,第 3-4 页。
② 宋瑞玉、周冰:《社会热力学》,湖北教育出版社 1994 年版,第 138-139 页。
③ 关于机会成本,萨缪尔森等做过这样的概括:"当我们被迫在稀缺物品之间作出选择时,我们要付出机会成本,一项决策的机会成本是另一项可得到的最好决策的价值。"

定程度的发展,物质资源变得更加稀缺时才有可能被人们所理解和接受,基本人权保障体现了市场经济条件下人力资本的要求。运用宪法来保护基本人权形成公民基本权利宪法保障制度,不仅有利于维护人的伦理价值与尊严,也是对人力资源稀缺性的正确回应,有利于进一步提高人力资本对经济增长的贡献,促进经济发展。如果没有公民权利的界定与保护,人力资源不是被个人所闲置,就是被国家或他人无偿滥用。当它被个人闲暇过多地占用时,经济效率就会大打折扣;当它被无偿占用时,则不仅因无效配置而降低人力资源的经济价值,而且也将导致人的伦理价值的损失。

四、公民权利对制度资源稀缺性的缓解

罗马俱乐部学者在分析增长的极限时,曾将其分为增长的物理极限和文化极限。该俱乐部创始人佩奇和研究人员亚历山大·金指出:"毫无疑问,增长的真正极限是社会的、政治的和管理上的极限——而且最终在于人的本性。"[①]这种对人类前途充满忧患意识的文化极限论,与制度经济学特别是新制度经济学把制度当作稀缺资源的理论不谋而合,20世纪下半叶以来兴起的全球性制度改革大潮,从实践方面说明了制度的稀缺性。不管我们是否赞成增长已经无可奈何地达到了它的极限的悲观论断,在现代社会,对于资源的需求必然伴随着对于利用这些资源的权利的需求,有效缓解物质资本和人力资源稀缺性,离不开制度结构、制度安排与制度规则的协调创新。

制度也是资源,而且是不可多得的稀缺资源。适宜的制度从各人对自身利益的关切入手,以激发个人自由创造潜能为根本目标,是物质生产和精神生产高效率进行的基本设施。制度进步也不是免费的自助餐,人们必须为此支付费用。社会科学研究和社会实践经验是新的制度方案的两大源泉,二者都是有代价的。新制度经济学家弗农·W.拉坦指出:"在最近的一个世纪,社会科学知识的进步已为制度创新的效率开辟了新的可能性。"[②]社会科学通过对制度改革的作用最终促进经济发展和社会进步,已经成为不可否认的事实。

但另一方面是,社会科学的研究自然需要学者们个人倾注其才智、心血和时间,要求社会投入足够的经费支持、国家保障必要的学术自由。而社会科学不同于自然科学,它所包含的"真理"成分是与研究者的价值取向和主观偏好

---

① 参见[美]梅萨罗维克、佩斯特尔:《人类处于转折点》,三联书店1987年版,第194页。

② [美]科斯等:《财产权利与制度变迁》,上海三联书店、上海人民出版社1994年版,第352页。

不可分离的,当某种社会科学关于制度的知识被视同自然科学真理强制推行时,人类因此付出的制度创新的代价就十分惨重了。于是人们希望通过社会实践经验来探索新的制度方案并以此检验社会科学理论的真伪,创新实践是一个学习过程,正如婴儿学步需要经历无数次摔打一样,通过实践创新制度也必然使一个社会、民族和国家面对难以承受的重大失败与挫折。可见,在社会的制度安排上无视旁人的经验,是极不明智的。

我不太赞成有人提出的所谓"法治本土资源"的说法,因为它以制度资源无限丰富、取之不尽为假定的前提。可供选择的制度安排并不是无限多样的,实际上不外乎自愿交往与强制服从两种,其余的都只是强制多一点还是自由多一点的问题。与市场经济能够长期协调共存的制度设施只能是自由民主宪制和法治国家,而不可能是专制独裁国家。正因为资源稀缺,物质财富和精神财富的创造都是要付出代价的,人们才提倡资源共享。如果在经济生活中人人敝帚自珍,你守着你的资源,我只要我的资源,没有分享与共享,就不会发生商品交换,更没有市场经济。同样地,在法律制度安排上企图仅仅从没有法治传统和法治经验的本土发掘法治资源,也不过是缘木求鱼。

制度属于有价值的资源,任何体制的确立都不是没有代价的。尽管人类社会的制度设施是多种多样的,但就其基本特征而论,无非是自愿交往与强制服从在不同程度上的结合。一种典型形式的制度安排是专制制度,它以强制服从为基本特征,通过运用公共权力调动公共的和私人的资源为掌权者个人私利服务,其逻辑次序是"以公为私"。专制政治实行人治,法律的基本功能是强化国家政权,迫使臣民服从掌权者意志和利益。另一种典型形式是市场体制,市场经济体制就是以自愿交易为基本特征的制度安排,这种制度的逻辑顺序是"以私为公",通过市场的价格信号把竞争中的个人和企业实现自身利益的努力自发地引向有利于社会公共福利的目标。国家权力为公民个人的正当利益服务,公民个人通过追求自身利益的自发努力来促进公共目标,这就是市场经济对民主、法治和人权的应然要求。诺曼·尼科尔森(Norman Nicholson)指出:"市场被当作使个人排列其消费偏好和自由追求这些偏好的能力达到最大化的一种制度安排。"①市场机制的自发协调功能以充分的权利保障为前提,以市场经济为基础的政治法律制度注重公民权利保障,并为保护

---

① [美]V.奥斯特罗姆等:《制度分析与发展的反思》,王诚等译,商务印书馆1992年版,第26页。

公民权利而强调对国家权力的制约。

市场经济是法治经济,"市场经济需要法治""市场经济呼唤法治"①,就是因为法治是以权利的界定与维护为己任的。人力资源在经济活动中已经占据主导地位,权利的界定与维护给个人提供了自主地安排市场交易、社会交往与政治参与的广泛空间,扩展了人的选择范围和选择机会。不仅使社会生活丰富多彩,还可以增加人力资源的经济价值。真正完备的宪制制度是以市场经济为前提的,宪法是公民权利的保障书,它对经济发展的贡献显然主要不在于强制服从,而是通过权利界定提供一个人们借以作出有效率的选择的制度结构。在市场经济体制之下,权利界定使个人决策的结果与其自身利益密切关联,个人自由地追求自身幸福最终能够实现权利与义务、自由与责任、个人利益与公共利益的协调统一。

第三节　公民权利对"外部性"的内在化

一、权利界定:外部性内在化的基本形式

在资源稀缺、人们对利益的追求没有止境的情况下,一个人对资源的独占性使用就是排除其他人使用的可能性,一个人的所得可能就是另一个人的所失。经济学要求成本的支付与收益的获取应当统一在同一个经济人身上,不能由一个人支付成本而另一个人坐享收益。宪法学主张公民享有的权利与义务之间应当是对应的、对等的和一致的,享受权利的人必须履行义务,履行义务的人应当享有权利。可见,无论成本与收益,还是权利与义务,都是对人与人的利益关系的描述,它们在经济属性方面具有相似性;无论经济学还是宪法学都存在一个前提,即人们之间在利益关系上不是完全独立、互不相干的,而是相互交错、相互关联的。人们常常获得某些外部收益或不得不承担某些外部损害,或者承担某种无条件的义务,享受某种无须履行义务的权利。现代西方经济学把这种利益上的非对称性现象称为"外部性"或"外部效应"(externality)。

---

① [美]V.奥斯特罗姆等:《制度分析与发展的反思》,王诚等译,商务印书馆1992年版,第26页。

外部性主要表现为两个方面：即外部经济（External Economies）和外部不经济（External Diseconomies）。经济学认为无论外部经济还是外部不经济的存在，都是资源的无效配置。因为它使支付成本的人不能得到收益，即使他愿意继续提供这种好处，最终也会因得不到补偿而破产，从而丧失提供好处的条件，另一些人不必付出代价即可得到收益，他可能不考虑别人承担的成本为自己寻求更多的收益。为了提高经济效益，就必须寻求一定的制度安排尽可能将外部性内在化（Internalization of Externality），把成本与收益同经济人的选择行为紧密关联起来。从制度上看，外部性的内在化主要通过两种方式。

第一，自愿交换和私人权利界定。这种方式适用于竞争性的私人领域即市场经济和市民社会存在的外部效应。个人作为理性的经济人，具有趋利性，其行为通常是以自身财富（Wealth）或效用最大化（Utility Maximization）为目标的。如果市场是由一个单一经济人或少数寡头垄断的，那么经济人将利用其垄断地位把私人成本转化为社会成本，把社会收益转化为私人收益，损害社会公共利益和消费者利益。竞争机制就是以自利遏制自利的制度安排，它迫使理性的经济人把满足消费者利益作为实现自身利益的手段，从而自发实现成本与收益、个人利益与公共利益的协调，把外部性内在化。市场竞争就像一场球赛，经济学称之为"博弈"（Game）或者比赛，比赛不能没有规则，法律就是博弈的规则。市场机制这只"看不见的手"（Invisible Hand）只有在与之相适应的法律制度充分界定私人权利的条件下，才能发挥外部性内在化的自发调节作用。民商法就是市场竞争与合作的规则，它通过界定民事权利和义务，保证市场能以自愿交易的方式将外部性内在化。宪法确定的公民权利保障制度建立了将外部性内在化的制度结构，体现了市场经济对自由、平等的要求。因此，权利保障制度具有将外部性内在化的重要功能，正是在这种意义上，科斯说："在界定权利这种纯粹法律问题上，经济学也有用武之地。"[①]在明确界定权利与义务的基础上，通过社会经济关系主体自愿交易，能够达到私人利益与社会公共利益相一致，促进社会经济的全面发展。没有明确的权利义务界限，付出得不到补偿，收益无须支付代价，就不可能激发社会的创造力，只能奖懒罚勤，鼓励人们投机取巧。这在经济上是无效率的，在法律上也是不公平的。

第二，政府调控、国家强制与权力制约。在政治生活即公共决策领域，外

---

① ［美］科斯等：《财产权利与制度变迁》，上海三联书店、上海人民出版社 1994 年版，第 42 页。

部性的内在化不能通过市场机制自发实现,需要借助于国家强制。国防、治安、法律制度设施等公共物品(Public Goods)的生产也是有代价的,而一旦提供,就无法排除那些没有支付费用的人参加消费。公共物品供给的连带性和消费的不排他性,使得人们都不愿支付它的生产费用,而是希望别人付出成本,自己"搭便车"。这就使以自愿交易为特征的市场机制在公共物品的供应方面无能为力,只有通过一个组织形成一定的权威,用强制征税代替自愿购买筹集公共物品的生产费用。萨缪尔森等指出:"如果强制意味着一个人的机会构成和相关选择的成本受他人行为或选择的影响,那么外部性就实质上含有强制。"①国家通过强制征税,可以有效地为社会提供公共物品,但这种强制并不意味着集体行动中成本与收益必然是一致的。当一部分人提供费用生产的公共物品与服务由另一些没有提供费用的人所消费,公共权力成为少数人"寻租"(Rent Seeking)的手段时,公民的资源就被无偿剥夺,造成严重的社会不公。公民权利是宪法为国家强制性权力设置的界限,它保证个人的资源不受国家权力的任意剥夺。因此,无论在私人领域还是公共领域,外部效应的内在化都离不开权利界定。自从近代市场经济诞生以来,制度文明在整个人类文明进步中就具有了根本的重要性,法治成为制度文明的关键所在,权利问题又是法治的核心问题。法国《人权宣言》提出,"不知人权、忽视人权或轻蔑人权是公众不幸和政府腐败的唯一原因",是有几分道理的。

市场经济本质上是交换主导型经济,而不是生产主导型经济。在市场经济体制之下,生产仍然创造价值,但它创造的还只是虚拟的而非现实的价值,不通过交换的评价与承认,产品就没有真正的价值。尊重经济规律,主要就是尊重价格机制与市场交易的基本规律。商品的价格既不是生产者在进入市场以前按照生产成本单方面确定的,也不是由某个外在于市场的权威决定的,而是交易双方根据各自的需要平等自愿商定的,市场经济的价值理论只能是注重人文精神的主观价值论。主观价值要求把经济发展与尊重个人的自主、自由和保障公民权利结合起来,通过保护人力资源的使用权来促进经济增长。权力高度集中的政治体制是与经济上的生产主导相一致的,到目前为止,生产过程一直是以支配服从关系为基本特征的,不是资本支配劳动,就是权力支配劳动。民主宪制和法治以市场经济为基础,市场经济是以自愿交换为特征,以

---

① Paul A. Samuelson, William D. Nordhaus, Economics, 14 edition, McGraw-Hiil Inc. 1992, p. 310.

权利界定为前提的,交易主体一律平等,自愿交易,排除任何外来强制。只有宪制和法治才能保持人力资源对物质资本与政治权力的独立地位,发挥人力资源对经济增长的关键作用,限制资本对劳动的垄断性支配,防止权力进入交易过程。

二、权利与义务:外部成本与外部收益的内在化

本书第一章提出,公民权利保障制度是对外部效应的内在化,也就是说,它把公民作为独立、自主的个体,通过宪法对权利、义务的界定与维护,保证付出成本的人获得应有的收益,要求取得收益的人支付应当由其支付的成本。立宪、行宪和护宪过程就是个权利的界定、行使和维护过程,通过这一过程使承担责任的人们享有应有的权利,行使权利的人承担应当由其承担的责任。这也就是外部效应内在化的过程。如前所述,经济生活中的外部效应包括外部成本与外部收益(或称外部经济与外部不经济、外部利益与外部损害)两个方面,那么,与此相适应,宪法和法律对外部效应的内在化也有两种形式,即权利和义务。

公民权利是对外部收益的内在化

在分析西方世界兴起的原因和条件时,笔者曾经指出:西方世界在近代兴盛的重要原因是殖民主义者把其他民族的财富作为外部收益来攫取。在市场经济走向成熟以后,西方经济的发展就日益转向对科技进步和人力资源的依赖。实际上,只有外部利益的不断产生和持续的内在化,才能推动社会的经济发展和文明进步。外部利益的发现和内在化,是经济发展和社会进步的源泉,没有外部利益的发现和内在化,任何经济增长和社会进步都是不可想象的。

一般而言,外部利益主要来源于以下渠道:

首先,外部利益是技术进步的结果。交通、通信设施的改进,大大减少了时间和空间对人类自主活动的限制,使人们收集与处理信息、谈判签约、监督协议履行的资源耗费大幅度下降,无论是建立和控制企业组织,还是进行市场交易,都比过去更为便利。被节省的交易费用和组织费用又增加了人们的自由迁徙和流动的机会,扩大了个人的选择范围。另一方面,人类需要不断地将自然界的物质能量纳入社会系统,以维持社会的存在,推动社会的发展。技术的进步增强了人类社会从自然界提取物质能量的能力,形成了创造新的利益的机会。"随着人类改造自然能力的提高,越来越多的物质被改造后纳入社会

系统,先是简单工具,接着是蒸汽机、大机器、动力网络等等。"①技术进步为大规模地利用和改造自然、增加社会利益的总量创造了条件。

其次,外部利益来源于规模经济(Economies of Scale)效应。技术进步降低了市场交易费用,促进了市场范围的扩大。法律制度作为公共物品一经生产出来,其成本不会随着市场范围的扩大和适用对象的增多而同步增加,利用法律制度的边际成本(Marginal Cost)实际上是递减的,因而市场规模越大,利用法律制度的边际收益(Marginal Revenue)就越高。同时技术进步也减少了组织和控制一个机构的费用,为企业的建立以及企业规模的扩大提供了便利。企业规模的扩大简化了生产流程,提高了设备利用效率。

再次,知识的积累和教育在一定程度上的普及,提高了人力资源的经济价值,使人的劳动可以创造更多的价值。

然而,在法律制度正式界定和维护这些利益之前,它们是外在于法律制度结构的,是一种外部利益,人们获取的这种利益是没有保障的。因此,外部利益的出现和存在只是经济增长和社会文明进步的外在条件,必须把这种外部利益内在化,才能真正实现经济的发展和社会的进步。公民权利保障制度就是要把这些外在于法律制度的利益纳入法律制度结构之中,是对外部效应的内在化。对此可以从以下三个方面来理解:

第一,公民权利是对获取外部收益行为的合法化。对于现代社会来说,宪法为法律体系确定了基本的制度结构,某种利益要被内在化于法律的制度结构之中,首先要将其合宪化。某种利益虽然早已产生和存在,但如果宪法将它排除于法律制度结构之外,获取它就可能成为违宪、违法行为,至少是缺乏可靠保障、风险较大的活动。比如在改革开放前农村经济是集体经营的,宪法不承认农户和个人有承包经营的权利。尽管承包经营的利益明显大于集体经营,但绝大多数人都不敢获取承包经营带来的更多收益。但是,当承包经营能使农民获取更多的利益日益明显的时候,少数人就率先行动起来,从事"地下承包",促进制度变迁。少数人的这种行为逐渐获得社会承认,最后就以宪法的形式肯定了农村承包经营体制和农户的承包经营权,外部收益最终得到了内在化。

合理化是合法化的前提,一种外部利益的取得能否被合法化,应当把法律

---

① 宋瑞、周冰:《社会热力学》,湖北教育出版社 1994 年版,第 73 页。

的价值目标和经济的效率目标结合起来分析。从经济上说，外部利益的内在化只有在净收益大于总成本的条件下才有可能，否则将外部效应内在化就是不合理的。在计划经济体制之下，长途贩运虽然可以给个人带来收益，但它冲击了计划体制，破坏了高度集中的计划经济秩序。从总体上看，个人的收益补偿不了国家的损失，因而牟取异地买卖差价的长途贩运就会被认为是得不偿失的，无论宪法、法律还是政策都不承认长途贩运是个人和企业自由贸易的权利，而是把这种贩运视为投机倒把罪。通过体制改革，高度集中的僵化的计划经济体制被否定，商品经济得到认可，因而计划经济秩序与商品流通自由之间的价值对比就发生了倒转，把商品流通的利益内在化为商品流通自由，就不仅有利于商业贸易人员，也给生产者和消费者带来了便利，为国家提供了税收来源，明显是收益大于成本。但是，卖淫嫖娼、贩卖毒品、贩卖人口等等外部利益的内在化虽然从经济上看具有高收益或低成本的特点，但几乎绝大多数国家的法律制度都将它们宣布为非法，予以严厉禁止和制裁。因为这种给交易各方带来暴利的"自愿交易"是以人自身的生命健康和尊严为代价的，这种代价实际上高于任何可能数量上的金钱所得，而且对社会也存在着巨大的外部损害，是不允许将其内在化、合法化的。可见，法律制度在将外部收益内在化时不仅要考虑经济上的成本与收益，还要考虑社会成本与收益。总之，对于公民权利保障制度来说，外部收益的内在化就是外部利益的合法化，它只有在经济收益和社会收益均大于成本时才能实现。

第二，公民权利保障制度是对外部利益可获得性的普遍化。在宪法确定的民主自由宪制制度之下，一切存在和可能的东西，无论是物质的、精神的或者人身的，只要能够满足人的需要，增加人的效用，都具有制度上的可获得性（Availability），无须任何权威的事先许可。凡是宪法和法律未明文禁止获取的东西，都是公民可以获取的正当利益，宪法和法律仅仅禁止获取利益时损害社会和他人利益的行为。

法国《人权宣言》第 4 条对自由及其限度所作的界定是很有意义的："自由就是指有权从事一切无害于他人的行为。因此，各人自然权利的行使，只以保证社会上其他成员能享有同样的权利为限。此等限制仅得由法律规定之。"由此观之，最大自由的限度主要是两个方面：一是实质性的限制，即一个人的自由必须能够与其他人同样的自由相共存，如果某个人享有的自由致使他人不可能再享有同等自由，则这种自由就是不许可的。凡不是为了保障他人同等自由的目的,就不能对自由加以限制。二是形式上的限制,即公民个人自由的限度只能由法律明确规定,此外不得以任何别的形式确定自由的限度。

因此,宪法所禁止的获利行为,从经济的观点看就是成本高于收益且由社会或他人支付这种成本的获利行为。除此以外,一切社会成员,无论其地位、身份和自身的其他状况如何,都有获得利益的同等资格。这样,公民权利的宪法保障制度使得外部收益普遍被内在化,从而增加了个人、企业获利的机会,扩展了人的选择范围和施展创造力的空间。恩格斯说:"一旦社会的经济进步,把摆脱封建桎梏和通过消除封建不平等来确立权利平等的要求提到日程上来……这种要求就很自然地获得了普遍的、超出个别国家范围的性质,而自由和平等也很自然地被宣布为人权。"[①]公民的宪法权利是对普遍人权要求的制度化,人权的普遍性决定了公民权利的普遍性,它们最终都是为了使利益的获取成为人人具有的资格。

从历史过程来说,在封建时代,地产是最基本的生产要素,人力资源从属于地产,只有掌握地产的封建主才有资格取得外部收益,成为特权阶级,农奴的劳动成为封建主外部利益的来源。到了近代,物质资本成为最主要的生产要素,资本家控制着物质资本,工人的劳动就成为资本家外部收益的来源。但是,生产力的发展和财源的充分涌现,使人力资源日益显得稀缺,把人力资源作为少数地产和物质资源控制者外部收益的来源就越来越显得不合理,于是平等的公民权利保障制度取代了等级特权制度,这样至少在形式上每个人都具有了获利的主体资格。

第三,公民权利保障制度是对利益主体的个体化。从经济运行过程来看,生产过程是一个多数人在某个权威的指挥与管理下集体合作的过程;交换则是各个交易主体分别按照自己的需求和偏好自由商定价格的过程;消费阶段则基本上是个体化的,除少数公共物品可以集体消费外,绝大部分消费品都是只能以个人为单位来消费,个人消费既不能由集体消费来取代,也不能由他人消费所代替。如前所论,生产主导型经济是以权力集中为特征的,交换主导型经济则以自由为最基本的价值取向,消费者主权的市场经济的权利主体就只能是个人。只有以个人为主体,才能将合作生产中出现的外部效应有效地内在化,把外部利益明确地分配给各个个人,真正协调和缓解利益冲突。如果以

---

① 《马克思恩格斯选集》第3卷,人民出版社1966年版,第221页。

集体为权利主体。就使生产过程中本来纠缠在一起的利益没有得到区分,对各个个人来讲收益仍然是外部收益,利益冲突没有得到解决。

这种论点与历史经验也是一致的,按照血缘关系的模式组织起来的封建制度,其组织成本较低,能够长期维持,但在其中从事商品交换的交易成本却很高。随着商品经济的发展,为获取物质利益展开的竞争与协作冲破了血缘身份关系的束缚,个人也开始摆脱对群体和他人的依附成为社会生产和交往的基本单位。血缘关系的废弛使封建制度越来越需要依靠暴力来维持,其组织费用就大大上升了。在封建社会末期,封建君主力图通过对外战争来激发民族的凝聚力,唤起臣民对自己的忠诚,从而引起了军事费用的上升。这种高昂的组织成本和军事费用都是由新兴商业阶层承担的,于是财政危机就成为封建制度崩溃和宪法诞生的先兆。在英国,国会的立法权就是贵族和市民从国王那里购买来的。威廉姆斯·斯塔布斯在《英格兰宪制史》一书中说过:"虽然英国人民在保卫自由方面绝不吝惜献出鲜血,但在不同的时期他们却通过大量的限制,成功地用金钱换得对王室权力的限制。"[1]英国历史上保护人权的宪法性文献就是在这一过程中逐渐产生并树立其权威的。由此可见,从宪法产生的经济因素来看,为使个人权利得到保障,英国人花费过高昂的代价。自由资本主义时期的经济是完全分散化的私人经济,萨缪尔森指出:"几个世纪以前,公司执照系由政府颁发的,颁发的执照很少,而且只有通过国王和立法机关的特别法令才能颁发。"[2]与此同时,个人的分散经营却到处畅行无阻。在社会关系方面,也相应地出现了从群体到个体的分化,个人成为社会的基本单位。因此,通过一部宪法来限制政府权力,减少它对社会经济事务的干预,放任个人自由发展,并建立专门的公民权利保障制度以确保个人利益独立、意志自由和行为自主,就可以大大降低经济社会和国家的组织与管理成本。同时,交换与消费越是分散化和个体化,生产就越走向集约化、集体化,以便为个体化的权利主体创造更多的利益来源。但这种生产的集约化和组织化,仍然是以交易的自由化、消费的个体化为目标,以个人为独立、自主的社会经济关系主体的,公民权利的宪法保障不仅没有过时,而且得到了进一步发展。

公民义务是对外部成本的内在化

人们在市场经济关系方面最基本的义务就是获取收益的人应当支付成

---

① 转引自[美]道格拉斯·诺斯等:《西方世界的兴起》,学苑出版社 1988 年版,第 115 页。

② [美]保罗·萨缪尔森等:《经济学》(第 12 版)(下),中国发展出版社 1992 年版,第 719 页。

本,造成损害者应当给予赔偿,如果把它们确定为法律上的义务,显然就是为了对经济上的外部成本进行制度上的内在化,以保持成本与收益的一致性。

自然经济形态和计划经济体制都是生产主导型经济,生产的目的是直接满足生产者的需要而不是为了通过交换获得利润。生产者首先要付出成本,然后才可能有收益,即使可能存在没有收益的巨大风险,为了维持生存也不能不先行支付成本。尤其是在农耕和游牧民族中,成本的支付与收益的取得之间有一个较长的时滞。自然经济和计划体制的逻辑顺序是从支付成本到获得收益,社会的制度安排必然以义务为本位。而在市场经济体制下,生产的目的是获取利润。经济过程的起点不再是生产,而是消费。消费者的需求和偏好是生产和交换过程的动力,预期的利润是生产经营者支付成本的前提。市场经济的逻辑次序是获得受益者支付成本,它必然以权利本位为价值取向。负担成本的义务是私法上的义务,私法上的义务与权利具有明确的对应性,这一点在债权债务关系中表现得尤其明显。但这些往往并不都是宪法上的义务,宪法确定的公民义务属于公法上的义务,它们往往没有直接与之对应的权利,因而被称为"孤立义务"。① 但从宏观层面上来考察,宪法上的公民权利和义务之间的对应性仍然是明确的。如果国家实行民主制度,公民享有充分权利,所有民主、自由和权利的实现都是由公民承担的义务来支付成本的。

安全、秩序、公平这些由政府提供的公共物品本身的生产,也是要付出成本的,这种成本通常都是由国家向个人强制征集的税款来支付的。但是,公共物品的消费却是不可能排他的,只要国家提供了这些公共物品,那么,不管是否支付过生产这种物品的成本,所有的人都可以消费公共物品,不可能有效排除那些没有承担费用的人们对公共物品的消费。部分人通过逃避税收就可以搭上公共物品消费的"便车"。例如,一部分人通过纳税或服兵役支付了国防费用,却不可能在国内排除那些没有提供这种费用的人们享受国防安全的利益。这种外部性如果不能从制度上有效地加以内在化,可以预期还会有更多的人想"搭便车"逃避支付公共物品的生产成本。以宪法的形式确认公民的纳税、服兵役等义务,并不仅仅是为了保持税收和服兵役义务的强制性,更重要的是保持税赋的公平性。应当建立纳税人权利保障,保证纳税人对公共事务的参与和监督权利。

---

① 参看张庆福主编:《宪法学基本理论》,社会科学文献出版社 1994 年版,第 502 页。

三、权利与义务的关系：私人成本与社会成本均衡

如上所论，权利是外部收益的内在化，义务则是外部成本的内在化，权利和义务应当是一致的。这是因为只有成本与收益相一致，才能形成激励经济增长的机制。这是从各个公民个人的角度而言的，如果从个人与社会的利益关系来看，那么权利和义务实际上就是要使私人成本与社会成本达到某种均衡。公民权利对于个人来说是收益，对于社会则意味着成本，同样，公民义务对个人说来是成本，而对于社会就是收益，宪法确定的公民权利保障制度必须确保私人成本与社会成本的均衡。这是因为，要保护公民权利，就需要国家和社会付出一定的代价，而公民履行义务，国家和社会就可以得到一定的收益。

当一种制度安排使某些个人可以只获得收益而不必支付成本时，行为的成本并没有消除，而是由社会和他人承担。由于个人行为不受成本界限的制约，他将不计成本地牟取外部收益，直到耗尽社会或他人的资源为止。从宪法上看，就是有人只享受权利，不承担义务。另一方面当社会的制度安排使社会可以无偿剥夺私人收益时，私人付出的成本对于掌权者说来就是外部成本，掌权者在处理公共事务时也倾向于不计成本，好大喜功，运用国家强制力大规模地推行社会改造和福利再分配计划。用宪法学的眼光来观察，就是个人只有义务，没有权利。在这两种情况下，资源配置都是缺乏效率的。也就是说，社会成本被转化为私人收益或者私人成本被转化为社会收益，付出的成本得不到应有的收益补偿时，社会成本与私人成本的均衡就受到破坏，经济效率就比较低下。

按照帕雷托效率标准，当一部分人改善自己处境的行为使另一些人的处境变坏时，资源的配置就是无效率的。这两种情况在很大程度上都是权利和义务之间不对应、不一致、不对等的关系造成的。道格拉斯·诺斯等人认为："如果一个社会经济不能增长，那一定是因为它不能激起经济上的进取精神。"[①]可以说，在那些至今尚未实现经济现代化的社会中，法律确认的权利和义务实际上造成了私人与社会在利益上的严重对立，巨大的外部效应的存在既挫伤了个人的创造力，也削弱了社会的发展潜力。计划经济体制就是一种以个人无偿或低偿劳动增加社会财富的体制，它强烈排斥权利本位、极力奉行

---

① ［美］道格拉斯·诺斯等：《西方世界的兴起》，学苑出版社 1988 年版，第 2 页。

权力本位和义务本位。但由于个人承担了巨大的外部成本,创造性受到压抑,就只能是个人的高投入和社会的低产出,经济效率低下。改革开放以后,通过修改宪法、健全法制,建立保障公民权利的制度,个人利益与社会利益的对立得到了一定的缓解,经济效率也有很大提高。但是到目前为止,宣称权利和义务已经具有一致性似乎还为时过早,经济体制改革正向纵深发展,权利与义务的一致性和统一性与其说是已经实现了的结果,还不如说是我们正在追求的目标。几乎所有的宪法学教程所宣称的我国公民权利与义务的一致性,实际上是混淆了应然与实然的界限,把正在追求的目标说成已经达到了的结果。

建立社会主义市场经济体制,就是要利用市场机制,通过利益格局的调整,确立一种能够实现成本与收益内在一致和统一的经济激励机制。从依法治国、建立社会主义法治国家的目标来看,最重要的就是要建立和健全公民权利的宪法保障制度,通过法治现代化来建立私人成本等于社会成本、私人收益等于社会收益,权利与义务内在一致、高度统一的制度结构。道格拉斯·诺斯和罗伯特·托马斯在总结西方世界的发展经验时说:"必须把社会成员鼓动起来,着魔似地去从事有益于社会的活动。必须创设某种机制让个人和社会的收益趋于一致,个人的收益与成本和个人参与某种经济交换息息相关。而社会的收益与成本则会对社会整体发生影响。"①必须建立符合市场经济需要的法律制度和公民权利保障制度,消除私人和社会在成本与收益方面的外部效应,只有成本与收益的内在化、一致化才能导致经济效率的提高,促进经济的全面发展。有人把市场的自发调节机制称为"上帝之手",这是一种莫大的误解。没有适当的法律制度与市场经济相适应,市场机制的自发协调功能就不可能得到发挥。

笔者主张,在市场经济条件下建设社会主义法治国家,必须从宪制建设入手,建立切实有效的公民权利保障制度。这是因为,市场机制的自发协调功能是从私人利益的实现入手来实现公共利益的,只有切实保障公民权利,调动人力资源的创造力,在各个公民私人走向富裕的过程中,社会财富、国家税收都会自然地增长。也就是说,市场经济的逻辑顺序是"假私济公",通过个人对自身利益的追求自发实现社会利益和公共利益。如果首先从追求和实现公共利益开始,必然的后果是真正的"假公济私",除了极少数既得利益者外,不仅多

---

① [美]道格拉斯·诺斯等:《西方世界的兴起》,学苑出版社1988年版,第2页。

数个人利益无法实现,即使公共利益、社会利益本身实现的希望也很渺茫。

所以说,没有完备的财产权和公民权利保障制度,或者有了这种制度而不能切实实施,市场机制就会被扭曲,正是财产权利和公民权利的充分界定与维护保持了私人谋利行为对公共利益的促进。对此,古典经济学创始人亚当·斯密作过如下精辟的论述:每个人都在利用自己的资源创造尽可能多的价值的时候,"他所盘算的也只是他自己的利益,在这场合,像在其他许多场合一样,他受着一只看不见的手的指导,去尽力达到一个并非他本意想要达到的目的。也并不因为事非出于本意,就对社会有害。他追求自己的利益,往往使他能比在真正出于本意的情况下更有效地促进社会的利益"①。同时,即使认为我国宪法的书面规范界定的公民权利与公民义务大体上具有一致性,也不得不承认,它之所以长期未能发挥对经济的激励作用,主要是因为宪法的权威没有真正建立起来,宪法的实施事实上缺乏有效的监督和保障,也谈不上宪法有什么最高法律效力。而实际上,公民权利保障制度中不包括财产权保障,使民法的整个物权规范缺乏明确的宪法根据,这是一个重大缺陷。在市场经济条件下,如果没有成本收益观念,不能有效利用市场机制来协调私人利益与社会公共利益的关系,不把权利与个人和社会的得失联系起来,抽象地谈论权利与义务的一致性,是不会产生任何结果的。因此,权利与义务的界分必须使成本与收益相一致,使私人成本等于社会成本,达到权利与义务、公共权力与公民权利的一致与均衡。只有在此基础上才能真正使享受权利的人们承担应尽的义务,使履行了义务的人们真正能够享受应有的权利,形成权利与义务之间相对应、对等和一致的关系。而要做到这一点,不在制宪、行宪和护宪方面下功夫是不可能的。

---

① ［英］亚当·斯密:《国民财富的性质和原因的研究》下册,商务印书馆1974年版,第27页。

第四章 财产权的宪法保障

第一节 财产权的概念与意义

一、财产权与财产、所有制

财产权最初是一个民法学的基本范畴,物权法理论实际上主要是关于财产权的理论。近一个世纪以来,由于制度经济学家们的努力,财产权又得到经济学的充分注重,全部产权经济学理论就是对财产权问题的研究。宪法问题与财产权密切相关,而宪法学却忽视了财产权的研究把产权问题视为纯粹私法上的问题。在经济建设、法制建设与宪制建设相互关联的市场经济条件下,宪法不保障财产权,宪法学不研究财产权,是很不明智的。财产权与财产、所有制等现象存在着事实上的紧密关系,由于未能正确认识这种关系,无论是经济学或者法学在财产问题上至今都存在某种程度上的概念模糊和理论上的混乱。要明确财产权概念,首先要将财产权与财产本身、财产权与财产所有制等相关现象区别开来。

第一,财产权与财产的关系。在古代希腊和罗马,人们对财产和财产权利没有进行区分。色诺芬在谈到家庭财产管理时,曾对财产的性质和特点作过论述,但从中几乎看不出作者对财产权和财产二者有什么分别。① 古罗马的法学家们常常把权利称作是"无形体物",按照《法学总论》的说法,"不能被触觉到的东西是无形体物,这些物是由权利组成的,例如遗产继承权、用益权、使

---

① 参看[古希腊]色诺芬:《经济论》,商务印书馆1961年版,第1-4页。

用权、不论何种方式缔结的债权等"①。这就明显地混淆了财产和财产权的概念。到了近代，尽管人们已经认识到了财产和财产权的差别，但在理论上仍未明确阐述和认真对待这一问题。这种理论上的矛盾和混乱在经济学中表现得比较突出，制度经济学家康芒斯指出："我回顾从约翰·洛克到今天的这些正统经济学家，发现他们主张两种自相矛盾的财富的意义，就是既说财富是一种物质的东西，又说它是那种东西的所有权。"②在法学领域，英美法系与大陆法系也都在某种程度上存在着财产和财产权的概念混乱。约翰·洛克在论及国家和法律问题时，同样没有区分财产和财产权，他说："人们联合成为国家和置身于政府之下的重大的和主要的目的，是保护他们的财产。"③就国家职能来说，它显然只能保护人们对财产的权利，至于保护作为财产权对象的财产本身，显然应当是财产所有者自己的事情，国家或政府对此是无能为力的。英国法学家布莱克斯通（William Blackstone，1723—1780）在其《英国法释义》一书中继承了洛克的传统，认为生命自由和财产是英国人固有的绝对权利。由于布莱克斯通的理论对美国的影响远远大于其在英国本土的影响，因而财产和财产权概念的混淆在美国也表现出来。大陆法系也存在类似的情况，这从《法国民法典》物权篇的用语中就能反映出来。

　　财产与财产权的概念不清，首先是历史原因造成的。在古代，人们确实不大能够区别物品和人对物品的权利。其次也与术语的使用甚至翻译有关。当人们还看不出财产权和财产之间的差别时他们用同一个术语来指代这样两种相互关联的东西；而在认识发展到能够理解两者的差别的时候，术语的创新没有跟上认识发展的步伐，旧的术语被保留下来，新的含义被加入旧的术语中。英语 property、法语 propriete、德语 eigentum 都是多义词，既指财产，又可用来指财产权利。术语上指代不明，加上翻译过程中理解得不准确，就更增添了财产权与财产概念的混乱。再次，财产与财产权之间事实上的紧密关系也是造成概念模糊与混乱的重要因素。财产权利与财产相互依存，本来也难以截然将它们分割开来。新制度经济学主张权利也是一种生产要素，财产权制度属于公共物品，这实际上就是在区分财产和财产权利的基础上对二者同一性的揭示。

---

① ［古罗马］查斯丁尼：《法学总论》，商务印书馆 1989 版，第 59 页。
② ［美］康芒斯：《制度经济》，商务印书馆 1962 年版，第 11 页。
③ ［英］洛克：《政府论》下篇，商务印书馆 1964 年版，第 77 页。

第二,财产权与所有制的关系。一些西方学者在产权研究上明显表现出对财产私有制的偏爱,而古典公有制又在事实上取消了财产权,①使所有制概念空洞化和抽象化。这两种倾向都具有一定的片面性,其根源就在于没有正确理解所有制与财产所有权的关系。所有制,实际上就是生产要素归属与控制的最终形式,属于经济的制度结构。古往今来,所有制不外乎两种基本形式,即公有制和私有制。

首先,所有制表现为一种经济关系,就是生产要素的所有者与直接生产者之间的生产关系以及与此相联系的交换关系。这些关系的总和便构成社会的经济基础,马克思有时称之为"社会的经济结构",从现在的术语来说,就是经济制度结构。所有制只是经济制度结构的一个组成部分,经济制度结构的另一个组成部分是经济体制。

其次,所有制只有获得法律上的表现形式,才能发挥实际的经济功能。作为上层建筑的法律可以直接宣布某种所有制形式受法律保护,以此作为进一步确定财产权安排的依据,也可以不宣布法律保护的所有制形式。因为所有制是一种经济事实,无论是否宣告它,它都独立于特定法律制度而存在,并成为法律制度基础,如许多资本主义国家的宪法和法律就没有宣告它们所保护的所有制。但是,任何法律制度都不能不保护一定的财产权,如果仅仅确认某种所有制而不界定相应的财产权利,法律对所有制的保护就不能落到实处。所有制与财产所有权的关系是经济制度结构与法律制度安排的关系,必须把对所有制的确认转化为对财产所有权的保护,法律的经济功能才能得到体现。同时,所有制又是确定财产所有权的依据,从宪法上明确了所有制,就可以使宪法和法律对各种形式的财产权的保护之间协调一致,而财产所有权则是所有制的具体化,它的存在使宪法和法律对所有制的保护具有可操作性。

第三,财产权与产权和所有权的关系。财产权是财产所有权的简称,所有权又有广义和狭义之分,广义的所有权就是人们通常所说的财产权,狭义上的所有权则是民法上广义所有权的一个权利项,指的是财产的终极归属,如在"两权分立"的改革方案中可以与经营权分立的所有权就是这种狭义上的所有权,英语的 ownership 与 property rights 就分别表示狭义与广义的所有权。法学界把产权与广义的财产所有权视为基本相同的概念,不过现代经济学的

① 关于古典公有制和现代公有制的区别,可参见刘世锦:《经济体制的效率分析导论》,上海三联书店、上海人民出版社 1994 年版,第 220 页。

产权理论一方面用产权来说明生产要素的所有权,在这种情况下,产权与财产所有权存在着细微的差别,即财产权仅包括生产要素的所有权,也兼指消费资料的所有权,比产权概念的外延略为广泛一些;另一方面,产权学派把产权作为一个对人类社会制度进行广泛的经济分析的框架,比如人对人力资本的权利甚至整个人权都可以视为产权。在这种情况下,产权的概念就比财产所有权的含义宽泛得多了,实际上基本等同于"权利"一词。如道格拉斯·诺斯和耶拉姆·巴泽尔(Yoram Barzel)在分析奴隶制度之下奴隶逐渐获得一定程度的自由的原因时,都曾用产权框架来说明权利概念的经济因素。

第四,宪法的财产权与民法的财产权和经济学的财产权。民法上的财产权概念出现较早,概念比较明确,它通常就是指对财产的占有、使用、收益和处分的权利。这种权利来源于商品交易过程中自愿的契约安排,得到民法的认可;其客体是某种具体的物品或服务,具有可转让性、可分割性和可依法剥夺性的特点。民法上的财产权属于物权,是私权的一种。经济学上的财产权理论主要是由新制度经济学提供的,新制度经济学家们对财产权从各个不同侧面进行过分析,提出了多种财产权概念。德姆塞茨从外部效应的角度提出:"产权是界定人们如何受益及如何受损,因而谁必须向谁提供补偿以使他修正人们所采取的行为。"菲吕博腾(Eirik G. Furubotn)从资源稀缺性假定出发,认定产权"是一系列用来确定每个人相对于稀缺资源使用时的地位的经济和社会关系"。阿尔钦从产权的强制性特点出发,认定产权"是一个社会所实施的选择一种经济品的使用的权利"。[①] 但是,无论新制度经济学的学者们各自对产权下的定义有多大区别,他们通常都承认产权具有排他性和可转让性等特征。经济分析法学家波斯纳(Richard A. Posner)更加明确地指出,有效率的财产权应当具有普遍性、排他性和可转让性。[②] 由此可见,经济学所说的财产权或者产权,与民法上的财产权既相互区别又有一定联系。如果可以把宪法上的财产权视为某种与人身紧密关联的资格,那么它也就既不同于民法上的财产权,也有别于经济学的财产权。

[①] [美]科斯等:《财产权利与制度变迁》(论文集),上海三联书店、上海人民出版社1994年版,第97、204、166页。

[②] Richard A. Posner. Economic Analysis of Law, Little, Brown & Company (Cannada) Limited, p. 32.

二、宪法上的财产权：概念与特征

法学家和经济学家们都已充分认识到，财产权并不是确定人对物的占有、使用、收益或处分的关系，而是界定由于物的存在与物的使用所形成的人与人的关系。如果说民法上的财产权是以物为中介的，人与人的关系的表现，那么，宪法比法更加注重财产权中的人际关系因素。在宪法上，财产权乃是一种与人身不可分离的资格，无须具体的物品作为中介，全体公民据此可以普遍享有对物的排他的、不可转让、不可剥夺的支配权。与民法上财产权作为物权相对应，宪法上的财产权属于基本人权。宪法上的财产权应当具有以下特征：

第一，财产权具有普遍性（Universality）。市场经济条件下的宪制建设要求物皆有主，人皆有权，没有权利空白。不仅物质资源有明确的产权归属，人力资源的归属也必须得到界定。

物皆有主，是指一切物质资源都应当具有明确的产权归属。财产法研究者克里贝特教授提出的问题很好地表达了财产权的普遍性观念："在遥远的怀俄明草原上，一天清晨一只小鹿呱呱坠地。这只幼崽属于谁呢？"从客体方面看，民法上的财产权客体即物是能够为我们所认识、控制和利用、可以满足某种需要的物品。宪法上的财产不仅包括民法上的物，而且也包括一国主权管辖下与权利主体相联系的、尚未被人们所认识，暂时不能被利用来满足人类需要的一切自然资源和社会财富。就人类社会而言，物质资源是稀缺的额，但如果不界定产权，对于有途径利用公共资源的人来说，资源的稀缺性就体现不出来。经验表明，没有对物质资源的产权界定，人们倾向过度开发和使用稀缺的物质资源，从而造成不应有的资源耗损。西方集体农场和牧场被过度采伐和放牧，我国改革开放前农村山林也遭受了乱砍滥伐，不仅森林、草地资源本身被浪费，而且造成了水土流失、土地荒漠化的严重后果。如果对利用人力资源创造的财富不界定产权，人们不能充分享有自己的劳动成果，就不会有人自愿劳动，人力资源就会因懒惰、懈怠而被闲置。我国农村人民公社时期生产效率低下，就是因为劳动成果归属于集体造成的。普遍界定一切物质资源的产权，就是要把社会资源的稀缺性个体化，使人人感受到资源稀缺，必须珍惜并有效利用它。可见，物皆有主能够促进资源的有效利用。

人皆有权，是指一切宪法关系的主体都有资格享有财产权。不仅要承认和保护国家、集体的财产权，也应当通过宪法承认和保护个人的财产权，个人不仅可以拥有生活资料,也可以拥有生产要素。如果生产要素仅仅由少数人或机构所垄断,多数公民没有产权主体资格,不仅经济发展将受到严厉的制约,而且公民的平等、自由和宪法权利也会受到威胁。因为生产要素的垄断者通过垄断就业机会,直接影响到个人生计,个人为了生存将不得不屈从于生产要素垄断者的专断的意志。然而,财产权的普遍性也不是没有差别的。从客体方面看,公共物品、私人物品以及混合物品的产权在国家、集体和个人之间的分布就应当是有差别的。公民个人显然不适合拥有公共物品的产权,如果国防、司法制度等设施是私人拥有的,社会公正就难以实现。同时,国家、集体可以成为公共物品的生产供应者,但国家不应过多参与私人物品的生产供应。

第二,财产权具有排他性(Exclusivity)。财产权应当具有一定的"强度"和"硬度",权利主体据此可以排除他人的干涉。在资源稀缺的世界上,必须设立排他性的财产权,以保障除法定的权利主体外,任何人都没有坚持使用资源的权利。资源的利用必须取决于财产所有人的理性决策,所有者可以自己使用资源,也可以允许他人利用其资源,排他性意味着谁来使用资源的问题将由所有者决定而不必征得其他外在权威的同意。道格拉斯·诺斯指出:"财产权的本质是一种排他性的权利。"[①]可以说,没有排他性,一项物权就不能称为产权,德姆塞茨提出:"所有权的残缺可以被理解为是对那些确定'完整的'所有制的权利中的一些私有权的删除。"[②]可见,新制度经济学在讨论所有权时,把占有、使用、收益和处分等权利项分配给不同的所有者称为"所有权的残缺"。他们观察的角度仅仅是财产权的量的方面,其实,从质的方面来看,财产权的排他性的削弱也应当视为所有权残缺。所有权残缺会导致其经济激励功能的改变。比如,土地所有人在使用土地时将注重土地开发的短期利益与长期利益的协调,而土地承租人在租佃权不稳定的条件下将不会投资于土壤改良。在相同条件下,人们对一套必须为他人预留通道的住宅的估价就会低于无须为他人预留通道的住宅。因此,财产权保障必须保护所有者利用资源的排他性权利,以便提高资源的期值和现值。

当然,财产权的排他性不是绝对的,绝对排他的权利不可能与他人同等的

---

① [美]道格拉斯·诺斯:《经济史中的结构与变迁》,上海三联书店、上海人民出版社 1994 年版,第 21 页。

② [美]科斯等:《财产权利与制度变迁》(论文集),上海三联书店、上海人民出版社 1994 年版,第 189 页。

权利相共存,只能导致自相矛盾、自我否定。科斯指出:"对个人权利无限制的制度实际上就是毫无权利的制度。"[①]如果土地所有者的财产权是绝对排他的,其他人就没有自由通行的权利,反之,如果通行自由是绝对的,土地所有权也就没有意义了。同时,排他性的产权是要支付成本的,为维护土地和房产所有权建立栅栏和围墙,设置门卫等等,保护产权的机构的维持都是产权排他成本的组成部分。过分强调财产权的排他性会导致维护产权的成本上升甚至得不偿失。因此,宪法在保障财产权的同时,应当按照公平与效率相统一的目标设定财产权的限制条件。

第三,财产权的可转让性(Transferability)与财产权资格的不可转让性。恩格斯正确地指出:"完全的、自由的土地所有权不仅意味着不折不扣和毫无限制地占有土地的可能性,而且也意味着把它出让的可能性。"[②]人们通常所说的财产权的让渡或者产权交易,指的是民法上的财产权。财产权作为民事化的物权,可以分割、可以转让,也可能因公民违法犯罪而加以剥夺的。把民法上的财产权分割为占有、使用、收益和处分等权利项,人们既可以整体转让财产权,也可以分别出售财产权的权利。按照刑法的规定,可以对罪犯处以罚金或没收财产,所有这些都不是针对宪法上的财产权进行的。

作为宪法赋予公民享有的财产权资格,不是公民个人可随意处分的权利,而是由国家强制实施的,具有不可转让、不可分割、不可剥夺的性质。财产权是一项基本人权,就是在这种意义上讲的。宪法上规定的财产权资格,与公民的人身紧密关联,公民自己不能放弃或者出售,国家和他人也不能剥夺。宪法上的财产权是一种完整的而非残缺的产权资格,占有、使用、收益和处分诸权利不可分割,不可缺少,不受主体身份的限制。因此,宪法上的财产权资格本身,应当包括分割、转让民法上财产权的资格,这与允许依法剥夺罪犯的民事上的财产权是同样的道理。

三、宪法上财产权的意义

不能把财产权问题仅作为一个民法问题或者经济问题来看待。毫不夸张地说,财产权是人类文明的历史起点,是市场经济的逻辑起点,也是民主宪制的基石,对于经济发展和社会进步具有至关重要的意义。

---

① [美]科斯:《论生产的制度结构》,上海三联书店1994年版,第190页。
② 《马克思恩格斯选集》第4卷,人民出版社1995年版,第167页。

第一,财产权是人类文明史的起点。不研究财产权,就不能理解人类的历史发展。在人类思想史上,把社会发展、变迁与财产权的建立联系起来考察,可以说是一个源远流长、经久不衰的传统。其中主要有三种倾向:

一是从柏拉图到近代空想社会主义者所表现的倾向,他们试图通过废除财产权来建立理想的千年王国。他们认为,财产个人所有乃是万恶之源,是历史的悲剧,只有废除一切个人所有制,人类才能走向理想王国。这种主张虽然正确地看到了私有制的严重弊端,但他们提出的彻底废除财产权的理想则是天真幼稚的,给人类社会造成了严重的危害。

二是以农业文明为基础的均产主张,我国历代农民起义都以均贫富、等贵贱为基本目标。这一思潮不主张废除财产权,而要求平均分配土地和社会财富。但是,无论在任何经济形态下,财富都是不断流转的,在一个时期可以强制剥夺富人,平均分配财富,而财富仍然可以通过流转向少数人集中。在中国历史上,农民起义的周期性与财富通过流转而集中的周期正好是一致的。因此,通过周期性地用暴力平均社会财富,使经济发展一次又一次地从零开始,必然阻碍社会进步和经济发展。

三是近代西方启蒙思想家所代表的倾向。他们认为,财产权不仅属于基本人权,而且是最首要的基本人权。洛克提出:"人们联合成为国家和置身于政府之下的重大的和主要的目的,是保护他们的财产。"[1]卢梭虽然对私有制进行激烈批评,但他仍然承认财产权在基本人权中的重要地位。在《论政治经济学》中,他说:"财产权的确是所有公民权中最神圣的权利,它在某些方面,甚至比自由还要重要。"[2]但是除卢梭以外,绝大多数启蒙学者都没有注意到无限制的财产私有权的严重弊端。西方资本主义社会曾经历长期动荡与革命的威胁,一个重要原因就在财产权的无限性。

马克思和恩格斯始终把财产权作为理解文明时代的社会制度、政治制度和法律制度的一把钥匙。马克思指出:"无论怎样高度估计财产对人类文明的影响,都不为过甚。"[3]这里,马克思所说的"财产"实际上指的就是财产权。马克思和恩格斯在《德意志意识形态》中说:"财产……具有某种历史,采取各种

---

①　[英]约翰·洛克:《政府论》(下),叶启芳、瞿菊农译,商务印书馆1982年版,第77页。
②　[法]卢梭:《论政治经济学》,秦露等译,商务印书馆1962年版,第25页。
③　《马克思恩格斯全集》第45卷,人民出版社1995年版,第277页

不同的形式。"①这里的财产指的是财富,特别是物质财富。财产权的形式受财富的数量积累和形态演进的制约。也就是说,财产权形式与生产力发展水平有关,财产权的总和构成所有制,这是社会经济制度结构的核心。在《资本论》这部鸿篇巨著中,马克思把对物质生产过程的分析与对人的自身解放历程结合起来考察,他说:"这种由生产关系本身产生的经济制度的全部结构,以及它的独特的政治结构,都是建立在上述的经济形式上的。任何时候,我们总是要在生产条件的所有者同直接生产者的直接关系……当中,为整个社会结构,从而也为主权和依附关系的政治形式,总之,为任何当时的独特的国家形式,找出最深的秘密,找出隐蔽的基础。"②这就是说,要从财产权构成的所有制结构出发,来探讨个人地位、国家制度以及个人与国家的关系。恩格斯在《家庭、私有制和国家的起源》中,明确地把私有制和财产权作为人类文明社会的起点。他认为,国家和法律的出现,就是为了保护财产权,一切社会变革和政治变革,"从头一个起到末一个止,都是为了保护一种财产而实行的,都是通过没收(或者也叫作盗窃)另一种财产而进行的"③。国家和社会发展史,也就是一部财产权发展史。

第二,财产权是市场经济的逻辑起点。无论以康芒斯代表的制度经济学,还是以科斯为代表的新制度经济学,都把财产权作为经济学的研究对象,并以此与正统经济学相区别。康芒斯就是在区分财产与财产权的基础上创立制度经济学的,他说:所有权,至少就无形财产的意义来说,意味着限制数量以维持价格的权利,另一方面,物质的东西却产生于利用生产甚至生产过剩的效率来增加东西的数量。所以,所有权成为制度经济学的基础。但是旧的制度经济学的研究对象比较杂乱,没有形成统一的研究方法,特别是它还不能把财产权等制度问题与资源配置效率结合起来研究,因而对财产权的认识还是比较肤浅的。新制度经济学以交易费用学说为理论基础,以财产权为逻辑起点,全面研究以财产权为核心的制度安排与资源配置效率的关系,因而也被称为产权经济学。④ 制度经济学认为,市场交易不是物品的转移,而是权利的相互让渡。康芒斯较早明确地指出了这一点:交易"不是实际'交货'那种意义上'物

---

① 《马克思恩格斯全集》第 3 卷,人民出版社 1995 年版,第 40 页
② 《马克思恩格斯全集》第 25 卷(下),人民出版社 1995 年版,第 891-892 页
③ 《马克思恩格斯选集》第 4 卷,人民出版社 1995 年版,第 113 页
④ "产权经济学"的探讨,可参见张军:《现代产权经济学》,上海三联书店、上海人民出版社 1994 年版;黄少安:《产权经济学导论》,山东人民出版社 1995 年版。

品'的交换,它们是个人与个人之间对物质的东西的未来所有权的让与和取得"①。新制度经济学继承和发展了这一思想,科斯也说:"我们会说某人拥有土地,并把它当作生产要素,但土地所有者实际上所拥有的是实施一定行为的权利。"②

随着生产的发展、技术的进步和知识的积累,财富的形态不断演进,财产权也不断地分化和组合,人们的物质利益越来越不依赖于有形的实物,而是依赖于对权利的拥有。在市场经济条件下,交易的内容显然已经不再是实物,而是人们对物品的权利。同时,市场交换价格也不仅仅取决于物品的客观价值和主观效用,而是也受到交易者拥有的财产权的完整程度的影响。如前所论,财产权的完整性包括财产权的排他性和财产权的数量多少两个方面,产权主要包括占有、使用、收益和处分四个权利项。通常,某一物品参与交易的权利项越多,市场交换价值就越高,反之,参与交易的权利项越少,物品的交换价值就越低。在住房改革中,福利性住房的销售价格就明显低于普通商品房的市场售价,这并不是因为两类房屋本身在质量或效用上有差别,而是因为购买者对单位分售的福利性住房只能拥有使用权,没有终极所有权,存在产权残缺,而市场上出售的普通商品房则包含完整的所有权。完整的产权界定虽然并不直接增加物品的数量或提高物品的质量,但它能够增加市场交易中财富的流量与流速,而残缺的产权则限制市场交易的规模和范围。因此,在社会财富总量不变的情况下,财产权界定与维护制度的完备与否对市场经济的繁荣具有重大影响。可以说,财产权是市场经济的逻辑起点,没有产权,经济人就无法参与交易,没有完备的财产权保障制度,就没有成熟的市场经济。

第三,财产权是民主宪制和法治的基石。这可以从以下两个方面来分析:

首先,特定的所有制形式是宪法的经济基础。何华辉教授认为,维护一定的财产所有制是宪法最重要的基本原则,他说:"宪法的基本原则中最基本的是保护和发展特定的生产资料所有制。"③西方各国宪法很少正式表明自己维护私有制的立场,但在维护财产私人所有权方面它们却都是毫不含糊的。也就是说,它不是把所有制作为口号而是通过保护所有权来体现所有制的。列宁说:"以前所有一切宪法,以至最民主的共和宪法的精神和基本内容都归结

---

① [美]约翰·康芒斯:《制度经济学》上册,商务印书馆1962年版,第73页。
② [美]科斯:《论生产的制度结构》,上海三联书店1994年版,第490页。
③ 何华辉:《比较宪法学》,武汉大学出版社1988年版,第49页。

在所有制这一点上。"①这说明资本主义宪法是通过保护财产权来服务于所有制的这种方式至少在经济上是成功的。另一方面自苏俄社会主义宪法诞生以来,各社会主义国家的宪法都明确宣布公有财产神圣不可侵犯的原则,国家较少从保护财产权方面来维护公有制,而是直接担负着保护作为客体的公共财产的任务。在这种公有制之下,不仅事实上不存在可以明确辨认、支配和转让的财产归各个公民所有,而在理论上也否认公民个人占有生产资料的可能性,公民只是公有财产的名义上的所有人,企业也没有真正的财产权。所有制受到特别重视,财产所有权却基本上被虚置,产权对经济的激励功能也无从发挥。因而经济效率极其低下。对两者加以比较,我们可以看出,对经济发展来说,用宪法来保护财产权的激励作用要远远大于用宪法保护所有制带来的激励作用。

所有制只是安排财产权的制度结构的框架,仅有这个框架而没有明确具体的财产权安排,所有制对经济的激励作用就不可能体现出来。由此看来,资本主义经济的发展主要不应从私有制上找原因,而应归功于它的比较完备的财产权保障制度。社会主义经济的发展一度受到挫折,也不能完全归责于计划经济体制和财产权保障制度的不完备。同时,虽然从理论上人们可以明确区分出公有和私有两种所有制,但在实际生活中,一国的所有制并不都是单纯的公有制或纯粹的私有制,而是由各种公有化或私有化程度不同的所有权结合而成的混合所有制,区别仅仅在于公有制为主导还是私有制为主导。从这种意义上来说,无论是纯粹的私有制还是"一大二公"的古典公有制,都是有缺陷的。少数人垄断绝大部分社会财富的纯粹私有制不仅不符合广大民众的公平愿望,最终也会因挫伤大多数个人的创造性而失去经济发展的潜力。同样,"一大二公"的古典公有制不能明确经济主体的责、权、利关系,压抑了多数公民的积极性,最终也是既不能实现法律上的公平,更不能达到经济上的高效率。与古典公有制相比,改革开放以后,我国宪法确认的公有制为主体、多种经济成分并存的所有制结构,无论在经济效率方面还是在制度公平的追求上都前进了一大步。

其次,保护财产权是宪法作用于经济发展的基本方式。在市场经济体制之下,无论以私有制为主导的经济制度,还是以公有制为主导的经济制度都要

---

① 《列宁全集》第38卷,人民出版社1986年版,第281页

发展经济,因而无论资本主义宪法还是社会主义宪法,都要以保护财产权为自己的基本任务。西方世界经济迅速发展,与资本主义宪法重视财产权保障具有直接关系。法国《人和公民权利宣言》第 2 条宣布,自由、财产、安全和反抗压迫是人的自然的和不可动摇的权利。该《宣言》第 17 条规定:"财产是神圣不可侵犯的权利,除非当合法认定的公共需要所显然必需时,且在公平而预先赔偿的条件下,任何人的财产权不得受到剥夺。"美国《独立宣言》虽然开篇以生命、自由和追求幸福为基本人权,但在结束语中又将财产与生命、荣誉并列,可见它也是十分注重财产权保障的。法国 1795 年《人和公民的权利和义务宣言》早已明确认识到:"维护财产权是整个社会秩序的基础"。事实上,西方各国成文宪法都是把财产权作为最重要的基本人权加以保护的。

过去,人们常常批评这种财产权的宪法保障掩盖了私有制社会财产占有上的不平等,并认为社会主义宪法应当公开宣布实行公有制,以保证事实上的平等。这种观点反映出来的并不是社会主义的平等观,而是我国封建社会历次农民起义体现出来的平均主义幻想。因为真正的、完全的、事实上的平等只是一种可以不断接近而不能完全实现的理想目标,作为观念而存在是无可厚非的,但把它作为制度安排来实现,则是幼稚的。在制度上追求平等理想的同时,不仅不应当忽视经济效率,而且要善于把相互冲突的平等与效率要求结合起来考虑。任何现实社会都是有差别的,体育竞赛就是要按照公平的规则决出胜负并给予奖励,使运动员都力争成为优胜者,促进人们增强体质。如果不允许体育比赛出现优胜者,就等于取消体育比赛,显然不利于增强人们的体质,同样,竞争就是要按照宪法和法律确定的公平规则决出优胜者并给予激励,促使全体公民努力创造财富。如果不承认差别,对优胜者不予激励,同样不利于经济效率的提高。邓小平同志指出:"发展才是硬道理",判别我们一切工作成败得失的标准"应该主要看是否有利于发展社会主义社会的生产力,是否有利于增强社会主义国家的综合国力,是否有利于提高人民的生活水平"[①]。运用宪法切实保护公民的财产权有利于经济发展,至少这一点就应该引起我们的高度重视。

但是,至今仍然有人把财产权等同于私有制,把公有制与财产权保护对立起来。有位同志写道:"在社会主义公有制经济条件下,财产权甚至不被认为

---

① 《邓小平文选》第 3 卷,人民出版社 1993 年版,第 372 页。

是基本人权。"我国宪法第三章所列的各种人权的单项中就没有所有权的内容,理所当然地在我国人权制度中也不允许有个人资本与人身相结合的剥削自由。这种说法犯了见物不见人的错误,即使我们可以把每个人拥有物质资本的权利完全剥夺,人力资本的个人所有状态也不可能消除。无论法律是否允许,人力资本作为经济上的产权始终是与人身相结合的,把这种人人平等享有人力资本产权称为剥削自由,更是荒谬的。把财产权、经济自由与私有制联系起来、与公有制对立起来的论调,不仅在理论上是肤浅的,在实践中也有碍于经济发展和社会进步。宪法不把财产权作为公民的基本权利来保护,所造成的结果是经济缺少平等竞争,经济效率低下,这样的教训应当吸取。因此,必须明确所有制和所有权的区别,尤其不能把保护财产权等同于保护私有制。同时,经济的制度结构并不只是所有制问题,还包括经济体制,它们都与人权和公民权利相互作用、相互影响。单纯从公有制和私有制的对立中寻找法律的经济基础,是十分片面的,显然理解不了财产权的经济激励功能。运用宪法来确认和保护财产权,有利于发展生产力,提高经济效率,对此应当有充分的认识。

第二节　财产权的宪法保障制度

一、财产权的属性

财产权利首先是一种经济现象,是指人们在经济生活中通过资源控制形成的对产出的影响力。对此,无论政府还是法律,都既不能创造它,也不能消除它,而只能界定、维护并为财产权利的行使提供公共服务。一般说来,立法的主要目标就是界定权利,司法的目标则是维护权利,行政过程可以为公民行使权利提供服务。要界定、维护产权并服务于产权的行使,就需要了解经济过程中权利的属性。

第一,立法对财产权的界定。正如我们已经指出的那样,理想的财产权界定应当使权利具有普遍性、排他性和可转让性,宪法和法律对财产权利的界定越清晰,市场机制对经济主体的激励功能就越能有效发挥出来。因为在权利充分界定的条件下,外部性被消除了,经济主体不能没有代价地利用他人的资源获取利益,而只能充分利用自己的资源来改善自身的处境,他的资源将得到更有效地利用。但是,并非只有立法才能确定权利的界限,事实上政府可以强制改变权利的边界,私人在市场上通过交换同样可调整权利的分配。既然通过私人交易调整权利的分配是有代价的,那么就没有理由认为由政府强制或者通过宪法和法律来界定权利可以是不耗费资源的。比如,在佃农与土地所有者如何分配农产品的问题上,最有效率的办法无疑是按照土地和劳力各自对产品贡献的大小来确定分配比例。但是,高昂的试验、测算成本使得精确地划分二者各自对产品的贡献几乎成为不可能。当界定产权的边际成本等于边际收益时,产权就达到了可能达到的最高清晰度,剩下的资源就只能留在共有的领域。这说明,经济效率不仅仅要求清晰地界定财产权,而且需要经济地界定产权。

流行的权利观通常认为财产权似乎越完整越有效率,这很难解释为什么事实上权利往往是被分割的、残缺的,如果这种分割或残缺是招致损失的,人们为什么不改变它呢? 根据巴泽尔的研究结论,权利之所以难以完全清晰地界定,是因为商品属性的多样性、复杂性和可变性。[①] 绝大多数商品都具有多种属性,由于精确地测定并明确地界分这些属性成本过高,许多属性就被置于共有领域。不动产所有者对其不动产的权利就不是完整、清晰的,因为一个人享有权利的不动产与相邻人享有权利的不动产具有不可分割的属性,不动产所有者的权利就受到邻人相邻权的限制。人为资源与人身具有不可分离性,雇主只购买到了支配人力的时间,至于人力的使用程度,则是一个可变因素,雇主和劳动者在使用人力资源时的控制权就是共有的。农业产出不仅受土地肥力、灌溉、日照等土地方面条件的制约,受劳动者努力程度的影响,而且与气候变化、自然灾害有关,这种可变因素也使得精确界定产品权利成为不可能。因此,就必然有一部分财富留在共有领域成为剩余产品,法律或合同通过界定剩余产品索取权,就会对经济效率发生影响。要确定各种因素对产出相对影响的大小的成本通常是可以承受的,因而法律在界定财产权时应当使经济主体对剩余产品的索取权与他对产出的影响成正相关性。也就是说,对产出影响较大的一方,对剩余产品的索取权就应当越大,而影响产出能力小的一方拥有的剩余产品索取权就相应地应当小。

---

① 参见[美]巴泽尔:《产权的经济分析》,上海三联书店、上海人民出版社1997年版,第6页。

第二,财产权的行使及其司法保护。权利的价值不仅取决于权利的界定,更取决于权利主体对权利的行使。立法界定的财产权只是对利益分配划定了界限,在分配过程中实际取得法定的利益,还需要权利人自己行使权利。与权利界定一样,权利主体行使权利和司法机关保护权利都需要花费成本。权利是可以放弃的,主体究竟行使权利还是放弃权利的选择,并不完全是取决于他的自由意志,而是取决于他对成本与收益的核算。当行使权利的预期收益大于需要支付的成本时,财产权就得到充分行使,而在预期收益低于需要支付的成本时,权利人会明智地选择放弃权利。被权利人放弃的权利所指向的利益并没有消失,而是进入了共有领域,成为剩余利益。他人可以花费一定代价搜取这种利益,但这种搜取在边际收益等于边际成本的均衡点上会自动停止,因此合理界定的权利不会轻易地被滥用,"实际上,滥用这个概念对于私有者具有极为明确的经济界限,如果他不希望他的财产即他的滥用的权利转入他人之手的话"①。我们过去过于担心公民会滥用权利,实际是不必要的。实际上,担心权利滥用只是表面上的理由,深层次的问题是在落后的计划经济体制下,国家承担不起保护权利所需要的成本。

国家对严重侵权行为如抢劫、盗窃提起公诉,就是对财产权主体提供免费的保护。对严重侵权实行国家公诉的成本明显高于自诉案件中国家承担的成本,但由于公诉保护的不仅是被害人的财产权,而且也保护了公共秩序和公众的普遍安全感,这对国家来说还是很合算的。而对一般侵权则实行"不告不理",就是为了节省国家保护权利的成本,这就把诉讼的成本收益核算留给了权利人自己。正因为权利人经过成本收益核算,认为行使权利的成本高于收益,是不值得的,选择了放弃权利,那么国家强制保护也就不必要了。所以,"不告不理"一般是符合效率要求的。

第三,"私了"现象的经济原因。行使权利的成本高低,不仅取决于所涉标的的大小和权利界定的清晰程度,也受到司法制度运行状况的影响。在实际经济交往过程中,权利人的利益虽然受到侵犯,诉请法院裁判的往往只是其中一部分,有不少纠纷是私下了结的,有的甚至不了了之。一些学者把出现这种现象的原因归结为经济主体缺乏权利意识,希望通过普法教育能改变这种状况。应当说,"私了"或"不了"纠纷的存在并不简单是个法律观念问题,在很大

---

① 《马克思恩格斯选集》第 3 卷,人民出版社 1966 年版,第 133 页。

程度上更是一个与体制导向有关的经济核算的问题。与其说是权利主体缺乏法律意识，还不如说得出这种结论是因为法律学者缺乏经济意识。对于当事人来说，诉讼不仅要支付诉讼费、律师代理费，而且还要耗费大量的时间和精力。

首先，从时间上来说，我国《民事诉讼法》规定的案件审结期限缺乏应有的刚性，几乎没有时间上限。如(原)第一百三十五条规定，案件的审结期限为6个月，同时允许经本院院长批准延长6个月，而且还可以报经上级法院批准再延长，没有时间的上限。(原)第一百五十九条规定，上诉案应当在3个月内审结，但本院院长批准后也可以延长，同样没有时间的上限。这种规定仅仅从给法院提供便利的角度出发，而很少从保护当事人权利的角度考虑问题。这就使法院工作拖拉，当事人权利得不到及时救济，增加了诉讼的私人成本。在市场经济体制下，时间是一种极其宝贵的稀缺资源，时间的经济价值就足以使当事人对诉讼望而却步。司法制度改革应当从保护权利着眼，把便利当事人行使诉讼权利放在首位。

其次，从经济体制来看，在不少国有企业，剩余财富索取权没有按照对产出影响的大小加以界定，无人真正代表国家利益，造成企业法人代表放弃财产权、特别是诉讼权利既不使本人利益受损，也没有其他人因利益受损而追究，放弃诉讼就成为理性的选择。对于私人财产权来说，私人通过成本收益核算认为行使权利得不偿失时，他选择放弃诉讼权利甚至放弃实体权利，也是符合效率原则的。因此，实行法治的希望不能仅仅寄托在普法宣传上，如果把法制建设得真正对公民有用，而不只是对国家方便，那么即使宣传很少，公民从维护自身利益出发也会致力于学习法律、运用法律并遵守法律。这就是言传与身教的差别。

二、财产权的宪法保护

保障财产权的理论依据主要包括两个方面，一是"确认财产权是划定我们免于压迫的私人领域的第一步"。也就是说，财产权保障是确立法治、保障人权的基础。二是经济方面的理由，"财产权被视为促进经济福利和社会的效率的一个不可或缺的工具"。除了探讨上述两种理论依据以外，我们还需要考虑保护财产权利的实践方面的要求。

第一，财产权保障是人权保障的基础。财产权保障本身并不是终极目的，而是手段,不仅可以作为实现人权和公民权利的手段,而且也是发展经济的手段。现代产权理论并不仅仅是关于财产权的理论,而是一种认识和分析宪法与法律制度的研究方法与理论框架。让我们从生产力分析开始。社会生产就是在一定的制度约束下,物质资源与人力资源相互作用的过程。要提高经济效率,就需要普遍界定各种生产要素的产权,财产权是权利主体对物质资源的所有权,人权则是权利主体对人力资源的所有权。在19世纪的自由市场经济时期,财产权保障受到特别强调,人们也已经充分认识到财产权与人权的关联性。美国学者沃纳指出:"财产是一个人的自由意志的体现,是他的自由的外在领域。"①黑格尔从理论上深刻地总结了人们在这一时期对财产权与人权的关系的认识,他认为,财产作为意志的定在,作为物而存在,只是为了人的意志而存在。"这种意志对意志的关系就是自由赖以获得定在的特殊的和真正的基础。"这就是说,人自身作为目的所具有的价值,不能自己证明自己,而是通过财产权得到表现、得到确证的。只有表现在财产权中的意志才不会成为主观的任性,而是能够与理性相一致,"人唯有在所有权中才是作为理性而存在的"②。任何人在财产的占有、利用和处分的关系中,都会理性地进行成本收益核算,而不会滥用他的自由以招致破产。财产权不仅是市场自发秩序的前提,也是社会自律的首要条件,因而是法律制度的关键。财产权受到蔑视总是与人权受到排斥紧密联系着的,因为在财产权没有受到尊重的社会里,个人在自由意志支配下的行为将不受理性对成本收益核算的约束,必然流于任性。所以由国家限制人的自由就十分必要了,人权自然就不容易得到尊重。可见,没有财产权,人权就没有实际内容。黑格尔的产权—人权观与他的国家主义思想实际上存在着深刻的矛盾,而我国由于专制主义传统久远,对国家主义接受起来比较容易,而对财产权和人权观则很少注意。

第二,财产权保障是提高经济效率、促进经济增长的重要手段。分析经济增长,人们都不会忘记土地和可见物质资本的投入对产出的贡献,因而发展中国家经济现代化战略的第一步往往就是吸引外资。这是生产的物质要素方面,仅有物质要素数量的增加,没有人力要素的改善,经济的高速增长仍然不可能实现。舒尔茨指出,有人把经济增长与物质资源投入增长之间的这个差额叫作"资源生产力","那是给我们的无知起了一个名称,而并没有消除我们

① [美]伯纳德·施瓦茨:《美国法律史》,中国政法大学出版社1990年版,第143页。
② [德]黑格尔:《法哲学原理》,商务印书馆1961年版,第50、80页。

的无知"[1]。他认为,近年来在美国,与用于生产收入的土地、实际劳动量和再生产性资本的数量三者结合起来的数量相比,国民收入持续增长的速度要高得多,只有人力资本投资状况的改善才能有效解释这种现象。人力资源中最重要的因素之一就是科学技术。科学技术是生产力,经济的增长固然离不开科学技术进步,但是,科学技术何以会进步? 原因当然在于科技人员的努力。如果仅仅满足于用"科技进步"来说明经济增长的动力,同样是给我们的无知起了一个名称。进一步的问题是,为什么有的地方科学技术获得巨大的进步,而另一些地方科学技术更新却极其缓慢? 是什么动力促使那些科技人员努力创新或者因循守旧? 这就不能不涉及制度特别是法律制度对科技人员的激励方式。因此,经济的增长和社会的进步并非只是技术进步的函数,它同时也是产权界定的函数。

财产权保障制度通过界定和维护权利,使那些控制着某种资源并能通过这种控制影响产出结果的人拥有剩余产品索取权,从而激励资源所有者有效率地利用他的资源创造更多的财富。不能认为保障财产权只有利于财产占有者自己,财产权的充分行使在改善所有者自身处境的同时,为消费者提供了更多的满足,给社会创造了更多的就业机会,为国家提供了更多的税收。相反,在宪法和法律没有充分界定产权的条件下,公有资源的名义所有者是全体公民,由于集体行动成本过高,他们不可能有效行动起来以便行使剩余产品索取权;而事实上控制资源得以影响产出的是政府和国有企业管理人员,但他们并没有合法的剩余产品索取权。这样,产权激励的关键因素——剩余产品索取权就被置于共有领域,成为人人可以攫取的财富,不仅资源的产出不能达到最大化,而且会助长特权、腐败与投机。

第三,市场经济体制对财产权保障的要求。中国自 20 世纪 70 年代末以来实行改革开放,在吸引外国资金、科学技术,特别是由计划经济体制向市场经济体制转轨方面取得了显著的成效。但是,如何运用法制的力量巩固和扩大改革开放成果的问题并没有得到应有的重视,在市场经济立法的规划中,没有提到宪制发展、基本民事立法等法制建设的关键问题。在 1993 年修改的《宪法》第十五条关于经济体制的规定中就存在很大缺陷。该条规定:"国家加强经济立法,完善宏观调控。"完善宏观调控,体现了国家不再干预微观经济运

---

[1] ［美］西奥多·舒尔茨:《论人力资本投资》,北京经济学院出版社 1990 年版,第 6 页。

行,符合市场经济体制的要求。但"加强经济立法"的提法就不够妥当。

首先,什么是"经济立法"?规范市场行为的基本法律是民法,这是建立市场经济体制和维护市场经济秩序所不可缺少的制度设施;规范政府行为的根本大法是宪法,建立法治国家就必须注重运用宪法制约政府权力,宪制建设是依法治国的关键所在。至于人们通常所谓"经济法",只不过是"经济行政法",无论在规范市场行为还是政府行为方面都发挥不了主要作用,没有完善的宪制制度和健全的民事法律制度这种"经济立法"的效力也会大打折扣。因此,以为通过加强经济立法就可以对市场经济体制的建立产生立竿见影的效果,只是一种误解。

其次,只有在"经济立法"不完备的时候,加强经济立法才是正确的,在经济立法趋于完备时就没有必要再"加强"了。无论望文生义,以为经济法就是调整市场经济的法律,还是把宪法的条款作为一种临时规范,都会产生不良后果。建立市场经济体制,促进经济增长,最重要的是理顺经济运行的法律制度环境,而不在于每个经济问题都有一部单行法规的形式。财产权是市场经济条件下整个社会秩序的基础,用宪法把财产权确认为公民的基本权利,建立比较完善的保护和制约财产权利的制度已经成为经济发展的迫切需要。在强化宪法对财产权利的保障的同时,根据宪法建立健全民事物权制度,财产权对经济增长的激励功能就会充分显现出来。

三、财产权的制约

国家征税、征用、没收、调控经济或者运用法律规定禁止财产的滥用等,都可构成对财产权的限制。征税作为政府对财产权施加的限制,即使在 19 世纪法律达尔文主义盛行,财产权几乎被视为不受限制的绝对权利的时候,国家征税权也较少受到责难。因为政府为公民提供的安全保障和公共服务显然是有成本的,这种成本也只能从公民个人所有的财产中征收。在现代法治国家,大规模没收个人财产历来受到宪法的禁止,但政府依照事先通过的法律,仍然可以对犯有特定罪行的人施加没收财产的处罚。有的国家在宪法中规定,财产所有者负有社会义务,不得滥用财产权利。同时,政府对经济的管制和调控,也会直接影响到公民财产权的质和量。这些都可能构成对财产权的限制,这里仅就财产的征用进行探讨。正如安东尼·奥格斯(Anthony I. Ogus)所说:

"从来没有哪个制度否认过政府的征用权,重要的是征用的法律限制。"①

政府征用权构成对财产权的制约,而对政府征用权的制约反过来则是对财产权的保障。法国《人权宣言》和美国《宪法》对财产征用的限制性规定比较完备,对其后许多立宪国家产生过重大影响。法国 1789 年《人和公民权利宣言》第十七条称:"财产是神圣不可侵犯的权利,除非当合法认定的公共需要所显然必需时,且在公平而预先赔偿的条件下,任何人的财产不得受到剥夺。"美国《宪法》第五修正案规定:"未经正当法律程序不得剥夺任何人的生命、自由或财产;凡私有财产,非有相当赔偿,不得占为公有。"第十四修正案规定:"各州……不得未经正当法律程序,即剥夺任何人的生命、自由和财产。"由此可以看出,对征用的限制主要表现为征用目的、公平补偿和征用程序三个方面。

首先,征用的目的必须是为了公共需要。政府不得为了某些私人企业甚至政府官员的需要,把一些人的财产征用来供另一些人使用。美国最高法院在 1875 年信贷协会诉托普卡一案中判定,征用权不能用来帮助私人企业。对于何为公共目标,也会出现不同的理解。政府为了修造铁路、公路、机场等公共设施或者军事设施而征用集体或私人财产,显然是为了公共目标,是合法的。在 20 世纪以前的自由市场经济时期,政府为了审美价值或历史价值而征用财产通常被认为是不合法的。1905 年,美国最高法院在帕塞克诉佩特森广告公司案中宣布:"美学上的考虑是一种关系到奢侈和嗜好的东西,而不是必需的东西。只有必需的东西才能证明治安权的行使是正当的。"②随着人口的增长和都市化带来的城市管理复杂化的问题,政府对城市分区、城建规划或广告管理进行了大量的立法,强化了政府征用私人财产的权力。从 30 年代开始,美国最高法院逐渐认可,并接受了政府广泛的征用权。1978 年,在审理宾夕法尼亚运输中心公司诉纽约一案中,美国最高法院布伦南大法官(Justice Brennan)在代表最高法院发表的判词中说:"在过去的 50 年里,所有 50 个州和 500 多个市镇都已经制定了法律,以鼓励或要求保护那些具有历史或审美价值的建筑或区域。"③

第二,公平补偿。在实行法治的国家,财产与生命、自由紧密联系在一起,

① [美]路易斯·亨金等:《宪制与权利》,生活·读书·新知三联书店 1997 年版。

② [美]伯纳德·施瓦茨:《美国法律史》,中国政法大学出版社 1990 年版,第 146-147 页。

③ Edward L. Barrett, Jr., William Cohen&Janathan D. Varat, CONSIIUTIONAL LAW, Cases and Materials, The Foundation Press, INC., 1989, p. 593.

无偿剥夺财产通常被视为与剥夺生命、自由无异。因为财产权既是个人谋生并改善生存条件的手段，也是他免于压迫和奴役的基本保障。因此，政府无偿剥夺公民财产是严重违宪的行为。尽管如此，各国宪法确定的对被征用财产的补偿程度并不相同。有的宪法要求"充分"补偿，有的规定"公平"或"公正"补偿，有的只需"适当"或"合理"补偿，这些措辞的选用是各国对被征用财产补偿程度不同的表现。通常，充分补偿对赔偿数量要求较高，是指补偿的价值至少不得低于被征用财产的价值，这是补偿的最高标准；而公平或公正补偿则要求补偿价值与被征用财产价值大体相当，这属于中等补偿标准；适当或合理补偿是最低补偿标准，只要给予补偿即可，因为认定何为适当与合理的权力显然操于政府之手，被征用财产的人无权要价。一般来说，以充分和公平补偿为标准的宪法对于政府给予补偿的时间也有限制，有的要求预先补偿，有的则规定及时补偿。而以合理或适当为补偿标准的宪法，对补偿时间往往没有明确要求。征用补偿的程度不仅与国家的经济发展水平和法治观念有关，也与被征用的财产类型联系在一起。

征用所涉及的财产在绝大多数情况下是不动产即土地和房产，只有少数涉及动产。土地具有耐久性和开发价值，如果把这些价值都计算在内，实行充分补偿几乎是不可能的。但是，土地即使归私人所有，在土地之上也附着了国家主权，公民个人对土地的权利不仅要受土地自身特点（耐久性和不可再生性）的限制同时也受到国家主权的限制。正因为个人土地所有者与国家分别占有着土地的不同属性，所以政府对被征用土地仅给予公平补偿就足够了。动产的价值比较易于估算，通常可以考虑按市场通行价格确定补偿数额，但究竟以何时的市场价格为准，也存在很大的灵活性。人力资源一般不在政府的征用范围之内，除征兵服役以外，各国宪法通常都严禁强制劳动。当然，并不排除政府在依法惩罚与改造罪犯时使用强制劳动，不过这显然不同于征用财产。

第三，征用必须经过正当法律程序（due process of law）。正当法律程序概念最初起源于英国的普通法，在 1215 年《大宪章》中就得到确认，是一个含义比较模糊的术语，相当于我国的"依照法律规定"和"按照法定程序"。按照正当法律程序的要求，征用财产既然受到宪法的制约，就不属于政府自由裁量权的范围，必须经过立法机关制定法律、行政机关依法执行。被征用财产的所有者在对征用有异议时，应当能够通过诉讼程序解决争议。这是对国家征用权最基本的法律制约。未经正当法律程序的征用，无异于非法剥夺财产权。

第三节　财产权与公民权利

一、财产权的垄断性

在市场运行过程中,竞争与垄断始终是一对基本矛盾,二者相互依存、相互补充,缺一不可。但是,古典经济学和新古典经济学家们都以完全竞争作为经济学的基本假定,认为只有自由竞争才是市场经济发展的唯一动力。按照这种理论,通过价格信号的引导,市场竞争能够自发地实现资源的有效配置。而垄断则是有害的,它不仅损害消费者的福利,而且导致效率的损失。这种理论显然是片面的,它看不到真正完全竞争的消极后果,也忽视了适度垄断的积极意义。在这种理论模型中,自然不可能给财产权研究留下应有的地位。

美国产权经济学家德姆塞茨曾经指出,"对竞争的崇拜不允许这些作者们认为垄断在通常解决经济问题时是重要的""完全分散化模式没有给权威或控制留下活动的空间"。[①] 列宁对垄断的研究是很有意义的。首先,他认为垄断具有必然性,不是可以任意消除的:"自由竞争产生生产集中,而生产集中发展到一定阶段就会导致垄断。"其次,垄断限制竞争,但并不消除竞争,"从自由竞争中生长起来的垄断并不消除自由竞争,而是凌驾于这种竞争之上,与之并存"。列宁对垄断的这些认识,与古典和新古典经济学相比无疑要深刻得多。但是,他仍然把垄断与竞争分割开来,并进而认定想要调和"垄断和自由竞争,当然是办不到的事情"。[②] 这种看法的形成,可以说与当时的历史条件和革命需要有关,但现在看来则不切实际。

市场经济的发展经历了从以自由竞争为主要特征到以垄断为主要特征两个阶段,在当代已经进入了以垄断竞争为基本特征的阶段。历史经验表明,竞争和垄断是不可分割的,二者从来就没有单独存在过。在以自由竞争为主要特征的阶段存在着垄断,如英国市场经济发展初期的东、西印度公司对贸易的垄断,各西方列强对各自殖民地的经济垄断等,在以垄断为基本特征的阶段也广泛存在着竞争。对于经济发展和社会进步来说,垄断和竞争是两把双刃剑,

---

① ［美］德姆塞茨:《竞争的经济、法律和政治维度》,上海三联书店 1992 年版,第 10、19 页。

② 《列宁选集》第 2 卷,人民出版社 1995 年版,第 588、650、611 页。

适度的竞争和适度的垄断都能增进社会福利,而过分依赖于市场竞争或者高度集中的垄断都会造成对社会经济发展的阻碍。因此,垄断与竞争一样可以成为分析经济发展和社会制度变迁的有效工具,这一分析工具对于我们理解财产权和公民权利保障制度也是有价值的。

在市场经济发展过程中,垄断是不可缺少的因素。专利就是发明者对技术创新初期收益的垄断,这种垄断不仅无损于消费者福利,而且极大地促进了科技进步和经济发展。如果没有由发明者垄断发明初期收益的专利权保护制度,而是完全依靠市场竞争,技术进步将会是非常困难的。国家是常见的自然垄断形式,它对暴力的垄断能以比任何私人暴力更廉价的方式提供保护性服务。没有这种对合法暴力使用权的垄断,经济和社会生活就不可能有正常秩序,更不用说发展和进步了。可以说,在成熟的市场经济社会,有益于经济发展和社会进步的垄断现象比比皆是。同时,也存在着各种各样阻碍进步和发展的垄断现象,需要加以限制或消除。因此,不能认为只有竞争才是积极的,而垄断只能是消极的现象。

财产权就是一种垄断(Monopoly)。完整的财产所有权意味着所有者对资源的排他性的占有、使用、收益和处分的权利,未经所有者的许可,任何人侵入财产所有权的领域都受到禁止。排他的、独占性的支配和使用资源的权利,就是财产权的垄断性。马克思曾明确把资本家的所有权称为"资本的垄断",在谈到封建地主的土地所有权时,他说:"土地所有者还是这样的人,他凭对土地所有权的垄断,能够把直接生产者的剩余劳动直接占为己有。"①西方法学家和经济学家很少论及财产权的垄断性特征,是因为他们囿于完全竞争的理论模式,只看到了市场竞争中的价格垄断,看不见作为价格垄断前提的资源垄断。财产权就是所有者对资源的排他性垄断,这是市场竞争的前提和基础。市场交易是权利的相互让渡,财产权的界定和维护对于市场运行具有至关重要的意义。没有所有者对资源的垄断性产权,就没有充分竞争的市场经济。因此,无论宪法对财产权的初始界定把资源配置给个人、企业还是国家,都不会改变财产权的垄断属性,只能影响到垄断的程度。

个人财产权属于完整的财产权,所有者可以同时行使占有、使用、收益和最终归属等全部权利项。如果说垄断就是独占,那么个人财产权的高度排他

---

① 《马克思恩格斯全集》第 25 卷(下),人民出版社 1995 年版,第 883 页。

性和独占性,说明其垄断的程度很高。但从资源集中的程度上看个人财产权的垄断程度通常都是很低的。现代企业实现了财产的终极所有权与经营权的分离,股东通过一定形式可以干预企业经营,因而企业产权的排他性较个人财产权为低。但企业产权集中了许多单个人的资源,其资源集中性垄断的程度往往高于个人财产权,这是因为通过资源集中可以产生规模经济效应。

科斯指出:"市场的运行是有成本的,通过形成一个组织,并允许某个权威……来支配资源,就能节约某些市场运行成本。"[①]这就是说,通过企业产权的设置,资源可以在很大程度上被集中起来,能够节省市场竞争中的交易成本,提高经济制度运行的效率。但是,企业对资源的集中和垄断也是有成本的,我们把这种成本称为组织成本。随着企业规模的扩大和资源集中程度的不断提高,组织成本不断上升,直到与交易成本相等。组织成本与交易成本的均衡点就是资源配置效率的最高点。如果进一步扩大企业规模,企业组织成本增加的幅度就会大于交易成本减少的幅度,经济运行的总成本将会上升,使更大规模的企业变得无利可图。科斯提出:"企业的扩大必须达到这一点,即在企业内部组织一笔额外交易的成本等于在公开市场上完成这笔交易所需的成本,或者等于由另一个企业家组织这笔交易的成本。"[②]即只有当企业的边际组织成本等于交易成本时,通过企业产权集中和垄断资源具有最高的效率。

因此,资源的集中和垄断不能没有限度,随着资源集中程度的提高,财产权的完整性会受到损害,从而影响经济效率的提高。国有财产的资源集中程度比企业更高,而国有产权的完整性则低于其他形式的产权。国家事实上不可能全面行使财产所有者的各项权利,而只能保有其终极财产归属权,并把其他权利项交给各级地方政府与企业来行使。因此,无论个人财产权还是公有财产权,要进入市场参与竞争都要通过企业进行产权重组,以保持适度的资源集中,才能提高效率。

二、财产权、所有制与公民的主体地位

财产权的垄断性包括两个方面的含义,即资源集中性垄断和产权排他性垄断。这两个方面的垄断状况对于公民个人的独立、自主地位具有不同的

---

① [美]科斯:《论生产的制度结构》,上海三联书店 1994 年版,第 9 页。
② [美]科斯:《企业、市场与法律》,盛洪、陈郁译,格致出版社、上海三联书店、上海人民出版社 2009 年版,第 42-43 页。

影响。

第一，所有制结构的集中性垄断对公民地位的影响。资源是稀缺的，一个主体对于资源的集中性垄断意味着其他人占有资源的可能性减少。当全部资源被一个或少数几个主体所垄断时，多数人迫于生计将不得不接受资源垄断者的摆布。如果宪法把全部资源界定给个人时，所有制结构就是纯粹的个人私有制。通过市场竞争，资源将逐渐集中到竞争中的少数优胜者手中，产生两极分化、"社会分裂为大量的工资劳动者和极少数支配这种劳动的人，这同市场模型中平等、独立的经济主体之间平等竞争的和谐图景形成了鲜明的对照"①，与资源相分离的劳动者同少数资源垄断者之间存在着经济实力的巨大差别，他们显然并不是平等的竞争伙伴关系。如果劳动者除了出卖劳动力以外别无选择，那么就很难说他们都是独立、自主和自由的。这样的公民，其行使权利的行为能力是十分有限的。

因此，不能把纯粹私有制和完全竞争的市场相结合视为平等、自由和人权的天堂，少数私人所有者对绝大部分财富的寡占使他们在无论怎样公平的法律制度面前都是事实上的特权阶层和特殊公民，而多数劳动者则仅仅是名义上的公民，后者对前者事实上存在着某种程度的依附关系。尽管宪法对资源垄断者和分散的人力资源所有者的财产权和公民权利给予平等保护，但在纯粹私有制之下，不可避免的结果就是："有一部分国民，他们自称拥有大量从财产和高收入产生出来的财力物力，享有特殊环境、安逸生活、权势和责任；另一部分国民是雇佣劳动者，他们处境艰辛，前途黯淡，终身处于从属地位。"②可以说，这种局面的出现，是由于资源高度集中性垄断所致。正是纯粹私有制形成的少数人对资源的集中和垄断，使公民的独立自主地位受到威胁，对资源垄断者具有某种从属地位和依附关系，人权和公民权利才会转化为特权。

当宪法将全部资源界定给国家或者全体人民时，所有制结构就是纯粹国有制或古典公有制。无论全体个人所有还是国家所有，资源事实上都集中到了政府的手中。因为对于各个公民个人来说，全民所有的财产具有不可分割性，任何公民都不能从中辨认出自己的那一份财产并加以支配，所以事实上他与生产资料是分离的。可以说，在古典公有制之下，"一大二公"的指导思想曾

---

① ［德］海茵茨·哈德斯等：《市场经济与经济理论：针对现实问题的经济学》，中国经济出版社1993年版，第14页。

② ［英］拉尔夫·密利本德：《英国资本主义民主制》，商务印书馆1988年版，第14页。

经促使人们不切实际地追求过高程度的财产公有化,以致政府几乎成为垄断一切资源的唯一财产权主体,形成了财产权利与公共权力的合二为一,政治权力吸收了财产权利。这种公私不分的独特现象,在经济与政治的关系上表现为政治支配一切,经济活动不以赢利为目标,而以获得政治利益为目标,经济效率极其低下。

在公民与国家的关系上,表现为国家支配一切,片面强调个人利益服从公共利益和国家利益。这种情况显然与国家对资源的高度集中性垄断有着密切的联系。公民个人除了少量的消费品外没有任何可以用来与劳动相结合的物质生产要素,只能依靠单位提供生存机会。单位同样没有自己独立的生产要素所有权,依赖于国家调拨资源。由此形成了从个人到单位再到国家的自下而上的依附关系,以及从国家到单位再到个人的自上而下的命令服从关系,个人之间、单位之间、个人与单位之间缺少横向的自愿交往关系,没有个人自主选择的余地。任何社会生产都是人力资源与物质资源相互作用的过程,劳动与资源本来应当是相互依赖的。但是,一旦全部资源被唯一的权利主体所垄断,无论这个主体是个人、企业还是国家,劳动与资源在生产过程中的相互依赖就会被扭曲为劳动者对资源垄断者的全面的人身依附关系。在古典公有制之下,公民个人的劳动成果与国家手中的垄断资源相比显得微不足道,因而公民就没有真正独立、自主的地位,也不具备提出权利要求的能力。应当承认,我国宪法规定的公民权利在实践中长期遭受冷落,在很大程度上是由于片面强调纯而又纯的公有制造成的。

因此,无论是单纯的私人所有制还是单纯的公有制,都会造成资源的集中性垄断,从而构成对公民独立、自主地位的威胁,不利于公民充分享有和行使宪法上规定的基本权利。我国宪法允许多种经济主体的财产权并存,对于遏制资源的过度集中性垄断、提高市场经济的运行效率和促进民主宪制建设都具有一定作用。

第二,财产权的排他性垄断对公民主体地位的作用。完整的财产权意味着权利主体对属于自己的特定资源具有排他的、独占性的权利,这对于公民个人的独立自主地位是非常必要的。一个主体对某些资源的全部垄断并不妨碍其他主体对其他资源的全部权利的垄断,因此,各个主体都享有完整的财产权是一种可共存的垄断。而一个主体对全部资源的垄断必然排除其他一切主体对资源的利用,因而是不能与他人的权利共存的垄断。美籍奥地利经济学家熊彼特认为,占有一定的市场权力才可能进行创新式的竞争。完整的财产权就是市场竞争和创造力的源泉,也是公民获得独立、自主地位的基础。

多种财产权并存有利于经济发展和宪制制度进步,就是在完整的财产权的意义上说的。马克思指出:"我们越往前追溯历史,个人,从而也是进行生产的个人,就越表现为不独立,从属于一个较大的整体。"①早期人类社会是按血缘划分为群体的,财产权主体单位是整个群体,个人之间没有明确的财产权界限。群体是资源的垄断者,具有独立性,而个人则没有独立的社会经济地位。早期私有制出现以后,共同体对土地的公有制采取了国有制的形式。这里虽然出现了多种财产权并存的局面,却既没有市场经济也没有民主宪制,因为这时的财产权利是残缺的而不是完整的,所有者特别是个人所有者对自己的财产并无排他性的垄断权利。这种财产权的残缺,意味着个人财产权中的一些权利项被安排给了国家。这样,虽然存在着自由民或自耕农的财产权,但是"在直接劳动者仍然是他自己生活资料生产上必要的生产资源和劳动条件的'所有者'的一切形式内,财产关系必然同时表现为直接的统治和从属的关系,因而直接生产者是作为不自由的人出现的;这种不自由,可以从实行徭役劳动的农奴制减轻到单纯的代役租"②。劳动与物质资源的直接结合受到超经济强制的干预,劳动者对土地政权的依附伴随着对地主的人身依附,同时,土地国有制意味着劳动者对国家模式的依附关系。"国家既作为土地所有者,同时又作为主权者而同直接生产者相对立,那么,地租和赋税就会合为一体……在这里,国家就是最高的地主。在这里,主权就是在全国范围内集中的土地所有权。但因此那时也就没有私有土地的所有权,虽然存在着对土地的私人的和共同的占有权和使用权。"③个人财产权的不完整性,国有财产权利与公共权力相结合使国家相对于个人具有无可比拟的优势。因此,在这种条件下,个人既没有对物质资源的完整的所有权,也没有对自己人力资源的支配权,从而不可能取得平等、独立和自主的公民身份并享有公民权利。可以说,没有个人对自己的财产的排他性的垄断权利,就意味着国家有全面干预个人经济与社会生活的权力,因而也就没有公民权利的制度化的保障。

在商品经济发展过程中,个人逐渐获得了对于自己的财产、人身和行为的

① 《马克思恩格斯全集》第46卷(上),人民出版社1995年版,第21页。
② 《马克思恩格斯全集》第25卷(下),人民出版社1995年版,第890页。
③ 《马克思恩格斯全集》第25卷(下),人民出版社1995年版,第891页。

排他性的支配模式,个人财产权摆脱了国家和一切共同体的羁绊,形成了以个人私有制为主导的所有制结构。个人对自己的财产的垄断性权利使之成为财产权的基本单位和一切社会经济活动的主体。产权单位的分化与社会结构的分化是同一个过程,作为财产权基本单位的个人也成为社会关系主体,成为一切社会活动的基本单位。这种不再依附于群体或他人来维持生存,具有独立社会经济地位的个人,就是市场竞争的主体,是政治、法律关系的主体,从而也是国家的公民。马克思指出:"政治解放一方面把人变成市民社会的成员,变成利己的、独立的个人。另一方面把人变成公民,变成法人。"①因此,公民就是宪法认可的具有独立的社会经济地位和自主活动能力的个人。个人取得公民身份后,还必须具有完整的财产权作为保持其公民地位的制度安排。但是,任何事物都有其限度,超过一定的限度就会走向反面。自由竞争时期把个人财产权的排他性、完整性绝对化,既有损经济效率,也促使资本主义社会人际关系处于紧张和对抗状态。到 19 世纪及 20 世纪初,以狄骥为代表的社会连带主义法学家主张财产权为社会职务,应当负有义务,社会也应尊重所有者的财产权。随后,德国的魏玛宪法开始,20 世纪许多西方国家的宪法都给财产权所有者设定义务。不过,作为公民具有独立地位之基础的财产权的完整性与排他性并没有被根本否定。

三、财产权利与公民权利的关系

客观地说,我国宪法学理论并非完全没有关注和研究财产权问题,但是,人们长期以来一直把研究的重点集中在揭露西方国家公民享有选举权的财产资格限制方面。这虽不能说完全没有意义,但对于我们理解财产权的宪法功能几乎很少有帮助。其实,按照财产多寡来确定人们的政治地位和权利,并不是资本主义宪法独有的特征。早在古希腊、罗马和中世纪就已经盛行。正如恩格斯指出的那样:"对财产差别的这种政治上的承认,决不是本质的东西。相反地,它标志着国家发展的低级阶段。国家的最高形式,民主共和国……已经不再正式讲什么财产差别了。"②把财产上的差别作为政治、法律上不平等的依据,与其说是资本主义的东西,还不如说是奴隶制、封建制的残余。资本主义宪法的重要任务之一就是要消除一切正式、公开的特权形式,实现政治与

---

① 《马克思恩格斯全集》第 1 卷,人民出版社 1972 年版,第 443 页。
② 《马克思恩格斯选集》第 4 卷,人民出版社 1995 年版,第 173 页

经济分离、市民社会与国家分离,在政治与经济二元化的基础上确立完整的、排他的私有财产权神圣不可侵犯的地位。

但是,财产占有上的差别在西方各国宪制制度下对公民的政治法律地位和权利的实际享有,仍然发挥着重要影响。"在这种国家中,财富是间接地但也是更可靠地运用它的权力的。其形式一方面是直接收买官吏……另一方面是政府和交易所结成联盟……最后,有产阶级是直接通过普选制来统治的。"①恩格斯的上述论述虽然立足于对西方资本主义民主自由宪制的深刻剖析,但却具有普遍意义,在建立社会主义市场经济体制和完善财产权利保障制度时,应当予以重视。因为市场经济是宪法和宪制的基础,财产关系对公民权利的影响是必然的和不可避免的。马克思指出:"权利永远不能超出社会的经济结构以及由经济结构所制约的社会的文化发展。"②但是,财产关系(包括所有制关系和产权关系)对公民权利发生影响的形式是多种多样的,有直接与间接、促进与阻碍、对立与一致等等情形,必须仔细加以甄别,不能简单化地加以排斥或接受。

首先,财富代表着购买力,这种购买力的影响远远超出了市场经济的范围,它对公民权利状况的影响是不可忽视的。在封建等级特权制度下,市民等级用金钱向封建领主购买到了城市自治权、参政权和人身自由,是一大进步。在争取权利的斗争中,英国市民等级付出的主要是金钱,法国第三等级付出的则是鲜血和生命,前者的代价显然低于后者,而就两国民主自由宪制的成果来看,英国自由宪制并不比法国民主宪制逊色。通过这种对比,也可以看出在特定历史时期,财富与权利的交易具有某种积极意义。威廉姆斯·斯塔布斯在《英格兰宪制史》一书中说过:"在理论上最困难的问题,即每一项权利的界限的问题,当其被简化成一个买方和卖方的问题时,在实践上就容易解决了。"③但是,在这里,"权钱交易"的进步作用显然已经被过高地估计了。在英国历史上金钱购买权利,包括对城市自治权和议员席位的购买,都仅仅在否定封建特权和专制制度的意义上才是积极的。在一个现代法治国家里,公民权利交易之所以被禁止,是因为权利和自由体现了人的内在价值,具有与人身不可分离的属性,金钱购买权利意味着人的内在价值向交换价值转化,是对人的价值的

---

① 《马克思恩格斯选集》第4卷,人民出版社1995年版,第173页。

② 《马克思恩格斯选集》第3卷,人民出版社1966年版,第91页

③ 转引自[美]道格拉斯·诺斯等:《西方世界的兴起》,学苑出版社1988年版,第116-117页。

贬损。因此,无论权利交易多么有利可图或者能够提高效率,公民权利交易都是不被许可的。

尽管如此,财富对权利的影响却必然存在,在私权交易的同时,某些公权也被在"黑市"上暗暗地卖掉。阿瑟·奥肯指出:"现实状况与抽象原则大相径庭。市场实际上侵犯了每一项权利。金钱购买了法律服务,以此可以在法律面前得到偏袒,金钱收买了讲坛,以此使讲坛占有者的言论自由有了格外的分量,金钱收买了有权势的组织选举的官员,从而损害了一人一票的原则。"①在民主宪制制度之下,用金钱虽然不能直接合法地购买到额外的公民权利,但却可以合法地购买许多行使权利不可缺少的服务,由此造成公民实际享有权利的不平等。一方面,应当承认这种差别存在的必然性,另一方面,也必须采取措施防止这种差别的无限扩大,对贫弱者的权利行使应当提供必要的社会援助。

其次,如果经济上的物质资源垄断者与政治上合法暴力的垄断者合二为一,通过这种特殊的"合作",垄断者可以寻求得到更多的租金和垄断利益,势必对公民权利产生消极的影响。在这一合作中,掌握公共权力的政府及其官员通过向经济上强大的个人或组织提供特别服务取得租金,经济上的垄断者则向政府及其官员提供资助以谋求更高的垄断利润。这种"寻租"活动是非生产性的,租金获得者并不创造新的财富来源,而是以不正当的再分配使第三者的利益受损,因而在经济上是无效率的。财富对公民权利的这种消极作用,在民主宪制体制之下必须加以禁止。

最后,对财富产权的界定和维护,是发挥财富积极作用、限制其消极作用的基本方式。人们对财富的民事权利是可交易的私权利,通过法律把权利交易严格限制在私权利范围内,有利于激发公民通过市场竞争,自由地创造更多的财富。人类社会的利益冲突具有不可避免性,竞争的存在是长期的,如果压制市场竞争忽视私权利保护,那么由利益冲突引起的竞争就会从经济领域转向政治领域,从而更加激烈和残酷,人们的权利也失去了保障。因此,严格界定个人财产权,适应了政治、经济二元化的要求,使财产权利与公共权力有明显的界限,才能从根本上禁止公共权力和公民权利参与交易的腐败现象。如果在制度上将公权力与私权利混杂在一起,就会既妨碍财产权利在市场上的

---

① 〔美〕阿瑟·奥肯:《平等与效率》,四川人民出版社 1987 年版,第 17 页。

顺利交易,又便利了公共权力参与市场交易,腐败现象将会愈演愈烈,难以控制。

第四节　健全财产权保障制度的若干思考

一、所有制结构的宪法确认

所有制不是空洞的原则,也不是财产权的混沌状态,它是特定财产所有权的总和。由个人财产权构成的所有制通常被称为私有制,无论财产权是以共有还是股份等复杂的形式如何紧密结合在一起,个人财产都可以从这种结合中分离出来。由不同规模的集体对资源产权施行控制形成的所有制就是公有制,公有制不同于财产共有的一个显著特点就是公有财产在法律上的不可分割性。所有制结构就是由不同性质的财产权制度结合起来形成的经济制度结构。

在人类历史上,由单一所有制形式构成的所有制结构是极为罕见的,现实的所有制结构总是由两种或两种以上的所有制形式复合而成的。奴隶主所有制与自由民所有制、封建主所有制与自耕农所有制、资本家所有制与小生产者所有制等等都分别成为人类各个不同历史时期的复合所有制结构。任何单纯个人所有权或公有财产制度形成的所有制结构,都可能使资源的集中性垄断达到社会所不能容忍的程度,因而不可能长期维持其存在。

从经济绩效上看,单一的所有制结构,不管是公有制还是私有制,都不能满足收益最大化的效率要求。科斯指出:交易是有成本的,通过企业组织形成的权威来支配资源,可以节省交易费用。也就是说,在现代市场经济条件下,无论是国家代表全民从事经营,还是完全由个人经营,都不符合适度规模经济的要求,企业是不可缺少的经营单位。

第一,单一所有制结构是无效率的,企业的出现就是为了提高经济效率。当宪法把全部资源的产权界定给各个公民个人时,如果没有企业,生产的每个环节都会依赖于市场交易,从而交易的次数将大大增加。每次交易都要搜寻和处理信息、谈判和签约、监督协议的履行,所有这些过程都要耗费资源,因而交易费用被最大化。在这种条件下,规模收益呈递增趋势。建立企业将分散的私人产权适度集中,可以节省交易费用,从而成为有利可图的事。

当宪法将全部资源界定给全体公民所有时,由于产权单位极其庞大,牵涉到全体社会成员,要形成产权单位经营管理资产的共同意志、采取共同行动,都要耗费大量的资源作为组织成本,促进组织成本最大化。除非将全民所有的财产的权利委托给国家代理人来行使,全民财产权事实上就无法行使。而国家是一个社会中最庞大的组织,由国家配置资源同样存在极高的组织成本。在这种条件下,规模收益呈现递减趋势,通过国家代理全体公民、企业代理国家运营资产,可以节省组织成本,也是提高经济效率的手段。企业的存在表明,所有制形式应当多样化、复合化,单一所有制形式不能适应市场经济发展的要求。

第二,多种所有制形式并存的所有制结构可以节省市场交易费用和企业组织费用,提高经济效率。企业能够将市场交易费用内在化,但它不能消除这种费用;同样,市场交易可以节省组织成本而不能消除这种成本;国家可以强行废除市场从而消除交易费用,但这样一来,组织费用就被最大化反而造成更多的效率损失。"所有解决办法都需要一定成本,而且没有理由认为由于市场和企业不能很好地解决问题,因此政府管制就是必要的。"[①]另一种替代方法就是通过财产权利的界定,承认多种所有制形式并存的所有制结构,以减少不必要的私人交易和层次过多的国有企业组织,从而降低交易费用和组织费用,减少资源浪费,提高经济效率。

从历史上看,多种所有制复合而成的所有制结构,也很少是各种所有制形式平分秋色的,总有一种所有制形式居于主导地位。人们经常讨论的所谓资本主义私有制或社会主义公有制,就是以占主导地位的所有制形式来区分的。至于所有制结构究竟应当以公有制还是以私有制为主导力量,则是一个复杂的理论问题和实际问题。一般而言,所有制结构与各国生产力发展水平、社会结构和文化传统也有广泛的联系,需要进行具体分析。但是,人类历史发展到市场经济社会,产权单位已经完成了从群体到家庭再到个体的全面分化,实行一定程度上的集体化和公有化的整合也可以看成是社会发展的可能趋势。这是因为:

首先,公共物品的公有化是历史发展的大方向。君主制把公共物品和公

---

① ［美］科斯:《论生产的制度结构》,上海三联书店 1994 版,第 160-161 页。

共权力看成君主的私有财产,所谓"普天之下,莫非王土;率土之滨,莫非王臣",就是说在一国之内,不管是物质财富还是人力资源,甚至人本身,都是君王的私产。至于军队、警察、法律制度等等,也都是君主的创造物。近代宪法产生以后,国家及其制度都成为公共物品,是社会的共同财富。在经济领域,亚当·斯密就已经察觉到由私人经营"公用事业及其设施"是无效率的[①],但西方各国长期没有把公用事业与私人物品区分开来。在20世纪中叶以前西方各国不能应付周期性的经济萧条,一个极为重要的原因就是没有正确认识和处理公共物品的产权问题。由政府代表社会公众占有生产公共物品的资源,这与公共物品供给的连带性和消费的不排他性特点是相适应的。

其次,经济人的短视和盲目性,在私人经济活动中表现得比较明显,容易造成经济大幅度波动。保持一定比例的公有经济,有利于克服私人投机活动造成的经济波动。

最后,现代市场经济的协调发展需要国家依法予以必要的调控,经济手段是国家进行经济调控的重要方面。但如果没有一定的公有经济力量,国家就没有可以运用的有效经济手段。因此,一定范围的公有制经济增强了市场可调节性。同时,公有经济对于促进公民地位和身份的平等也有一定的作用。

从我国《宪法》第六至第十三条修正案的规定来看,我国宪法确认的所有制结构是以公有制为主导、多种经济成分并存的经济制度结构。其中,公有制包括全民所有制和劳动群众集体所有制,个人所有制包括个体经济和私营经济的财产所有制。公有制为主导,就是因全民所有制为国民经济的主导力量。从总体上看,这种所有制结构符合我国目前生产力发展水平和市场经济初步发育成长的需要,并且已经推动了我国经济的迅速增长。从总体上看,我国宪法确定的以公有制为主导、多种经济成分并存的所有制结构,是比较完备的。

但把财产权与所有制混杂在一起、特别是把个人财产权作为所有制结构的附属物加以规定,显然不利于对财产权利的充分界定和维护。我国经济发展中出现的深层次问题往往不是所有制结构问题,而是经济体制和财产权的制度安排问题。在经济建设和法制建设过程中,人们往往只看到了市场和政府的作用,却较少注重宪法和法律的作用。实际上,市场机制和政府调节都离不开法治,运用宪法和法律充分界定和切实维护财产权利,是顺利进行资产重

---

① 参见[英]亚当·斯密:《国民财富的性质和原理的研究》,商务印书馆1974年版,第253页。

组和产权交易,促进经济协调发展的关键所在。邓小平同志多次强调法治的作用,他说:"还是要靠法制,搞法制靠得住些。"①法治的功能并不只是打击犯罪,更重要的是确认和保护财产权利与公民权利。宪法对财产权的界定和保护对于市场经济的孕育成长具有至关重要的作用,因为所有制作为经济基础的作用是通过财产所有权来体现的,离开了对所有权的保护,所有制只能是空洞的、抽象的,难以产生实际效果。

二、公有财产权的宪法保护

西方各国宪法的一个重要特征,就是虽不明确宣布它捍卫财产私有制,而是精心保护个人的私有财产权,但私有制的经济功能却得到了很好的发挥。我国宪法明确宣布了国家实行生产资料的社会主义公有制,公共财产神圣不可侵犯,但是对公有财产权的保护则并不完备。

有的同志出于朴素的阶级感情,认为我们搞公有制是为了"与资本主义社会宣布私有财产神圣不可侵犯相对立"。按照这种逻辑,似乎只要是与资本主义相对立的东西,就一定是社会主义的东西。西方国家不宣布财产所有制,我们就公开宣布自己的所有制,西方国家精心保护财产权,我们就不能保护财产权,这种观点是非理性的、幼稚的。确定生产要素的所有制形式,目的是提高经济效率,发展本国的经济,因而应当以生产力发展的水平为根据。保护财产权是市场经济的必然要求,这是事关国家兴衰和民族命运的大事,不应当感情用事。与资本主义对立的东西并不一定都是社会主义的东西,封建主义的东西也可能与资本主义是对立的,必须辩证地看问题。我国宪法对财产所有制结构的安排,不是要人为地制造与西方国家间的对立,而是要发展经济。邓小平同志正确地指出:"抓住时机,发展自己,关键是发展经济。"②判断一切工作包括宪制制度安排的成败得失的根本标准是看它们能不能发展社会生产力、增强我国的综合国力、提高人民的生活水平,而不是根据它们与资本主义国家对立或一致的程度。

从我国宪法关于经济制度的规定来看,明显存在着公有制的崇高地位与公有财产权的保护不力之间的矛盾。《宪法》第六条确认了公有制在社会主义经济制度中的基础性地位,指出:"中华人民共和国的社会主义经济制度的基

---

① 《邓小平文选》第3卷,人民出版社1993年版,第379页。
② 《邓小平文选》第3卷,人民出版社1993年版,第375页。

础是生产资料的社会主义公有制,即全民所有制和劳动群众集体所有制。"第七条保障国有经济在国民经济中的主导作用:"国有经济,即社会主义全民所有制经济是国民经济中的主导力量。国家保障国有经济的巩固和发展。"第十二条维护公有财产神圣不可侵犯的地位:"社会主义的公共财产神圣不可侵犯。国家保护社会主义的公共财产。禁止任何组织或者个人用任何手段侵占或者破坏国家的和集体的财产。"宪法第八、九、十条还分别划定了各种经济成分的财产范围,规定土地和自然资源属于公有财产。公有制是整个社会主义经济制度的基础,国有经济是国民经济的主导力量,公有财产神圣不可侵犯,宪法的这些规定给予了公有制以极其崇高的地位。这在相当长的时期内是必要的,也是正确的。

但是,在另一方面,宪法的财产权概念并不明确,公有制、公有财产权和公有财产被混淆,从而使宪法对公有制的保护仅仅成为一种口号,没有转化为对公有财产权利的保障。在确认公有制为经济制度的基础以后,宪法宣布自己保护"公共财产"神圣不可侵犯,而不是保护公有财产权利不可侵犯。虽然在西方国家,财产和财产权经常是用同一个术语(Property)来表示的,但在汉语中,"财产"和"财产权"是有严格区别的。国家通过宪法和法律所保护的只能是公有财产权利不受侵犯,这种保护通常是相关权利人在权利受到侵犯、提出诉讼请求以后,国家才能依法予以公断,离开了权利人的请求,国家就难以获得公有财产权利被侵犯的信息,不能正确履行保护公有财产权利的职能。至于全面保护作为权利客体的公有财产本身不受侵犯,更是国家、宪法和法律力所不及的事情,只有具有切身利害关系的具体的组织或个人才能担当起保护公有财产权利客体不受损害的任务。试图避开具体的组织和个人,不通过权利界定来维护公有制,是不现实的。

因此,在宪法对公有财产权利没有明确界定的条件下,即使我们千百遍地宣称"公有财产神圣不可侵犯",也吓不倒那些侵吞、挥霍公有财产的人们。公有与共有是两个不同的概念,不能把公有财产视为"公共财产",造成人人得而用之的观念。必须从制度上把公有财产营运的责、权、利落实到具体的组织和个人,使公有财产的产权进一步明晰化。国有企业经济效率低下、严重亏损,主要原因就在于,产权界分不明,发挥不了应有的激励功能。在充分保障人力资源经济收益的前提下,对国有企业的股份制改造是使公有财产产权明晰化、发挥产权的经济激励功能,提高公有经济运行效率的根本出路。如果没有同时对人力资本权利的保护,股份制的推行就可能蜕变为单纯的"圈钱运动",不会促进经济增长,反而使极少数管理者成为"近水楼台先得月"的受益者。

提到产权明晰化,人们就不免想到私有化。西方新制度经济学在产权理论方面的确有对私有制的某种偏好,一些学者把科斯定律归结为应当取消公有制、把公有财产私有化的结论。国内也有学者担心产权明晰化的提法有产权私有化之嫌,以致认为我国公有制不存在产权界限不明确的问题。应当承认,近年来在产权制度方面的改革在一定程度上有利于理顺公有财产的产权关系,公有财产的产权比计划经济体制下更明确一些了。但这种明确还只是一种经济上的事实,至多是在民商法或经济法领域获得了认可,宪法上的产权依然是不明确的,这对经济的进一步发展并非无关紧要、可以忽略的。

笔者认为,产权明晰化不等于产权私有化。私有化就是用一定的方式把公有财产最终分配给各个个人支配,以建立完全私有的所有制结构。产权明晰化是指运用宪法和法律界定公有财产权利的内容和各个权利项的归属,使公有财产营运的责、权、利个别化,发挥产权的经济激励功能。产权明晰化与产权私有化是根本不同的两回事,不应将其混为一谈,并借此为国有企业制度改革设置障碍。从宪法上明确界定公有财产权,最重要的是确定国有财产权的内容、范围、界限与归属,具体包括以下几个方面的问题:

首先,宪法明确界定公有财产权利,实现公共权力和公有财产权利的分立,这是政企分开的实质所在。在传统的计划经济体制下,国家运用行政权力无偿调配资源,直接组织生产和分配产品,实际上造成了公共权力对公有财产权利的吸收,财产权利在资源配置过程中不再起任何作用。政企分开的实质就是要把国有财产权与国家权力划分开来,使公有资源采取财产权的形式加入市场竞争,发挥市场机制在资源配置方面的基础性作用。国家掌握的公共权力必须按照民主与法治原则运行,受到宪法与行政法的调整与制约;国有财产权利则要根据效率原则由独立的企业法人来行使,严格实行成本收益核算,受到宪法和民商法的调整、保障和制约。权力只能与责任相结合,国家权力的行使必须以促进社会公共利益、国家利益为目标,严禁将权力的行使与掌握权力的国家机关、部门或公务人员的个人利益挂起钩来。公有财产的经营应当采用利益激励机制,实行权利、责任与利益相结合,国有企业在享有国有财产经营管理权的基础上,不仅承担国有资产保值增值的责任,同时还应当分享剩余产品索取权。

具体就国有财产的经营管理来说,该当从量与质两个方面区分不同情况,实行不同的制度。从量的方面看,就是要抓大放小,搞好大企业,放活中小企业;从质的方面来说,应当从公共物品、私人物品与混合物品的区分上来决定国有财产、集体财产与个人财产的范围。实行公共物品国有公营,混合物品由国家、集体所有,多种方式经营,私人物品实行私有私营。这里说的财产性质的区分不是以所有制为标准的,不能把公有物品等同于公共物品、私有物品等同于私人物品,而是以物品在消费方面的特征为标准来区分的。凡是消费上具有连带性和不排他性的物品都属于公共物品,如公共道路、交通通信、国防军事等设施;凡是主要由个人单独地、可排他地消费的物品就属于私人物品,如食物、衣着等;既可实行集体消费也可用于私人消费的物品则是混合物品。过去把是否事关国计民生作为划分公有与个人所有的标准,这种标准不仅本身比较含糊,而且随时变化着,因而是不科学的。

其次,在坚持公共财产不可分割性的条件下,必须承认公有财产权利的可分割性。公有财产本身是不可分割的,任何组织或公民个人都不能从国有财产中指认出属于自己的那一部分财产并对其主张完整的财产权利。例如我国公民出国定居、加入他国国籍时,就不能从公有财产中分割并转移他在其中的份额。另外,无论是中央政府还是地方各级政府,又都不可能全面经营管理好其辖区内的全部公有财产。因此,必须把公有财产委托给各个单位和个人,才能进行经营管理。这就出现了公有财产的整体所有与个别经营的矛盾。完整的财产所有权是一组或一束权利,包括占有、使用、收益和处分等权利项,无论公有财产权还是个人财产权都是如此。就特定的国有财产来说,虽然其终极归属权属于国家所代表的全体人民,是一种不可分割的整体权利,但该财产的占有、使用、收益和处分等权利项则是可以划分开来,也必须划分开来的,只有通过分权,公有财产才能参与平等的市场竞争。宪法修正案第二条允许土地使用权有偿转让,国有企业实行所有权与经营权"两权分立",都利用了公有财产权利的可分割性特点。随着市场经济体制的发育和健全,国有企业全面推行股份制,就需要从宪法上变革财产权制度,承认一切公有财产权利项的可分割性,从而使更多的资源进入市场交易,起到繁荣经济、提高效率的作用。

再次,公有财产营运的权利与责任应当具体化、个别化。虽然一般而言,公有财产不能成为公民个人权利的客体,但任何经济制度的运行都离不开激励个人的机制,没有公民个人的积极性和创造性,公有制就没有生命力。因此,公有财产的占有、使用、收益和处分各个权利项在划分开来的条件下,可以分别成为公民个人财产权利的组成部分。国有财产的终极归属和最终处分决定权,自然应当属于国家享有,按照我国现行体制,这种权利是由国家设立的专门国有资产监管机构行使的。至于国有资产的占有、使用等具体权利则应当以不同的方式授予企业或公民个人,同时由这些企业或个人承担相应的国有资产保值增值的责任,国家和经营者以适当的方式分享国有资产营运收益。总之,必须建立公有财产经营管理的个人激励机制,把国有资产营运的效率与经营者的利益紧密联系在一起,使责、权、利在经营者身上统一起来,才能极大地促进经济增长。

三、个人财产权的宪法保护

第一,公民财产权保护的宪法依据。财产权问题是法律制度的核心问题,财产权保护是社会秩序的基础。在计划经济体制下,宪法明确规定了的公民权利之所以不受重视,首先是因为个人财产权被否定。1982 年制定颁布的我国现行宪法在专门列举公民权利与义务的第二章中并没有提到公民个人的财产权,只是在第一章关于国家制度和社会经济制度的规定中涉及公民个人财产权问题。这说明,财产权没有被作为基本人权或者公民基本权利来对待,它被认为是经济制度的附属物,没有独立的政治、法律地位。《宪法》第十三条规定:"国家保护公民的合法收入、储蓄、房屋和其他合法财产的所有权。国家依照法律规定保护公民的私有财产的继承权。"《宪法》第十三条采取了严格限制财产权的表述方式,按照当时通行的理解,能够作为公民财产权利客体的是生活资料,生产资料不是个人财产权的客体。但这里也存在一些问题。

其一,从这一条款本身的实际效果来说,生活资料属于消费品,处于经济过程的终端,公民对生活资料的所有权实际上与经济制度或经济体制的运行没有多大关系,将个人对生活资料的所有权规定在经济制度中就显得比较牵强。把公民个人对生产资料的产权排除于宪法保护之外,事实上造成了劳动者与生产资料的分离。而在人力资源和物质资本、劳动力与生产资料分离的条件下不可能出现持续快速的经济增长。要提高经济效率,就必须使劳动者与生产资料相结合。无论是少数资本家对资源的垄断,还是国家对资源的集中与控制,最终都会产生劳动者与生产资料分离、经济效率下降的结果。

其二,该条款与宪法其他有关条款之间存在着一定的矛盾。为调动公民的生产积极性,《宪法》第十一条规定:"在法律规定范围内的城乡劳动者个体经济,是社会主义公有制经济的补充。国家保护个体经济的合法的权利和利益。"这实际上承认个人在极为有限的范围内拥有和支配生产资料的合法性。显然第十三条和第十一条之间存在一定的矛盾。1988年通过的修正《宪法》第十一条的第一修正案增加了保护私营经济的规定,使公民个人合法拥有和支配生产资料的范围和规模都有所扩大,但这与第十三条的矛盾也就更加明显。也就是说,公民个人对生产资料的所有权虽然有了宪法根据,但它仅仅是作为经济制度的附属物而存在的一种合法状态,并没有被真正上升到财产权的高度。如果公民把他合法拥有和支配的生产资料撤离生产过程,不再成为一种经济成分,那么个人连同那些"资料"就不再是经济制度的组成部分了。在这种情况下,公民个人是否还能合法拥有这些"资料"呢?或者他是否必须把原来的那些生产资料转换成《宪法》第十三条所要求的"合法的收入、储蓄、房屋和其他合法财产"才能享用呢?

其三,从该条款与国家民事法律的关系上看,市场经济是法治经济,民法是国家最重要的基本法律之一,它是保护市场主体权利、规范市场交易行为、维护市场秩序的主要法律依据。而财产权是市场经济的逻辑起点,是一切交易得以进行的条件,因而财产法是整个民商法的基础,具有特别重要的地位。西方发达国家适应市场经济的需要,不仅在民法中以巨大的篇幅规定物权,而且在宪法中也给予财产权以极其重要的地位。即使在我国1986年通过的极为简短的《民法通则》中,关于财产权的专门规定就有13条,在最高人民法院对《民法通则》的正式司法解释中,关于财产权的条款也有20条。随着经济体制改革纵深发展和法制的不断完善,物权法将成为我国未来民法典的重要组成部分。因此,宪法仅仅在经济制度部分附带提及财产权显然是不够的,必须把财产权视为基本人权,在保障公民基本权利的专门章节中加以确认。否则,民事物权就显得缺乏宪法上的依据。

其四,《宪法》第十三条在术语的使用上也不够确切。这一条款用"合法"来修饰"权利",并将"权利"与"利益"并列。作为法律术语,权利当然是合法利益,非法利益不可能是权利,不存在什么"非法权利"。既然权利就是合法利益,"合法的权利和利益"的表述就是同义语反复。而且,按照第十三条的字面含义,受到宪法保护的"合法的权利和利益"属于"个体经济"和"私营经济",而不是经营个体经济与私营经济的公民个人,这种没有主体的权利显然是很不完备的。实际上,无论个体经济还是私营经济都只是一种经济形式,它们既不是自然人,也不是法人,不可能成为权利主体。显然,只有经营个体经济与私营经济的公民个人或由个人组成的法人才能成为权利主体。因此,现行宪法对财产权的保护是不确切的,这种不确切又是由制宪当时占据主导地位的计划经济体制造成的。在建立社会主义市场经济体制的过程中,应当通过修改宪法的程序,明确地把公民个人的财产权作为基本人权和公民基本权利予以保障。

第二,财产权宪法保障的理论依据。长期以来,由于没有弄清什么是社会主义这一根本问题,人们往往把财产权保障和市场经济作为资本主义特有的东西,甚至把个人财产权等同于资本主义私有制。有的学者指出:"生产资料的私有制决定了处于人权体系首要地位的人权是财产所有权,与之相适应的一系列自由,都是服从财产私有制一般条件的资本与人身相结合的自由。而在社会主义公有制经济条件下,财产权甚至不被认为是基本人权。我国《宪法》第二章所列各种人权的单项中就没有所有权的内容,理所当然地在我国人权制度中也不允许有个人资本与人身相结合的剥削自由。"[①]在社会主义条件下,否定所谓"资本与人身相结合",实际上造成了劳动与生产资料的人为分离,经济只能是低效率的。按照这种逻辑,个人财产权就是私有制,公民的社会经济权利与自由、劳动权、迁徙自由等等就都是"剥削自由",对财产权作为基本人权的否认导致了对公民权利的否定。这种僵化的思想长期束缚着人们的手脚,极大地妨碍了经济发展和文明进步,使我们丧失了许多宝贵的发展机遇。

道格拉斯·诺斯和罗伯特·托马斯曾经指出:"有效率的组织需要在制度上作出安排和确立所有权以便造成种刺激,将个人的经济努力变成私人收益率接近社会收益率的活动。"[②]个人财产权的宪法保障不仅构成其他人权和公民权利的基础,而且具有重要的经济功能:

其一,财产权是对资源稀缺性的缓解,对由稀缺性引起的利益冲突的协调。如前所论,资源稀缺一直是人类文明社会面临的基本经济问题,但这种稀缺性首先是对于社会而言的。如果没有产权约束,各个个人就不会感受到资

---

① 徐显明:《论人权的界限》,《文史哲》1992 年第 6 期,第 61-67 页。
② [美]道格拉斯·诺斯等:《西方世界的兴起》,华夏出版社 1999 年版,第 5 页。

源的稀缺性,他们倾向于过度使用资源,并由此引起个人与个人、个人与社会在资源利用方面的矛盾与冲突。法定的财产权通过强制性地把资源的稀缺性从社会个别化到个人,不仅使人人都认识到稀缺资源的价值,努力有效利用各自有限的资源,而且可以缓和资源利用上的矛盾与冲突。

其二,财产权保障能够把外部收益和外部成本内在化。资源拥有者从自身利益出发,在从事经济选择时将努力以最低成本获取最大收益,而非财产权主体在利用资源时往往只考虑收益最大化而不计成本。财产权确认,只有所有者才能决定资源由谁使用和如何使用的问题,其他任何人非经资源所有者授权,不得以他人的资源为代价换取自己的收益。因此,通过产权制度可以划清各个个人在经济活动中的利益界限,提高资源利用效率。

其三,财产权界定可以减少经济生活中的不确定性,降低市场交易的费用。因为根据产权制度的规则,作为财产权利主体的自然人和法人都可以合理地预测他人对自己行使财产权利的行为的反应,便于交易的顺利进行。而在没有财产权的条件下人们为了保存自己的所有将不得不相互猜疑和防范,从而阻碍交易的进行。因为市场交易是有成本的,所以财产权利的充分界定与确切保护有利于市场主体安排交易于未来,从而提高市场运行的效率。

因此,宪法应当把财产权利置于极其重要的地位,给予切实有效的保障。具体而言,宪法在保护财产权利时必须注意以下几个方面。

第一,确认个人财产权的普遍性。公民不仅可以依法享有对公有财产的使用权与收益权,而且可以把这些收益自由地转变为生活资料或者生产资料。宪法不仅要保护公民个人对生活资料的所有权,而且还要保障公民对生产资料的所有权,承认财产权利具有普遍的可继承性。这是激励个人努力创造财富、积累财富,增加社会的生产性投资的重要制度安排,没有根本法保障是不够的。个人创造的财富,不是转化为生活资料,就是转化为生产资料,对财产权的普遍性的宪法确认,将会激励更多的个人将更多的财富运用于生产性投资而不是纯粹消费性支出。如果宪法只承认公民对生活资料的所有权,把生产资料排除于宪法保护之外,激励机制就被颠倒过来,产生促进高消费、浪费乃至腐化、抑制生产性投资的结果。这正是我们不愿意看到而目前又不得不面对的状况。少数人比阔斗富、生活腐化,其高消费追求严重脱离社会总体经济水平,这不仅降低了经济增长速度,败坏了社会风气,而且激起贫富之间的矛盾,显然是极其有害的。产生这种现象的重要原因之一就是现行法律制度对财产权的保护存在缺陷,先富起来的人们缺少应有的财产安全感和社会责任感。从性质上,必须承认财产权是一项重要的基本人权,把财产权放在宪法关于公民基本权利与义务的章节中加以保护。

第二,宪法对个人财产权利的界定就是对资源的初始配置,这是发挥市场机制对资源配置的基础性作用的前提。市场交易不是简单的商品与劳务转移,而是利用资源的权利的相互让渡,没有个人财产权,社会的资源就不能进入市场流通过程。宪法对市场经济的首要功能就是界定和维护包括个人财产权在内的公民权利,进行资源的初始配置,为资源的市场化配置提供前提和基础。制度不是独立于个人之外自发运转的东西,而是用以规范个人行为的一系列规则,它通过界定各人的权利与义务的方式来调整人们的行为。因此,制度离不开个人,不能脱离权利、义务而独立存在。宪法确定的基本制度结构,就是以权利、义务的形式在各个主体之间进行的资源的初始配置。其中,经济制度的基本规则应当是财产权受保护、契约自由、平等交易等的规则,财产权利和义务是构成经济制度的基本要素。因此,宪法确定经济制度的框架,应当从关于公民权利与义务的规范中体现出来,不能把经济制度作为脱离个人、超越权利义务的独立、抽象的东西来规定。

第三,平等保护各种形式的财产权。市场经济是竞争经济,竞争是推动经济发展的动力。平等竞争不仅要求参与竞争的主体平等、主体的权利平等,关键是规则平等,对各种财产权的平等保护既是一条平等的规则,也是实现主体平等和权利平等的关键所在。宪法的重要原则就是不分主体身份,对主体的权利一律给予平等的保护,不承认权利有高低之分。在确立所有制结构时,宪法已经给予公有制以主导地位,在具体保护财产权时就不能再按照主体是国有、集体、个体、私营或者外资等形式而区别对待。公有财产权与个人财产权应当同样具有不可侵犯性,把个人财产权视为低人一等的财产权,说明政企尚未分开,国家权力与公有特别是国有财产权利还结合在一起,正是国家权力的上下等级之别导致了各种不同财产权利的高下不等。所以,宪法不仅应把财产权作为基本权在公民基本权利与义务中加以规定,而且要确认个人财产权与公有财产权一样具有不可侵犯性。

最后,宪法应明确规定征用个人财产的条件、程序和补偿原则与标准。避免对公民个人财产权的无偿剥夺和任意侵犯。财富的生产和价值的创造需要付出代价,最终离不开个人艰苦的努力,如果宪法对个人财产权不给予确切的保护,仅仅依靠民法来保护的财产权必然缺乏应有的强度和硬度,不能有效抵制国家权力的任意侵犯。这种财产权即使可以免于他人的侵犯,也不能免于国家的无偿征用和侵夺,从而挫伤个人创造财富的积极性,提高经济效率就只是一句空话。

第五章 经济权利与自由的保障

第一节 经济权利与自由概说

一、经济权利与自由的历史考察

在近代宪法诞生时期,宪法保障的基本人权主要是政治权利和个人自由,作为近代民主宪制策源地的美国、法国以及英国,除了财产权保障外,在成文宪法或宪法性文件中都没有专门确认个人经济权利与自由的规范。这是因为,在自由市场经济时期,西方国家对市场奉行不干预的政策,英美法系国家的经济关系是由普通法调整的,大陆法系国家的经济关系则是通过改造罗马法形成的民法来调整的,公法并无协调经济生活的任务。

经济权利是同市场失灵(Market Failure)和国家对市场的干预相伴而生的。主要包括劳动权(包括职业自由、获得公平报酬的权利、参加或组织工会的权利和罢工自由等内容)、休息权和获得基本生活保障权(包括社会保险和获得国家与社会救济的权利)等。到了 20 世纪,随着国家不断加强对社会经济事务的干预,出现了宪法社会化的趋势,经济宪法于是应运而生。

宪法的基本功能在保障公民权利、制约国家权力,既然国家的经济权利得到宪法认可,相应地也就需要保障个人的经济权利。分别于 1918 年和 1919年制定颁布的《俄罗斯苏维埃联邦社会主义共和国宪法》、德国的《魏玛宪法》都明确规定了公民的社会经济权利,这标志着宪法社会化的开端,在世界宪法史上产生了重大而深远的影响。从此以后,宪法所保护的基本人权和公民基本权利就不仅仅以个人自由与政治权利为限,社会经济权利的制度化保障也越来越受到重视。

在第二次世界大战结束以后,联合国大会于 1948 年 12 月 10 日通过了《世界人权宣言》,对基本人权和社会经济权利作了郑重宣告。此后,联合国大会于 1966 年 12 月 16 日通过了《公民权利和政治权利国际公约》和《经济、社会、文化权利国际公约》,后一专门公约比较全面系统地规定了个人的工作权、休息权和基本生活保障权。这三个关于人权问题的国际公约对其后各国制宪活动产生了深刻的影响。在第二次世界大战结束后到 70 年代制定的宪法中,多数都承认公民的社会经济权利,经济权利保护在宪法中占有重要地位。

据统计,在 20 世纪 70 年代中期以前的世界各国宪法中,明确规定劳动权的有 78 部,占 55%,规定职业自由的有 41 部,占 28%,规定公平报酬的有 46 部,占 32.4%,有 84 部规定了工会自由,占 59.1%,有 36 部宪法确认罢工自由,占 25.3%,明确承认休息休假权的有 46 部,占 32.4%,规定国家救济与社会保险的 95 部,占 66.9%,确认获得社会救助与社会保险权利的 62 部,占 43.7%,承认合理与最低生活标准的 33 部,占 23.2%。[①] 如果考虑到英美法系的判例法传统,许多公民权利并不见诸成文宪法则上述数据及其百分比还会更高一些。这些保护经济权利的宪法中既有资本主义的,也有社会主义的,既包括比较发达的西方国家,也有新独立的第三世界国家。据估算,在 1975 年到 1990 年全世界制定颁布的 54 部宪法中,绝大多数国家都按照《世界人权宣言》和《经济、社会、文化权利国际公约》的要求,对公民的劳动权、休息权和生活保障权作了规定。这些规定与过去相比,对权利保护更加明确、细致和周详。

经济自由则是在政府失灵(Government Failure)、制约国家干预经济的权力的要求日渐高涨的条件下产生的。经济自由就是在市场经济体制之下,人们自由开展经济活动,不受政府干预的权利。按照美国经济学、政治学家查尔斯·林德布洛姆(Charles Lindblom)的说法,经济自由是个人自由的一部分,包含着十分广泛的内容。她说:"人们追求的个人自由的更加充分发展的很大一部分内容,是从事贸易的自由,建立企业以追求贸易收获的自由,这种自由还是在市场上进退的自由,是保持个人收入和财产的自由,是不受专横勒

---

① 参见[荷]亨利·范·马尔赛文、格尔·范·德·唐:《成文宪法的比较研究》,华夏出版社 1987 年版,第 154-159 页。

索的自由……市场制度要求普通劳动者也拥有最低限度的自由。"①经济自由与经济权利的根本不同点就是,经济自由强烈要求限制国家的经济权力,而经济权利则是在承认国家广泛干预市场权力的条件下给予公民福利的承诺,二者之间存在的张力反映了平等与效率的深刻冲突。

传统宪法以个人主义和自由主义为理论基础,以保障个人权利、制约政府权力为基本功能,它所确认的人权和公民权利主要是政治权利和个人自由,经济自由已经蕴含在对政府权力的有力制约之中。经济权利则是在 20 世纪初与国家干预相伴而生的。世界市场的形成不仅刺激了经济高速增长,同时也增加了经济风险,西方发达国家为了应付经济危机,纷纷推行福利国家(Welfare State)政策,求助于扩大政府干预社会经济生活的权力,经济上落后的国家也试图通过强化政府权力以迅速推进现代化进程。福利国家在把权威据为己有的同时,将社会经济福利留给了个人,经济权利实际上是对个人失去了的经济自由的补偿。直到 20 世纪中叶以后,国家主义开始遭到怀疑和批判,运用宪法保障个人经济自由、制约国家经济权力才再度引起人们的注意,70 年代以后制定的宪法已经把经济自由和经济权利置于同等重要的地位加以保护。到了 90 年代,由于国家掌握经济大权,政府过多地干预经济的弊端已经充分暴露,在西方各国转而重新强调市场机制和自由竞争的同时,广大发展中国家也开始了经济市场化的过程。

经济自由不仅成为发挥市场机制的作用,实现资源有效配置的关键,也是建立与市场经济体制相适应的政治和法律制度的起点,20 世纪 80 年代后期以来,无论欧洲、亚洲、拉丁美洲、非洲还是大洋洲国家,也无论是西方国家还是第三世界国家,制宪者已开始将经济自由置于优先保障的地位。在 70 年代中期以后制定的近 60 部宪法中,绝大多数都有保护经济自由的规定,这反映了经济市场化对权利保障制度产生的新的要求。

二、经济自由与经济权利的关系

如上所论,经济权利是与国家干预经济的权力同时出现的,它追求的基本目标是平等,本世纪中叶欧美国家推行的"从摇篮到坟墓"的一整套福利经济政策就是以这种宪制为背景的。经济自由是与国家经济权力受到宪法制约的

① 〔美〕查尔斯·林德布洛姆:《政治与市场:世界政治——经济制度》,上海三联书店、上海人民出版社 1994 年版,第 238 页。

要求联系在一起的，它的基本政策取向就是"效率优先，兼顾公平"。

经济自由与经济权利的关系是市场与国家之间关系的体现。1776年不仅以北美《独立宣言》的发布著称于世，而且以亚当·斯密《国富论》的发表载入史册。《独立宣言》通过对基本人权的郑重宣告，奠定了近代宪法秩序的基础，《国富论》则通过对"看不见的手"的揭示，发现了市场经济的自发秩序。斯密指出，在市场自发秩序之下，每个人在为追求自己的目标而努力的时候，他就像被一只"看不见的手"指引着去实现公共利益。政府只能充当守夜人，它对于自由竞争的任何干预都是多余的、有害的，管得最少的政府才是最好的政府。可见，市场自发秩序与自由民主宪制秩序是完全一致的，正是这种一致性消除了专制集权制度存在的任何理由。

但是，自19世纪以来，经济过程的政治化和经济理论的纯粹经济化相伴而行。一方面，权力具有的无孔不入的特性使之不断地介入市场、干预经济，另一方面是经济学撇开政府和法律，描绘了产量、价格和分配均衡的完美图景，对政府干预酝酿的危机失去了警觉。20世纪20年代末爆发的世界性经济大萧条使传统自由主义经济学遭到破产，为凯恩斯主义入主经济学创造了条件。凯恩斯主义的逻辑是，一切的"善"都来自国家，所有的"恶"只能来自市场，不是政府而是市场应当对大萧条负责，市场的缺陷被无限夸大。而随着政府对市场日益强化的干预，财政赤字与日俱增，福利计划相继失败，腐败滋生，效率低下，特别是失业与通货膨胀并存的顽症使政府处境尴尬，丧失威信。

政府干预在法律制度上就是以经济权利取代经济自由，经济权利不过是政府提供的一揽子物质福利计划，个人失去了选择消费的自由，他们不得不按照政府事先安排好的菜单进餐。实际上，人与动物的重大不同就在于他除了物质需要外，还有精神需要，具有自我设计、自我奋斗和自我实现的要求，这是福利国家的物质福利永远不可能满足的要求。只有确认经济自由，通过个人自身努力才能充分满足其多方面需要。但这并不是说应当取消经济权利，因为人们的物质福利得到保障也是一个重大进步，应当保留下来。我们所要警惕的是与经济权利相伴相随的无所不在的政府干预，如果说经济权利注定要以政府无限的经济权力为代价，那么这样的经济权利就会是有害无益的。

人类是丰富多样的，人的需要与偏好也各不相同，由一个强有力的政府按照统一的计划给公民提供福利，事实上剥夺了个人选择的自由。政府掌握的强大的权力既可以用来做好事，也可能被用来做坏事，对于一些人做的有益的事对另一些人就可能是有害的事。要保持个人的自由、独立和尊严,就必须对强大的政府权力保持警惕。在发展中国家,把经济现代化的希望完全寄托在政府推动上,也是没有根据的。因为创造性经济活动都离不开人的主动性和责任感,被动服从指令或响应号召去从事经济活动难以保证高效率。只有个人具有充分经济自由的条件下,经济现代化才具有持久的支撑力。

经济权利对于实现公民政治上的权利平等,经济自由对于提高市场运行效率,都发挥了重要的功能。米尔顿·弗里德曼指出:"经济安排在促进自由社会方面起着双重作用。一方面,经济安排中的自由……本身是一个目的。其次,经济自由也是达到政治自由的一个不可缺少的手段。"[①]但是,经济权利与自由既不仅仅是实现某种经济目标的手段,也不可能成为实现个人自由与政治权利的充分手段,只注重它具有促进经济增长的功能,或提出政治权利与个人自由的应然要求的作用,都是不够的。必须同时承认,经济自由已经成为个人捍卫人格尊严和实现自我价值的重要方面。

三、经济权利和自由的表现形式

权利与自由是由社会的经济发展和文明进步创造的,宪法和法律并不创造人的权利与自由,它只能确认已经存在的权利。如果一项权利或自由并不存在,即使宪法和法律竭尽保护之能事,仍然没有实际意义;如果一项权利或自由已经产生,它的存在自然应当获得法律上的表现形式。因此,人们在探讨公民的经济权利与自由问题时,不可避免地要提出通过修改宪法给予它们一定的位置的问题。

笔者认为,权利和自由的法律表现形式通常是存在一些细微差别的,如果承认在市场经济条件下经济权利与经济自由具有同等的价值,当然就会认为经济权利比经济自由更需要宪法保障。因为自由可以成为权利构成的核心要素,在通常情况下,自由比权利更具有一般性,很多权利都是对自由的具体化。宪法保障权利的方式包括两方面,一方面是列举和维护基本权利,另一方面是制约国家权力,制约国家权力的目的在于保护公民权利。自由的范围比权利更加广泛,几乎是不胜枚举的,因而宪法保护自由往往只需要一般地保护个人自由,只有少数具有特殊重要性的自由是特别列举的,宪法保护个人自由的基

---

① [美]米尔顿·弗里德曼:《资本主义与自由》,商务印书馆 1986 年版,第 9 页。

本方式就是制约国家权力。

现代法学奉行的基本信念是"法不禁止即自由",美国宪法起草者之一的"麦迪逊民主思想的一个基本信条是,权力集中对个人自主和自由构成威胁"①。宪法只要把个人自由作为其基本的价值准则之一加以认可,其他具体的自由就成为不言而喻的东西了。在奉行自由价值准则的同时,各国宪法一般都特别列举一些政治自由予以专门保护,而很少涉及经济自由。这是因为个人的政治权利与自由具有划定国家权力界限和制约国家权力的作用,由此可以促进个人享有更广泛的自由,包括经济自由。如果个人的每一项自由都一定要在宪法条文中找到位置,那么宪法也就与法律全书无异了。所以经济自由的保障,关键在于制约国家权力,而不在于是否将它写进宪法的条文。除此以外,经常修改宪法对于宪法权威可能引起的损失还必须被考虑在内。应当承认,这些理由在一般情况下是具有说服力的。但是,历史的经验教训或许比这种简单的推理更具有说服力。

近代宪法既没有忽视对个人自由和政治权利的保护,而且特别强调了对国家权力的制约,却仍然未能妨碍政府干预市场的经济权力的扩张,也没有阻止国家对个人和企业经营自由的侵夺。因此,基本经济自由与个人自由、政治自由一样,是需要特别列举出来加以保护的自由。

保护经济自由自然需要启动修宪程序,但这并不成其为不可克服的障碍。对于既不能体现法的理想价值,也难以适应现实需要的某些宪法条文,我们显然不能视之为良法而加以固守。固守这样的条款事实上也是办不到的,它们不仅在自上而下的改革过程中可能被政府突破,也会在经济交往和法律事务中被企业或个人所忽视,有学者称这种现象为"良性违宪"。笔者认为,对于宪法权威的真正损失不是变更不理想的条款,而是任何人都无视宪法的存在,即使承认修改宪法可能造成宪法权威的损失,增加少量修宪所需的财政开支,但与公然违反宪法相比,这种损失几乎是可以忽略不计的。在修宪程序保持开放状态的条件下,不存在什么"良性违宪",所有的违宪都是"恶性"的。因为宪法虽有政治属性、经济属性或者社会属性,但其根本属性是法律属性,讨论违宪问题的关键自然是分析其法律属性。这样就只能说,凡是合宪行为都是良性的,所有违宪行为都是恶性的。这正如没有卑鄙的高尚,没有贞洁的淫荡一

---

① ［美］杰罗姆·巴伦、托马斯·迪恩斯:《美国宪法概论》,中国社会科学出版社 1995 版,第 5 页。

样。即使考虑到人民对暴政的抵抗权,这种抵抗也往往不是对政府行使宪法权力的抵抗,而更多地表现为对政府行使普通法律上的权力的抵抗。公民通过"良性违宪"所得到的利益将远远不足以补偿政府通过"良性违宪"给他们带来的损失。

因此,应当适时修正那些可能妨碍法治与经济建设进程的不合时宜的宪法条款,而不能通过放任违宪行为的办法进行宪制制度变迁。我国计划经济体制具有权力经济和福利经济两方面的特征:一方面,国家控制一切资源,通过行政权力组织生产、交换和分配,政府的经济权力不受限制,这是主导性的方面。另一方面,城市居民的工作、生活全部由国家包揽。按照这种经济模式,宪法也相应地规定了对公民经济权利的保护,对企业和个人的经济自由则没有专门予以保障。但这种由国家包办的福利经济不仅范围狭隘,只供占全国总人口不到20%的城镇居民享受,而且福利水平极低,人民并没有从中得到真正的实惠。在建立市场经济的过程中,宪法在保护公民经济权利的同时,也应当注重对企业和个人经济自由的保护。

第二节　贸易自由与契约自由

经济自由是一个内涵非常丰富的概念,本节仅就贸易自由和契约自由进行分析说明。

一、贸易自由

商品交换是市场经济的起点,贸易自由是个人自由的先导。没有自由交换商品的市场体制,就没有保障个人权利与自由的宪制制度,马克思指出:"从交换行为本身出发,个人,每一个人,都自身反映为排他的并占支配地位的(具有决定作用的)交换主体。因而这就确立了个人的完全自由:自愿的交易;任何一方都不使用暴力……"[1]主体的自由始终与客体的流动与演变联系在一起,只要有商品交易的市场,必然存在着贸易自由。市场不仅排除了交易者相互间的暴力强制,也拒绝不必要的国家暴力的干预,因而有助于把个人从暴力

---

① 《马克思恩格斯全集》第 46 卷(上),人民出版社 1995 年版,第 196-197 页。

强制的威胁与重压下解放出来。贸易自由是一切个人权利与自由的先导,它不仅促进了经济的进步,也促使国家与社会建立系统的保障公民权利的宪法和法律制度。

贸易自由不是得自国家的恩赐,而是自发成长起来的。国家可能阻碍或者促进自由贸易的扩张,却不能创造或者完全消除自由贸易。贸易产生于作为主体的人与作为客体的物的多样性,不同的人们有不同的需求和偏好,不同地区有不同的物产。对于不同地区、不同的人们来说,稀缺物品各不相同,即使存在相同的稀缺物品,物品的稀缺度也不会一样,因而各人即便对同样的物品也必然有不同的估价。商品总是从低价区域流向高价区域,从低估价者手中流入高估价者手中,从饱和市场流向非饱和市场。通过商品的自愿交换,人们把自己估价低的商品转让出去,把自己估价高的商品购买进来,从而获得收益,改善自身的处境。因此,交易与生产一样可以创造价值,使物品增值。那种认为交换属于非生产性活动,不创造价值,应当加以限制的观点,是十分肤浅的。交换不仅创造经济价值,也创造出普遍的平等、自由。在价格机制的引导下,自由贸易具有自发的扩张性,只要不受暴力强制的干预,贸易就能够不断开拓新的市场。哪里有更高的出价,商品就流向哪里,而商品流向哪里,就把平等、自由和人权的种子播撒到哪里。

自由贸易排斥绝对权威的控制和暴力,但它并不否定必要的权威控制。相反,贸易对统一市场的需要,实际上就为权威控制留下了应有的空间,国家权力在维护市场统一一方面自然具有用武之地。在西方商品经济的早期发展史上,商品流通的阻力主要不是来自中央权威的控制,而是封建庄园主的割据。关税壁垒和秩序混乱使得商品交易的费用极其昂贵。领主割据不仅增加了市场交易的成本,也侵夺了君主的权力。于是市民等级与君主结成联盟以反对封建领主的势力,强化中央集权的君主制。等级君主制演变为专制君主制,有利于全国统一大市场的形成,降低了交易费用,促进了贸易的自由扩张。当然,中央集权对贸易的促进作用是相对于封建领主割据而言的,在封建领主势力被削弱或消灭以后,中央集权的专制君主制本身也就成为贸易自由的障碍,推翻专制君主制可以进一步降低交易费用,因而在 17 世纪、18 世纪西方国家普遍进行了资本主义革命。这一变革最初试图彻底消除中央对经济的一切权威,摆脱国家对贸易的一切影响,把国家变成单纯的"守夜更夫"。但在经历了不到一个世纪的自由市场经济黄金时节以后,西方社会面临的严重危机再一次把国家推向经济、贸易调控的舞台,自由市场经济体制也被混合经济体制所取代,国家对经济的调控同样存在弊端,于是当代西方一些经济学家提出了宪法经济的模式来取代混合经济。这说明,贸易自由并不排斥必要的权威,它要求调节市场的国家权威受到宪法和法律的严格制约。这一历史发展经验对我国是很有参考价值的。

我国经济的走向与西方经济的发展道路正好相反,在改革开放以前,商品流通的阻碍主要来自计划经济体制形成的高度集权的中央统治。除了按照中央计划调拨产品外,一切个人和经济组织自发的商品交换都被宣布为非法。最典型的事例就是长途贩运被认定为破坏经济秩序、投机倒把的犯罪行为,受到严厉打击,贸易是不自由的。但即使如此,仍然有人为了自身的生计从事长途贩运和"黑市交易",这充分说明自由贸易不是某个人凭借国家权威就能禁绝的,它有自己的生命力。改革开放以后,为了克服高度集权的计划经济体制对商品流通的阻碍,国家采取了层层下放权力的政策。但由于权力下放只是在国家机关内部改变上下级之间的权力配置,没有在权力与权利之间进行重新配置,政企分开的问题没有解决,权力下放以后阻碍自由贸易的主要因素就成为地方保护和部门保护。而克服地方保护时又反过来强调中央的集中控制,强化中央行政干预,这就进入了一个恶性循环的怪圈。

看来不从市场经济是法治经济、权利经济的思路入手,是难以跳出怪圈的。从中央权威与商品流通的关系来看,在近代西方国家,商品流通是先于中央集权出现的,中央集权是适应自由贸易的需要并在市民阶级的支持下形成的,中央权威在较长一段时期内能够适应商品交换的要求。而我国在 20 世纪50 年代以后,中央高度集权的计划体制先于商品经济而存在,适应于计划经济需要的中央权威不能自动适应自由贸易的要求。只有经过政治体制改革、建立法治国家并完善人权与公民权利保障制度以后,受到宪法有效制约的中央权威才能较好地服务于商品自由流通的需要。因此进一步强化宪法和法律的权威,用法律调控取代权力调控、用权利界定取代权力干预,是克服商品流通障碍,促进市场繁荣的关键。不能把国家视为唯一的救世主,始终把经济增长的全部希望寄托在国家权力的运用上。市场交易是有成本的,无论是运用中央权力进行集中控制,还是由地方政权分散控制,都会造成价格扭曲,额外增加市场运行的费用,降低经济效率。资源配置的市场化,从制度创新的层面上看就是资源初始配置的权利化,国家不再直接调配资源,而是通过民主的方式合理配置权利与义务。为资源的市场化配置创造法治环境。用法律明确规定并通过执法切实保障个人和企业的经济自由，就能够降低或者消除很多人为形成的交易费用，经济效率才能得到显著提高。

二、契约自由

市场经济是契约经济，契约不仅是交易的一般形式，也是形成自发经济秩序、社会秩序与政治秩序的制度安排。因而不仅经济学要研究契约，民商法学要研究契约，宪法学也要研究契约。亚当·斯密最初提出了"看不见的手"的原理，却疏于缜密的论证以致后来人们把这只手神秘化，说成"上帝之手"，产生了极大的误解，实际上，市场机制这只"看不见的手"，是由市场上的个人与企业的无数"看得见的手"在订立和履行契约的过程中形成的，自发的市场秩序离不开分散的个人和企业自觉的交易行为。因此，在市场上，"看不见的手"与"看得见的手"是一致的，它们是一与多的关系。不能提到"看得见的手"就只考虑到国家调控之手，遗忘了作为市场主体的个人与企业。国家调控之手只是一只"看得见的手"，它的主要职责不是运用政府权力直接干预经济秩序，而是通过实行法治来保护个人和企业享有契约自由。没有经济的契约化和宪法、法律对契约关系的确切保护，"看不见的手"就会软弱无力，市场机制就不能真正起作用，自发的市场秩序也不可能形成。

契约并不只是一种经济现象，也不仅仅发挥着经济关系有序化的作用。它同时还具有广泛的社会与政治整合功能。美国契约法学家帕森斯说："全部的社会生产都要利用它、依靠它。由于有了明示的或默示的，宣告的或意会的契约，才产生了所有的权利、所有的义务、所有的责任和所有的法律。"[①]契约自由是一切个人权利与自由的灵魂。

契约与个人自由的关联不仅是理性的逻辑，同时也是历史的事实。德国古典哲学大师黑格尔较早地从理性角度揭示了契约的自由内蕴，他指出：契约"这种意志对意志的关系就是自由赖以获得定在的特殊的和真正的基础"[②]。英国历史法学家亨利·梅因通过对古罗马的契约法的考察，从历史的角度对契约的社会意义给予了高度评价。他认定："所有进步社会的运动，到此处为止，是一个'从身份到契约'的运动。"具体地说，古代社会是以家族的血缘为纽

---

① [美]伯纳德·施瓦茨：《美国法律史》，中国政法大学出版社1990年版，第71页。
② [德]黑格尔：《法哲学原理》，商务印书馆1982年版，第80页。

带建立的身份关系社会,商品经济的发展使契约关系逐渐取代了身份关系成为社会交往的基本模式,个人因此获得了独立、自主和自由。梅因认为:"用以逐步代替源自'家族'各种权利义务上那种相互关系形式的,完全是个人与个人之间的什么关系。用以代替的关系就是'契约'(contract)。在以前,'人'的一切关系都是被概括在'家族'关系中的,把这种社会状态作为历史上的一个起点,从这一个起点开始,我们似乎是在不断地向着一种新的社会秩序状态移动,在这种新的社会秩序中,所有这些关系都是因'个人'的自由合意而产生的。"①因此,一个社会的社会关系契约化的程度,是衡量社会文明进步和人的解放程度的重要标尺,全部个人自由就内含于自由契约的形式之中。

在自由竞争的市场上,当商品供不应求时,价格必然上涨,刺激竞争者增加生产供应;当商品供过于求时,价格必然下跌,促使竞争者减少生产供应。市场机制的这种自发调节功能,被古典经济学家亚当·斯密形象地称为"看不见的手"。人们希望通过建立社会主义市场经济体制,使这只无形之手发挥其促进经济自发协调发展的功能。但是,并不是一宣布实行市场经济体制,国家放弃微观经济控制职能,"看不见的手"就可以把一切安排得井然有序了。一方面,市场机制否定了少数掌权者按照一己意志运用国家权力干预经济的必要性,也就是说,在市场机制充分发挥作用的情况下,国家权力必须受到有力制约;另一方面,市场机制又需要作为经济主体的分散的个人充分运用自己的理性能力,作出自由的选择,因而要求个人自由和权利得到切实的保障。保护个人权利、制约国家权力正是市场经济条件下宪制建设的基本要求,是厉行法治的关键所在。

在谈到契约关系的实质时,马克思深刻地揭示了它与意志自由的联系,指出:"商品监护人必须作为有自己的意志体现在这些物中的人彼此发生关系,因此,一方只有符合另一方的意志,就是说每一方只有通过双方共同一致的意志行为,才能让渡自己的商品,占有别人的商品……这种具有契约形式的(不管这种契约是不是用法律固定下来的)法权关系,是一种反映着经济关系的意志关系。"②市场经济需要的是个人意志的自由,而不是国家的自由意志,如果国家的意志不受宪法和法律的约束成为自由意志,市场经济就难以成长发育。国家对宏观经济的调控职能必须依法履行,对微观经济的作用则应完全限于

---

① [英]梅因:《古代法》,商务印书馆 1959 年版,第 97、96 页。
② 《马克思恩格斯全集》第 23 卷,人民出版社 1995 年版,第 102 页。

通过立法界定权利,通过执法与司法保护权利的范围内。

契约是一种反映经济关系的自由合意,在其中,一方实现自身利益的自由意志只有与对方同样的实现自身利益的自由意志相吻合,才能产生商品与权利转移的有效结果。在这里,利益冲突不是由某种更高级的权威强行压制着的,需是被纳入了要约、反要约的程序,经过公开讨价还价来消除分歧,使相互冲突着的利益和彼此独立的意志最终达成一致的承诺。也就是说,"看不见的手"的自发协调作用是由无数缔结和履行契约的"看得见的手"的自觉努力来实现的,并非只有政府调控这只唯一的"看得见的手"在发挥作用。不应当把市场机制看成是与个人对立的、盲目的异己力量。相反地,契约关系越是发达,个人享有的自由和权利就可以越充分。

但是,市场经济只是提出了对于个人权利与自由的应然要求,创造出了权利与自由的因子,公民权利与自由的真正可靠的保障还要求人们在法制建设特别是宪制建设方面付出巨大的努力。同时,也只有在建立了先进的宪制制度和完备的法制以后,市场机制的积极协调作用才能得到全面、充分发挥。恩格斯指出:"只有能够自由地支配自己的人身、行动和财产并且彼此权利平等的人们才能缔结契约……即一个人只有在他握有意志的完全自由去行动时,他才能对他的这些行动负完全的责任。"①

在市场上,未来是不确定的,商品的价格、品种、质量和供求状况、交易伙伴等等都难以被准确地预见,从而增加了交易费用,契约就是用来减少不确定性以节省交易费用的制度安排。面对未来不确定的市场,契约使人能够从未来的多种可能性中作出当下的选择,以安排交易于未来。美国契约法学家麦克尼尔(Ian R. Macneil)认为,契约的初始根源之一"是在一系列行为中进行某种自由挑选""没有意志自由——真实的、想象的或假定的意志自由"②,就没有完整的契约概念。契约关系显示,人具有对未来多种可能性进行选择的能力,即意志自由的能力,至少在形式上是如此。契约精神的核心就是主体的人格平等、意志自由、行为自主、责任自负。交易各方都是自己的人身、行动和财产的主人,具有平等的主体资格,任何一方的意志都是自由的,行为是不受他方或外来权威控制的,未经本人同意不承担强制性的义务,非因本人自愿不接受强制性的约束,交易主体一旦作出有效的意思表示,就必须受其约束,信

<hr>

① 《马克思恩格斯选集》第 4 卷,人民出版社 1995 年版,第 76 页。
② [美]麦克尼尔:《新社会契约论》,中国政法大学出版社 1994 年版,第 3 页。

守承诺。因此,契约关系提供了以个人自由为基础的社会整合机制,契约关系的普遍化与公民身份的普遍化和公民权利保障的制度化是紧密联系在一起的。

从我国的情况来说,在经济生活中,对契约自由的妨碍主要来自三个方面。

一是国家权力介入市场交易。由于公共权力与国有财产权利结合在一起,掌握公共权力的公法人在从事纯粹市场交往时,常常会自觉不自觉地把权力因素引入契约关系。公共权力的介入使合同主体间的平等关系受到破坏,等价交换原则丧失效力。司法实践中比较常见的"霸王合同"、运用行政权力非法解除合同等现象在市场交易中起到反面的示范作用。更有甚者,就是以权谋私、公开的权钱交易,把公共权力作为换取掌权者个人利益的资本。

二是交易主体间的投机活动。市场是不确定的,契约被用来应付不确定性以减少交易费用,但人的理性的有限性使交易主体难以准确预测对方的交易动机,投机取巧、欺诈等不规范行为必然发生,加上长期契约本身就不可能对未来的全部细节进行安排,从而使契约的未来约束力也具有某种不确定性,这又进一步助长了投机取巧的机会主义行为,因此,虽然在世界各国都不乏商业欺诈,但是在我国市场经济发育初期,商业性投机对契约义务的损害更为严重。这是因为,我国社会并没有真正完成"从身份到契约"的进步,个人在人际交往中以情感为依托而不是以公平为准则,善于处理家庭、家族和村落等狭小范围的人际关系。而在进入范围更加广泛的社会关系时,人们只能通过称兄道弟来寻求情感支持,如果不能建立起兄弟般的情感,社会交往和商品交易就失去了依托。这就为市场交易中的欺诈和投机取巧创造了条件,一方面是利用兄弟情感和契约承诺进行欺诈的投机者,另一方面则是在情感支配下轻信许诺的受害者,以自身利益为目标,通过理性核算进行讨价还价,达成有约束力的契约比较困难。

三是没有形成市场经济所需要的法治环境。以身份关系为基础的社会从血缘关系纽带出发,以情感为依托,在公共生活中忽视正义、公平,要求立法者和执法者"爱民如子"而不是依法履行保障个人权利的职责。正义是当代法律的核心价值,没有正义价值的支持,无论立法还是执法都缺乏内在一致性,不可能实行法治。而没有法治,法律规则就不可能帮助人们准确预测未来,充其量只能成为人们行为的参照。在司法实践中,相同的契约纠纷往往得到不同的判决结果,使通过契约安排未来市场交易的风险很大,成本很高。

因此,建立社会主义市场经济体制是一项艰巨而复杂的系统工程,必须与建立社会主义法治国家和建设社会主义精神文明同步进行。精神文明建设首先要进行思想启蒙,帮助人们解放思想,破除不适应市场经济要求的封建家族观念,培养人们理性交往的契约观念。但是精神不是万能的,在契约观念与正义理念形成的同时,必须运用制度特别是宪制制度和法律制度的力量将其固定下来。没有法治的支持,任何先进的物质文明和精神文明成果都难以持久,在可持续发展战略中必须把法治建设置于首要地位。古代希腊、罗马的先进的商品经济和民主政治最终灰飞烟灭,最重大的原因就是没有同时实行法治,而当时近代意义的法治还没有产生。

第三节　劳动权、罢工自由和迁徙自由

一、劳动权的宪法保障

劳动权就是劳动者自由决定由谁来使用、如何使用其劳动力以获取劳动报酬的权利。任何社会生产过程都是人力生产要素和物质生产要素相互结合、相互作用的过程,如果说财产权保障确定了人与人之间在支配物质生产要素方面的法律关系,那么,劳动权就建立起了人与人之间对于人力资源的支配关系。

由于物质资源与资源拥有者是可分离的,因而即使在自由市场经济和民主宪制条件下,物质资源也可能通过生产和交换过程逐渐集中到少数人手中,被集中起来的巨额财富将形成强大的支配力量。因此在保障财产权的同时就必须对其加以必要的限制,以防止资源集中性垄断造成的社会经济不平等或政治特权。而劳动力与此不同,它的一个重要特征就是与人身具有不可分割性,凡健康的成年公民都有一定的劳动能力。劳动力始终是个人所有的不可剥夺的资源,国家和社会也无法将其集中起来实行公有或者共有,因而劳动权的保障不可能形成任何特权或不平等。

但另一方面,自人类进入文明时代以来,任何社会生产过程都是一个物质资源支配人力资源的过程,劳动者在生产过程中处于被动、从属地位,物质资

源拥有者是生产的指挥者,起着主导作用。这是由于在当代以前,物质资本对于经济增长的贡献远远超过了劳动力的贡献所致。到了当代,人力资本对经济增长的贡献日益增加,已经开始超过物质资本的经济贡献。因此,注重劳动权保障不仅是尊重人的自身价值的要求,也是承认人力资源经济价值的必然结果。市场经济是权利经济,在当代社会则主要是人力资本权利支撑的经济。可以说,劳动权保障是个人权利与自由的普及。

第一,获得就业机会的权利。在市场经济条件下,劳动权的宪法保障,不仅要求国家在宏观经济调控中必须注重充分就业(Full Employment),将它作为宏观经济的基本目标之一,同时也要求社会与企业在提供劳动就业机会时必须平等对待所有求职的劳动者。充分就业就是人力资源的充分利用,较高的失业率则表明人力资源较多的闲置和较大的浪费。

一方面,劳动权保障要求的充分就业与提高经济效率,促进经济发展的目标是一致的。另一方面,保障劳动权与改善公民福利具有更加紧密的关系。美国经济学家阿瑟·奥肯进行的一项研究表明:"GNP(gross national product 的缩略语,即国民生产总值——引者注)相对于潜在 GNP 每下降2%,失业率就上升1%。"国民生产总值与失业率的这种正相关性,就是人们通常所说的"奥肯定律"。其实,失业的代价远不止于经济效率的损失,它对公民的身心健康的破坏、对生存权利的威胁都是显而易见的。根据哈维·希伦纳博士的估计,"持续 6 年以上的失业的 1 个百分点上升会导致 37000 人过早死亡"[①]。因此,按照宪法的要求保护公民的劳动权,就要求国家在宏观经济调控中把就业作为宏观政策的目标之一。

应当承认,在劳动者福利与经济增长这两个目标之间存在着一种张力,即使在全面放弃经济增长目标的情况下,也很难保证每个人都有固定不变的工作。我国劳动法在确认公民就业权利时,对地方各级政府提出的要求是发展职业介绍机构,提供就业服务,并没有要求它们提供工作岗位。在市场经济条件下政企分开以后,国家保障劳动权的含义已经从直接向个人提供就业机会转向了保障公民在获得就业机会方面享有平等权利,制止就业歧视。对于企业来说,宪法和法律的劳动权保障要求它们平等地对待每个求职者,通过公开招聘、平等竞争,录用最适合于其工种或职位的公民,不应区分民族、种族、性

---

① [美]保罗·萨缪尔森、诺德豪斯:《经济学》第 12 版,中国发展出版社 1992 年版,第 305、339页。

别、宗教等先天身份状况,不得歧视求职者。仅仅承认企业与劳动者都具有双向选择的自由是不够的,从保护劳动权的角度看,企业的选择自由应当符合宪法和法律的基本价值取向与政府依法确定的社会经济目标,保证平等对待寻求就业机会的劳动者。

在就业的问题上,西方福利国家的经验教训是值得吸取的。"菲利普斯曲线"表明通货膨胀与失业之间存在着反相关的关系,也就是说,失业率的下降将伴随着通货膨胀率的上升,反之,失业率上升,通货膨胀率就会下降。这就要求我们把劳动权保护与经济增长目标联系起来,尽可能在二者之间维持某种平衡。但自从凯恩斯主义入主经济学以来,西方国家在强化政府干预经济的职能的同时,仅仅把充分就业作为宏观经济政策的目标,推行广泛的再分配政策。其结果是使得财政赤字高居不下,福利计划相继失败,政府腐败,效率低下,特别是失业与通货膨胀并存的经济滞胀更成顽症。因此,在市场经济条件下,由于国家不再干预微观经济活动,要求国家为每个劳动者都找到工作甚至找到满意的永久性的工作,是不现实的。在计划经济体制下,就业由国家包办,虽然人人都有工作,但劳动者之间在就业上缺乏竞争机制,出现"干多干少一个样干好干坏一个样""吃不饱,饿不死"的状况,不仅经济效率低下,公民福利也得不到真正的改善。

在从计划经济向市场经济过渡的过程中,失业(我们现在称"下岗")与通货膨胀是经济起飞时期的一对矛盾,它们相互替代。减少失业往往增加通货膨胀,克服通货膨胀则意味着失业的存在。保障劳动权关键是保护人力资本拥有者与物质资本所有人一样具有选择交易条件的自由,激励劳动者充分发挥人力资本的创造力,而不应当把注意力过多地集中在扩大再分配规模或者保证每个人都有一份不可变更的工作方面。必须正视失业问题,政府宏观调控首先只能在失业与通货膨胀之间维持一定的平衡,避免过高的失业率和过高的通胀率,兼顾经济增长与劳动者就业两个目标。应当认识到,在市场经济体制下,完全消除失业是不可能的,通过努力可以把失业率控制在自然失业率(Natural Rate of Unemployment)之下。在经济发展的条件下,非自愿失业(Involuntary Unemploment)将逐步由自愿失业所取代。通货膨胀与失业之间的矛盾最终得以缓解。因此,充分就业的根本出路在于发展经济。

第二,获得公平报酬的权利。土地资源的所有者可以获得租金,物质资本的所有者可以获得利润或利息,这些是利用物质资源的报酬。劳动力也是一种资源，即人力资源，劳动者则是人力资源的拥有者，理当获得使用人力资源的报酬。公平报酬首先是要有一个规范性的依据，即按什么标准进行分配，通常包括按劳分配和按资分配两种原则。

在人力资本所有者之间，自然是按劳分配，就是按每个劳动者提供的劳动的质和量来分配。公平含义的一个重要方面是平等，劳动者获得公平报酬首先是与其他劳动者相比，凡付出劳动的人都有获得报酬的平等权利。劳动报酬的质和量应当与所付出的劳动的质和量相适应，不因劳动者身份方面的差别而受到歧视。但平等不是平均，它只要求劳动者获得报酬的权利平等、机会均等、规则一致，并不要求所有的劳动者都获得相同数量和质量的劳动报酬。

平均主义是小农社会的幻想，在自然经济形态中，人的劳动力基本上是由人的体力构成的，人们在体力方面投资的差别往往不如他们在智力方面的投资差别那样大，平均分配的呼声较高。平均主义主张按人头计算劳动投入和分配劳动报酬。在市场经济条件下，这种方案不仅是无效率的，也是不公平的。

人力资源并不只是人们先天获得的体力，它还包括人的知识、技能和综合素质等，这些都是人们后天通过人力资本投资获得的教育，可以说是人力资本投资的最重要的途径，有人甚至花费半生时间接受教育。每个人对人力资本中的智力和素质等后天因素投资不同，公平分配就应当体现出对人力资本不同投资的不同报酬。平均主义就显得不公平了，因为它激励人们更多地进行纯粹消费性开支，抑制对人力资本的投资。而在企业所有者即物质资本所有者之间，就要按资分配，比如在股份制企业中对股东就要按照各人的出资比例进行分配。在把这两种标准分别适用于不同生产要素所有者时，显然是公平的。

但是，在不同生产要素所有者即物质资本拥有者和人力资本所有者之间如何公平分配，就没有一个统一标准了。估算物质资本的价值量，通行的办法是在竞争性市场条件下，生产该物品所需的费用，或者市场上生产同类物品的平均费用。在估算价值的工作完成后，公平报酬的比例就显而易见了。但生产人力资本所需费用就比较复杂，因为消费性支出和生产性支出难以严格区分，人力资本的生产费用就不容易估价了。西奥多·舒尔茨认为，可以"用它的产量而不是成本来进行计算"，也就是说从人们的工资或薪水来判断人力资本的价值量。① 这种方法对于解决人力资本的报酬问题是没有意义的,因为估算人力资本价值量的目的是确定人力资本应得的报酬,不可能已经有现成工资或薪水基数可供参考。笔者认为,确定人力资本的报酬的最佳方式不是数量上的计算,而是通过保证人力资源自由流动的制度安排,使人力资本拥有者自由选择职业和工作地点。在人力资本市场上能够对其作出正确估价的是出价最高、生产业绩最好的业主。在市场经济条件下,人力资源中的智力因素所占比重越来越大,对经济发展的贡献也日益增加,最终使人力资源成为首要的生产要素。

公平报酬还涉及最低工资标准问题。在市场经济体制下,劳动就业实行单位与个人双向选择,自愿交易。单位管理者特别是企业管理者通常是由物质资本所有者选派的,他们在决定劳动报酬方面往往处于主导地位,因而保护劳动者获得公平报酬权的一个极其重要的方面就是确定最低工资限额制。企业或单位在面临外部竞争压力的情况下,必然转而寻求从内部节省成本,这种节省除反映在物质生产过程中外,也会体现在分配方面,就是节省对人力资本的报酬,降低工资与福利待遇。因此确定最低工资制就有了必要。

但是,不能单纯地看待工资水平,必须把工资、工时和失业等现象联系起来考虑,因为在它们之间事实上可能存在着一定程度上的相互替代关系。正如亨利·勒帕日所说:"最低工资制的目的是使处境最差的劳动者获得像样的最低生活水平。这真是再好不过了。但是,只有在该制度所要保护的对象有职位时,它才能做到这一点。"② 在自愿交换的劳力市场和人才市场上,刚性的最低工资和八小时工时有时可能使单位减少购买人力资本,不仅没有保住劳动者的最低工资水平,反而使他失去了工作。因为业主购买劳动力的数量不仅与他主观上的需要有关,更取决于他客观上支付劳动力价格的能力。如果业主的支付能力不变,则工资基数增长与失业率上升将形成替代关系。也就是说,在业主支付能力不变时,最低工资基数越高,受雇的人员就越少。于是问题就转移到失业补贴或者扶贫、济贫问题上来了,但如果与最低工资相比失业补贴过少,就不足以满足劳动者的基本生活需要,因为最低工资标准是要考虑职工基本生活需求的;如果失业补贴过于接近最低工资,则人们将宁可接受补贴而不愿在低工资的条件下工作。因此,只有在经济增长的繁荣时期,最低

---

① [美]西奥多·舒尔茨:《论人力资本投资》,北京经济学院出版社 1990 年版,第 9 页。

② [法]亨利·勒帕日:《美国新自由主义经济学》,北京大学出版社 1985 年版,第 175-176 页。

工资制对处境最差的劳动者具有保护作用,在宏观经济状况不景气的情况下,其作用是非常有限的。

第三,劳动者的其他有关权益,主要包括适当劳动条件、劳动保护、劳动福利以及选择职业的自由等权利。这里主要存在两个方面的问题:一是传统计划经济体制下国家对职工的生、老、病、死、吃、穿、住、行全面包揽的福利方案在国办事业单位依然存在。这不仅不能减轻国家的经济负担,压抑着人们的创造积极性,造成效率低下,而且平均主义的分配和福利实际上是一种低水平的福利,严重制约着职工生活条件的改善,使人们未来的生活失去保障。在一些地区和行业,职工干部几十年的劳动收入抵偿不了购买福利住房的价款。二是在少数个体、私营和外资企业,工人劳动条件和工作环境恶劣,几乎不存在劳动保护和工资收入以外应有的劳动福利。有的企业主甚至强迫工人劳动、剥夺工人的人身自由,体罚虐待职工,宪法和劳动法确认的公民的劳动权利受到严重侵犯。这两方面的问题的解决,一要靠改革,二要靠法治,三要靠劳动者自身的努力。劳动力自由的流动,是激活人力资本创造力的重要条件。

如果没有职工的自由流动,政府和国有企事业单位企图不经过交易强行直接占有个人的劳动力,就会造成劳动者对自己的人力资本的封闭或闲置,仍然不为国家或单位所用。过去的"国营"企业之所以效率低下,正是人力资源不能自由流动,因而被劳动者封闭的结果。必须承认劳动力是一种特殊的商品,而且这种商品完全是个人所有、与劳动者的人身不可分离的。改革开放以后,物质资源的自由流通已经得到普遍承认,但人力资源的流通自由特别是在国有企业和国办事业单位中,至今仍然是一个没有很好地解决的问题。经济体制改革最初是从政府经济权力的下放和分散开始的,后来发展到重新配置物质资源使用权,但多数国有企业依然不能从中找到出路。不少国办事业单位已经成为"被改革遗忘的角落",职工没有选择单位和职业的自由,待遇低下,工作成为副业,无人负责,单位面临生存危机。可以说,改革发展到今天,重新配置人力资源的使用权,承认劳动者是人力资本的所有者,保证个人自由出售自己人力资本的权利,才是国有企业的根本出路。

总之,劳动权保障并不是无代价就能实现的。在珍视劳动权的同时,我们不仅要考虑社会在资源耗费方面的承受力和劳动福利对生产效率激励机制可能产生的影响,而且还应当分析它对整个宏观经济可能造成的压力。

二、罢工自由的存废

近年来法学界对罢工自由开展过一些学术讨论,这种讨论主要集中于罢工自由在宪法上应否存在的问题上,不少学者主张恢复自 1975 年《宪法》开始的由宪法确认罢工自由的做法。首先,宪法没有规定罢工自由并不意味着禁止罢工,肯定这一点是至关重要的。其次,是否一定要把罢工自由写在我国宪法上,需要从我国经济发展的短期形势与长远趋势来分析。

第一,罢工自由在宪法中的历史地位。根据马尔赛文等对在 20 世纪 70 年代中期以前 157 个国家的成文宪法的统计,明确规定公民享有罢工自由的有 36 部,占被统计宪法的 25.3%。不少英美法系国家如美国,则通过宪法惯例或法院的宪法判例认可事实上存在的罢工自由。即使某些没有明文规定罢工自由的非英美法系国家,多数也都在调节经济关系和劳资关系的单行法规中具体规定职工罢工的权利与责任问题。至于在 70 年代以后制定的近 60 部宪法中,明确规定罢工自由的就已经占了多数。也就是说,在世界各国,尽管罢工自由在宪法上的表现形式各不相同,但罢工自由不仅存在,而且被国家和社会所认可,完全禁绝罢工的国家显然只是极少数。

我国在 20 世纪 70 年代中期,经毛泽东同志提议在 1975 年《宪法》中规定了公民的罢工自由,1978 年《宪法》则沿袭了这一做法。当时规定罢工自由实际上是从政治上"大民主"的错误指导思想出发的,由于国家实行高度集权的计划经济体制,政府直接调配资源、组织生产并决定分配,企业只是政府的附庸,因而罢工不是针对企业或企业主的,只能针对国家,罢工自由也就理所当然地属于政治自由的范畴。但从理论上说,我国是人民当家作主的社会主义国家,政府是人民自己的政府,公民针对自己的政府工作中的问题采取罢工手段,还不如通过行使政治上的选举权与罢免权更为有效。由于政企是合一的,即使针对企业生产经营中的问题进行罢工,也只能是自己罢自己的工,自己拆自己的台。因此,罢工自由不仅在理论上说不通,在实践中也起不到任何积极作用。所以尽管宪法明确规定了罢工自由,但它事实上并不存在,形同虚设。这种状况一直延续到 1982 年制定颁布现行《宪法》的时候。当时从 1982 年《宪法》中取消实际上没有意义的罢工自由条款,使宪法符合社会经济现实,应该说是正确的。

但是,不能认为宪法取消了罢工自由的条款就是取消了罢工自由,就是禁止罢工。随着改革开放的进一步深入发展和市场经济体制的发育成长,特别是国有企业的股份制改造等产权重组方案的实施,个体、私营和外资企业的出现,使我国的社会经济状况已经发生了根本性的转变,罢工现象的发生已经不可避免,从理论上承认罢工的存在并从法律制度上规范罢工行为显得十分必要。虽然目前我国经济体制正处于转轨时期,通过修改宪法确认职工享有罢工自由还有一定困难,但是,运用普通法律法规来调整劳资关系,确认劳动者在一定范围内具有以罢工行动与企业主抗争的权利,待条件成熟时再将这一权利上升为宪法权利,是完全必要的,也是可行的。

第二,确认罢工自由的现实依据。

首先,个体、私营经济和外资经济的发展,承包、租赁经营和股份制的推行,都已经突破了单一的公有制格局,多种所有制形式的和平共处、相互渗透改变了传统的所有制结构。在由公民个人和外商投资举办的个体、私营与外资企业中,劳动者作为主人的身份已经不能自动保证其具有企业主人的地位了。

其次,在国民经济中仍然占据主导地位的公有经济的运行机制和管理体制也发生了重大转变。两权分立、政企分开和产权重组等等一系列改革措施,都旨在把企业推向市场,参与竞争。在自主经济、自负盈亏、自我发展和自我约束的现代国有企业中,职工是作为人力资源的所有者从事生产经营活动的,国家主人的政治身份和政治权利已经不能保证劳动者自动成为企业的主人。

再次,在市场经济条件下,政治和经济的二元化,政治决策的原则和目标不再无条件适用于经济领域。企业要在市场竞争中求得生存和发展,其决策就必须符合效率原则,以追求利润为基本目标。企业虽然不是为了实现职工的政治民主权利和个人自由,但民主和法治社会也不应当容忍企业以劳动者民主权利与个人自由为代价来换取高额利润。宪法和法律对公民政治权利与个人自由的保障不能代替对劳动者经济上民主权利的保护。

在市场经济体制下,竞争是普遍存在的。无论私营企业、外资企业,还是国有企业与集体企业,在竞争的压力下都要进行成本收益核算,尽可能地降低成本,最大限度地提高收益。劳动者的福利、待遇作为生产成本,不可能不受成本收益核算的威胁,因而劳资关系中的矛盾和冲突已经成为不可回避的问题。某些企业延长或变相延长劳动时间、无理克扣工资、体罚虐待工人等现象时有发生,严重侵犯了劳动者权益。虽然劳动法早已颁行,但政府不可能随时随地去监督每家企业的每项活动,加上执法环境本身存在的问题,使劳动者在生产经营活动中的法定权利大打折扣。从实力对比来说,依靠工资为主要生活来源的劳动者显然处于弱势地位,无力与企业所有者和管理者抗衡。不承认罢工自由,人力资本所有者就无法与物质资本拥有者抗衡,可能导致劳动者封闭自己的人力资本,降低经济效率。即使经济增长不受重大影响,这种增长如果以人力资源拥有者单方面的牺牲为代价,其意义也就值得怀疑了。

第三,确认罢工自由的理论根据。过去,人们习惯于从政治上看问题,把罢工自由视为政治权利和自由的一种,这种看法既不符合历史事实,也不能适应现实需要。罢工自由的本质属性在于它的经济属性,在市场经济条件下,应当注重罢工问题的经济分析。财富作为购买力,在经济运行中能够自发形成支配性的权力,尽管宪法目前对财产权的保障制度尚未完备,但财产权在生产过程中事实上仍占据支配地位,财产所有者起着领导、组织和指挥生产和经营的作用,虽然劳动权是宪法保护的公民基本权利,但劳动者在生产、经营中则往往处于服从的地位。承认和保护劳动者应有的罢工自由,发挥劳动者用集体行动捍卫自身权益的主动性,是维护物质资源与人力资源在经济过程中的平衡关系,保持财产权与劳动权相互制约的重要手段。

从历史上看,在西方近代工业化过程中,工人组织工会领导罢工的目的并不是为了向政府争取民主权利或者夺取政权,而是向企业主要求较高的工资、较短的劳动时间和较好的劳动条件。在经济比较发达的英美法系国家,罢工的目标始终没有真正超出经济利益的范围。只是在某些经济上落后国家的社会革命时期,罢工才被一些经济领域之外的政治领袖用来作为争取政治民主或夺取政权的手段。这显然是一种例外,在工会活动和罢工过程中,少数人对政治利益的追求不可能长期取代劳动者对经济利益的追求。在我国,人们之所以把罢工看成是政治活动,是因为在计划经济体制下,政治与经济合一,政府不仅掌握着公共权力,而且控制着全部经济活动。罢工即使仅仅以经济目标为限,其针对的对象也只能是政府。

从现实需要来看,在市场经济条件下,随着政企分立和政治、经济的二元化,劳动者的工资福利待遇状况不再取决于政府的政治决策,而是取决于企业的市场决策,劳动者会更多地关注自己的经济利益而非政治目标。既然罢工的目标是经济目标,针对的对象是作为市场经济主体的企业,从性质上看,它就属于经济自由而不是政治权利。

第四，对罢工自由的限制。运用法律规范罢工活动，可以从以下几方面着手。

首先，要正确处理劳动者权益与社会稳定的关系。应当把罢工的目标严格限定在经济范围内，也就是说，通过罢工提出的要求必须是具体的，包括合理提高劳动报酬、改善劳动条件和福利待遇等。罢工针对的对象限于企业事业单位，不能以政府为针对目标。这样就可以使罢工自由与言论出版、集会结社、游行示威有所区别。

其次，确定严格的罢工程序，可以从时间、方式、程序以及解决前景等方面作出严格限定，以减少不必要的罢工。

再次，确定禁止罢工的范围。从性质方面，应禁止政治性罢工，严格限制同情罢工；从主体方面，应禁止公务人员、军人、警察以及公用事业单位员工举行罢工；从范围方面，禁止跨地区举行总罢工。

总之，既要切实保障劳动者享有罢工自由，以维护劳动者的正当权益，又要维护社会稳定。由于罢工自由是劳动权的自然延伸，包含在劳动者通过工会缔结集体合同、采取集体行动的权利之中。在通过修改宪法对其给予明确保护之前，可以考虑在劳动法关于处理劳资关系问题或工会职能问题等规范中予以规定。

三、迁徙自由

第一，迁徙自由的性质。19世纪早期，各国宪法的规定和宪法学理论一般都把迁徙自由视为经济自由，从19世纪中叶以后，迁徙自由就被看成一项个人自由了。康德把能否自由迁徙作为区分主体与客体的基本标志，他说："一个臣民有移居出境的权利。因为他所在的国家不能把他看成似乎是它的财产而留住他。"[①]在20世纪中叶，经济自由重新受到强调，从经济自由的角度观察迁徙自由就具有了一定的现实意义。日本宪法及宪法学已经把迁徙自由作为经济自由的组成部分，不再视其为个人自由。[②] 由于迁徙自由与其他个人权利与自由相比，在促进物质资源、人力资源和精神资源的可流通性方面

---

① ［德］康德：《法的形而上学原理——权利的科学》，商务印书馆1991年版，第172页。

② 日本宪法将居住、迁徙与职业自由均放第22条加以规定，东京大学芦部信喜教授则把迁徙自由作为一种经济自由："选择职业自由、居住迁徙自由与财产权，总称为经济自由权"。见芦部信喜：《宪法》，台湾月旦出版社1995年版，第199页。

发挥着更加重要的作用,笔者从其功能着眼,将它置于经济自由中加以讨论。

迁徙自由虽然具有特殊的经济功能,但从性质上看,它仍然属于个人自由,是个人人身自由的延伸。人身自由包括人身不受非法拘捕与监禁,人格尊严不受侵犯,住宅不受侵犯,通信自由与通信秘密不受侵犯等内容。这些都是免于干预、限制、侵犯或剥夺的自由,如果没有国家机关、社会组织或他人实施妨害自由的行为,则公民不可能主动采取行动来行使这种自由。只有在自由受到侵犯时,个人才能采取诉请有关国家机关保护的行动。在个人自由中,如果说人身自由是一项消极自由和静态自由的话,那么迁徙自由就是一项积极的自由和动态的自由。个人必须主动采取迁徙、旅游或出入境等行为,才能行使这一自由。迁徙自由作为一项个人自由,对于实现公民在政治、经济、社会、文化等方面的权利和自由,促进政治民主与社会经济发展,都具有十分重要的作用。

第二,迁徙自由的历史回顾。根据马尔赛文等对世界各国于 20 世纪 70 年代中期以前制定的 157 部成文宪法的统计,在公民个人自由中规定迁徙自由的有 81 部,占被统计宪法的 57%。[①] 而在 70 年代中期以后制定的近 60 部宪法中,明文规定个人迁徙自由的就有 49 部,占被统计宪法的约 91%。[②] 大多数国家宪法确认的迁徙自由,不仅包括旅游、选择住所等国内范围的行动自由,还包括出入国境或自愿脱离国籍的自由。可见,在全球性经济市场化和贸易自由化的形势下,公民迁徙自由越来越受到重视。

在我国近代制宪史上,最早承认公民迁徙自由的是孙中山领导的南京临时政府 1912 年颁布的《中华民国临时约法》,该约法第二章第六条第六款规定:"人民有居住迁徙之自由。"自此以后无论是窃国大盗袁世凯、贿选总统曹锟还是国民党政府制定的宪法性文件,都不得不承认公民应当享有迁徙自由。从 1939 年中国共产党领导的根据地制定《陕甘宁边区抗战时期施政纲领》起,根据地法律也开始注重对迁徙自由的保护。全国解放后,《共同纲领》和 1954 年宪法都承认和保障公民的迁徙自由。迁徙自由在我国被取消,是从 1975 年《宪法》开始的,后来的 1978 年《宪法》和 1982 年制定的现行《宪法》都没有恢复迁徙自由的规定。

---

① 参见[荷]亨利·范·马尔赛文、格尔·范·德·唐:《成文宪法的比较研究》,华夏出版社 1987 年版,第 154-159 页。

② 可参见韩大元、胡锦光:《宪法教学参考书》,中国人民大学出版社 2003 年版,第 398 页。

从历史情况看,自《临时约法》到"文化大革命",迁徙自由在我国至少作为书面规范上的权利已经存在了半个多世纪之久,既没有遇到人民的反对,1975年《宪法》的制定者也没有正面阐释过取消它的理由。在实行法治的条件下,通过修宪取消一项公民权利而不提供充分理由,当属于严重背离法治原则的事件。实际上,1975年《宪法》之取消迁徙自由和后来两部宪法都未能恢复这一自由,固然有诸多因素起作用,但真正深层次的原因还是经济原因。从50年代后期到70年代末,是一个计划经济体制日益走向僵化的时期。到了1982年,虽然经过三年体制改革,但计划经济体制依然占据着统治地位。迁徙自由是商品经济和民主政治的产物,是由物质资本和人力资本自由流动的需要产生的。在国家权力至高无上、公民权利备受冷落,由行政权力配置资源的严格计划经济体制下,自然用不上迁徙自由这种奢侈品。

　　第三,表达民意与用脚投票。在竞争性的市场上,消费者显示偏好的方式就是支付货币选票。货币选票的可分割性使消费者不仅可以通过购买与不购买来显示赞成与反对,而且能够通过购买多少或以什么价格购买来表达赞成与反对的强弱程度。每个人只对自己的选择负责,不受他人选择的影响。因此,市场机制"实际上是一种有效的比例代表制"①。用脚投票是与对民主制度缺陷的理性怀疑为基点的,无论托马斯·潘恩、恩格斯还是当代公共选择学派的经济学家们都把国家视为一个不可避免的祸害,即使是民主制国家也不是终极的善。

　　在政治生活中,政治、法律制度、司法、国防和公共服务的生产费用是由公民纳税支付的,每个公民都是这些公共物品的消费者。与商品生产和消费一样,公共物品的生产和消费也应当体现作为消费者的选民的意愿。按照自愿交换原则,由全体选民一致通过公共物品生产和消费方案自然是最理想的。由于所有选民一致同意的协议需要花费很高的成本搜集信息和讨价还价,于是多数通过规则被广泛采用。多数规则的优点是投票成本被降低,缺点就是:其一,一人一票的原则只能反映民众愿望的数量,不能体现这些愿望的强度;其二,少数服从多数规则背离自愿交换原则,造成多数强制少数,少数人的财富向多数转移的再分配的局面;其三,在几个议案分别付诸表决的情况下可能导致循环投票,并不必然导致理性的选择结果;其四,互投赞成票,特殊利益集

---

　　① 〔美〕米尔顿·弗里德曼:《资本主义与自由》,商务印书馆1986年版,第24页。

团结成投票联盟,通过虚假表达意愿,损害其他选民利益。[①] 因此,除了表决程序外,选民还有多种表达愿望的方式,迁徙就是其中之一,经济学家们称之为"用脚投票"。

在市场上,个人或企业不仅可以拒绝交易,也有进入或退出市场的自由。从宪法上看,选民在自己的愿望不能通过表决程序来实现时,不仅可以用弃权的办法退出政治决策,而且可以用迁移的方式退出政治疆域,这就是迁徙自由。当选民感到在地方性公共决策中不能实现自己的意愿,他可以迁往国内的另一地区;当他的愿望在国内不能得到满足时,则可以移民至另一国家;同时他还应保留自由返回的权利。因此,大多数国家的宪法在保障公民迁徙自由时,把自由出入国境也包括在内。如果把迁徙看成是用脚投票,那么一个迁徙行为事实上投了两票,一票是对迁入地的赞成票,另一票是对迁出地的反对票。从功能上看,迁徙自由不仅能够增加迁徙者本身的福利,而且也化解了公民与政府间的矛盾。如果对公共物品最重要的需求得不到满足,又没有迁往其他地区和国家的可能性,选民就会通过集会结社、游行示威、请愿,甚至反叛或革命来显示自己的强烈愿望。自由迁徙正是对这些危及国家稳定的极端行为的替代。

第四,迁徙自由与人力资源的有效配置。贸易自由和契约自由固然首先是指物质资源的自由流通不受阻碍,但物质资源只是生产要素的一个方面,仅有物质要素仍然不能进行生产。虽然货币流通、动产流通可以通过就地转让进行,所有者自身并不需要迁移,但土地、房屋等不动产的转让就必然要求不动产所有者或定居期间的人改变定居地点。而且,贸易也只有在物质资本的所有者能够自由旅行,为自己的商品找到出价最高的买主,为自己的资本找到盈利最高的投资场所的时候,才能充分展现其刺激经济增长的功效。没有迁徙自由,贸易自由依然会受到阻碍。因此,物质资源的自由流动必然要求人口流动。

在经济建设中,始终不能忘记人力也是资本,是进行物质生产不可缺少的要素。无论物质财富还是精神财富,都是人力资本创造出来的。劳动者是人力资本的所有者,他与物质资本所有者一样,有权为自己的人力资源找到出价最高的买主,到最能发挥人力资源创造力的地方定居。贸易作为自由的先导,

---

① 关于多数通过规则形成的循环投票和互投赞成票问题的论述。可参见〔美〕丹尼斯·缪勒:《公共选择》,上海三联书店1993年版,第38-48页。

不仅意味着物质财富的自由买卖,精神财富的自由交流,同时还要求人力资源的流动自由。这三种资源中任何一种资源的流通受到阻碍,经济增长就会受到牵制。因此,改革不能仅仅把目光放在物质资源流通问题上,通过产权界定、产权重组以及自由贸易促进物质资源的流通,而且更重要的是要通过保障人权以促进人力资源的自由流动和自愿交易。如果仅仅实现了物质资源配置的市场化,人力资源配置仍然受到市场外因素的阻碍,经济效率的提高就十分有限。

首先,迁徙自由就是促进人力资源通过自由流动实现有效配置的制度设施。人们通常认为,迁徙自由会导致国家、地方或企事业单位人才外流,因而使迁入地获得了外部收益,而迁出地则承担了外部成本。其实,制约不同国家、不同地区经济发展的因素固然包括物质资源和人力资源,但更重要的还是制度资源和思想观念。人才之所以外流,绝大多数情况下是因为他们的人力资源在原迁出地没有充分利用的条件,被估价过低。既然原迁出地对人力资源给予过低的估价,人才的迁出对该地区来说损失就不大。如果继续留在原地,则无疑是对人力资源的一种浪费。而对于迁入地来说,制度环境和思想观念都为人力资源与物质资源优化组合创造了条件,迁入者的人力资源能够更好地发挥创造力。因此,迁徙自由符合帕雷托最优标准,因为迁徙给迁移者和迁入地带来的收益的总和扣除迁移费用,显然要大于迁出地的所失。吸引人才的最好方式不是给予特殊恩惠,而是改革体制,培育使人力资源能够充分发挥其创造力的环境条件。

其次,迁徙自由是劳动者寻求改善自身福利状况的基本方式。正如西奥多·舒尔茨所说的那样:“一个开放和竞争的市场,就意味着自由贸易,以及工资标准不由政府制定,也不受政府限制的劳动力市场。它还意味着假使人们愿意的话,就可以自由地从农村迁移到城镇,也可以离开自己的国家移居他国。”①在中世纪末期的西欧,国家按照重商主义的主张,采取限制人口外流、鼓励人口迁入和奖励生育的政策,据说是为了通过把下层人民保持在赤贫状态使他们免于懒散,能够更加勤奋地工作。因为在其他经济条件不变的情况下,人口的减少就会导致业主对劳动力的竞争,从而提高劳动者的工资,限制人口外流与低工资的政策是联系在一起的。在我国,20 世纪 80 年代以前计

---

① ［美］西奥多·舒尔茨:《论人力资本投资》,北京经济学院出版社 1990 年版,第 203 页。

划经济体制处于支配地位,无论物质资源还是劳动力都是由中央按照全国一盘棋的要求统一分配的,人口流动是不必要的。这与当年西欧的情况有所不同,但在限制人口流动与低工资这一点上却没有任何差别。

因此,迁徙自由受限制损害的不是业主的利益,而是普通劳动者的福利。在市场经济体制下,经济增长、体制改革使得人口的数量与质量在地区间出现分布不平衡的状态,创造出能够改善劳动者自身福利的经济机会。我们常说要抓住机遇,迁徙的动力就是劳动者试图寻求并抓住这样的机遇。

与其由国家花费大量的精力和金钱来保证劳动者的最低工资标准不被突破,从事扶贫救济,不如从宪法上、制度上确保公民的迁徙自由,以期从根本上减少贫困现象。英国有人在反对济贫法时主张:"我们不应当救济穷人,而应当力求使避免贫穷的方法人人都能做到。"[①]反对扶贫固然是错误的,但根除贫困的关键显然不在于给予临时性的救济,而是创造制度上的便利。保护迁徙自由至少可以说是成本最低的减少贫困、维护人的生存权的方法之一。

在一国之内,无论是在企事业单位还是其他任何部门,个人不是物质资本的拥有者,就是人力资本的拥有者。市场经济是自愿交换的契约经济,物质资本的所有者和人力资本的拥有者都是通过订立契约进行交易的。把劳动者限制在一个地区、部门或单位,就等于剥夺了人力资本所有者的契约自由,无异于强买强卖。如果没有迁徙自由,贸易自由、选择职业和工作单位的自由、进入与退出市场的自由以及劳动权等的保障都将大打折扣。迁徙自由对于建立、形成和维护市场的自发秩序、形成社会自律能力是不可缺少的;在实行民主宪制、厉行法治的国家,迁徙自由是补救民主制度固有的缺陷,缓解政府与社会、国家与公民之间张力的重要途径;更重要的是,迁徙自由是公民自立、自强,通过自身努力追求和实现幸福生活的基本条件。

---

① ［英］霍布豪斯:《自由主义》,商务印书馆 1996 年版,第 91 页。

后　记

本书是在我的博士学位论文《公民权利宪法保障制度的经济学研究》的基础上修订完成的。考虑到我国宪法学研究起步较晚,最能体现宪法学理论功底的基本权利研究需要逐步深入,限于本书的篇幅和作者个人学力之绵薄,未对全部宪法上的权利进行经济学研究,所以将书名改为《资源配置与权利保障》,以便从经济权利与经济自由的研究入手,揭示权利配置的一般原理。

本书能够及时交付出版,应当感谢我的诸多老师、学友和领导的支持与帮助。当然,本书的缺点与谬误则应当由作者自己负责。

最令我难以忘怀的是我的导师——已故的何华辉教授。虽然我的学位论文通过答辩并被交付出版,都是在先生不幸逝世以后的事情,但先生在他生命的最后半年里,对我的论文从选题、拟定大纲到研究方法的运用都给予了悉心指导,倾注了大量心血。不仅如此,先生追求真理的开拓进取精神、严谨求实的治学风范与特立独行的学术品格,特别是他对后辈学子点滴创新的钟爱与褒奖,都使我深受鼓舞。本书的出版,寄托了我对恩师何华辉教授的深切怀念。

在武汉大学期间,我经常得到何华辉教授的夫人赵宗荃师母在生活、学业方面的关心和帮助。武汉大学法学院李龙教授和张学仁教授在何华辉教授去世后,对我的学位论文的写作与修改进行了具体指导,并提出了许多宝贵意见。同时,与童之伟博士的学术探讨大大开阔了我的学术视野,陆德山博士为我进京查阅资料提供了便利,邹平学博士对宪制的经济分析给了我有益的启示,董皞博士、关太兵博士、陈晓峰博士、秦前红博士、周伟博士等学友都曾给予我特别的帮助。借本书出版之际,我对师母、两位教授和诸位学友表示衷心的感谢。

　　中国人民大学许崇德教授、原宁夏大学校长吴家麟教授、中国社会科学院张庆福教授、上海社会科学院浦增元教授、中南政法学院蒋碧昆教授、湖北省社会科学院刁田丁教授和武汉大学梅荣政教授，在我的学位论文答辩和评阅过程中提出的问题与建议，对本书的写作具有重要的参考价值。我愿借此机会对各位学界前辈致以崇高的敬意。我还要向许崇德教授和吴家麟教授表示特别的感谢：在我毕业以后，许教授还十分关心我的学位论文的修改与出版，并亲自为本书作序；吴教授一直关注着我的工作和学业，并多次给予指导和帮助。

　　本书最终成稿于西北政法学院，法律系高全仁书记、系主任贾宇教授为我创造了宽松的学术环境，系副主任汪世荣教授阅读了部分书稿，并及时指出其中的一些错谬。陕西财经学院经济管理研究所所长张建琦博士、西北政法学院樊林波副教授、法律外文系喻桂英女士为翻译本书英文目录提供了可贵的帮助，陕西人民出版社的潘丽华女士、黄剑波先生冒着酷暑审阅全部书稿。在此一并向他们致谢。

　　最后我要向我的妻子梅艳女士和我的女儿表达深深的歉意。多年来，梅艳女士一直承担着绝大部分家务劳动，在我开始攻读博士学位以后，女儿的出生又给她增添了养育下一代的负担。这些都是言辞的感谢所无法补偿的。

赵世义

1998 年 7 月 18 日

下　编
赵世义学术论文选编

平等、自由和公民权利的经济观[*]

宪法产生于市场经济走向成熟的资本主义时期。公民身份的普遍化,平等、自由和公民权利获得宪法保障,以及宪法的诞生本身,都是市场经济发展的必然结果。"从君主专制下得到政治自由和从国家法令的干预下解放出来的价格和工资,这两者是密切相关的。"[①]探讨市场经济与民主宪制诸要素之间存在的经济逻辑,自觉促进市场经济与民主宪制良性互动,具有重要的理论和实际意义。

一、产权单位个体化与公民身份

马克思指出:"无论怎样高度估计财产对人类文明的影响,都不为过甚。"[②]创造、利用和维护财产的经济关系是人类制度文明进步的基础。美国产权经济学家科斯提出:任何市场交易都是有成本的,因而产权的界定必然对经济体制的运行效率产生影响。[③] 这一发现对于人们重新认识经济和其他社会现象是富于启发性的。与市场交易一样,产权的界定和维护也需要费用,这种费用由对外排他成本和对内组织成本两部分构成。产权组织成本与市场交易成本一样,与牵涉的人数具有正相关性。"事实上,所有者数量的增加,就是

* 本文发表于《法律科学》,1995 年第 5 期。
① [美]保罗·A.萨缪尔森等:《经济学》第 12 版,中国发展出版社 1992 年版,第 3 页。
② 《马克思恩格斯全集》第 45 卷,人民出版社 1995 年版,第 277 页。
③ 参见科斯:《社会成本问题》,载《财产权利与制度变迁》,上海三联书店,上海人民出版社 1994 年版,第 20-24 页。

财产共有性的增加,它一般会导致内在化的成本增加。"[1]也就是说,产权归属单位的人数越多,产权拥有者形成共同意志,采取集体行动时所需费用就越多。当产权归全体社会成员共有时,产权组织成本最大化,产权单位人数越少,决策和行动所需费用就越少。当产权单位为个人时,组织成本为零。因此,仅从产权组织成本看,产权单位的彻底个体化即实行财产个人所有似乎是经济上最有效率的选择。

但另一方面,除产权组织成本外,产权的排他成本和市场交易成本的存在及其作用是不可忽视的。产权界分越明确,排他成本就越高,资源配置就越是依赖于市场交易,而这时市场交易成本也越高,因而产权的排他成本与市场交易成本具有正相关性;产权组织成本是对市场交易成本的替代,是交易成本的内在化,组织成本越高,资源配置越是独立于市场交易之外,而这时市场交易成本也越低,因而产权组织成本与市场交易成本具有负相关性。由此看来,不存在企业或政府取代市场,或者市场取代企业及政府的无限可能性。在产权的排他成本和组织成本之间、组织成本与市场交易成本之间必须维持适度平衡,才可能达到经济上有效率和政治法律上公平的目标。

西方市场经济的早期发展遵循的实际上是一条以产权排他成本和市场交易成本替代产权组织成本的道路,私有财产权被视为利用、处分财产的绝对的不受限制的权利,经济也获得了前所未有的增长。但这种近似产权组织成本为零与交易成本最大化的失衡状态,最终成为阻碍经济进步和宪制发展的障碍。这与马克思揭示的资本主义基本矛盾即生产的社会化和生产资料资本主义私人占有之间的矛盾是相吻合的。但资本主义私有制作为产权单位个体化的一种形式,促进了社会基本单位个体化,使个人终于突破身份等级关系的束缚从群体社会中分化出来,具有了独立的社会经济地位,这对民主宪制的产生和发展具有重大意义。马克思在《〈政治经济学批判〉导言》中针对 18 世纪思想家们的个人主义学说指出:"这倒是对于 16 世纪以来就进行作了准备、而在18 世纪大踏步走向成熟的'市民社会'的预感。在这个自由竞争的社会里,单个的人表现为摆脱了自然联系等等,后者而在过去的历史时代,自然联系等等使他成为一定的狭隘人群的附属物。这种 18 世纪的个人,一方面是封建社会

---

[1]　登姆塞茨:《关于产权的理论》,载《财产权利与制度变迁》,上海三联书店、上海人民出版社1994 年版,第 108 页。

形式解体的产物,另一方面是 16 世纪以来新兴生产力的产物……"①这种利益独立、意思自治、责任自负的个人既是市场经济关系的主体,也是市民社会关系的主体。公民身份的普遍化是对个人独立地位的法律确认,个人由此成为宪法关系的主体。

我国自新中国成立以来长期实行的高度集中的计划经济体制则走了另一个极端。国家几乎垄断了全部社会经济资源,产权的高度组织化使绝大多数资源配置都内化为同一国家主体内部的自我调节,行政权力可以直接无偿调动资源、组织生产,政府取代市场,产权组织成本被最大限度地提高了,其结果是缺乏个人激励机制,经济效率低下。具体说来,单位依赖于国家调拨生产资料,个人依赖于单位提供生存条件,个人地位和待遇取决于单位在国家权力体系中的级别高低和权力大小。② 虽然任何社会生产都是资源与劳动相互作用的过程,但一旦资源被唯一的主体所垄断,劳动与资源在生产中的相互依赖就会被扭曲为劳动者对资源垄断者单方面的人身依附关系。个人在"国营单位"工作与其说是创造价值,不如说是享受待遇,个人劳动成果与国家手中的垄断资源相比显得微不足道,没有向国家或单位提出权利要求的能力,因而没有独立地位。尽管人们真诚追求宪制,并制定了宪法确认公民权利,但因缺乏推行民主宪制所需要的坚实的社会经济基础,公民权利保障少有实效。

社会主义制度作为谋求人类全面解放的社会制度,不仅不应反对个人拥有财产权和独立地位,相反还必须特别保护这种权利和地位。个人财产和个人独立与社会主义公有制并不矛盾,而是一致的。马克思、恩格斯在《共产党宣言》中指出:"把资本变为公共的,属于社会全体成员的公共财产,这并不是把个人财产变为社会财产。这里所改变的只是财产的社会性质。它将失掉它的阶级性质。""代替那存在着阶级的阶级对立的资产阶级旧社会的,将是这样一个联合体,在那里,每个人的自由发展是一切人的自由发展的条件。"③而且,马克思还在《资本论》和一系列不朽的著作中明确提出过"重新建立个人所有制"的命题,并将它作为未来社会主义社会的重要特征。④ 因此,建立社会主义市场经济必须使市场在更大程度上取代政府,在公有制条件下进一步明

---

① 《马克思恩格斯选集》第 2 卷,人民出版社 1995 年版,第 86、1-2 页。
② 参见李路路等:《中国的单位现象与体制改革》,《中国社会科学季刊》(香港),1994 年第 2 期。
③ 《马克思恩格斯选集》第 1 卷,人民出版社 1995 年版,第 287、294 页。
④ 参见戴道传:《重新建立个人所有制研究》,安徽人民出版社 1993 年版。

晰产权关系,实行产权归属多元化,将产权组织成本的一部分外化为市场交易成本由市场分担,减轻国家负担。同时,市场经济是效率取向型经济,"有效率的组织需要在制度上作出安排和确立所有权以便造成一种刺激,将个人的经济努力变成个人收益率接近社会收益率的活动"①。个人财产权本身已包含了个人激励,同时也需要在公有财产的运营中引入个人激励机制,通过利益分配体现个人努力的价值,实现个人利益与公共利益的一致。这就要求从制度上给个人以独立地位,用宪法这一根本法的形式赋予社会成员以公民身份乃是对个人独立的确切保障。具有公民身份的个人不仅是独立的,在公民与公民、公民与国家和社会组织的关系上,则是平等、自由的。

二、市场经济与平等、自由

市场经济与平等、自由有着天然的联系。马克思指出:"如果说经济形式、交换,确立了主体之间的全面平等,那么,内容,即促使人们去进行交换的个人材料和物质材料,则确立了自由。可见,平等和自由不仅在以交换价值为基础的交换中受到尊重,而且交换价值的交换是一切平等和自由的产生、实现的基础。"②

根据法国政治思想家托克维尔的考察,平等先于自由。最致力于拉平自己臣民等级的,正是那些专制君主。③ 而就西欧来说,从等级君主制向专制君主制的政治演变历程,也就是市场经济发生、发育的过程,平等正是从市场交换关系中孕育出来的。首先,市场交易要求有平等的交易主体。交易各方都是财产拥有者,能够支配自己的商品,而且交易主体人格平等,任何一方均不受他方支配。其次,市场交易的尺度是平等的。任何商品都不以自身或其他商品的特殊使用价值为衡量标准,而是以货币这种人们普遍接受的一般等价物充当各种商品交换价值的统一衡量标准。商品进入市场交换,一律按照可以等分的货币单位来度量。最后,交易规则也是平等的。等价交换是市场交易的基本规则,一定单位的货币只能换取同等价值的商品,一种商品换取另一种商品必须以各自的价值量相当为前提。市场交易是有规则的,而"所有的规

---

① 道格拉斯·诺思等:《西方世界的兴起》,华夏出版社 1989 年版,第 1 页。
② 《马克思恩格斯全集》第 46 卷(上册),人民出版社 1979 年版,第 197 页。
③ 托克维尔:《论美国的民主》,商务印书馆 1988 年版,第 623 页。

则,都包含有一定程度的平等……"①市场经济的规则体现着机会平等和过程平等,而不是结果平等或平均。这些都是市场经济对平等的正相关性一面。同时,市场交换默认竞争者既存的不平等经济实力;而作为平等交易尺度的货币也只能维持交换价值的平等交换,并不要求使用价值的对等交换,因而只是流通领域而非生产领域的平等;平等竞争导致的两极分化和垄断,会反过来动摇平等的基础。这是市场经济对平等的负相关性方面。宪法是对既存平等事实的确认和保护,又是对它的发展和创造。宪法保证公民在法律面前的平等而非事实上的平等,体现了经济平等对宪法平等的制约;同时宪法将平等从经济领域扩展到政治、法律和社会各个领域,并授权国家调控市场,表明宪法平等对经济平等的推进和制约。

市场经济的孕育发展推动了社会"从身份到契约"的进步运动,同时也就在较大程度上实现了社会调控从强制到自愿的转变。首先,自由的基本内容有很大一部分是经济自由,包括进入和退出市场的自由、贸易自由、经营自由、职业自由和劳动力买卖的自由等。其中贸易自由是自由的先导,劳动力买卖自由是对自由的普及,契约自由是自由的灵魂。没有一定程度的经济自由,任何其他自由都是不可想象的。其次,市场经济是契约经济,契约关系的基本精神就是个人意思自治,非经本人同意不承担强制性义务,非由本人自愿不受强制性约束。法国空想社会主义思想家皮埃尔·勒鲁指出:"自由,就是有权行动……使人自由,就是使人生存,换言之,就是使人能表现自己。缺乏自由,那只能是虚无和死亡,不自由,则是不准生存。"②正是契约原理的普遍化和社会关系的契约化,才使个人成为自己的精神、肉体和行为的主宰,有可能享受广泛的自由。最后,当经济自由和个人自由成为现实的时候,组织化程度最高、掌握着最强大的暴力的国家既可以成为自由的有力保障,也可能构成自由的最大威胁。因此,政治自由的要义就是反对专制权力的专横统治,限制国家权力。在市场经济条件下社会经济生活独立于国家控制,私域是自治的,而在公域即政治领域,国家强制性权力仍不可废弃,但这种强制权力必须受到有效限制。马克思指出:"自由就是在于把国家由一个站在社会之上的机关变成完全服从这个社会的机关;而且就在今天,各种国家形式比较自由或比较不自由,

---

① 转引自 E. 博登海默著:《法理学——法哲学及其方法》,华夏出版社 1987 年版,第 28 页注③。
② 皮埃尔·勒鲁:《论平等》,商务印书馆 1988 年版,第 12 页。

也取决于这些国家形式把'国家的自由'限制到什么程度。"①同时，契约精神也逻辑地包含了对自由的限制。在契约关系中，一个实现自身利益的自由意志只有与他人同样实现自由利益的自由意志相吻合，才能产生商品和权利转移的实际效果。法国《人权宣言》第4条规定的自由限度与契约原理揭示的自由限度是一致的："自由就是指有权从事一切无害于他人的行为。因此，各人自然权利的行使，只以保证社会上其他成员能享有同样的权利为限制。此等限制仅得由法律规定之。"宪法和法律就是确认和保护各个人的自由相共存的条件的强制性规范。

三、产权与公民权利保障

产权的界定和维护既是市场经济发展的内在要求，也是公民获得独立地位并享受其他权利和自由的基本前提，而且产权本身就是公民权利的重要组成部分。因此，对产权的确认和维护不仅是一项重要的经济制度和民商法制度，也是宪法的基本制度之一。资本主义宪法大多将产权问题归结为公民的财产权利，并给予精心保护。社会主义宪法则把公有财产神圣不可侵犯作为一项宪法原则，但在较长时期内却忽视了将公有制具体转化为公有财产权利的必要性，对个人财产权以及其他基本权利的保护也很不充分。因此，在市场经济和民主宪制建设过程中，保护公民权利应着重考虑以下两个方面：

第一，从宪法和法律上进一步明确界定和维护各类产权。美国经济分析法学家波斯纳提出，有效率的产权制度应当包括产权的普遍性、排他性和可转让性②，这对我国产权制度改革是有参考价值的。首先，确认财产权的普遍性，就是不仅要承认国家、集体财产权，也应承认和保护个人财产权；个人不仅可以拥有生活资料，也可以拥有生产资料。一切社会财富都应有明确的产权归属，公有财产权应与公共权力分立，并以私法方法予以确认和维护，同时明确占有、使用、收益和处分的权利关系，提高运营效率。其次，确认和维护财产权利的排他性，把个人财产与公有财产置于宪法和法律的平等保护之下，使二者均具有神圣不可侵犯的地位，以激励人们增殖财富、创造价值。财富的生产和价值的创造需要艰苦的努力，如果权利人不能免于他人侵夺，将不会有人对生产感兴趣。其三，确认和维护财产权的可流动性，允许不同地区、不同部门

---

① 《马克思恩格斯选集》，第3卷，人民出版社1966年版，第98页。

② 参见波斯纳：《法律之经济分析》，台湾商务印书馆1987年版，第24-25页。

和不同所有制形式的产权相互流通,使资产在产权交易中提高利用效率,以实现资源的优化配置。没有产权的合理流动,就不可能发挥市场经济对资源配置的基础性作用。

第二,切实保障公民的个人权利。宪法所保护的各项权利,既有公民个人权利,也有公民聚合或群体的集体权利。公民个人直接享有和行使的权利主要包括人格权利和大多数社会、经济、文化权利。集体权利的一部分是"只有同别人一起才能行使的权利"[①],如大多数表达自由和政治权利都要有一定数量的公民集合起来才能行使。集体权利的另一部分内容是特殊公民群体的权利,如少数民族权利、残疾人权利、罪犯的权利,以及妇女、儿童和老人的权利等。所有这些个人权利和集体权利都值得珍视,但由于资源和国力有限,宪制发展在不同时期的不同条件下对民主、自由、个人权利和集体权利的保护必然会有所侧重。"在古典罗马契约法和普通法的契约法中,个人主义都占有统治地位"[②],公民身份的普遍化是对市场经济时代社会经济关系中个人独立地位的法律认可,而权利本位则是对个人独立性的保障。因此,宪制的早期发展通常以追求和保护个人权利与自由为价值取向。这可以从以下几方面来理解:

首先,从交易费用的理论来分析,不仅市场交易和产权组织需要费用,民主、自由和权利保护的制度安排同样存在一个成本问题,这种成本的高低乃与相关人数的多少成正比。个人行使权利的组织成本为零,只需国家提供法律保障,产生的社会影响也较小,具体行使权利所需费用可由权利行使者分担。而集体权利因共享者人数较多,形成共同决定、采取共同行动乃至为行使权利进行动员、权利行使所带来的利益的分配等都要付出较高代价。而且集体权利的行使不仅要求国家给予法律保障,还需要国家和社会提供物质资源,权利行使可能产生巨大的社会张力,代价就显得更高一些。而民主作为一种国家制度,要求全体社会成员都有参与决定国家事务和管理国家的权利,是多数人的统治,实行民主制度势必因政治参与人数极多使组织成本极高。

其次,从个人权利与集体权利、自由与民主的一般关系来看,集体权利、民主乃是实现个人权利和自由的手段,个人权利和自由乃是集体权利和民主制度追求的目的。马克思、恩格斯高度重视集体的作用,并倡导在充分实现个人

---

① 《马克思恩格斯全集》第1卷,人民出版社1972年版,第436页。

② 彼德·斯坦等:《西方社会的法律价值》,中国人民公安大学出版社1990年版,第158—159页。

自由基础上的集体主义。他们指出："只有在集体中,个人才能获得全面发展其才能的手段,也就是说,只有在集体中才可能有个人自由。在过去的种种假充冒充的集体中,如在国家等等中,个人自由只是对那些在统治阶级范围内发展的个人来说是存在的,他们之所以有个人自由,只是因为他们是这一阶级的个人。从前各个个人所结成的那种虚构的集体,总是作为某种独立的东西而使自己与各个个人对立起来;由于这种集体是一个阶级反对另一个阶级的联合,因此对于被支配的阶级说来,它不仅是完全虚幻的集体,而且是新的桎梏。"①在宪制发展初期,并没有充分的个人自由,过早地实行集体主义就缺乏基础,只有在个人权利和自由保障制度发展到一定阶段才出现集体权利的形式。在现阶段,各个个人权利的依法行使实际上就是集体利益和公共利益的实现,而集体权利的行使并不等于每个个人甚至多数个人利益的实现,因为集体权利的行使带来的利益还存在一个公平分配问题。而且无论集体权利还是个人权利的享有和实现,都以个人受益为动因和目的,个人权利的享有和实现却不以实现集体利益为条件。当然,个人权利也必须有一定的集体制约,过分关注于个人权利和自由保障也会导致社会互动与合作成本的增加。同时,为实现集体权利和民主制度付出一定成本也是必要的。

总之,可以肯定的是,个人权利和自由的实现所带来的实际利益未必小于集体权利和民主制度实现所产生的利益,而前者的成本却显然低于后者。因此,过去长期盛行的重集体轻个人、重民主轻自由的偏见,使本来有条件实现的个人权利和自由保障不充分,而备受推崇的集体权利和民主又因条件所限难以充分实现,因而极大地阻碍了宪制发展。我国作为发展中国家,政府和社会承受力都很有限,采取先个人权利后集体权利、先自由后民主的宪制发展路径,在充分保障个人权利的基础上保护集体权利,在个人自由充分实现的基础上健全和完善民主制度,才能适应市场经济发展和社会进步的要求。

---

① 《马克思恩格斯全集》第 3 卷,人民出版社 1995 年版,第 84 页。

对《用社会权利分析方法重构宪法学体系》的质疑[*]

——与童之伟同志商榷

更新宪法学研究方法、重构宪法学体系以适应民主宪制发展的需要,已引起宪法学界深切的关注,不少学者的探索已取得可喜成果。《法学研究》1994年第3期发表的童之伟同志《用社会权利分析方法重构宪法学体系》的文章(以下简称《重构》文),正确地提出了需要界定宪法学体系逻辑起点的问题,并独创性地推出了"社会权利分析方法"和对重构宪法学新体系的看法。文章探求真理的勇气甚为可嘉,但其基本观点和方法却有诸多缺失。笔者在此特提出一管之见,求教于作者和学界同仁。

为全面、准确地理解《重构》文的观点和便于阐明问题,必要时我们将联系童之伟发表在《法学》1994年第9期上的《宪法学研究方法之改造》一文(以下简称《改造》文)的相关论述一并予以分析和讨论。

一、"社会权利"透视

任何一门社会科学想要导入某种特定的研究方法来构建其学科理论体系,都有一个首先确定该学科逻辑起点的问题。正是在这种意义上,我们说《重构》文正确地提出了问题,但它用"社会权利"作为宪法学的逻辑起点,就使其解决问题的方案显得难以自圆其说。

在界定学科逻辑起点方面,马克思指出:"已经发育的身体,比身体的细胞更容易研究⋯⋯对于资产阶级社会,劳动生产物的商品形态或商品的价值形态,就是经济的细胞形态。"^①马克思以商品为逻辑起点,深刻地揭示了资本主义社会基本矛盾的历史发展,确立了完整严密的政治经济学体系,堪称楷模。

---

* 本文发表于《法学研究》,1995年第1期。

① 马克思:《资本论》初版序,人民出版社1954年版,第2页。

从中可见,作为社会科学逻辑起点的基石范畴,通常应具备以下一些条件:其一,它是研究领域内常见的普遍存在的事物。其次,它是研究对象的基本单位,蕴含了研究对象基本矛盾发展的胚胎。最后,它既是学科体系展开的逻辑起点,又是研究对象发展过程的历史起点。《重构》文在否定用"公民权利和国家权力及其相互关系"作为宪法学逻辑起点的主张时认为:"这一语词的抽象程度不高,包含了三个不同的事物,不能作为一个宪法学范畴看待","仅从这一提法实际上涉及两个层次的三个相对独立的事物这点看就不可取。"如果我们没有误解的话,作者确定学科逻辑起点的条件是两个:一是抽象程度高的范畴比抽象程度低的范畴更适合充当学科的逻辑起点;二是一个事物可以作为学科的逻辑起点,而两个或三个相对的事物则不能作为起点。根据何在?为什么在选择学科逻辑起点时抽象优于具体,一个范畴优于多个范畴?作者没有告诉我们。实际上,抽象程度以多高为宜,用什么标准来衡量抽象程度的高低,都是很难说清的。就范畴数量来说,有的学科以一个范畴为逻辑起点,如政治经济学;有的以两个以上的范畴为逻辑起点,如民法学;多数学科以一对范畴为起点。因此,用抽象程度高低和数量多寡作为衡量一个范畴能否充当学科逻辑起点的条件是没有根据的。而且,把"公民权利和国家权力及其相互关系"误认为三个相对独立的事物更不合情理。在这里只有公民权利与国家权力两个事物,"相互关系"被特别标明并非因为它是独立的事物,而是提醒人们用联系的眼光看待这一对范畴。

弄清学科逻辑起点的条件后,我们看《重构》文"作为宪法学的基石范畴和构建宪法学专业基础理论的逻辑起点"的"社会权利"又是怎样的东西。可以说,在《重构》文构建的宪法学体系中,"社会权利"作为贯串始终的一条红线,是无处不在,无时不有的。对于如此重要的范畴,作者是怎样界定的呢?文章指出:"本文所谓'社会权利'是指一定社会一切权利和权力之总和,社会成员的权利和国家权力是其两个基本构成方面。"这个定义只列举外延,没有揭示内涵,且综观全文也没有一个描述性的定义。这种模糊的、简单化的定义与文章声称的"社会权利"范畴至关重要的地位是极不相称的。这还只是问题的表面,真正的要害在于:非不为也,是不能也。《重构》文声称的"那个在理论上和逻辑上一定存在"的"社会权利"究竟为何物,是否就一定存在,是从哪里来的?

首先,《重构》文的"社会权利"不是从宪制实践经验中归纳出来的。无论从各国宪法的书面规范或近现代宪制的实际运行中,还是从应有权利、实有权利或法定权利的存在形态中,我们都只能看到政治、经济、文化和社会权利现象,而其中的社会权利与《重构》文所谓"社会权利"却相去甚远,如我国《宪法》第四十八条规定的妇女享有与男子平等的"社会的权利",1966 年 12 月 16 日联合国大会通过的《经济、社会、文化权利国际公约》中有关"社会权利"的规定等。由此我们发现,作者在文中使用的"社会权利"与宪法和国际人权公约用语相佐。虽然不恰当的宪法和国际人权公约用语是可以修改的,但目前人们还看不出我国宪法和国际人权公约对社会权利规范的用语有何不当,不太可能为保留《重构》文的"社会权利"而修改宪法或国际公约。《重构》文的"社会权利"概念只能引起宪法学概念的混乱,不可能帮助人们正确认识和分析宪法现象。

其次,《重构》文的"社会权利"也不可能从宪法学理论中推演出来。启蒙思想家们对封建国家的权力与人民大众利益的尖锐对立进行了猛烈抨击,提出了人民主权、基本人权、三权分立和法治等理论,经过资产阶级革命,终于使国家权力和公民权利在民主宪制条件下获得了至少是形式上的统一。为进一步明确权利与义务、公民权利与国家权力的具体关系,不少学者还提出了权利本位学说。无论这些理论有什么样的进步意义和局限性,但我们从中都不会找到任何类似于《重构》文的"社会权利"那样把公民权利与国家权力混为一谈的概念。当代西方法学家也曾提出过各种社会法学的理论,无论其正确与否,他们都从不同侧面对社会和社会关系以及法与社会的联系等角度进行认真考察。《重构》文界定的那个"社会权利"既不是考察社会的结果,也不是分析权利现象的结果,因而是站不住脚的。

最后,"社会权利"既然不是来源于理论推演和经验归纳的,就应该是作者创造的。《重构》文创造"社会权利"概念的方法有两个:一曰加法,文章说"社会权利是指一定社会一切权利与权力之总和"。这就是把权利和权力两个东西相加,得出"社会权利"这个总和。二曰抽象法,文章认为"公民权利与国家权利及其相互关系这一语词的抽象程度不够高",需要进一步抽象。也就是说,把公民权利和国家权力甚至它们的相互关系放在一起抽象一下,就得到了"社会权利"。但无论是使用抽象法还是加法,都要求被抽象或相加的事物具有某种层次的同质性。在哪个层次上具有同质性,才能在那个层次上相加或抽象,异质事物是不能相加或对它们进行抽象的。如一个鸡蛋加一个石头就没有什么有意义的总和,对物质和意识这对范畴进行抽象也不会得到更高层次的哲学范畴。那么,社会成员的权利或公民权利与国家权力是同质事物还是异质事物呢?法理学告诉我们,公民权利是指人们选择为或不为某种行为的可能性,国家权力则是国家实行社会管理的制度性力量或强制性影响力。两者具有合宪性、合法性的形式共性以及谁为本位的问题,但两者的区别也极为明显:(1)权利主体是公民或社会组织,权力主体则是国家机关及其工作人员。(2)权利与行使权利的主体有某种利益上的联系,权力主体则不得为一己私利行使或放弃权力。(3)主体对权利可以放弃,通常也可以转让,而对权力则不能放弃或转让(合法授权除外),否则构成失职等违法行为。(4)权利与国家强制力只有间接联系,主体权利受侵犯时不能对相对一方使用强制力,只能请求国家保护;权力则与国家强制力直接联系,主体行使权力时可依法使用强制力。无须罗列和详述权利与权力的一切差异,仅此就足以说明,权利和权力是两个异质概念,无论将其相加或对其进行抽象,都会要么违反算术规则,要么违背逻辑规则。可见,用加法或抽象法从公民权利和国家权力中得出的"社会权利"概念是靠不住的。其实,《重构》文也清楚地告诉读者:公民权利和国家权力"两者相互区别,即两者不仅不能混淆,还应有明确的界限",可惜这一正确观点未被坚持始终,两个不能混淆的东西竟变成了同一个东西。或许这不是混淆,而是"合成",但"合成机制"在哪里?《重构》文没有给出答案,也不可能有答案。

由此看来,"那个在理论上和逻辑上一定存在的事物"就显得不那么可靠了,但我们仍抱着最后一线希望试图从《重构》文的各种论述中找到"社会权利"这个存在物。我们首先上溯到原始社会去考察"社会权利"的最初形态。《重构》文告诉我们:"在公共权力(后来是国家)产生前的原始社会,无所谓权利和权力之分,那时的社会权利即社会权力,它以原始习惯权利的形态存在于人们之中……。在公共权力和国家出现后,它始则在法律上和事实上都属于少数人……。"既然没有权利和权力之分,"社会权利"这个"总和"又从何来?其性质、结构、总量是怎样的? 为了回避这样一些尖锐的问题,"社会权利"只好躲到原始习惯权利中去了,但仍然被另外的问题所困扰:国家权力的出现与原始习惯权利有什么联系? 全体社会成员的原始习惯权利为什么、怎么样突变为少数人权利的? 读者不得其解。《重构》文认定公民权利和国家权力是"同一个事物的两个不同侧面",但我们从文中始终只能看到赤裸的那"两个侧面",却始终找不到那"同一个事物"的完整形象。我们好不容易看到"无线电技术的发明和应用创造了与此相联系的社会权利"的影子,但又被《重构》文"立即分解"了,真遗憾!

总之,根本不存在什么"社会权利"。《重构》文先用公民权利和国家权力的总和来界定"社会权利",反过来又用"社会权利"来说明公民权利与国家权力及其相互关系,在逻辑上犯了一个循环论证的错误。早在四年前,有识之士就告诉我们要有"正确使用范畴的自我意识和责任感"[①]。《重构》文把一个既不属社会存在又不属社会意识,充其量不过是一种"个人意识",实际上并不存在的"社会权利"充作基石范畴和逻辑起点来重构宪法学体系,无异于把高楼大厦建立在沙滩上,是经不起推敲的。

二、"社会权利分析方法"分析

所谓研究方法,是指人们借以分析研究对象的路径和逻辑程序选择,是认识研究对象的工具。它不同于认识目的——观点,而是认识研究对象的手段,具有可操作性特点。一方面,研究方法具有通用性,各社会科学研究方法可以互相沟通、取长补短,形成某一学科以一种方法为主兼采多种方法的系统化研究方法。另一方面,方法是用来认识研究对象的,因此,无论是研究方法的选定、改造还是各方法间的协调,都要与研究对象特点相结合,为揭示研究对象的特殊矛盾服务。诚如毛泽东同志所言:"任何运动形式,其内部都包含着本身特殊的矛盾。这种特殊的矛盾,就构成了一事物区别于他事物的本质。……科学研究的区分,就是根据科学对象所具有的矛盾性。"[②]现在我们就用上述基本要求来看《重构》文及《改造》文所谈的"社会权利分析方法"。《重构》文提出"社会权利分析方法是指从分析社会权利入手,以把握其基本属性,尤其是其分解和再分解的规律为基础来认识和阐释宪法现象的一种学理方法",并声称此方法是实现宪法学由"以阶级斗争为纲"向服务于民主法制建设以致经济建设"这一转变的关键环节",是"实现重构所追求的理论实践目标"的几乎唯一手段,对这一方法不切实际的推崇又恰好与下面将提到的对宪法学现有研究方法和成果的不恰当否定形成鲜明的对比。我们认为,任何一种研究方法都有其长处和短处,不存在什么包医百病的灵丹妙药,也没有可以解决一切问题的那种魔力无穷的研究方法。

---

① 张文显:《论法学的范畴意识、范畴体系与基石范畴》,《法学研究》1991年第3期。
② 《毛泽东选集》合订本,人民出版社1991年版,第283页。

细心读过本文开头提到的《改造》文的读者不难发现"社会权利分析方法"的构造是以两个误解为前提的。其一，混淆世界观和方法论。《改造》文使用"世界观层次的方法"一语是正确的，但其主要论述却误认世界观和方法论为同一个东西，甚至以世界观代替方法论。《改造》文认为："第一层次是哲学意义上的，直接表现为一定的世界观，如各种形式的历史唯心主义及辩证唯物主义和历史唯物主义等。"这里没有提到"唯物辩证法""形而上学"这样的方法论概念，却大谈唯物主义与唯心主义。我们知道，哲学既是世界观，又是方法论，世界观和方法论可以高度统一于一定哲学体系之中。但二者并不是一回事，世界观回答世界的本源是什么，物质、意识、还是二者都是？方法论要解决的是世界是怎样的，是孤立、静止的，还是联系发展的？马克思主义就是在克服德国古典哲学世界观和方法论矛盾的基础上把唯物论与辩证法高度统一起来形成了自己的哲学体系，但它把世界观称为辩证唯物论，把方法论叫作唯物辩证法以示区别。《改造》和《重构》两文正是在未区分世界观和方法论，混淆观点与方法的前提下，把仅仅是一种不科学的观点的"社会权利"充作宪法学研究方法，因而在构建学科体系的艰巨任务面前显得无能为力。其二，在法理学领域，《改造》文又混淆了法律部门与法学体系、调整方法和研究方法的界限。法理学认为：一个独立的法律部门不仅要有特定的调整对象，还应有自己的独特的调整方法。但如果把法律部门改为"法学体系"，把调整改为"研究"，则这个句子只有前半部是真理，后半部则成为谬误。《改造》文恰恰是这么做的。它说："实际上，一个学科其所以成为一个学科，不仅是因为它有独特的研究对象，更重要的是它应当有独特的学科专门分析方法，宪法学这样的基础学科尤其应该是这样。"根据这一误解得出的结论，《改造》文进一步阐述：凡不符合这一结论的学科"至多只能算作一门正在形成中的学科"。理智提醒了作者，这样说似乎走得太远了，因为如此一来，一切社会科学都将重新回到亚里士多德时代，而横断学科、交叉学科、边缘学科都被一笔勾销了。为避免一切从头做起，《改造》文允许相邻学科"在一般范畴、透视角度和第三、第四层次的方法上有明显区分"的条件下使用相同方法。但这不仅未从根本上改变命题的主旨，而且又引出一些新的漏洞，在此姑不细究。

　　现在我们看看作为"社会权利分析方法"主轴的"社会权利分解规律"吧。逻辑学认为，分解不同于划分，划分是指把一个属概念分为若干种概念，或把一类事物分为若干个子类。分解是把一个具体事物肢解成许多构成部分。比如,把"蛋"划分为鸡蛋、鸭蛋等是可以的,但把"蛋""分解"为鸡蛋和鸭蛋就不合适。硬要分解蛋,我们或许可以得到蛋白和蛋黄。《重构》文对这样的细节向来并不深究,它不仅把"社会权利"分解为公民权利和国家权力,并认为"社会成员的权利可进一步分解为社会生活的权利、经济权利、文化教育权利和政治权利等,国家权力可分解为国家权力所有权和国家权力行使权,而后者又可进一步分解为立法权、行政权、审判权、军事权等"。这里除国家权力分解为国家权力所有权和国家权力行使权另当别论外,其他"分解"都是公认的分类和划分。可见《重构》文谈"社会权利分解和再分解规律"实际上是犯了一个偷换概念的逻辑错误。"社会权利"本来就是一个虚幻的主观概念,实际并不存在,对它进行分解和再分解更无从谈起。历史是客观的,有它自己的发展规律。那种先把公民权利和国家权力拼合起来构成"社会权利",再把它们分解开来还原成公民权利和国家权力,接着又不断地把国家权力分解并转化为公民权利的事情,历史上从未发生过,将来也不太可能发生。

  《重构》文还使用了数量分析方法,其缺点就在于只谈数,没有量的标准。它指出:"所谓社会权利结构,指的是社会权利总量中社会成员的权利与国家权力之间的数量的比例。"全文多处使用"总量""比重""数量"等数学术语。在宪法学研究中引入数量分析方法虽然与《重构》文强调的"学科专门分析方法"的专门性、单一性相佐,但毕竟是一种有益的尝试。问题是数与量从来就不可分割,没有恰当的计量的单位,就不可能确定数的多寡。在数学中,不同的量的单位所表达的数的含义是很不一样的,如 10 吨和 10 公里就无法比较。当然在经济学领域内,不同的资源可以用货币这种一般等价物来衡量其价值,但在宪法学领域,人们至今未找到统一计量权利和权力的标准,这就使《重构》文的"总量平衡"理论和比例分析显得缺少说服力了。问题还不止于此,《重构》文对权利和权力互动关系的定量分析,甚至得出令人难以置信的结论。文章说:"在社会权利总量一定的条件下,国家放弃的权力必然转化为公民的权利。"暂时撇开国家权力在法律上能否放弃的问题,并明确"社会权利"是公民权利和国家权力之总和的定义,那么就可以用下述公式来表达作者的意思:社会权利(公民权利＋国家权力)20＝公民权利(10±1)＋国家权力(10∓1)(数字是我们任意假定的)。比较等式两边各项,读者会发现《重构》文等于说:如果不让国家放弃的权力转化到任何别的地方去,它就只好转化到公民权利中去;如果不让公民放弃的权利转化为任何别的东西,它也只能转化为国家权力。为确保"社会权利总量一定"而同时又不破坏等式两边的平衡,我们只好按作者的意思把从国家权力中减去的东西又加到公民权利中去,或者把从公民权利中减少的东西增加到国家权力上。难怪作者坚信这种转化的必然性。原来作者给定的条件和作出的结论之间存在一个同义语反复的逻辑错误。假定我们接受这一权利和权力转化定律,能否从中演绎出合理的结论呢? 结果令人吃惊。试问:国家放弃主权权力或追诉罪犯的权力,除霸权主义者为所欲为、罪犯逍遥法外以外,公民能得到什么? 若邻国流行疾病,国家放弃边境检疫的权力,公民又将得到什么呢? 没必要联想更可怕的情形了,答案十分清楚。

《重构》文在研究方法上的失误还表现为其理论的逻辑展开不是建立在宪法运行基础之上的,没有运用法理学方法观察和分析问题。文章涉及整个宪法学体系和全部宪法基本问题,竟无一处提到合宪、合法性问题。宪法具有极大的权威性和较高的稳定性,而"社会权利"是不断地分解相再分解的。国家权力也要不断地转化为公民权利。如何用宪法规范界定权利分解和转化,是否允许这种转化、分解? 在什么条件下,用什么形式,通过什么程序实现权利分解与转化? 不考虑合宪性,抽象地谈论权利的分解和再分解及转化,是不合适的。

在此,我们愿就公民权利与国家权力这一对重要宪法学范畴作一简要的尝试性互动分析,以使被复杂化了的问题变得清晰一些。关于二者关系问题的答案不应从观念世界去寻找,而应在宪制历史和现实实践中去寻找。国家权力和公民权利的来源不是"社会权利",而是经济、政治发展过程。具体到一国宪制体制中,公民权利与国家权力的互动关系是丰富、复杂和多层面的。当国家权力与公民权利行使的价值取向一致并外化为宪法和法律认可的各自行为时,两者相互促进、相得益彰。也就是说,在民主宪制体制下,二者各守其畛,各有驰骋空间。从一定意义上,可以说国家权力的依法行使是公民权利存在和实现的保障,公民权利的充分享有和行使是国家权力的力量源泉和坚实基础,当代一些国家在国家权力扩大时公民权利也同步增加就是基于这种事实,这正是《重构》文看不到的。当国家权力和公民权利行使的价值取向相反,甚至一方或双方背离法治基础时,二者有一种此消彼长的关系,国家将陷入危机。这是《重构》文正确地看到了又错误地将其绝对化了的。而常见的情形则是,公民权利与国家权力行使的价值取向既不完全相同,也不完全相反。这时应具体分析影响二者价值取向诸因素,发挥宪法调整的独特功能,厉行法治,减少国家机关和公务人员非法侵犯公民权利或公民违法损害国家利益的现象。《重构》文缺少的正是正确分析和解决宪制领域特殊矛盾的方法。当它把公民权利和国家权力捏合成"社会权利"时，是在消灭矛盾；当它把公民权利与国家权力对立的一面无限夸大时，是在扩大矛盾。《重构》文错误地强调，用单一的"学科专门方法"，片面的方法只能得出偏颇的结论，这是自然而然的。

在研究方法的采用上，各门学科间相互借鉴和补充已不是什么新奇事。我们主张，对研究方法应在综合运用中区分主次，在继承吸收中发展创造，反对把任何单一的方法奉为教条，无论它是新的还是旧的。任何研究方法一经产生，就不以学科门户为界限，也不以创造者的意志为转移，将成为各门学科均可利用的人类共同精神财富。

三、"社会权利宪法学"体系剖析

《重构》文的主题词是"重构宪法学体系"，而纵观全文我们看到的仍是一个未经很好阐发的旧体系，难以对用"社会权利分析方法"重构的新体系形成总体印象。

所谓学科体系，是指一门学科诸概念、范畴、原理的序次安排和组合方式。构建学科体系的主要工作包括：选定逻辑起点，考察研究对象矛盾发展的过程，界定主要范畴，对学科体系各部分的关系进行分析等。学科体系结构是由研究对象的性质、结构、功能及发展过程决定的，同时研究方法对体系的结构也产生巨大的影响。

《重构》文的"体系"是由《改造》文的方法来构建的。《改造》文在给自己提出"根本改造宪法学现有学科专门方法"这一艰巨任务时，不仅认为我国宪法学的方法还没有创造出来，而且也彻底否定了现有宪法学体系："我国现在的宪法学……从学科专门分析方法到语言体系，都明显是历史唯物主义原理这一学科的机械性延伸，如阶级分析的方法和国体、政体、阶级、革命、经济基础、上层建筑、生产力、生产关系等用语。"我国宪法学体系存在严重弊端是事实，但在众所周知的困难条件下，凭靠老一辈学者的开拓和中青年学者的建树，已积累了大量有价值的研究成果，一些学者在国际国内都具有一定影响。上列引文搬出的一整套概念确是历史唯物主义的范畴，仅少数几个为政治学、宪法学所通用，但作者究竟要改造什么，是哲学还是政治学？改造的对象都没有弄清，把本来属于历史唯物主义的概念硬塞给宪法学，然后再来改造和重构宪法学,令人捉摸不透。

还是让《重构》文自己介绍它的体系吧:"笔者初步设想,在新的体系中,现有的宪法学范畴全部保留,只需将它们按社会权利分析方法的要求予以重新安排。"这太令人失望了,原来对"至多只能算作一门正在形成中的学科"的宪法学的范畴,甚至连那些"历史唯物主义原理这一学科的机械性延伸"过来的那些范畴也要"全部保留"。为什么会这样呢?因为不如此,"社会权利"将无栖身之所。然后,《重构》文就把"社会权利"这一虚构物全部装入几代宪法学者创造的宪法学体系旧瓶中去了。原来,体系重构不过是移花接木。但是,我们如果说作者对宪法学毫无触动也是有失公允的,《重构》文对宪法学体系虽只有唯一的变动,但毕竟还是做了工作。这一工作就是把原来由五大部分组成的宪法学体系分为"宪法理论和宪法规范两大块",但这不是作者的创造性"重构",而是不当搬用《比较宪法学》体系框架的结果。① 比较宪法学的研究对象广泛涉及古今中外各国宪法而以世界各主要宪制国家为重点,这种分散的研究对象的材料不可能统一于某一单一的宪制体制之下,因而把这些研究对象资料划分为宪法原理和宪法规范两个部分,分别进行比较对照的研究就是恰当可取的。而《重构》文要重构的是我国宪法学体系,其研究对象虽也涉及古今中外各国宪法,但却是以中国宪法为重点的,因而研究对象材料应统一于中国宪制体制之中,以中国宪制的特殊矛盾运动为基础来展开宪法学体系,做到逻辑的展开顺序与历史的发展顺序相统一。照搬《比较宪法学》这一与"社会权利分析方法"并不相干的体系框架就显得很不恰当。同时,《比较宪法学》在把研究对象资料划分为宪法原理和宪法规范两部分后,分别对两个部分都进行了深入的对比考察,得出了比较符合客观实际的科学的结论。而《重构》文在把宪法分为两大块以后,除在理论部分大量充填"社会权利"以外,对规范部分没有进行任何结构和序次的调整,并指出:"我国宪法学中研究规范的那一块就其内容涉及的方面而言,并没有多少需要补充的东西。"这再一次证明,"社会权利分析方法"从来是不分析实际问题的,它除了将那个"社会权利"进行不断地"分解、再分解"和"转化"外,在宪制实际问题上无能为力。《重构》文把宪法学体系一刀两断,正是为了回避实际宪制矛盾,这样的"重构"显然是不成功的。

---

① 参见何华辉著:《比较宪法学》,武汉大学出版社1988年版,第2页。

宪法关系论纲[*]

宪法关系是宪法学的基本范畴,也是一国之内普遍存在的一种法律关系。从分析宪法关系及其构成要素着眼,统一考察各种基本宪法现象,有利于完善宪法学理论体系;从形成和维护宪法关系入手,建立民主宪制秩序,有利于宪法实施,确保宪法作为国家根本法具有的最高权威。因此,研究宪法关系具有重要的理论和实际价值。但学术界目前尚未重视这一课题,即使有些有益探索,①也往往是与其他宪法现象联结起来进行的,因而难以对宪法关系有全面的考察。本文拟对宪法关系的特点和构成要素进行探讨,以求教于方家。

一

从法理学上看,宪法关系是宪法规范在调整宪法主体行为的过程中形成的一种特殊社会关系。它由主体、客体和内容三个要素构成。这是我们研究宪法关系的出发点,忽视宪法关系具有的普通法律关系的共性,就难以准确把握其个性。在分析宪法关系的特点时,有学者认为宪法关系具有政治性,其中既有纯粹的基本政治关系,也有带政治色彩的其他基本社会关系,可以说宪法关系就是政治关系。② 这种看法是值得斟酌的。"政治"究竟何所指,是很难说清楚的,用难以说清的东西去界定事物的特点,在方法上是不科学的。若把政治理解为"各阶级之间的斗争"③,则不符合宪法关系的实际。宪法关系形成的民主宪制秩序不是要促进阶级斗争,而是要把冲突控制在秩序范围内。如将政治理解为经济的集中表现,则导致宪法具有"经济性"这类结论。如果

* 本文发表于《中央监察官管理学院学报》,1996年第1期。

① 参见王向明:《试论中国宪法关系和宪法规范》,《当代法学》1988年第3期;章剑生:《论宪法法律关系》,《社会科学战线》1992年第2期。

② 肖秀梧主编:《中国宪法新论》,中国政法大学出版社1993年版,第101页。

③ 《列宁选集》第4卷,人民出版社1976年版,第370页。

以战略策略的灵活多变为政治,则有损宪法的权威性和稳定性。理论上的泛政治观是实践中泛政治现象的反映,但由于未看到一切从政治出发,一切以政治眼光看问题有碍宪法实施,因而不是一种自觉反映现实的理论。考察宪法关系的特点,应当从它具有的法律关系的共性出发,是宪法规范政治,而非政治规范宪法。一切经宪法调整后的社会关系都会具有法律关系的属性,而并不必然带有政治色彩。即使是纯粹的政治关系经宪法调整后,也就不再是赤裸裸的政治关系了。了解宪法关系具有的法律关系共性是必要的,但仅此又是不够的,还应具体分析宪法关系的个性特征。我们试将这些特征概括如下:

第一,宪法关系的一部分表现为一般法律关系。宪法广泛涉及一国基本的政治、经济和文化各方面,并在一切宪法关系主体之间建立起一种普遍联系。因此,一部分宪法关系就具有主体不具备的特点,成为一般法律关系。[①]这种关系的存在往往不依赖于偶发性的具体法律事实的发生,只需主体具有国籍或依法成立的资格,表现为一种相对稳定、持续存在的状态。宪法关系中存在着"每个人对每个人"的关系,因而宪法用全体人民、一切国家机关、社会团体和公民等全称术语来指称宪法关系主体。正是宪法确定的这种一般法律关系为具体法律关系的存在和变化提供了基础,表现出宪法关系的母体性特点。

第二,宪法关系中的具体法律关系,多数表现为绝对法律关系。其中主体一方是具体的公民、社会组织或国家机关,相对一方为不特定的其他一切主体,表现为"一个人对一切人"的关系。除国家、社会组织和公民的财产、资源所有权关系为公认的绝对法律关系外,公民的人身权利,政治、经济、文化和社会权利,以及最高国家机关对其他国家机关、权力机关对同级其他机关、上级机关对下级机关等的关系,大多数都不是双向互约关系,而是一方享有权利或权力,其他一切主体有满足其要求或服从其权力的义务的单向制约关系。因此,宪法关系主体享有的这种权利或权力不以相对一方的意志为转移,具有不可侵犯性,主体行使时排除其他主体的干涉。

第三,宪法关系的核心是公民与国家的关系。自有国家以来,支配服从关系一直是以少数管理多数的形式出现的。只是近现代国家才以根本法来保障作为社会成员大多数的公民对国家的主人地位,要求国家必须在服从多数公

---

① 参见沈宗灵主编:《法理学》,高等教育出版社 2004 年版,第 381 页。

民意志的前提下进行管理活动,从而形成了以公民为本位的公民与国家间的双向制约关系;公民的正当利益对国家具有约束力,并受宪法和法律的特别保障;国家权力则受到比过去任何时候都更加强有力的制约,这种制约被宪法和法律固定下来。在此基础上,宪法还建立和确认了一系列新的关系,包括公民之间、国家机关之间以及公民与国家机关相互之间的关系,公民、国家与社会组织之间的关系,国家整体与组成部分之间的关系等,所有这些关系都以合宪为前提。同时,一国宪法确定的对外关系处理的原则、精神和具体规定通过一定形式延伸为国际法关系,这种关系在某种意义上可以称为涉外宪法关系。它们虽不严格按某一国家的宪法规范建立,但其处理最终涉及特定国家的主权管辖领域,要落实到具体国家宪法和法律的适用上。

第四,宪法关系的产生、变更和消灭是其他部门法律关系产生、变更和消灭的前提。引起宪法关系产生、变更和消灭的法律事实既有法律事件,也有法律行为和宪法行为。出生、死亡或某些自然事件,以及选举、罢免、授权、制宪修宪、婚姻等宪法和法律行为,违法犯罪行为、违宪行为等,都可引起宪法关系的产生、变更和消灭。事件和法律行为往往同时引起宪法关系与其他部门法律关系的产生、变更和消灭,而宪法行为包括违宪行为则首先引起宪法关系的产生、变更和消灭,继而又成为其他部门法律关系产生、变更和消灭的前提条件。

宪法关系的特点还具体表现在它的构成要素之中,进一步阐明宪法关系主体、内容和客体对于全面认识和理解宪法关系有重要的作用。

二

宪法关系是主体间的关系。各国宪法确定的宪法关系主体不尽相同,并随着历史发展而在范围上发生变化。概括言之,宪法关系主体包括公民、国家、国家机关、社会组织及某些公民群体。其中,公民和国家是最重要的主体,没有国家或公民身份未普遍化的社会,就没有宪法关系。有的学者将地方或行政区域作为宪法关系主体难以成立,[①]因为单纯的地方或区域没有意志,亦不能行为,不可能成为宪法关系主体。外国人和无国籍人也能成为某些宪法关系主体。

---

① 参见王向明:《试论中国宪法关系和宪法规范》,《当代法学》1988 年第 3 期;章剑生:《论宪法法律关系》,《社会科学战线》1992 年第 2 期。

公民是具有法律属性的人。人是自然属性和社会属性的统一,自然属性是人赖以存在的基础,社会属性是人的本质属性。人的法律属性是以自然属性为基础的社会属性在一定历史条件下的特殊表现形式。人之成为特定国家的公民,是由国籍来区分的。国籍就是人与特定国家普遍联系的身份标志,凡具有一国国籍的人都是该国公民,并根据该国宪法和法律享有权利和承担义务。公民作为宪法关系主体参加宪法关系,不仅要具有权利能力,还应具备行为能力。公民在权利能力上是平等的,外国人和无国籍人的权利能力不同于公民,他们通常不能参加选举法律关系和某些政治权利方面的法律关系。公民在宪法上的行为能力以民事行为能力为基础,同时也有特殊要求。为体现选举权的普遍性,很多国家都赋予具有完全民事行为能力的公民以选举权,而对担任法官、议员、国家元首职位则给予较严格的行为能力限制。公民作为宪法关系主体,构成一个重要的主体群,他们之间具有平等性和独立性。从平等性看,确定公民身份不是为了统一对社会成员的称谓,也不仅仅要表明公民享有权利,而是借以明确公民享有权利的平等身份。平等不是一项独立的权利,而是主体享受权利的身份原则。人们不能像对待权利那样以具体行为行使或放弃平等,仅当具体权利享受出现不平等事实时,公民可求助于平等身份以对抗不平等现象。人们普遍取得平等的公民身份是资产阶级革命后的事,奴隶制、封建制法律追求的价值不是平等,而是等级特权。启蒙思想家适应商品经济的发展,谴责封建等级特权,倡导平等博爱。资产阶级建国后,平等理想表现为公民的平等身份,法律面前人人平等成为宪法的重要原则。从独立性看,公民之间互不隶属,在宪法关系中自由自主,除履行法定义务外,一个公民不必服从另一公民的意志。公民服从法律,服从国家机关和社会组织的指挥管理,必须以国家机关和社会组织尊重公民的基本自由为前提。这就是公民主体群不同于其他主体群的重要特点。

国家作为宪法关系主体,除应有领土、居民、政权组织等构成要素外,还需具备形式要件和实质要件。形式要件包括两个方面:一是国家应有维护基本社会秩序,对社会实行有效控制的能力,社会失控,国家主体资格将被消灭。二是国家应有合法基础,近现代国家仅靠暴力或暴力威胁是难以持久的,还应有得到多数公民自愿承认的有约束力的宪法。从实质上看,在人类历史上,个人和集团的创造活动不会自发取得相同的价值取向,他们的需求也因资源的有限而相互冲突着。人类的需求总是产生于特定历史条件而又超越这些条件,需求总是领先于满足需求的能力。强大集团总是力图以有限的资源优先满足自己的需求而置弱小集团基本需求于不顾,弱小集团势必奋起而抗争,社会处于冲突和动荡不安状态。国家就是强大阶级或集团用以缓和冲突、维护秩序、强制推行自己需求优先满足条件的暴力工具。它产生于社会分裂之中而自居于社会之上,并且日益与社会相异化,甚至与统治阶级相异化。① 只有当商品经济发展到一定阶段,使契约精神充分体现出来,社会从分裂走向自我分化与整合阶段,有了自律能力后,统治阶级才能以市民社会代表的身份以根本法的形式规范国家活动,并确认一切公民的基本需求具有优先满足的价值、一切公民的才干具有平等发挥的条件,使国家在更加确切地臣服于统治阶级的前提下,受到社会各方面前所未有的制约。因此,没有商品经济的较大发展和契约精神的形成,就没有真正意义的宪法,国家也就不可能成为宪法关系主体。

国家不能抽象地存在,总是由国家机关来体现和代表的,国家机关是国家的派生主体。国家元首是国家整体的代表和象征,其他国家机关从横向上划分为立法机关、行政机关和司法机关,从纵向上划分为中央机关和地方机关,上级机关和下级机关等。通过职能和层次划分,使各类各级国家机关形成一个独特的主体群。这个主体群不同于公民主体群,它们相互间不是完全独立和平等的,而是分工配合与制约的关系。国家机关主体群之间横向职能关系的处理就是政权组织形式,纵向关系的处理就是国家结构形式和行政区划。职能相同、层次相同的国家机关通常具有平等的地位,但也可因一定事由出现地位上的差异。如我国特别行政区、民族自治地方、经济特区和普通行政区域的国家机关之间的地位就有较大差别。

社会组织包括企事业组织和社会团体,它们是公民或国家派生的主体。企事业组织是从事生产经营或专门事业的结构性组织,其任务主要是从事物质财富和精神财富的生产。社会团体则是按照公民间利益的差别形成的功能性组织,其特征是具有共同利益的公民为谋求和维护共同利益而结合起来。这两类组织尤其是社团组织的活动,能够对一国宪制秩序产生重大影响,因而也成为宪法关系主体,并构成一个特定宪法关系主体群。计划经济条件下的社会组织因发起、活动和资金来源均由国家控制,形成了准国家机关的特点。

---

① 参见《马克思恩格斯选集》第 4 卷,人民出版社 1995 年版,第 170 页。

这一方面强化了国家对社会的全面控制、增加国家经济负担、腐蚀国家机体，另一方面则压抑了公民的主体精神，削弱社会自我分化与整合能力。社会组织毕竟是市民社会的现象，在市场经济条件下一方面应承认公民是社会组织的原动力，逐步使社会组织社会化，由公民根据财产权、结社自由和其他社会经济文化教育权利发起并维持其活动，同时保证国家对国有企事业的监控，对其他社会组织则以登记确认形式给予监督。社会组织作为宪法关系主体群，相互间的权利能力和行为能力有重大差异，不应超越登记确认的范围从事活动。

人民也是宪法关系主体。在间接民主制之下，人民以选举或其他自治形式成为主权的享有者；在直接民主形式下，人民作为宪法关系主体则更加活跃，能参与较多的宪法关系。人民主权是宪法关系的基本出发点，"国家主权"一词只在国际法关系中才有意义，因为在国际关系中国家是作为人民整体的代表对外行使主权的。从理论上混淆国家主权与人民主权，是对卢梭的人民主权理论的误解。在卢梭设计的小国寡民的直接民主国家，人民主权与国家主权是合一的。代议制国家里，人民的主权不能转让，国家获得的只是人民主权派生的国家权力而非主权。因此，在宪法关系中谈论国家主权是没有意义的，除非我们谈的是直接民主国家的主权。

三

宪法关系主体是拥有权能的主体，公民的基本权利与义务，国家机关的职权和职责，是宪法关系的基本内容。人权、主权等也是宪法关系的内容。

人权是作为神权和特权的对立物出现的，它是指无论任何实际差别，一切人在一切时间和地点都享有的权利。[①] 其典型的存在形式是应然权利，同时又以法定权利和实然权利为其保障和实现形式。人权是特权的真理，特权只不过是人权的谬误。承认、尊重、保障并实现人权，是人类不渝的追求，构成强大的道义力量。用宪法确认基本人权原则，使之成为一般宪法关系的内容，并具体贯彻到公民的基本权利义务关系中，是十分重要的。

从某种意义上说，公民权是人权的法律化，近现代各国都在各自的历史条件下，用宪法和法律形式确认和保障人权。权利通常是指主体为实现其应得利益而行为或不行为的可能性。具体可以理解为：其一，权利是一种合理性，

---

① 参见《世界人权宣言》第2条。

本身就含有正义、正当的价值判断。英文 right 一词既指"正确""合理",同时也指"权利"。不合理要求不是权利,在程序法上虽被允许提出,最终却不能得到实体法的承认。其二,权利具有合法性,合理要求通常得到法律认可和保护,受妨碍时可诉诸法律予以恢复。法律明文禁止的行为不成其为权利。当然,技术上原因或立法的疏漏等可能使合理要求未得到法律明文认可,但占优势地位的法律意识的认可也能使这些要求合法化。其三,权利是一种供选择的可能性,公民在法律上对权利可以作出行使或放弃的选择,不受非法干涉;特定社会的创造能力及其成果满足社会需求的范围和程度为公民享有和行使相应的权利创造了物质上的可能条件。要使法定的权利保障真正实现,公民还必须承担法定义务。义务是主体承担的为或不为某种行为以实现公共利益和他人利益的必要性。作为宪法关系内容的权利义务不是公民的全部权利义务,而是公民的基本权利义务。它是公民与国家关系中最重要、最基本的权利义务。作为基础性权利义务,它派生其他法定权利义务;它是最低限度的权利义务,其他法律可赋予公民更多的权利并设置与这些权利相适应的义务;它是最重要的权利义务,没有它,就不可能确定公民与国家的关系;它主要是公民对国家的权利义务,同时也包括公民相互间以及公民与其他主体间关系上的某些权利义务。我们在谈基本权利义务时,通常是以公民为主体的,但国家作为资源和财产关系的主体依宪法和法律的规定,也具有某些相关的基本权利与义务,不应忽略。公民的基本权利与义务应当具有广泛性、平等性、一致性和现实性的特点,但这些特点在不同国家、不同时期是有不同表现的。分析一国宪法基本权利与义务的特点不能从主观愿望出发,而应从实际形成的宪法关系出发。否则就会满足于过去一些不切实际的美好的结论,使基本权利与义务难以随社会的发展而增加。具体到我国公民基本权利与义务,从广泛性来说,突出表现在权利义务主体上,随着社会经济、文化和政治发展,主体的广泛性已发展到普遍性阶段。① 但说到内容广泛性时,则既不合情理,也不符合实际。"权利永远不能超出社会的经济结构以及由经济结构所制约的社会的文化发展。"②我国作为发展中国家,经济文化相对落后,再加上宪法制定以来改革开放的巨大发展,就使宪法规定的权利显得有局限性,不可能早就存在超越经济结构和文化发展的广泛权利。实际上,如迁徙自由、罢工自由、知情权

---

① 参见许崇德主编《中国宪法》,中国人民大学出版社 2010 年版,第 336-337 页。
② 《马克思恩格斯选集》第 3 卷,人民出版社 1966 年版,第 91 页。

等市场经济发展迫切要求的权利和自由未及确认,某些已有权利在行使上也受到过多的制约。就平等性来说,我国宪法对公民身份上的平等给予了确切保障,在实际行使权利方面也基本实现了平等原则,但城乡差别和其他因素的存在,使宪法关系主体在享有权利方面仍存在不平等现象,尤其是经济发展过程中某些权钱交易现象的出现也威胁到行使权利和履行义务的平等性。公有财产与私有财产的宪法保护也不平等,在公有财产神圣不可侵犯的条件下,未注重国家作为财产权主体在实际宪法关系中的具体权利义务。宪法对私有财产未给予神圣不可侵犯的地位,使公民主体在财产权上缺乏应有的稳定感和安全感。这样,一方面是大量国有资产流失、被挥霍浪费而无人负责,另一方面是经济竞争中权利不平等,某些公民或拉拢干部、或挥金如土,只求自保与享乐,不求发展。这种状况不利于经济发展和财富增加。目前,政企分立和一系列措施的采取使国有财产保障具体化有一定进展,但还必须从宪法上保证国家主体与公民主体在财产关系中的平等权利。另外,企业所有者和管理者与普通工人之间经济和权力上的差别在某些私营、外资、乡镇企业中已造成劳资关系严重失衡,影响到工人劳动权的实现。从权利义务的一致性来看,我们以为,从总体上看,权利与义务是对应的、平衡的和一致的。一个人享有权利,应承担同等义务;一个主体的权利就是其他主体的义务,反之亦然;各种权利与义务的总体就是人们在法律上共存互助的条件。但具体而言,权利与义务不是机械地一一对应着,而是可分的。一项权利就是权利,不是义务,一项权利或义务不同于他项权利或义务。权利义务不仅在不同能力的主体上体现出差异,也从时间接续上反映出可分性,权利的放弃并不免除同一主体履行义务的责任也使二者并不绝对对等。①

由于国家权力较少受到实际制约,我国宪法学对它的研究很不重视。西方学者适应有限政府制度的需要,对国家权力的研究则较为充分。阿克顿的著名公式是:"权力导致腐败,绝对权力导致绝对腐败"。多数学者从掌权者易于滥用权力出发,认定权力是邪恶的。德国社会学家马克斯·韦伯认为,权力是"这样一种可能性,即处于某种社会关系内的一员能够不顾抵制而实现其个人意志的可能性,而不管这一可能性所依赖的基础是什么"②,实际上就是支配和调动资源以强制性影响他人行为的力量。国家权力不仅具有组织协调创

---

① 参见周敏:《论权利与义务的几种关系》,《政治与法律》1992 年第 2 期。

② 转引自 E. 博登海默:《法理学—法哲学及其方法》中译本,华夏出版社 1987 年版,第 341 页。

造活动以增加满足需求的资源的作用,而且可以通过调控强制推行资源的占有和支配制度以减少混乱,维护秩序。因此,可以说国家权力就是国家在调节资源占有和支配关系的基础上进行社会管理的制度性影响力。与公民权利相比,国家权力具有工具和手段的特点。它不包含像权利那样的价值判断,不能自我证明其合理性,只有与正当目的和正当程序结合起来才具有正义价值。美国学者卡尔·多伊奇指出,权力是"获得其他价值的工具"①。国家权力是一国之中组织化程度最高、力量最强大、能够最充分动用暴力手段的权力,任何个人或组织分散个别抵抗国家权力都是无济于事的。因此,"权力对推动社会进步有巨大作用的同时还可能带来巨大灾难"②,这种进步作用和可能的灾难都是无可比拟的。唯其如此,人民才以根本法的形式为国家权力的享有和行使划定界限。但一纸成文宪法并不足以规范国家权力,要把书面规范变为具体实际的宪法关系,人民应在立宪行宪方面付出艰苦努力,国家尤其应在宪法实施的保障制度的健全和完善方面下功夫。只有这样,才能保证国家权力受到合宪性、合法性审查,接受宪法和法律制约。国家权力是通过不同职能和不同层次的职权表现出来的。从横向看,它具体表现为立法权、行政权、司法权和军事权等职能权力;从纵向看,它表现为中央权力与地方权力,上级权力与下级权力。国家权力的依法严格分工,是内部横向纵向制约的关键,在法定权限不得放弃、不得超越、不得滥用的意义上看,任何国家都要有一定程度的分权和权力之间的相互制约。最重要的是以职责制约职权,与权利和义务的一致性相比,国家权力和责任更具有在任何意义上都不可分割的统一性。宪制条件下的政府是责任制政府,一切国家机关及其工作人员都应就自己行使职权的行为向授权者承担责任。如果权力向上集中,责任向下分散,争相行使权力,无人承担责任,就会割裂职权与职责的统一性。因此,必须进一步完善责任制形式。建立弹劾制,完善质询制使之能产生实质性后果,罢免应由授权者根据受权者应承担的责任进行,行使权力失误、不当和违法者应主动引咎辞职。科学界定责任范围:一是重要职位责任,政府及其部门首长在管辖范围和领域内出现灾难性社会事件或社会丑闻时,如难以挽回损失和影响,应主动辞职以缓和事件的社会震动,使蒙受损害者和相关人感到政府的道义力量而增强信心和勇气。二是行为责任,一切国家机关及其工作人员行使职权明显失

---

① Karl Deutsch: Politics and Government, p31, Boston, 1974.

② 蔡定剑:《国家权力界限论》,《中国法学》1991 年第 2 期。

当时,应主动引咎辞职,由授权者依法追究责任,国家给受害者以赔偿,并视情节责令责任人员承担损失。因此,把国家权力纳入宪法关系之中,使这成为宪法关系的基本内容,不仅仅是要保障合法权力的行使,更重要的是对它实行法律制约、分工制约和责任制约。

四

宪法关系客体是指主体的权利或权力所占有和支配、主体的义务或职责所负载的物质资源、非物质财富、行为和文化价值。它与其他法律关系特别是民事法律关系客体既有联系,又有区别,不全面把握这些联系和区别,是很难界定宪法关系客体的。现作如下具体分析:

物质资源包括自然资源和社会物质财富,是不以人的意志为转移的客观实在,又能为人所认识、改造与利用。物质资源作为宪法关系客体是与特定国家构成法律上联系的那些资源,这就使之不同于哲学上的物质。同时,物质资源包含了民法上的物而又不限于这种物,民法上的物是"为人力所能支配而且能够满足人类的某种需要的物品"[①],与民事主体有直接而具体的联系。宪法关系中的物质资源则除包括民法上的物以外,还包括那些在一国主权范围内与主体仅有一般联系、尚未被认识、不能被主体支配并用来满足需要的物质财富,如尚未探明的矿藏资源、海底资源、暂时无力开发的无人区等。国际法上民族国家对自然资源的永久主权指向的客体,在国内就是宪法关系的客体。自然资源非人力造就,不是仅能满足单一需要的单项的物品,它具有综合性,可供人类综合开发利用以满足多种需求,如土地、水、矿藏、森林、野生动植物资源、自然风光等。

非物质财富包括不与人身相联系的非物质财富和与人身相联系的非物质财富。前者存在于一定社会联系中,不与特定人身直接关联,能给主体带来某种利益,如机会、闲暇、信息、知识技能等。它构成劳动权、受教育权、休息权等宪法关系的客体。与人身相联系的非物质财富包括精神成果和人身财富,宪法对这些财富的保护比民法更注重其人身关系方面而非财产关系方面。作为人身财富的客体只能存在于绝对宪法关系和保护性宪法关系中,不能成为相对宪法关系的客体,如生命、自由、尊严就不能以协议方式转让。对严重犯罪

---

① 王利明等著《民法新论》下册,中国政法大学出版社 1988 年版,第 8 页。

分子虽可依法剥夺其生命,完全消灭其主体资格,但在主体资格消灭之前也不得侮辱、残害其人身或转让其权利。有学者认为"人是主客体的统一"①,此说如出现于哲学或其他社会科学领域虽可另当别论,但在法学特别是宪法学领域谈论人的客体特征则有失偏颇,它实际上混淆了主体自身和与主体相联系的客体。奴隶制封建制把人变成法律关系客体,资本主义在商品经济发展中使人人取得公民主体的资格是巨大的历史进步。但市场大潮中也出现过人的尊严、价值商品化现象,这是有损人的主体资格的腐败现象,宪法不仅不会确认它,而应禁止和克服它。

宪法行为是宪法关系中最一般的客体,是指宪法关系主体有意识的活动。它包括作为和不作为两种形式。作为是主体行使权利或权力,履行义务或职责的积极行为,不作为是主体享有权利或权力,履行义务或职责的消极行为。主体可以自己的行为行使权利或权力,也可要求负有义务或责任的其他主体作出一定行为;公民权利可指向其他公民履行义务的行为,也可指向国家机关履行职责的行为;国家机关的职权可要求其他机关作出一定行为,也可要求公民作出一定行为。在以宪法行为为客体的宪法关系中,主体的权利与义务、职权与职责、公民权利与国家权力之间获得了高度统一。

文化价值是人类文明进步中产生的对社会活动有重大作用的精神价值。文化价值是综合价值,在社会各个领域都有重要作用,在宪法领域则构成宪法价值,既具有引导和调整作用,又是权利义务、权力和责任指向的对象。其中,正义、秩序和发展是宪法三大基本价值。人类的创造不断满足旧的需求,催生新的需求,推动着历史的发展,但内在于创造和需求中的冲突时刻威胁着人类自身。在一定历史阶段,秩序被强权加以维护,以控制发展的骚动,但秩序并不保证多数人的基本需求得到同等满足,少数人垄断着财富并强制推行有利于自己的秩序。宪法把人类的正义追求制度化,确认发展带来的利益应与多数人基本需求的满足相结合的正义秩序,使发展、秩序价值在正义价值的基础上获得了自觉的统一。公正、平等、民主、自由、安全、法治、效率、公益等价值则在上述三大基本价值统一的体系中发挥作用。维护和促进这些价值是国家的积极责任,不破坏这些价值是公民的消极责任;国家和公民都能在行使权利或权力时享受这些价值带来的便利。

---

① 刘惊海:《公民权利与国家权力——对宪法学基本问题的认识》,《吉林大学社会科学学报》1990年第6期。

关于人权理论问题的几点思考[*]

人权理论,无论是在西方或者东方,也无论其历史还是现状,似乎总是充满了难以克服的自相矛盾和永无休止的激烈争论。这种状况在全部社会科学领域中几乎是无与伦比的。这种现象缘何形成又意味着什么?

一、人权思想的历史回顾

人权获得制度化的保障虽然不过数百年,但人权思想的产生却已经有了两千多年的悠久历史。最早的人权观念可以远溯到古希腊的自然法和自然权利思想,"人权"一词亦早在古代希腊悲剧作家索福克勒斯(前 496—约前 406)的作品中就出现了,至于近代的人权概念,则是由意大利文艺复兴运动的先驱、伟大诗人但丁(1265—1321)首先提出来的。^①

17 至 18 世纪启蒙思想家以自然法学说和社会契约论为基础,提出了系统的自然权利学说。他们认为人权是与生俱来、不可剥夺、不可转让的,政府的建立和法律的产生都是为了更好地保护人的天赋权利。洛克提出,平等、自由和财产是先于国家而存在的自然权利人们组织政府的"重大的和主要的目的是保护他们的财产"^②。法律的目的不是废除或限制自由,而是保护和扩大自由……哪里没有法律那里就没有自由。^③ 孟德斯鸠深入地探讨了自由与政府及法律的关系,他说自由是指"一个人能够做他应该做的事情,而不被强迫去做他不应该做的事情……自由是做法律所许可的一切事情的权利"^④。他

---

* 本文发表于《法学评论(双月刊)》,1997 年第 5 期。

① 参见但丁:《论世界帝国》,商务印书馆 1985 年版,第 76 页。

② 洛克:《政府论》下篇,商务印书馆 1964 年版,第 77 页。

③ 洛克:《政府论》下篇,商务印书馆 1964 年版,第 36 页。

④ 孟德斯鸠:《论法的精神》上册,商务印书馆 1961 年版,第 154 页。

认定只有实行分权并以权力制约权力，才能保护人的自由。① 卢梭指出："人人都生而自由、平等。"②私有制、国家和法律的产生使人从自由走向奴役，只有驱逐暴君，由人民掌握主权才能恢复人的自然权利。③ 他把"寻找最好的政府"或者"为了树立人权"而著书立说作为培养爱弥儿的目标。④ 启蒙思想家都认定人享有自然权利，他们中的杰出代表都主张法治，以便限制政府权力保障人权。但他们对自然状态、国家和人权的观点并不一致，尤其是洛克的个人主义与卢梭的集体主义分野对其后的人权理论争议有着深远的影响。

在资产阶级革命时期，英国的平等派、法国的罗伯斯庇尔、美国的杰佛逊与潘恩等都兼具理论家和革命家的双重身份，把批判的武器和武器的批判结合起来，进一步阐发了人权理论并将它引向实践，在人民群众的参与下终于建立了代议民主制共和国，制定了规范政府权力、保护基本人权的宪法。可见，早期启蒙思想家们的人权理论对于推进人权斗争、建立基本人权的宪法保障制度无疑产生了重大影响，起过十分重要的进步作用。

19世纪末到本世纪初，随着资本主义经济的繁荣发展，资产阶级的统治地位已经牢固地树立起来，因此，他们对人权的兴趣也就不断丧失，并使人权思想逐渐走向低沉和衰落。从密尔的自由主义人权观、黑格尔的理性人权观到欧内斯特·巴克的国家创造权利观，虽然可能因各位学者所在国家处于不同发展阶段而缺乏时序的相继性，但却反映了资产阶级思想家们的人权观念不断淡化的逻辑过程。很多西方学者从批判天赋人权学说开始走向最终抛弃人权口号的歧途。

二、当代人权理论纷争透视

两次世界大战的惨痛教训使人们认识到，平等、自由和人权是在血与火的洗礼中诞生的，任何时候，人类都可能因忽视它们的价值而付出沉重的代价。于是，很多西方学者转而批判否定人权的实证主义思潮，掀起了一场复兴自然法的广泛运动，人权理论在当代再一次被推向高潮。但与此同时，不仅否认人权的主张依然存在，而且对于什么是人权以及如何促进和保障人权等基本问

---

① 参见洛克：《政府论》下篇，商务印书馆1964年版，第156页。
② 卢梭：《社会契约论》，商务印书馆1980年版，第9页。
③ 参见卢梭：《论人类不平等的起源和基础》，商务印书馆1962年版第，121-146页。
④ 参见卢梭：《爱弥儿》下卷，商务印书馆1978年版，第704页。

题,各国学者间的分歧仍然是根深蒂固的。

首先,在人权存否的问题上,西方学者就有三种主要倾向:一是在西方较为流行的所有人在一切时间和场合均应享有人权的普遍平等人权观,这与《世界人权宣言》第 2 条的内容是一致的。作为对一种理想状态的倡导,这种主张无可厚非,且在历史上起过重大的进步作用。但理想毕竟不是现实,发达国家不顾其他国家的现实条件一味推行普遍平等人权标准,不仅并未促进人权状况的根本改善,反而激起很多矛盾和冲突。二是英国哲学家米尔恩提出的低度人权论,认为人类的大多数从来没有、而且在可预见的将来也不可能生活在自由、民主的工业社会,"当前的经济、文化状况排除了这种可能"。① 因而,普遍平等人权标准显然忽视了人的社会、文化差异,故应代之以最低限度的人权标准。应当承认,米尔恩探讨人权保障的多样性、并试图消除人权问题上永无休止的争议的努力,无疑是值得重视的。我国有学者认为米氏的人权观在一定程度上受到了马克思主义的影响。比较中肯,故对中国有参考价值②。笔者认为,对于这种认识仍然需要细加斟酌。概而言之,米尔恩的人权理论存在重大缺陷:它从西方中心论出发否定落后国家工业化、民主化的必要性和可能性,对西方国家在人权问题上搞强权政治视为当然,与此同时还因人权享有不充分的现实去批判人权理想,从人权概念中剔除了平等要素。这是一种十分危险的倾向。曾几何时为打碎"华人与狗不得入内"的招牌,争取民族独立与平等,中华民族曾经浴血奋战,这与米尔恩的人权学说形成了多么强烈的反差! 三是麦金太尔的人权虚构,论他断言"自然权利或人权全属虚构""所有为确信这类权利存在提供充足理由的尝试均告失败""相信它们如同相信女巫和独角兽"。③ 笔者认为,在人类历经了两次世界大战的浩劫之后,重弹十九世纪就已屡见不鲜的否认人权的老调,是不会有任何吸引力的,但它确实击中了当代人权理论的要害。

就我国情况来看,对社会主义社会人权的存在与否长期存在两种不同看法。一些同志认为"人权"是资产阶级的口号,马克思主义对人权问题原则上持反对立场,社会主义社会不应再提人权口号。④ 有的学者则指出,马克思主

---

① 米尔恩:《人的权利与人的多样性——人权哲学》,中国大百科全书出版社 1995 年版,第 3 页。
② 参见房宁、赵会民:《现代西方政治理论》,北京出版社 1995 年版,第 64-65 页。
③ 转引自米尔恩:《人的权利和人的多样性——人权哲学》,中国大百科全书出版社 1995 年版,第 6 页。
④ 参见 1979 年 10 月 26 日《光明日报》评论员文章:《略论人权问题》。

义并不一般地反对人权，而是反对以资本特权为核心的资产阶级人权。马克思主义应当研究人权问题，社会主义现代化建设中应当有人权建设的地位。[①]在20世纪90年代以前，前一种观点在理论上占主导地位，提出并坚持后一种观点的人在当时只是少数。进入90年代以后，运用马克思主义研究和解决人权问题，促进社会主义人权保障制度的建设则已经成为共识。

其次，人权概念是一个争议和混乱最为严重的问题，几乎每个研究者都对人权的含义有自己的解释。诚如美国神学哲学家霍勒曼所说："人权似乎就是一切又似乎一切都不是。"[②]他描绘的美国一次人权大会的情景比较典型地反映了在人权概念上的不同主张：一位南非黑人将人权等同于政治权利，为国内2200万黑人声辩；一位历史学家把人权视同经济权利，为下层美国人特别是妇女、儿童声辩；一位政治学家把人权看作共产党的宣传工具，认为美国推进人权将会对国家安全造成威胁；一位伦理学家把侮辱教皇视为比拷打政治犯更为严重的侵犯人权等等，不一而足。[③]美国哲学家罗森鲍姆把各种人权定义归结为用行为和物品来定义的两类，物品即一种权利资格，行为则是指抽象的权利行为。用物品定义的，如有人将人权定义为仅由人拥有的一种基本的道德资格，或认为人权是正义方案中普遍的和不可取消的因素，或者认定人权是基于人的一切主要需要的有效道德请求；用行为定义的，如将人权看作是人所体现的仅与其他人有关的行为等等。[④]沈宗灵教授在为《西方人权学说》（下）所写导论中，简要列举了西方学者的十种人权定义。[⑤]但是无论西方学者赋予人权多么抽象的不同定义，人权概念之争事实上都与研究者对人权的理论基础、事实依据以及人权分类等具体问题相互关联。

从理论基础和事实依据来看，当代人权理论受多种哲学思潮的影响，更主要的则是从新自然法学和实证主义方面获得支持的。以法国新托马斯主义哲学家马里旦为代表的新自然法学派力图从人性中推导出自然法规则，再从这些规则中推导出人权。马里旦直接把人的价值和尊严拿来说明人权，他指出："如果肯定人的内在价值和尊严是无意义的话，那么肯定人的自然权利也是毫

---

① 参见何华辉：《也谈人权问题》载《武汉大学哲学社会科学论丛·法学专辑》1979年版。
② 转引自沈宗灵、黄木丹森：《西方人权学说》（下），四川人民出版社1994年版，第4页。
③ 参见《西方人权学说》（下），四川人民出版社1994年版，第312页。
④ 参见《西方人权学说》（下），四川人民出版社1994年版，第46-50页。
⑤ 参见《西方人权学说》（下），四川人民出版社1994年版，第8-10页。

无意义的了"。① 问题是用人的价值和尊严论证人权实际上是同义语之反复，人权与人的尊严几乎是一回事，而且都不是不证自明的。美国哲学家格维尔茨则倾向于用人的理性来证明人的价值和尊严，然后再用后二者去说明人权。他说："行为人只要辩称自由和健全是他的行为的必不可少的善，断言他不仅作为一个行为人而且作为一个因其行为而具有尊严或价值的人他一定要有这些善"。② 他的论证与马里旦一样具有同义语之反复的毛病，因而多少有些显得莫名其妙。实证论者如米尔恩、巴克等则从现有的社会、文化与法律条件出发来说明人权，把功利、利益或需要作为人权的事实依据。如范伯格提出：人们"能有权利的事物恰恰是他们有（或能有）利益的事物"③。但实际上，利益、需要或功利都只能说明人权主观上的必要性而不能说明人权的客观可能性，因而没有能够表明人权的充分条件。对于人权分类，西方学者也提出了各自不同的见解。以《世界人权宣言》的权利分类为基础，有人主张两分法，即公民和政治权利，经济、社会和文化权利；也有人主张四分法，即公民权利、政治权利、社会经济权利和文化权利。在按时序对人权进行阶段划分方面，有的学者持三代人权主张，有的学者则提出两阶段论。前者是法国法学家瓦萨克提出的，他认为第一代人权是美、法两国革命时期产生的消极权利，第二代人权是俄国革命时期出现的积极权利，第三代人权是战后形成的"连带关系权利"。瑞士法学家胜雅律以 1948 年《世界人权宣言》的颁布为界，把此前称为以权利为中心的非普遍人权阶段，认为此后才是以人为中心的普遍人权阶段。④ 马里旦则提出新人权与旧人权的划分，把传统的人权称为旧人权，而把本世纪出现的社会经济权利称为新人权。此外，他还提出了自然法人权与实在法人权的区分，认为"人对生存、人身自由以及追求道德生活的完善的权利"和就人应当具有物质财富的权利而言，都属于自然法权利；"至于说到私有权的具体形态，它们按照一个社会的形式及其经济发展状况而有不同，要由实在法来加以确定"⑤。当然在整个人权的概念问题上西方学者也有若干共识，比如他们都把人权认定为道德权利，其主体主要是个人，同时在揭示权利的内涵方面都受

---

① 《西方人权学说》（下），四川人民出版社 1994 年版，第 240 页
② 《西方人权学说》（下），四川人民出版社 1994 年版，第 132 页。
③ 《西方人权学说》（下），四川人民出版社 1994 年版，第 121 页。
④ 参见《西方人权学说》（下），四川人民出版社 1994 年版，第 251-254 页。
⑤ 马里旦：《人和国家》，转引自《西方法律思想史资料选编》，北京大学出版 1983 年版，第 687 页。

到了美国法学家霍菲尔德的权利—义务逻辑分析方法的影响。

　　我国自新中国成立以来就有对人权问题的研究，但多为对资产阶级人权观的批判和对西方人权状况的揭露。对国内人权问题的关注始于 20 世纪 70 年代末经过 1980 年前后、1988 年前后和 90 年代初三次较为广泛的讨论取得了不少成果。虽然我国的人权理论研究起步较晚，但在人权概念等基本理论问题方面也已出现众说纷纭、争论不休的状况，有人在整理 1978—1990 年间部分人权理论的研究文献后列举了 9 种有代表性的人权定义，[①]这在关于人权的众多解释中不过是沧海一粟。其中，有的同志把人权简单地等同于公民的基本权利，有人认为人权是人民的权利，也有人指出人权是人的权利，是人作为人享有或应有的权利。目前，在远未达成共识之前，最后一种界定得到了相对较多的研究者的赞同。在与人权概念密切相关的问题上，我国学者对人权的普遍性与阶级性、理想性与现实性、个体性与集体性等问题，都展开过较为激烈的争论，且目前尚无走向一致的迹象。

　　第三，在人权保障方面，人权理论经历了从倡导国内人权保障到注重国际人权保障这样两个阶段。早期的启蒙学者重视运用宪法在一国范围之内来保护人权，要求按照人民主权、三权分立和法治原则来制定宪法，组织政府，以限制国家权力，保障基本人权。《人权宣言》第 17 条比较典型地体现了这种倾向："凡权利无保障和分权未确立的社会就没有宪法"。到了当代人权问题已由国内转向国际，出现了所谓人权问题的国际化。这首先是因为两次世界大战的惨痛教训使各国人民认识到了他们的共同利益，一致要求采取共同行动以维护国际和平与安全，保护人类生存环境。《联合国宪章》序文在一定程度上反映了这种要求："欲免后世再遭今代人类两度身历惨不堪言之战祸，重申基本人权，人格尊严与价值，以及男女与大小各国平等权利之信念。"其次是由于殖民地民族要求独立、已独立的原殖民地谋求发展，故而提出了超出一国范围的自决权和发展权之要求。再次是发达国家为了维护自身利益，有意将国内人权斗争的锋芒引向国外，推行人权外交政策。各种不同利益在国际舞台上的竞争和冲突使人权理论不得不把关注的焦点从国内转向国际，从而出现了诸如个人是不是国际人权法关系的主体、国际人权法有无强行效力以及人权与主权的相互关系等方面的理论纷争，其中围绕人权与主权的关系问题所

---

　　① 　参见《当代人权》，中国社会科学出版社 1992 年版，第 403-404 页。

发生的激烈争论,形成了人权派和主权派两种观点的直接对立。人权派认为,促进人权是联合国的基本宗旨,国际人权保护应不受不干涉内政原则的制约。英国国际法学家劳特派特指出:"假定人权与主权之间存在着固有的对立,那么协调两者之间的对立不能以取消联合国与其宗旨为核心部分相关的职能为代价。"①主权派则认定人权问题在本质上属于国内管辖事项,应遵循禁止干涉内政之原则。虽然人权问题国际化是人类文明发展的重大进步,但由于国际法往往缺乏强行效力,人权理论又难定于一尊,使本已极为复杂的人权问题在国际化以后更显得难以捉摸和把握。笔者认为从人权的确切保障来说,人权问题,本质上确定是一个国内管辖的问题,离开宪法保障去谈国际法保障,无疑是本末倒置。国内人权是国际人权的前提,宪法保障是国际人权保护的基础。

三、几点反思

综上所述,可以看出,人权理论具有十分突出的多样性和复杂性,呈现出百家争鸣的态势。有人说:"人类是复杂的人类所生活的环境也是复杂的。因此我们没有理由可以认为为人权辩护的理论应当是或者能够是简单的。也没有理由可以认为仅仅一套道义原则或一种道义论点就能够产生出人权思想。"②的确,任何理论都离不开多样化的学术争鸣,正是各种不同人权学说的长期讨论对于促进人类福利,造就承认人权、尊重人权和保障人权的局面起了巨大的推动作用。可以说,没有人权理论就没有争取人权的斗争,更不可能有保障人权的实践。在人权思想演化的历史上,从古代人权观念、近代人权学说到当代人权理论,不同时代的不同观点在促进社会进步、改善人类处境方面都有过自己的贡献。对此,无论怎样充分肯定都不嫌过分。

但是,历史的教训值得吸取。人权学说之所以在 20 世纪遭到全面抨击,且在本世纪前半期连同人权口号一起被抛弃,显然不能简单地归因于实证主义思潮。因为人权理论本身的缺陷才是真正关键的因素。其实,在错综复杂的现实矛盾面前,当代人权理论同样已开始显得无能为力,暴露出其自身致命的缺陷。列宁在批判资产阶级国家学说时曾说过:"未必找得到第二个问题会像国家问题那样被资产阶级的科学家、哲学家、法学家、政治经济学家和政论

---

① 转引自《西方人权学说》(下),四川人民出版社 1994 年版,第 17 页。
② 《布莱克维尔政治学百科全书》,中国政法大学出版社 1992 年版,第 338 页。

家有意无意地弄得这样混乱不堪。直到现在,往往还有人把这个问题同宗教问题混为一谈……并且企图树立一种具有一套哲学见解和论据的往往异常复杂的学说……"①列宁当时仅仅把批评对象限于国家学说,并认为很难找到第二个类似的问题适用他的批评,这在国家主义泛滥、人权理论偃旗息鼓的本世纪前半期无疑是符合事实的。但现在看来,当代人权理论上的混乱不堪丝毫也不亚于本世纪初的国家学说,甚至有过之而无不及。因此,笔者认为把列宁对国家学说的批评运用到人权学说上,同样是比较贴切的。由此观之,当代人权学说主要存在两个方面的根本缺陷:

第一,人权理论的意识形态化。从根本上说,人权理论上的纷争是现实生活中不同利益之间矛盾冲突的反映。人权问题是人类的根本问题,故必然会牵涉不同国家和民族、不同阶级和阶层、不同集团和个人的利益。当人们的利益能够被兼容时,共同的人权理想和普遍平等的人权观念就会受到推崇;而当人们的利益发生冲突时,处于不同地位的人们就会提出各自不同的利益要求,并运用各种不同的理论包括人权理论为自己的利益进行辩护。人权理论为人们的利益服务本来是无可厚非的,而且也应当在帮助人类认识他们的共同利益、协调各种特殊利益的冲突中发挥作用。但是,一旦少数人的狭隘利益得到掌权者的支持,为之辩护的人权理论就可能被意识形态化,从而取得思想上的垄断地位。当代人权理论的复杂、混乱和争执,在很大程度上正是由各国掌权者奉行的意识形态间的冲突所造成的。无论是发达国家主张的普遍平等的人权观,还是一些第三世界军人政权支持的特殊的人权观,都具有很强烈的意识形态色彩,反映的往往只是这些国家之中强者的呼声。代表普通大众利益的人权理论正在被少数"精英分子"的人权理论所取代。

第二,人权问题的综合性和人权理论研究视野的狭隘性、方法的单一性之间不相适应,从而使人权学说显得片面、抽象、空洞脱离实际。人权问题具有综合性,其广泛涉及哲学、伦理、政治、文艺、宗教、社会、经济和法律等社会生活的各个方面,因而属于一个多学科交叉领域,故应当从不同的视角、用不同的方法加以全面、综合考察。虽然很多人文科学、社会科学对人权理论都曾有过贡献,也有不少学者尝试过综合分析人权问题,但总的说来,到目前为止的人权理论基本上是由神学、哲学或政治学提供的,法学对人权保障制度的研究

---

① 《列宁选集》第 4 卷,人民出版社 1972 年版,第 42 页。

仍侧重于具体问题，并没有上升到一定的理论高度，而社会学特别是经济学则很少甚至几乎完全不涉足人权问题这一"是非之地"。在西方，不少人权学者同时也是神学家，他们从上帝那里为人权找根据，用神学理论为人权做注脚，包括新托马斯主义在内的新自然法学派因而成为当代西方人权理论的主流学派。把这种现象与近代人权学说诞生时期用人对抗神、用人权反抗神权的状况相对照，是不难体味出某种讽刺意味的。人权理论自然离不开一定的哲学观点和方法，但是纯粹的哲学思辨，抽象的逻辑推论，不仅脱离实际，有时甚至显得多少有些荒诞可笑。人权问题与政治确有密切关系，故需要从政治方面加以研究。但无论是单纯的政治热情，还是一切从政治出发、一切以政治得失为衡量标准的泛政治观点，都有可能把人们引向右的或左的泥潭，从而妨碍对人权问题的科学认识。

总之，人权理论上的危机是人权实践中的困境的表现。我们必须正视现实，推动理论发展，否则没有出路。

立法的实质:发现民众心中的法[*]

摘　要:立法的基础是人类理性、公众意志和社会生活本身的规律。因此,立法的实质不是创造法律,而是发现和表达民众心中的"法"。

关键词:立法理性；公众意志

一、立法的创造论与发现论

对于立法的实质是什么的问题,历来存在两种截然不同的观点:即创造论与发现论。法律来自立法者的创造这一观点虽然早已出现过,但只是到了近代分析实证主义法学派才将其推向极端。"法律实证主义认为,法律是在社会发展的历史过程中由统治者制定的……法律仅仅是统治者所命令的东西,从而基于这种条件,统治者所命令的任何东西,也就都是法律。"①分析实证主义法学的创始人奥斯丁主张,法律是以制裁威胁为后盾的命令,无论好坏、是非与善恶,统治者创造的规则都是法律,"恶法亦法"就是对这种观点的典型概括。从理论上来看,把法律仅仅看成统治者以制裁相威胁的命令,是难以自圆其说的。首先,这种观点没有给大量存在的习惯法留下余地;其次,近现代国家无论是否实行法治,都在某种程度上要求统治者遵守法律,这就成为统治者自己对自己以制裁相威胁了;再次,这种观点不能区分合法暴力与非法暴力的界限。正如哈特教授所说,持枪抢劫的歹徒也发出以制裁为后盾的命令,据此把被害人被迫交出财物看成是履行义务,仍然是荒谬的。② 这说明,法律上的

---

* 本文发表于《西南民族学院学报(哲学社会科学版)》,1998 年第 3 期。

① 转引自[美]E.博登海默:《法理学—法哲学及其方法》,华夏出版社 1987 年版,第 10 页。

② 参见[美]戈尔丁:《法律哲学》,生活·读书·新知三联书店 1987 年版,第 52-53 页。

义务不能仅仅依靠暴力来确立。

法律发现观是一个由来已久的信念,早在古希腊时期就有人提出,法律是一种发现,当人们根据国家的法律无法胜诉时,就可以诉诸自然法。在奥斯丁的分析法学产生的半个世纪以前,英国政治家和保守主义政治理论家埃德蒙德·伯克就曾预见到立法创造论的危害性,并指出:"恰当地说,所有的人法仅仅是宣布性的。它们可以改变原初正义的形式与应用方式,但绝没有高于原初正义内容的权力。"①本世纪 20 年代正当法律实证主义思潮泛滥之际,美国总统柯立芝就明确提出:"人们并不是制定法律,他们只不过发现法律而已。"②马克思也始终坚持立法不是立法者的创造与发明,而是对规则的发现和表述。他指出:"立法者应该把自己看作做是一个自然科学家。他不是在制造法律,不是在发明法律,而仅仅是在表述法律,他把精神关系的内在规律表现在有意识的现行法律之中。"③在批判黑格尔法哲学时,马克思从立法权的角度表达了同样的观点,即立法权并不创造法律,立法者只不过是在揭示和表述法律。④ 在《哲学的贫困》一书中,马克思指出:"法律只是事实的公认",不管公法还是私法,"无论政治的立法或市民的立法,都只是表明和记载经济关系的要求而已。"⑤

立法机关的任务不是创造法律,而是通过立法程序,运用人类理性寻找法的正义理念,发现民众心中的法。在古希腊、罗马时期,思想家们已经能够将法治与人类理性紧密联系起来思考了。亚里士多德在比较人治与法治的优劣时,就从人性与兽性的对比出发,认为法律的权威只能来自人的理性而非情欲和兽性。⑥ 西塞罗明确指出:"法就是最高的理性……当这种最高的理性,在人类的理智中稳固地确立和充分地发展了的时候,就是法。"⑦孟德斯鸠在讨论影响人为法的因素时,把人类理性置于首要地位,他说:"法律,在它支配着

---

① [美]爱德华·考文:《美国宪法的"高级法"背景》,生活·读书·新知三联书店 1996 年版,第 97 页。

② [美]爱德华·考文:《美国宪法的"高级法"背景》,生活·读书·新知三联书店 1996 年版,第 1 页。

③ 《马克思恩格斯全集》第 1 卷,人民出版社 1972 年版,第 183 页。

④ 《马克思恩格斯全集》第 1 卷,人民出版社 1972 年版,第 316 页。

⑤ 《马克思恩格斯全集》第 4 卷,人民出版社 1957 年版,第 121-123 页。

⑥ 参看[古希腊]亚里士多德:《政治学》,商务印书馆 1965 年版,第 168-169 页。

⑦ [古罗马]西塞罗:《法律篇》,引自《西方法律思想史资料选编》,北京大学出版社 1983 年版,第 64 页。

地球上所有人民的场合,就是人类的理性;每个国家的政治法规和民事法规应该只是把这种人类理性适用于个别的情况。"①正义自在人心,就是因为每个人都具有理性,能够认识到自身利益与公共利益所在。虽然人的理性有时也受到过度的欲望、激情、眼前与局部利益,特别是历代封建统治者愚民政策的蒙蔽,从而暂时不能正确认识自身利益与公共利益所在,但经过启蒙,人的理性能力是可以恢复的。启蒙运动亦称理性时代,其任务就是帮助人类脱离自己加之于自己的不成熟状态,自由而正确地运用自己的理性。德国哲学家康德指出:"启蒙运动除了自由而外不需要任何别的东西,而且还确乎是一切可以称之为自由的东西之中最无害的东西,那就是在一切事情上都有公开运用自己理性的自由。"②无数个人对自身利益与公共利益的正确认识和理解就在社会上形成公平、正义的法理念。没有理性的意志是盲目的权力意志,独断论的规律是专制的温床,都不能帮助立法者发现社会正义的理念。理性不仅是社会正义形成的依据,也是立法者借以发现法的社会正义的工具,立法者之所以能够发现个人理性形成的社会正义理念,就是因为立法者同样拥有人的理性,立法者必须运用自己的理性才能发现法理念。作为近代宪法之基础的自然法和社会契约,没有理性之光的照耀,就会黯然失色。法律制度不以理性为指导,生活于其下的人们就像在从事一次没有航标的航行,必然陷于深重的危机与灾难。

二、发现民众意志

法律是意志的表现,意志的特性就是自由,这虽已成为老生常谈,但人们对此的理解却有很大差别。黑格尔正确地指出:"法的基地一般说来是精神的东西,它的确定的地位和出发点是意志。意志是自由的,所以自由就构成法的实体和规定性。"③作为法理念组成部分的自由意志,当然不是最高掌权者个人专断的意志,因此近现代国家的立法者已不再是专制君主个人,而是由民选代表组成的立法机关。同时,体现在法律中的意志也不是立法机关的意志,因为成百上千人的专断并不必然优越于君主一人的专断。借用民商法的术语来说,人民代表不是人民的全权代表,他们代表人民从事立法活动时只得到了部

---

① [德]康德:《历史理性批判文集》,商务印书馆 190 年版,第 24 页。
② [法]孟德斯鸠:《论法的精神》上册,商务印书馆 1961 年版,第 6 页。
③ [德]黑格尔:《法哲学原理》,商务印书馆 1961 年版,第 10 页。

分代理权,因此之故,立法机关虽不能没有意志与决断能力,但是这种能力是不完全的、有条件的。立法机关只能在充分了解各个选民意志的基础上综合这些分散的意志,形成一种没有内在冲突的公共意志,无权限制或剥夺各个个人的意志自由。虽然卢梭小国寡民的政治理想不过是带有怀旧情调的幻想,他的激进思潮已经普遍遭到怀疑,但他关于意志自由不可转让的思想仍不失其价值。卢梭坚持立法就是发现普遍适用的"最好的社会规则",并正确地指出:"因此人民的议员就不是、也不可能是人民的代表,他们只不过是人民的办事员罢了。"①

因此,立法者必须区分公共生活与私人生活、公共意志与个人意志。意志与自由只有在私人领域是相互结合在一起的,自由意志是就公民个人的意志在市场经济与市民社会的特性而言的。在这种意义上,黑格尔所说的意志自由就是个人自由,也就是公民的权利。在德语中,抽象的法与权利是用同一个词汇 Recht 来表示的,黑格尔的法哲学实际上就是权利哲学。美国学者 T. M. Konx 在把黑格尔《法哲学原理》翻译为《权利哲学》时说:由于 Recht 这个词在黑格尔语言中不仅包括实在法,而且包括道德、伦理生活和世界历史,因此不宜译成 Law,而应译成 Right。② 意志自由就是个人在面临多种抉择时自由决断的能力,这是公民个人对社会、国家与他人承担责任的基础。没有个人的自由意志,一切都是由某个主宰事先安排的,就没有任何理由要求个人就其行为承担责任。另一方面,在公共生活领域,意志与自由应当是分离的,如果允许国家的意志自由,公民就不可能有自己的意志或权利与自由,只有专制国家的意志才是自由的。卢梭虽然正确地区分了公意与个人意志,但他把抽象的"公意"凌驾于各个公民的个人意志之上,赋予公共意志以自由,则是危害深远的。马克思在批评"自由国家"观时提出的思想比卢梭要深刻得多,他说:"自由就在于把国家由一个站在社会之上的机关变成完全服从这个社会的机关;而且就在今天,各种国家形式比较自由或比较不自由,也取决于这些国家形式把'国家的自由'限制到什么程度。"③立法者应当明确界定公民在私人领域的权利与义务,保障公民处分私权的自由,公民对私权的滥用将损害其自身利益,即使在损及公共利益与他人利益时,由于依法定义务应提供补偿,最终

---

① [法]卢梭:《社会契约论》,商务印书馆 1980 年版,第 125 页。
② 参看张乃根:《西方法哲学史纲》,中国政法大学出版社 1993 年版,第 148 页。
③ 《马克思恩格斯选集》第 3 卷,人民出版社 1966 年版,第 98 页。

损害的依然是公民的自身利益。因而私权自治不可能对社会公共利益或公共秩序构成真正的威胁。另一方面，国家权力系民众为管理社会公共事务而授予的权力，它的运用直接影响到处于权力管辖下的大多数人的福利，不能任由掌权者按照个人的自由意志任意加以运用。法治国家的立法者就是要使权力服从规则治理，明确权力行使的不可逾越的界限。

三、发现社会生活的规律

无论个人的意志，还是国家意志，都不应当是主观的任性，意志的决断应当符合社会生活的规律。

第一，人类社会是以自然界的和谐有序为基础的，立法者应当服从自然规律。虽然世界可能是无限的，但人类能够认识、控制和利用的资源却是稀缺的，这是立法者无法回避的前提。因此，立法者必须注重资源的有效利用，提高资源配置效率，保护环境与生态平衡，好大喜功，追求不可能实现的目标，只能是资源的浪费。但是，立法者毕竟不是自然科学家，对于涉及自然规律的问题应当听取自然科学、工程学有关专家的意见。不能认为有权就有真理，立法机关赞成什么，什么就是规律。

第二，经济是社会的基础，立法者须尊重经济规律。民商法是规范市场交易、保护市场竞争的基本规则，必须花大力气制定民法典、统一合同法典和商事法律法规，完善财产法、契约法、侵权行为法、公司法、破产法等规范市场主体、市场交易秩序的基本法律制度。不能望文生义，以为市场经济有"经济法"就够了。事实上，只有健全的民商法律制度才能使市场机制在资源配置中的基础性作用得以充分显示，经济法只是国家调控经济的法规，立法不能舍本逐末。

立法者尊重经济规律并不仅仅表现为注重"经济立法"，同时必须适应市场经济对法治的迫切要求，在立法过程中把经济建设、法律建设与宪制建设有机结合起来。单纯注重经济立法不可能真正树立法的权威，经济立法对经济发展的促进作用也不可能充分显现。市场经济本质上是交换主导型经济，而不是生产主导型经济。在市场经济体制之下，生产仍然创造价值，但它创造的还只是虚拟的而非现实的价值，不通过交换的评价与承认，产品就没有真正的价值。尊重经济规律，主要就是尊重价格机制与市场交易的基本规律。商品的价格既不是生产者在进入市场以前按照生产成本单方面确定的，也不是由某个外在于市场的权威决定的,而是交易双方根据各自的需要平等自愿商定的,市场经济的价值理论只能是主观价值论。维也纳学派经济学家维塞尔指出:"当然个人兴趣的内在估价总是无例外地同客观价值相联系的,但这些估价究竟还是主观的,对一个人说是大一些,对另一个人说又小一些。"①

第三,立法所体现的"规律"不同于自然规律。任何自然和社会科学的结论都是有条件的,不会放之四海而皆准。人类社会生活不同于自然过程,由于人的主观参与,即使在同样的条件下同样的行为,可能产生完全不同的结果,因而社会生活中更不存在纯粹客观的、确定不移的规律。无论立法者、最高掌权者、社会科学家还是普通公民,任何人都无权宣称自己发现了人类社会的终极规律或者掌握了绝对真理,并因此有权运用国家权力强制推行这种"真理"。美国经济学家詹姆斯·布坎南说:"科学与其说近似市场过程不如说近似一场歼灭战。"②追求真理需要不与谬误妥协的精神,市场交易却是一个讨价还价的妥协过程,法律对经济、政治利益的协调同样需要妥协精神,美国宪法就以大妥协(Great Compro-mise)著称。立法者需要听取并尊重法学、经济学、社会学等各方面社会科学、人文科学专家的意见和建议,但立法程序不是科学实验,它并不要求也不保证可以由此发现何为真理、何为谬误,如果把科学的不妥协精神引入政治法律制度,甚至认定通过立法程序,立法者已经掌握了真理,则会产生严重的危险。

四、发现人的理性

如前所论,人的理性既是立法者借以发现法理念的工具,同时也是法理念本身的核心内容。从根本上说,立法程序乃是发现人的理性的过程。

第一,人的行为在很大程度上是受利益驱策的。理性问题最初就是所谓人性的问题,对此主要有三种主张:即性善论、性恶论和人性无善恶论。在西方,基督教认为由于亚当和夏娃在伊甸园偷食智慧之果,作为其子孙的人类就犯有"原罪",因而人性是邪恶的。值得注意的是,基督教已经将人性之恶与人类知善恶的理性联系起来了。我国古人主张"人之初,性本善",人之为恶,乃是后天环境影响所致。古人对人性的这些伦理评价,实际上都是从人对利益的态度出发的,它通常视利己为恶,视利他为善,显然还是一种过于简单化的

---

① [奥]维塞尔:《自然价值论》,商务印书馆1982年版,第10页。
② [美]詹姆斯·布坎南:《自由、市场和国家》,北京经济学院出版社1988年版,第45页。

观点。自近代以来，人们不得不承认，个人关注自身的利益常常胜于关注他人的利益，无论个人身为普通公民还是国家官员，无论他属于哪个民族、国家或群体，都不会全然例外。德国社会学大师马克斯·韦伯指出："获利的欲望、对营利、金钱（并且是最大可能数量的金钱）的追求……存在于并且一直存在于所有的人身上……可以说，尘世中一切国家、一切时代的所有的人，不管其实现这种欲望的客观可能性如何，全都具有这种欲望。"①马克思和恩格斯也承认："各个人的出发点总是他们自己"②。如果人人都舍弃自身利益，就不会有利益的冲突与竞争，也不需要法律制度存在。但这可能并不是值得向往的千年王国，而是人类的终结，幸而这不太可能发生。

立法者既不应简单地否认人性的存在与意义，也不能片面地看待它。人性中不仅具有利己倾向，也有利他因素，无论利己、利他对社会都有双重效果。在市场经济和市民社会领域，合理的利己倾向可以激励个人的创造精神，推动社会文明的进步。正是无数个人对自身利益不懈地关注、追求和实现，社会经济发展和政治法律制度进步才具有了不竭的动力源泉。利他因素能够缓和利益冲突，使社会关系趋于协调融洽，便于组织与管理。但是，极端自利必然损及他人、国家与社会公共利益，破坏正常的社会关系和社会秩序。过度利他则导致对他人人格独立与隐私的侵犯。在公共领域，掌权者也有自身需要实现的利益，但掌权者利用公共权力对自身利益的追求，不能自发地导致社会财富的增加与公共利益的实现，而是引起政府机构与权力的自发扩张，假公济私、投机取巧、贪污腐化等腐败现象也会在一些官员身上出现。极端利他主义者自认为超脱了利益的局限，就能发现普通人不可能发现的"真理"，从而以救世主自居，不惜动用国家权力强制推行自认为正确的主张，易于产生专制。因此，利己、利他作为人性的两种趋向本无善恶，只是走向极端才形成善与恶的分野，而人性又恰恰爱走向极端。立法者必须正视这个现实，法律的任务不是简单地区分出好人和坏人，再把坏人消灭掉而将好人留下来。法律制度的基本功能就是划定个人自由与公共权力，权利与义务、职权与职责的界限，以协调利益冲突而不是消灭利益冲突，从而为人性的显现设立界标，防止极端化。

第二，个人具有理性禀赋与自主能力。理性是与非理性、盲目冲动、狂热

---

① ［德］马克斯·韦伯：《新教伦理与资本主义精神》，生活·读书·新知三联书店1987年版，第7-8页。

② 《马克思恩格斯选集》第1卷，人民出版社1995年版，第119页。

等等相对立的,它表明个人在很大程度上能够正确认识、追求并实现自身利益,无须旁人代劳。因此,历史是人民群众创造的,不是英雄创造的,个人不需要救世主。正是人人具有的这种认识能力、行为能力和责任能力,才使市场经济能够自发形成一定的秩序,在某种程度上把买者与卖者、个人与社会之间的利益关系自发协调起来;才使他们能够自立、自主、自治,能够享有自由,因而具有成为权利主体的潜能,可以接受法律规则的指引去享受权利、承担义务。同样,也只有基于这种个人理性,人类行为才成为可以合理预期、有效调控的活动,这是国家进行社会管理、维护社会秩序的基础。如果人没有理性能力,他就不配享受权利,也无力承担义务,更不能合理地追究其法律责任。法律对权利、义务及其界限的划定必须与个人的理性能力及其限度相适应。尽管各人的认识水平、智力状况、决断与执行决策的能力存在着事实上的巨大差别,但在市场经济与市民社会生活中,个人行为主要与行为者的自身利益相关联,普通公民只要精神健康,其理性就足以帮助他理解和处理个人事务。因此,通过立法划定权利与义务的界限,并由司法机关监督法律的执行,就能够克服投机行为造成的市场失灵,增强公民个人行为的可预测性和可调节性。

第三,个人理性的有限性。个人的理性是不完全的,有限的。人自身的生理、心理、社会和文化局限性,加上环境的不确定性和复杂性,使任何个人都不可能全面收集和正确处理与决策相关的一切信息,因而也不可能作出完全正确的决策并完全正确地实施这些决策,习惯性、随机性乃至非理性的行为就会大量存在。虽然社会经济生活中的个人理性也是有限的,但这种有限性通常并不危及社会公共利益。在政治生活和政府决策过程中,掌权者处理的问题事关全体公民的福利与社会公共利益,掌权者个人理性的有限性如果不受到制度规则的矫正与约束,就会产生巨大的社会危害。即使政府及其官员把公共利益置于自己个人的利益之上,理性的局限性也使他们不可能一贯正确地作出公共决策并完全正确地执行这些决策。不能把政府官员都视为全知全能、永远正确的完人,他们同样会有缺点和失误。因此,即使政府官员都有服务公众的很高的热忱,把全体公民的权利和利益仅仅寄托于掌权者的道德良知和对公共事务的热忱上,也是危若累卵。仅仅运用成文法规往往不足以有效制约权力,必须实行法治,在注重运用宪法与法律划定权力界限的同时,建立更加有效的权力制约机制,才能使源于人民的国家权力真正属于人民并服务于人民。

法国人权观嬗变的历史轨迹 *

　　法国是启蒙思想和人权宣言的故乡。两百多年来,人权宣言的精神、原则和规范已融入社会生活的各个方面,不但形成了法国宪制文化的鲜明特色,而且对西方近现代的历史产生了深刻的影响。从一定意义上可以说,法国人权宣言是西方国家人权宣言的集中代表,法国人权宣言的历史演变,反映了整个西方世界人权观念演化的历程,而 1946 年法国《新人权宣言》草案则是联结近代与现代西方人权的中介和桥梁。因此,围绕《新人权宣言》草案展开对法国历史上不同时期人权宣言的比较研究,可以看到西方人权观念历史演变的清晰轨迹。

一、法国历史上的人权宣言

　　提到人权宣言,人们想到的自然是法国 1789 年 8 月 26 日由制宪会议通过的《人和公民权利宣言》。因为它不仅是法国历史上的第一部人权宣言,也是人类历史上第一部正式的人权宣言,具有极其重要的历史意义。1789 年人权宣言宣称:"在权利方面,人们生来是而且始终是自由平等的",自由、财产、安全和反抗压迫是"人的自然的和不可动摇的权利",任何政治结合的目的都在于保存这些权利,从而使基本人权原则成为宣言的核心内容。在此基础上,人权宣言宣告了人民主权原则,指出:"整个主权的本原主要是寄托于国民。任何团体、任何个人都不得行使主权所未明白授予的权力"。宣言确认了分权原则,宣称:"凡权利无保障和分权未确立的社会,就没有宪法",把权利保障和权力制约作为宪法的基本任务;人权宣言还宣告了立法权属于人民,法律面前

---

　　* 本文发表于《外国法译评》,1998 年第 3 期。

人人平等、正当法律程序、罪刑法定、无罪推定、法不溯及既往的要求,为法治原则的确立作出了独特贡献。可以说,1789 年法国人权宣言郑重宣告的基本人权、人民主权、分权和法治原则,充分体现了近代宪制的基本精神,奠定了近代宪法的基础。虽然马克思曾誉称北美《独立宣言》为世界上"第一个人权宣言"[1],但它仅确认了基本人权和人民主权两项宪法原则,宣载的基本人权也远不如人权宣言那样广泛、系统,而且其基本宗旨在于阐明北美独立的正当合理性。因此,就历史地位而论,人权宣言在宪法史上是无与伦比的。

1789 年《人和公民权利宣言》并不是法国历史上绝无仅有的一部人权宣言,在法国大革命发展的不同阶段,还先后出现过为数不少的人权宣言或人权宣言草案。其中具有重要历史意义和影响的主要包括:

1791 年由玛丽·古兹女士草拟的《妇女和女公民权利宣言》草案。这一草案在当时虽然未被制宪会议通过为正式的女权宣言,但它首次明确提出了占人类半数的妇女的权利要求,宣布"妇女生而自由,在权利上与男子是平等的"。体现雅各宾派激进主张的 1793 年《人和公民权利宣言》,主要有三个方面的特点:一是表现出某种程度的人权的集体观,把平等权列于人权之首,并宣布"社会的目标是共同幸福";二是从反抗压迫出发明确承认人民有"起义权";三是首次宣告了公民的社会经济权利,包括劳动权、受救助权和受教育权等。但是,这部书面上充满激进的人权宣言未及付诸实施,并且与雅各宾派实际奉行的恐怖统治形成强烈反差,它表明"谁要求过大的独立自由,谁就是在寻求过大的奴役"[2]。在大革命的热情与理想遭受挫折的条件下制定的 1795 年《人和公民的权利与义务宣言》宣称:"维护财产权是整个社会秩序的基础。"它不仅取消了 1789 年宣言中的言论、著述、出版自由和 1793 年宣言确认的社会经济权利,而且还将 9 条说教式的义务条款加进了人权宣言,标志着大革命的终结。

上述大革命时期的人权宣言,从时代上看都属于近代意义上的宪法性文件。对此,我国学者已给予过一定的关注和研究。[3] 不过,大革命时期的人权宣言也不是法国历史上人权宣言的全部,除此以外,第二次世界大战结束以后法国还制定了《新人权宣言》草案。1945 年 10 月 21 日法国经全民投票产生

---

[1] 《马克思恩格斯全集》第 16 卷,人民出版社 1971 年版,第 20 页。
[2] 托克维尔:《旧制度与大革命》,商务印书馆 1992 年版,第 179 页。
[3] 参见夏旭东、马胜利、段启增主编:《世界人权纵横》,时事出版社 1993 年版,第 95-109 页。

了战后第一届制宪会议,着手起草宪法。宪法草案分为新人权宣言和宪法本文两个部分,由制宪会议分别草拟通过,最后作为完整的宪法草案提交全民复决。不少宪法与政治史论著都叙述了 1946 年 4 月 19 日第一届制宪会议通过的宪法草案。[①] 实际上这只是宪法本文草案部分。而对于另一部分,即由制宪会议在 13 天前的 1946 年 4 月 6 日通过的《新人权宣言》草案,[②]人们几乎未予注意和研究。1946 年 5 月 5 日在对整个宪法草案进行全民公决时,有 80% 的选民参加了投票,投票人中 53% 的人投了反对票,只有 47% 的人投赞成票。这样,连同《新人权宣言》草案在内的整个宪法草案就被全民投票否决了。

《新人权宣言》草案虽然未能被正式批准生效,但这并不构成忽视乃至否定其历史意义的充分理由。首先,《新人权宣言》草案与宪法本文草案是作为一个不可分割的整体被提交全民公决的,投赞成票的人是《新人权宣言》草案的当然的支持者,而投反对票的人却并不都是这一草案的反对者。由于宪法本文草案确定的政权组织形式是议会制,一院制的国民议会成为主要的和最高的权力机关,"它所行使的权力几乎不受任何限制"[③],而内阁和总统基本上处于无权地位。正是对这种单一议院至高无上的权力的恐惧,促使不少人投了反对票。其次,《新人权宣言》草案对 1789 年人权宣言的补充和扩展,不仅在 1946 年 10 月 13 日生效的法兰西第四共和国宪法序言中被大部分保留下来,而且也得到 1958 年 9 月 28 日生效的法兰西第五共和国宪法即法国现行宪法序言的再度肯定:"法国人民庄严宣告忠于 1789 年人权宣言所肯定的,以及为 1946 年宪法序言所确认并加以补充的各项人权。"可见,新人权宣言的历史地位和影响是客观存在,是不可忽视的。

二、两部人权宣言之比较

1946 年法国《新人权宣言》草案,是法国历史上到目前为止的最后一部完整的人权宣言。它继承和扩展了 1789 年法国第一部人权宣言及大革命时期

---

① See Vishnoo Bhagwan, V idya Bhushan, World Constitution(the constitution of France) ,P. 6, St erling ,1987;参见雅克·夏普萨尔、阿兰·朗斯洛:《1940 年以来的法国政治生活》,上海译文出版社 1981 年版,第 107-113 页;赵宝云:《西方五国宪法通论》,中国人民公安大学出版社 1994 年版,第 241-242 页。

② 参见 1946 年 4 月 7 日《新华日报》,《法国新人权宣言草案》。

③ 转引自雅克·夏普萨尔、阿兰·朗斯洛:《1940 年以来的法国政治生活》,上海译文出版社 1981 年版,第 112 页。

其他人权宣言的原则和精神，不仅与当代法国宪法具有历史联系，而且对《世界人权宣言》也产生了影响，是当代西方的一部重要的人权文献。

在法国历史上，无论是作为头一部人权宣言的 1789 年《人权宣言》，还是作为末一部人权宣言的 1946 年《新人权宣言》草案，都是以私有财产权和商品经济为基础，以资产阶级民主共和国为后盾，以法国历史文化传统为依托的，它们之间具有实质的共同性和历史的传承性。这是对二者进行分析比较的前提。

第一，第一个人权宣言是大革命精神的集中体现。最后一个人权宣言是对历史经验教训的总结。1789 年人权宣言不仅体现了对人的价值的理性思考，而且反映了反封建的战斗激情，通过理性与激情的相互结合、互为补充，极大地推动了法国大革命的发展。该宣言在序文中一针见血地指出："不知人权、忽视人权或轻蔑人权是公众不幸和政府腐败的唯一原因"；第二条把反抗压迫宣布为"人的自然的和不可动摇的权利"。既然人权无保障是封建制度的根本弊端，争取人权、保障人权就成为大革命的根本目的。如果说一切革命的根本问题都是国家政权问题，那么自近代以来以革命行动夺取政权的根本目的就是保障和实现基本人权。1789 年人权宣言确切表达了大革命的宗旨，宣布"任何政治结合的目的都在于保存人的自然的和不可动摇的权利。"无论宣告主权在民，以分权制制约政府权力，还是以法治等取代人治，其根本目的都是为了保障人权，人权宣言就成为大革命的激情与理性的旗帜。人权要求的进一步高涨推动了革命进程，产生了更加激进的 1793 年人权宣言；人权要求不断遭受挫折，义务受到经常的强调，表明大革命的热情减退，1795 年《人和公民的权利与义务宣言》的出现，终于为大革命和大革命时期的人权宣言同时画上了句号。

1946 年草拟《新人权宣言》草案之际，封建制度与专制传统已经得到彻底改造，反封建的任务早已完成。因而与头一部人权宣言相比，新的宣言草案失去了战斗激情，更加注重对西方一百多年来人权理论与实践经验教训的理性反思，表明资产阶级在政治上走向成熟。对大革命的反思最早始于托克维尔，在 19 世纪中叶，他就曾以敏锐的洞察力指出了法国大革命的非理性激情带来的负效应，"制定 1875 年宪法的那一代人深为托克维尔……的著作所浸透"①。但是,由于人权宣言是大革命的精神和灵魂,对大革命的反思与西方实证主义思潮的泛起相呼应,使人权口号逐渐被抛弃,人权宣言在法国历史上长期被湮没无闻。19世纪后半期和20世纪前半期,西方人权理论与实践不断走向低沉与衰落,经受了两次世界大战的严峻考验。平等、自由和基本人权是在血与火的洗礼中诞生的,任何时候,人类都可能因为忽视它们而重新付出惨重的代价。1946年法国的《新人权宣言》草案正是对西方人权艰难曲折的历程的反思与总结,具有冷峻、务实和成熟的特点。它并不限于简单地宣布几条抽象的人权原则或诉诸道义的力量,而是更加注重为脆弱的人权寻求切实的保障条件。

第二,第一个人权宣言的精神是启蒙学说,因而富有理想性;最后一个人权宣言的理论基础是福利国家学说,因而更加注重实现人权的现实条件,具有实践性。

1789年《人权宣言》制定颁布时,法国大革命的曙光初照而未取得最后胜利,封建专制的淫威遭受重创而君主制尚未退出历史舞台,承认、尊重和保障人权的制度与风尚尚未形成。头一部人权宣言虽然在一定程度上吸收了英国自由宪制的原则,也受到来自美国《独立宣言》的影响。但它的基本原则和精神却无疑是由法国启蒙思想家们的自然权利学说锻造的。正如托克维尔所说:"的确,美国革命对法国革命有很多影响,但是,当时在美国的作为对于法国革命的影响并不及当时法国的思想对法国革命的影响。"②由于当时并没有人权制度化保障的实践,人权宣言的基点首先是争取对基本人权的承认与尊重,并把国家变成捍卫基本人权的工具。所有这些,除了启蒙思想家们的著作外,别无现成的答案。孟德斯鸠、伏尔泰、卢梭等人从自然法学说出发,认定人权天赋,不可转让,不可剥夺;人人生而平等,生命、自由和财产是人的自然权利;国家的目的就是维护人们的自然权利。1789年人权宣言是对理想中的人权的规范化,它宣称:"在权利方面,人们生来是而且始终是自由平等的。"国家的目的就是保存"自由、财产、安全和反抗压迫"这些自然的和不可动摇的人权,并以人民主权、分权和法治基本原则来制约国家权力,从而奠定了近代宪法的思想基础。

1946年《新人权宣言》草案是在头一个人权宣言颁布157年后出台的,资

---

① 托克维尔:《旧制度与大革命》,商务印书馆1992年版,第13页。
② 托克维尔:《旧制度与大革命》,商务印书馆1992年版,第181页。

产阶级在一个半世纪里积累了巨额财富,政治上趋于成熟,而且已有人权实践正反两方面的经验教训可资借鉴。最后一个人权宣言的指导思想是福利国家的学说,反映了西方发达国家推行的一整套"从摇篮到坟墓"的福利主义主张,比较注重保障与实现人权的现实条件和物质基础。具体来说,《新人权宣言》草案继承了1793年人权宣言确认的社会经济权利,不仅规定了公民的受教育权、工作权和获得物质救济权,而且增加了公正报酬权、工会自由、企业民主、罢工权,以及国民健康、人身完整与尊严、体智德发展权,母婴、孕妇和妇女受保护等新的内容。宣言草案还强调:"凡人不论性别、年龄、肤色、国籍、出身、宗教、思想,在政治、经济、社会各方面一律平等"。为了实现如此广泛的社会经济权利,宣言草案要求:"诉讼免费。不能因措施之缺乏致使阻碍诉讼权之行使";"各级各种教育皆应免费。家境清寒之学生应受国家之物质帮助,俾完成其学业";"因年老心身不健全或一般经济情况而不能工作之工人,应获得相当生活方法。"《新人权宣言》草案对经济权利的广泛而系统的确认,对实现基本人权的物质条件的高度重视,使它在当代西方人权文献中独具特色,有着重要的进步意义。据此可以说,它不仅是福利国家的人权宣言,也在很大程度上体现了法国共产党和左翼力量的要求。[1] 但是,自本世纪60—70年代以来,福利国家方案造成的经济效率低下越来越引起人们的注意,人权保障与经济发展之间的矛盾也突出出来。因此,对《新人权宣言》草案宣载的社会经济权利以及对人权物质保障的倡导所具有的进步意义,不应估计过高,必须全面分析,片面肯定或否定都是不恰当的。

第三,1789年人权宣言以宣告全人类的基本人权为己任,具有明显的普遍性特征,1946年《新人权宣言》草案则更多地反映了法国人对公民权利的特殊要求,具有民族的特殊性。

在法国大革命前夕,政治权利与自由已被专制主义中央集权体制剥夺殆尽,唯有学术自由尚存,"我们还能够差不多毫无限制地进行哲学思辨,论述社会的起源,政府的本质和人类的原始权利"[2]。启蒙学者只能在远离法国实际政治过程的地方构建抽象的、普遍的理想王国,因而他们的思想就具有了超民族、超国界的世界性特点,自然权利、天赋人权也就不仅仅是法国人的公民权,

---

[1] 参见雅克·夏普萨尔、阿兰·朗斯洛:《1940年以来的法国政治生活》,上海译文出版社1981年版,第111页。

[2] 1789年人权宣言中的"人"和"公民",在法文中也即"男人"和"男公民"。

而是全人类应普遍享有的人权。1789 年人权宣言深受启蒙学说的影响,体现了人权普遍性的精神和原则。宣言的草拟者们是"法国人民的代表们",但他们并不以法国人的立场为限,而是站在上帝这个全人类唯一的"主宰面前并在他的庇护之下确认并宣布下述人与公民的权利"。人权宣言力图为全人类确定一些普遍有效的人权,这一指导思想在其简短的序文中已经表达得十分清楚明白。宣言的 17 条正文的表述也采取了抽象、一般而普遍的形式,全文无一条提到"法国"或"法国人",也没有把任何人权与法国的特殊情况联系在一起。这就使它与美国的《独立宣言》和英国的《权利法案》形成鲜明的对比,前者的世界性影响也远远超过后两者。第一个人权宣言从普遍人权出发,把平等、自由、生命、财产和反抗压迫宣布为全人类应当普遍享有的基本人权,具有世界性的贡献。但另一方面,放眼世界的制宪会议代表们却完全忽视了就在他们身边、占法国人口半数的法国妇女的人权。这使第一个人权宣言从名称到内容都名副其实地为"男权宣言",①显现出莫大的时代局限性。

1946 年《新人权宣言》草案在继承第一个人权宣言关于人权普遍性的主张的同时,更注重宣告法国人的公民权利,这一指导思想在宣言序文第 2 自然段明确地显示出来:"法兰西共和国保证法兰西联邦内之男女公民,享有下列之权利及自由"。宣言草案正文确认的居留与迁徙自由、住宅不可侵犯、通讯秘密不受侵犯、正当程序条款,信仰、言论、写作、印刷、出版自由,集会、游行、结社自由、职业自由、诉讼权、请愿权及前述社会经济权利等等,都是与法国宪法和法律制度紧密关联着的法国公民的权利。从普遍人权到人权普遍性与特殊性相结合的转变,是最后一个人权宣言的观念上的一大进步。正如英国法学家米彻尔所指出的:"虽然'普遍价值'对于任何社会的生存来说都是必不可少的,但对于任何特定社会的实际管理来说,都是不够的。维护社会意味着维护某些其确切形式因不同社会而异的制度。"②同样,人类对人权的普遍要求也必须通过各民族国家各自不同的宪法和法律制度安排、通过公民权利保障制度来实现。同时,《新人权宣言》草案把 1791 年由《妇女与女公民权利宣言》草案率先提出的男女平权要求再一次摆到人们面前,明确宣布:"保证女子在各方面的享受与男子同等之权利",并在多个条文中贯彻了这一精神。这说明

---

① 1789 年人权宣言中的"人"和"公民",在法文中也即"男人"和"男公民"。

② 转引自彼德·斯坦、约翰·香德:《西方社会的法律价值》,中国人民公安大学出版社 1990 年版,第 181 页。

人权的普遍性不等于广泛性，人权实现途径的特殊性也不同于狭隘性。《新人权宣言》草案在承认人权特殊性的同时也扩展了人权的范围。

第四，1789 年人权宣言与 1946 年《新人权宣言》草案有着共同的经济基础、阶级属性和文化背景，因而具有历史传承性。

其一，头一个与末一个人权宣言都是以私有制为经济基础的，它们都把财产权作为首要人权。第一部人权宣言宣布："财产权是神圣不可侵犯的权利，除非当合法认定的公共需要所显然必需时，且在公平而预先赔偿的条件下，任何人的财产不受剥夺。"最后一部人权宣言保障财产权的规定基本上是对头一部宣言有关内容的翻版，它宣称："财产为一神圣而不可侵犯之权。法律应保障人民使用、享受及处理其财产之权利。此种权利非依法律不被剥损，如因公用而损及私人财产时，应予以公正之赔偿。"但两个人权宣言所处时代的差异，使它们在财产权条款上也有明显不同的特点。第一部人权宣言反映了自由放任的市场经济对财产权高度排他性的要求，规定除了合法的征用以外，财产权不受任何其他限制。最后一部人权宣言表现了当代市场机制与政府干预相结合的混合经济体制对财产权既保障又制约的要求，强化了对财产权的限制。宣布："财产权之行使不能违反社会公益或损及他人之自由、生存与财产。一切产业之经营成为公共事业性质或专卖性者，应收归公有。"

其二，两个人权宣言都是资产阶级意志的体现，具有相同的阶级属性，但是，二者体现其阶级属性的形式却有很大差别。第一部人权宣言产生于资产阶级夺取政权前夕，因而特别注重个人权利，用个体人权对抗专制的国家权力。而最后一部人权宣言出现于资产阶级牢固掌握了国家政权的当代，具有防范民众以人权攻击与危害政权的专门规定。它确认，"共和国在危难期中由会议决定"可以"暂告停止"公民的居留与迁徙自由、通信秘密、言论、写作、印刷、出版自由和集会、游行自由。

其三，两个人权宣言都在不同程度上受到启蒙思想家们的自然权利学说的影响，它们都持有人权普遍性的观念。头一个人权宣言完全以普遍人权的姿态出现，最后一个人权宣言虽然更加强调对法国公民权利的保护，但它在第六条的规定中也表现出明显的普遍人权观。"凡因侵犯本宣言所保证之自由及权利而受虐待者，有隐蔽于法国境内之权。"这就容易造成以法国的人权文献为标准评判他国人权状况的可能。同时，两个人权宣言虽然在一般人权的内容方面有很大差别，但它们都把平等、自由、生命、财产、安全和反抗压迫宣布为基本人权。

三、《新人权宣言》草案与第四共和国宪法序言的比较

从性质上看,1946 年《新人权宣言》草案本身属于当代西方人权文献。它一方面继承和扩展了以 1789 年人权宣言为代表的大革命时期近代人权文献的精神和原则,另一方面又通过第四共和国宪法序言的确认和第五共和国宪法序言的再度肯定,成为法国现行宪法的组成部分。《新人权宣言》草案是法国近代人权与现代人权相互联系的桥梁与中介,草案的整体形式虽然遭到否决,但其具体内容则分为三种不同情况分别被保留或被舍弃:

一是基本人权部分的规范。这是从 1789 年人权宣言中继承下来的,包括对生命、自由、财产、安全和反抗压迫等自然权利的确认,以及为保障基本人权而宣告的人民主权和法治原则等,与头一部人权宣言大同小异。由于第四共和国宪法和第五共和国宪法的序言都宣告忠实于 1789 年人权宣言,《新人权宣言》草案中的基本人权部分实际上仍保持其影响。二是社会经济权利规范,其中绝大多数被法兰西第四共和国宪法序言所吸收和保留。第四共和国宪法被废止后,第五共和国宪法序言又确认第四共和国宪法序言对人权的增补继续有效,因而这一部分被保留下来了。三是有关公民权利的规范,是《新人权宣言》草案特别增添的内容。包括居留与迁徙自由、住宅不受侵犯、通信秘密、集会、游行、结社自由、诉讼权、请愿权以及对言论、出版自由的补充等。即不包括在 1789 年人权宣言之中,也未得到第四共和国宪法序言的吸收,因而丧失了法律上的效力。

法兰西第四共和国宪法序言在确认了 1789 年人权宣言的效力以后指出:"以现代特别需要,法国人民宣布下列各种政治、经济、社会原则,"包括国家义务、法国的国际义务、公民的社会经济权利、公民义务等比较复杂的内容。因此,这部宪法序言并不是专门的人权序言,但就总体而言,其内容多与人权和公民权利有关,主要涉及公民的社会经济权利。与《新人权宣言》相比较,可以得到以下几点认识:

其一,第四共和国宪法序言对《新人权宣言》草案有直接的继承,也有独立的创新。序言直接采用了草案关于男女平权的规定,从而使一个半世纪以前法国妇女提出的男女平等要求在当代法国首次获得宪法的承认;序言还吸收了草案关于就业权利和工作义务不因出身、政见或信仰而受妨碍的条款以及

限制财产权的具体规定。序言将草案赋予"因侵犯本宣言所保证之自由及权利而受虐待者"的庇护权给予了"因争取自由之行动而受迫害者",这实际上从普遍人权后退了一步,避免了过于明显地以法国人权观为准则判断和干涉他国人权的不现实的做法。同时,第四共和国宪法序言确认的民族平等与自治权,则是《新人权宣言》草案中所没有的集体人权。

其二,在确认与工作权相关的权利时,第四共和国宪法序言与《新人权宣言》草案一样保护罢工权、企业民主,把工会自由扩展为职业团体自由。但序言不仅取消了公正报酬权,而且删除了职工维护本人及一家最低生活权、休息权,以及诉讼免费和教育免费等草案中原有的比较激进的规定。这就使序言在草案的福利国家立场上有所撤退,因而较为切实可行。

其三,第四共和国宪法序言将《新人权宣言》草案保护的国民健康、个人发展的权利,母亲、儿童、老人受保护以及贫弱者受救助等生存权连同公民受教育的权利,都以国家责任的形式加以规定,因而比《新人权宣言》草案的有关规范更具可操作性特点。

从分析到综合：宪法学通向成熟之路[*]

  近代以来，科学主义作为西方科技的副产品逐渐在我国传播。在"五四"运动高擎民主与科学两面大旗向封建传统清算时，科学主义与激进民主主义就在人文社会学科中结盟，并主宰了萌芽中的宪法学。90 年代初，虽然有人对法学是科学的命题提出过疑问，但没有触动宪法学的方法论基础。近几年来出现的社会权利分析同样没有突破科学主义的分析与还原、分解与加总的路径。

  当今时代是一个急剧变革的时代，变革时代面临着整体性、全局性的问题。我们的宪法不应当是分析宪法学或者纯粹宪法学，而应当是综合宪法学。我国 17 世纪科学家徐光启说过："欲求超胜，必先会通"。贯通古今、中西和文理，博采众长，是宪法学得以自立于世界学术之林的必要前提。从近期来看，宪法学要走向初步成熟，至少需要完成以下三个方面的理论综合：

  一是社会人文学科大综合。打破宪法学与其他社会人文学科的疆界，把宪法作为社会现象置于社会的整体环境之中，研究它与政治、经济、社会、文化、伦理等诸多现象的相关性，形成由政治宪法学、经济宪法学、宪法社会学、宪法文化学等边缘交叉学科组成的综合宪法学科群。

  二是部门法学小综合。突破部门法学界限，把宪法放到整个法律体系之中，研究宪法与其他部门法，根本法与基本法律、普通法律和其他法律规范，根本法与私法、公法等多方面的关系，阐释现代法制的逻辑结构。应当从其他法律部门中探寻宪法精神，并把宪法的民主、法治、人权和限权原则输送到各部门法中。

---

  * 本文为《宪法学如何因应 21 世纪的挑战——中青年学者笔谈宪法学的现状与前景》之节选，原文发表于《法商研究(中南政法学院学报)》，1998 年第 3 期。

三是宪法学内部理论与实践的综合。理论的实践功效不是刻意追求的目标，而是学科成熟的自然结果。只有低水平的理论才会真正脱离现实，高层次的理论迟早会产生建设现实、引导现实和批评现实的作用。因此，不应过分担心理论脱离实践，相反应摆脱理论与实践低层次统一的局面，注重宪法学自身的理论构建。在基础研究与应用研究的关系上，要进一步强化基础研究。具体说来，要研究宪法学本身，把理论系统化与领域拓展和方法更新结合起来；研究宪法基本理论，从不同层次和各种角度综合研究宪法的属性、价值与功能，探讨宪法的存在形态与宪制运作的阶段性特点；研究宪法的基本问题，把公民与国家的关系放在市场、市民社会与具体国情中考察，把公民权利与国家权力的矛盾放在产权、人权与政权相互作用过程中理解。只有首先在基础理论研究中取得突破，宪法学的应用研究才有实践价值，宪法理论与宪法实践才能实现高层次的结合。

从资源配置到权利配置[*]

——兼论市场经济是宪法经济

摘　要：当代市场经济既不是近代自由市场经济，也不同于自19世纪末以来处于政府干预下的混合市场经济，而是以权利配置为前提的"宪法经济"。依法治国首先要公私分明，明确区分公域和私域，用公法调整公域，用私法调整私域。通过经济立宪制约政府经济权力，防止因权力滥用对私权利的侵犯，这是建立法治国家的关键。

关键词：宪法经济；公共选择；私人选择；权力制约

一、新自由主义经济学革命：找回失落了的市场

市场与宪法的相关性早在18世纪即已显现出来，1776年不仅以北美《独立宣言》的发布著称于世，而且以亚当·斯密《国富论》的发表载入史册。前者通过对基本人权和人民主权原则的郑重宣告奠定了近代宪法的基础，后者通过对"看不见的手"的发现创立了古典政治经济学。斯密指出，在市场的自发秩序之下，当每个人为追求自己的目标而努力的时候，他就像被一只看不见的手指引着去实现公共利益。政府不应过多地干预经济，应当放任经济自由发展，依靠市场自发协调。[①] 自由放任的经济政策实际上包括两个方面的内容，一是保护市场主体的自由，二是限制政府的权力，而宪法恰恰就是保障公民权利，制约国家权力的根本法。可见，早在三百多年前，亚当·斯密已经深深懂得经济发展和自由宪制不可分割的道理。

自19世纪以来，经济过程的政治化和经济学的数量化相伴而行，一方面

---

　*　本文发表于《法律科学》，1998年第1期。

　①　参见［英］亚当·斯密：《国民财富的性质和原因的研究》，下册，商务印书馆1974年版，第27页。

是政府的权力逐渐介入市场,另一方面是传统自由主义经济学撇开政府和法制,用局部均衡和一般均衡模型把市场描绘得完美无缺,对于身边正发生的政府干预酝酿的危险丧失了警觉。本世纪 20 年代末 30 年代初世界性经济大萧条的暴发,使传统自由主义经济学遭到破产,为凯恩斯主义入主西方经济学创造了条件。凯恩斯主义的逻辑是:一切的"善"都源于国家,而所有的"恶"只能来自市场,市场而不是政府应当对大萧条负责,市场缺陷被无限夸大,政府成为克服市场缺陷的唯一救"市"主,其经济权力不断扩张,传统宪法的"限权政府"信念受到冲击。随着政府对市场干预的强化,财政赤字与日俱增,福利计划相继失败,特别是失业与通货膨胀并存的顽症,使凯恩斯主义经济学处境尴尬,威信扫地,不从法律制度上找出路,就没有出路可走。

从本世纪 50 年代开始的新自由主义经济学革命的主题,就是重新发现市场机制,注重权利的优先配置,并由此孕育出以维护个人经济自由、制约政府经济权力为目标的宪法经济学。以芝加哥大学为大本营的美国新自由主义经济学在以下三个方面取得突破性进展:一是弗里德曼的货币理论,通过研究通货膨胀与失业的关系,认定高通胀率与高失业率并存的根本原因在于政府以优先就业为政策目标,不注重维护货币稳定。造成不稳定的因素不是市场,而是政府。二是贝克尔和舒尔茨的人力资本理论,通过对人类行为广泛的经济分析,打破了政治学、社会学、经济学、人类学和法学等社会人文学科之间的藩篱,使微观经济学成为研究"在社会相互用途的制度中,有关人的选择和人的行为的一种普遍理论"。[①] 这说明市场机制在非商业性关系中同样起作用。三是以科斯为代表的新制度经济学以交易费用学说为理论基础,以财产权为逻辑起点,全面研究制度安排与资源配置效率的关系,证明了市场机制在法律制度领域的适用性,从而把对资源配置效率的研究与对权利配置效率的研究有机地结合在一起。

新自由主义经济学认定,如果政府没有使自己包揽过分的经济权力,使自己获得随意改变竞争结果的自由,那么市场本来完全可以形成自身的秩序。应当对混乱、萧条和停滞承担责任的是政府干预,而非市场机制。这就很自然地引出了运用宪法制约政府经济权力,保障个人经济自由的问题。

由新自由主义经济学重新发现的市场,既不是近代意义的自由市场经济,

---

① [法]亨利·勒帕日:《美国新自由主义经济学》,北京经济学院出版社 1984 年版,第 20 页。

也不是 20 个世纪末以来处于政府权力干预下的混合市场经济,而是以权利配置为前提的宪法经济。市场经济不仅是法治经济,而且是权利经济,它首先还应当是"宪法经济"。在没有法律制度的无政府状态下,市场既不能为是,也不能为非。说市场没有政府和法律不能为,是因为没有财产权和契约自由保障,人们就无法使自己创造的财富免受他人掠夺,也不能保证人人都履行他们自愿订立的合同,生产和交换均难以正常进行;说市场没有政府不能为非,是因为即使要做像垄断这样简单的损害消费者利益的坏事,也要有政府保证垄断价格协议的执行。政府的情况就完全不同了,做好事的权力同样可以拿去做坏事,政府权力既可以为是,也可以为非;政府所做的对一些人来说是好事,对另一些人来说可能就是坏事,而且在没有宪法约束的情况下,政府权力被用于做有害的事情的可能性就会大大增加。因此,只要政府干预市场的巨大经济权力不受制约,市场自发秩序就难以形成,即使已经形成的市场秩序,也会面临瓦解的危险,权力本位与市场经济是无法共存的。宪法经济的诞生,要求我们尽快完善调整这种经济形态的经济宪法。

二、公共选择与私人选择:勘定公与私的界限

古罗马的法学家率先把社会划分为公域和私域,把法律划分为公法和私法,分别用公法调整公域,用私法调整私域。这一传统直到凯恩斯主义盛行的时候,才开始受到怀疑。由詹姆斯·布坎南首倡的公共选择学派对于宪法经济的研究再一次证明,公与私的区分是制度文明进步的关键所在,是法治的核心问题。公共选择学派把人类的一切行为都视为在一定规则约束下的选择,并将这些选择归入公共选择和私人选择两大领域。传统经济学研究的是私人选择,即人们在既定规则的约束下对资源配置作出的选择。公共选择运用经济学的方法研究公共选择行为,即人们对约束资源配置的基本规则的选择,这就是权利配置的问题。与新制度经济学相比,公共选择在对制度的研究中处于最高的层次,它的研究对象是约束规则选择的基本规则的选择而非一般规则的选择,是作为根本法的宪法而非普通法律。布坎南指出,"我们时代面临的不是经济方面的挑战,而是制度和政治方面的挑战"[①],改进政府决策的关键在于变革决策过程据以进行的基本规则,也就是修改宪法。1962 年在奠定

---

① 〔法〕亨利·勒帕日:《美国新自由主义经济学》,北京经济学院出版社 1984 年版,第 153 页。

公共选择理论基础的合著《赞同的计算》中,布坎南和图洛克就表达过这样的信念:"公共选择观点直接导致人们注意和重视规则、宪法、宪法选择和对规则的选择",因而是一种"政治宪法的经济理论",即宪法经济学。[①]

　　传统经济学在分析市场决策时把人视为追求自身利益最大化的"理性经济人",而一接触公共选择领域,却采取了"哈维路"式的假定,把政府官员都视为大公无私的圣人,对政府缺陷视而不见。公共选择理论把"理性经济人"假定运用于非市场决策,认为公共选择与私人选择并没有实质性的差别。人就是人,并不因为占有一个经理职位,或者拥有一个部长头衔就会使人性有丝毫的改变。政治决策者与市场决策者一样也是理性的、自利的人,他们在作出决策时同样要核算个人的成本和收益。选民总是把选票投给能为他们带来最大预期利益的人;政府官员同样在谋求自身利益最大化,尽管他们有反映公众利益的愿望,但这不过是他们的众多愿望之一罢了。不能把他们都看成大公无私的救世主,给予他们无限的权力。要设计出能够制约掌权者权力和行使权力行为的宪法和法律条款,就一定要把掌权者也视为自身利益最大化的追求者。同时,私人选择与公共选择又具有不同特点:

　　首先,成本与收益的关联状况不同。在私人选择中,消费者必须自己支付全部价款以补偿生产者的生产成本,才能获得他所需要的商品与服务。由于人们不能指望获得外部收益,也不必支付外部成本,生产者和消费者都有动力降低成本,提高收益。在公共选择中,政府提供的公共物品和服务,是由公民缴纳的总税款支付的,政府及其官员不必为自己的行为支付成本,决定公共物品和服务生产规模与结构的每个选民不过是众多纳税人中的一员,无论他作出何种选择,对他应纳税款的影响都可以忽略不计。外部性的存在使官员和选民都没有降低成本,提高收益的动力,相反,选民需求过剩和政府生产过剩成为公共选择的普遍现象。因此,私人选择的效率通常高于公共选择效率。

　　其次,选择的基本规则和后果不同。私人选择是自愿的,消费者愿意购买的是他所需要的物品,不必购买自己不需要的东西,无论别人如何选择对他都没有影响。平等、自由的个人进入市场进行交易后,退出市场时仍然是平等、自由的。公共选择实行少数服从多数,具有强制性,个人的选择对集体决定的形成几乎没有什么影响,但集体决定作出后他必须服从。平等、自由的选民经

---

① [美]詹姆斯·布坎南:《自由、市场和国家》,北京经济学院出版社 1988 年版,第 22 页。

过公共选择过程,退出投票站时受到集体决定的制约,一部分人想要的没得到,得到的是不想要的,从而变得不平等、不自由了。

其三,竞争与垄断的程度不同。私人选择的逻辑是"假公济私",自利的生产者相互竞争,以恶制恶,使消费者的利益得到满足,社会公共利益得以实现。公共选择中的党派、候选人之间也存在类似于市场的竞争,在一定程度上也能以恶制恶,满足选民的要求。但公共选择的交易成本高,具有时间上的间断性和空间上的自然垄断性(即在一个辖区内一种职能的政府机构只能有一个),因而无论在时间上还是在空间上的垄断程度都高于市场。以公共利益的名义对合法暴力的垄断,在制度约束不健全的情况下,可能被用来满足官员的私利,形成"假公济私"。

在市场经济条件下建立法治国家,首先要公私分明,国家与市场有明确的界限。这个界限就是宏观与微观的界限,政府只能站在市场以外进行宏观调控,不能进入市场干预微观经济。宏观调控权力本身也必须受到宪法的制约,不能由政府任意操纵。1993 年我们把宪法的计划经济条款修改为市场经济条款,并规定:"国家加强经济立法,完善宏观调控,依法禁止任何组织或者个人扰乱社会经济秩序。"应当肯定,用市场机制取代计划指令,把政府的经济权力限于宏观调控,是一个历史性的进步。但是,"加强经济立法"的提法首先就混淆了公与私之间应有的界线。市场是私人选择的领域,规范市场的基本法律是私法,主要就是民商法,国家属于公共选择领域,规范国家活动的根本大法是宪法,这是公法。所谓"经济法"充其量不过是经济行政法,加强这样的立法既不能保护市场竞争,也制约不了政府权力,更不会对建立法治国家有多大贡献。如此望文生义,以为经济法就是调整市场经济关系的法律,实属舍本而逐末。其次,我们只能在经济立法不完备的时候才能加强它,如果到 2010 年经济立法完备了,立法机关再"加强经济立法"就成为多此一举了,但不加强又有违反宪法之虞。这种规定显然是不合适的。"禁止任何组织或者个人扰乱社会经济秩序"的提法是凯恩斯主义的观点,它表明市场是邪恶的、不可信赖的,政府则是完美、可靠的,对社会经济秩序的扰乱和破坏只能来自市场上的组织或个人,绝对不会来自政府及其官员。这种假定显然是不现实的。实践证明,市场的自发秩序受到的破坏既有来自市场的,也有来自掌握公共权力的政府机关及其官员的,建立市场经济体制和法治国家,首先要完善保证市场交易的民商法和制约政府权力的宪法,否则现代化就是空话。

凯恩斯主义告诉我们,市场是有缺陷的,应当用政府干预来克服市场缺陷,当代经济学的研究发现,政府与市场一样,也是有缺陷的。因此,市场的缺陷不是把问题交给政府去处理的充分理由。于是又有人提出,把市场和政府结合起来以取长补短,问题不就解决了吗?但是,事情并不这么简单,没有人能保证市场和政府的结合一定能实现优势互补,而不会形成缺陷叠加。相反,由于无论市场上还是政府中的个人都是自身利益最大化的追求者,市场与政府的结合就必然造成公私混淆,产生效率低下、腐败蔓延的后果。如果市场与政府结合了,政府权力就会被人拿到市场上拍卖,拥有物质财富的人就能够在市场上买到政府权力了。因此,我们所做的既不是选择不完善的市场,也不是选择不完善的政府,而能在这两个不完善的东西的各种不尽完善的组合之间作出选择。① 只有运用宪法和法治的力量才能有效克服市场与政府的双重缺陷,把社会正义与经济效率统一起来。

三、宪法经济学:制约政府经济权力

在如何配置权利的问题上,宪法经济学倾向于把更多的权利分配给市场,在承认国家干预经济的必要性的同时,主张运用宪法制约公共经济权力。1982 年 11 月由美国遗产基金会发起在华盛顿召开了以"宪法经济学"为主题的讨论会,会议论文被汇编成名为《经济宪法学:制约政府经济权力》的论文集。理查德·麦肯齐教授在为论文集所作序言中说,宪法经济学的核心问题是:"在组织了政府并赋予它促进全体社会成员共同利益的必要权力后,如何防止它为了少数人的利益运用其经济和政治权力损害公众"。② 为此,公共选择学派提出了反对政府再分配,进行财政立宪和货币立宪等可操作性的建议。

人们常说,市场能够把蛋糕做大,但不一定能把它分配得公平。由政府把蛋糕集中起来进行再分配,同样不能保证公平,反而会使蛋糕变小。因为中性的政策是非常少见的,绝大多数政策都会引起财富从一部分人手中向另一部分人手中转移,即总是有人受益,有人受损。一项好的政策就是使受益者的所得大于受损者的所失,增加社会总福利;一项坏的政策则使受益者的所得小于

---

① 参见[美]查尔斯·沃尔夫:《市场或政府——权衡两种不完善的选择》,中国发展出版社1994 年版,前言。

② Constitutional economics: comtaining the economic powers of goverment ,editd by Richard B. Mckcnxie,D. C. Hcath and Company,1984,Preface.

受损者的所失，减少社会总福利。但是，集体行动的逻辑是，集团成员对集体行动的收益都有兴趣，而集团行动的成本没有共同兴趣，每个人都希望他人支付全部成本，而自己坐享收益。集体行动的成本与集团规模成正比，个人从集体行动中获得的收益则与集团规模成反比。这样，大规模集团采取行动的能力远远不如小集团，因而特殊利益集团经常能够采取有效的行动，把多数人的财富通过公共选择转移到自己手中。所以，好的政策是可遇而不可求的，公共选择理论主张用宪法规定的特定税制作为再分配的基本形式，限制政府再分配的权力。历史有时也会重复，政府再分配倾向实际上是自然经济的"慈父情节"，家长替子女管理收支，最初的动机是防止他们因奢侈浪费而陷于贫困。但慈父在掌握了子女的经济命脉以后，往往会变得严厉起来。父亲的经济权力经过国家法律的确认，就变成严刑峻法了，我国古代就有"父母在别籍异财者，弃市"的规定。有人说，真善美可以杀人，其实，爱也是可以杀人的，父母之爱终于把子女送上了刑场。现代国家进行再分配的经济权力，同样会逐渐变成无限专制的政治统治权力。

货币供应应按人们在制定宪法时明确同意并公开宣布的规则进行，不能由政府任意发行。布坎南指出，宪法确定的货币供应规则应当保证单位货币价值的可预期性，从而使绝对价格水平具有可预期性以方便市场安排交易于未来。达到这一目标的工具有两种：一是管理性货币体制，就是利用价格指数来指导货币政策的变动。二是自发性货币体制，通过设计一种私人决策系统，使货币价值的可预期性自动地从日常经济运行中产生。布坎南认为后一种体制更具优越性。在这一点上，布坎南与弗里德曼等多数经济学家稳定货币的主张有很大不同。我国90年代中期以前实际奉行了优先就业的政策，使改革处于两难境地。近年来宏观调控倾向于稳定货币，已经取得了一定成效。至于进行货币立宪，还需要经济界和法律界的共同努力。

公共选择学派主张，不应当像凯恩斯主义者那样，把家庭肆意挥霍的愚蠢行为当作国家理财的明智之举，国家和家庭一样需要节俭和量入为出，应当复兴亚当·斯密倡导收支平衡的政治经济学传统，把"限权政府"的要求重点放在限制政府的财政权方面。布坎南认为，财政收入即税收是财政运行的关键，应当先于支出在立宪阶段确定税收的规模和结构。这是因为在立宪阶段，人们还知道自己将来在制度结构中的地位，"无知之幕"使人们不了解自己究竟会成为穷人还是富人，于是大家都愿意选择公平的而不是偏私的税制。于是，通行税、累进税和间接税等比较公平合理的税制就会被接受作为再分配的方式。由于实行以收定支,财政开支的结构和规模可以在财政运行过程中确定,根据需要进行调整。最后,还需要在宪法中确定平衡财政预算的规则,当开支超过平衡的界限时,应当通过自动削减支出的办法而不是增加税收的办法弥补赤字,恢复预算平衡。

　　我国税法强调赋税的强制性,不提赋税的公平性,加上税外收费,造成税制混乱,在经济上助长了偷税漏税现象,降低了税收政策对经济的调节作用;在政治上使公共物品的总生产费用与总税收严重脱节,削弱了公民监督政治活动的能力。税收立宪和立法首先要保证代表机关对财政收支的决定权,公民提供了税款,理应由他们亲自或经由他们的代表来决定公共物品供应的结构和规模。不能政府在前面开支,代表机关在后面追认,甚至代表机关花多少钱反而由政府的财政部门决定。其次,应当建立纳税人监督制度,保证纳税人参与所在城镇、村社和其他基层单位公共事务的权利。如果公民只能出钱,对于如何花钱没有发言权,这种制度就谈不上公平或效率。没有代表机关对财政收支的决定权和纳税人对基层公共事务的发言权,就没有经济民主,政治民主也难以真正实现。

经济宪法学[*]

——宪法学与经济学理论交融的历史启迪

摘　要：市场经济是法治经济，宪法是法治的基石，市场体制的孕育成长需要宪制制度的协调配合。将视野局限于政治宪法、过于注重定性分析的传统宪法学理论显然不能适应经济建设与宪制建设同步发展的要求。在西方学术界，正式将经济学和法学结合起来研究的努力，始于20世纪20年代的制度经济学；到70年代美国法学家波斯纳吸收经济学家科斯等人的成果，创立了法律经济学；从宪法的角度研究经济发展，把经济学与宪法学联系起来研究，则始于以美国经济学家布坎南为代表的公共选择学派。回顾宪法学与经济学理论交融的历史，有助于宪法学关注经济宪法，借鉴经济学的原理和方法研究宪法问题，实现宪法学研究领域的拓展与研究方法的更新，走向经济宪法学。

关键词：宪法学；经济宪法；经济学

经济学关注政治、法律问题，法学注重相关经济因素，是一个由来已久的学术传统。在物质文明、精神文明和制度文明紧密关联，学科理论高度综合化的条件下，总结法学、宪法学与经济学理论交融的历史过程，对于更新宪法学理论与方法，实现经济宪法学理论创新，是很有意义的。

一、法学与经济学交汇中的宪法理论

把政治、法律和经济联系起来思考的最初尝试，可以追溯到古希腊的亚里士多德和中国春秋战国时期的管仲、墨翟等古代先哲。到了近代，亚当·斯密

---

[*]　本文发表于《法律科学》，1997年第3期。

率先结合政治和法律制度分析经济发展,从而开创了古典政治经济学。^① 美国实用主义法学家霍尔姆斯大法官在 19 世纪末曾预言:未来的法律属于研究统计学和经济学的人们。^② 这些早期探索已经昭示着法学、宪法学与经济学交融的前景。

在法学与经济学相互融合的过程中,经济学家在研究领域的拓展和研究方法的更新方面充当了理论先导。法学家则提供阵地,扮演了组织者的角色,并将两个学科的结合引向系统化。

(一)旧制度经济学的领域拓展

20 世纪 20 年代末到 30 年代初的世界经济大萧条,全面暴露了市场体制的缺陷,动摇了人们对"看不见的手"的信念。政府对经济的干预使经济活动与法律事务的关系更加密切,经济学开始向法学渗透,形成了以美国经济学家康芒斯等为代表的制度经济学。

制度经济学主张"法制居先于经济",明确地将财产权和法律制度纳入经济学范围,宪法在其中也受到重视。康芒斯认为,法院对经济利益冲突的调节"系根据宪法上关于合法程序、保护财产和自由以及平等的法律保障这几方面的条款来行动的",制度经济学试图把"法律制度配合到经济学里面,或能配合美国司法机构所采取的这种根据宪法的路线"^③。制度经济学虽然通过把宪法和法律纳入经济学范围实现了经济学研究领域的拓展,但由于未能更新研究方法,以致法律与经济的结合显得随意而松散,宪法问题也未得到充分的研究。

(二)新制度经济学的方法更新

根据研究法律制度的需要更新经济学方法的任务,是由以科斯为代表的新制度经济学学派完成的。1960 年,科斯在《法与经济学杂志》发表《社会成本问题》一文,提出了后来被称为"科斯定律"的基本思想:如果市场交易是无成本的,则权利的界定对经济效率没有影响;但事实上市场交易是有成本的,

---

① [古希腊]亚里士多德:《政治学》,商务印书馆 1983 年版,第 239-240 页;巫宝三主编:《中国经济思想史资料选辑》(先秦部分),中国社会科学出版社 1995 年版。

② [美]戈尔丁:《21 世纪美国法理学与法哲学》,《南京大学法律评论》1995 年春季号。

③ [美]康芒斯:《制度经济学》(上册),商务印书馆 1962 年版,第 9 页。

因而权利的初始界定必然影响经济制度的运行的效率。① 新制度经济学以交易费用为理论基础，以财产权为逻辑起点，全面考察制度安排与资源配置效率的关系，为对法律制度进行经济分析提供了一个新的理论框架，更新了经济学研究方法。该学派对宪法与政治已有一些探讨，以道格拉斯·诺斯和哈罗德·德姆塞茨的分析最有代表性。

诺斯在研究制度变迁时十分注重作为基本制度规则的宪法，认为宪法的"目的是通过界定产权和强权控制的基本结构使统治者的效用最大化"。② 其目标是：建立财富与收入分配方式；为竞争界定一个保护体制；设立执法体制的框架以减少经济部门中的交易费用。诺斯指出："离开产权，人们很难对国家作出有效的分析。"③他运用产权理论研究国家，提出了"新古典国家理论"，认为国家决定产权结构，因而应对产权结构造成的经济增长、衰退或停滞负责。国家有三个特征：一是为取得收入而提供"保护"和"服务"作为交换；二是为使收入最大化而为每个不同的集团设置不同的产权；三是面对其他国家或国内潜在统治者的竞争。因而国家有双重目的，既要使统治者的租金最大化，又要降低交易费用使社会总产值最大化以增加国家税收。这两个目的之间的矛盾、冲突和对抗，就成为国家兴衰的原因。

德姆塞茨用科斯定律研究民主政治，指出："当政治竞争的功能完好无缺时，个人对从事政治活动的偏好不再与民主制度有较大的关系。"④但是，了解政治和候选人情况需要信息费用，投票者个人不能决定政治结果，因而不愿进行政治投资。所以民主是不完全的，其中"少数人有权力去影响政治结果"⑤。这就为政党、政治投机、利益集团和政治垄断提供了一种解释。但新制度经济学忽视法律的自身价值，把研究的侧重点放在财产法、契约法和侵权法方面，对宪法的研究显得粗略。正如美国国际开发署经济政策与制度发展问题专家诺曼·尼尔森所说："宪法秩序还是制度分析中关于运行改进的对策中最不清

---

① 参见[美]科斯等：《财产权利与制度变迁》论文集，上海三联书店、上海人民出版社1992年版，第20-24页。

② [美]道格拉斯·诺斯：《经济史中的结构与变迁》，上海三联书店、上海人民出版社1994年版，第229页。

③ [美]道格拉斯·诺斯：《经济史中的结构与变迁》，上海三联书店、上海人民出版社1994年版，第21页。

④ [美]德姆塞茨：《竞争的经济、法律和政治维度》，上海三联书店1992年版，第50页。

⑤ [美]德姆塞茨：《竞争的经济、法律和政治维度》，上海三联书店1992年版，第55页。

晰的一块。"①

(三)法律经济学对宪法的经济分析

与康芒斯的制度经济学几乎同时出现的法律现实主义运动,直接导源于实用主义法学,其重要倾向之一就是"强调经济学"。② 美国芝加哥大学法学院率先为法律专业的学生开设经济学课程,聘请经济学家执教。1958年,经济学家迪莱克特教授在芝加哥大学法学院创办《法与经济学杂志》,从而为新制度经济学和法律经济学的产生创造了条件。

但是,直到70年代以前,法学家们在法学与经济学的交叉领域并无很大的理论建树。1973年,芝加哥大学法学教授波斯纳的巨著《法律的经济分析》问世,才从根本上改变了局面,标志着法学与经济学进入了全面系统化的双向融合阶段。波斯纳的经济分析不仅包括了普通法中的财产法、契约法、侵权法和刑法,也包括了政府调节市场、商业组织与金融市场、收入与财富分配等方面的法律以及程序法,宪法和联邦制也成为经济分析的对象,从而形成了法律经济学的庞大体系。

在对宪法所作的经济分析中,波斯纳认为:"宪法解释比一般法规的解释更灵活这条原则,表明变更宪法的成本要高于变更一般法规的成本。"③宪法在州与联邦之间、联邦政府内部分权,是为了提高改变宪法条文的成本,而对个人权利的宪法保护与此不同,是为了增加剥夺权利的成本。在谈及普选制、代议制和分权制时,波斯纳认为,对任何群体选举权的剥夺都会引起该群体的财富向选举中实力强大的集团再分配,选举权的普及将增加财富再分配的难度;由于昂贵的信息费用使民众通过直接民主形式不可能作出明智的决策,代议制可以节省信息费用;"分权制的目的就在于防止对国家强制性权力的垄断"④,这种垄断形式的成本可能高于其他一切垄断形式。此外,波斯纳还就经济正当程序、联邦制的经济属性、种族歧视、思想市场等宪法问题作了专章阐释,颇有新意。

---

① [美]V.奥斯特罗姆、D.菲尼、H.皮希特编:《制度分析与发展的反思》,商务印书馆1992年版,第13页。

② [美]戈尔丁:《21世纪美国法理学与法哲学》,《南京大学法律评论》1995年春季号。

③ Richard B. Posner, Economic Analysis of Law, Little, Brown and Company, 1986, pp. 581-583.

④ Richard B. Posner, Economic Analysis of Law, Little, Brown and Company, 1986, pp. 581-583.

以波斯纳为代表的法律经济学对宪法问题的分析虽然比新制度经济学更加具体深入，但仍谈不上全面、系统和深刻的研究。而且，波斯纳以财富最大化目标和效率价值取代宪法的其他重要价值，因而据此得出了一些错误的结论。如在种族歧视问题上，波斯纳针对著名的"布朗诉教育委员会"一案提出，法院应该要求南部各州为黑人教育提供更多经费作为保留学校种族隔离的条件。从而把种族歧视视为可以通过支付一定成本加以满足的"趣味"，则显得荒谬。①

二、公共选择学派的"宪法经济学"

自 20 世纪 30 年代后期凯恩斯主义在西方兴起并入主经济学以来，政府被视为克服市场缺陷的唯一"救市主"，其权力不断扩张，传统宪法的"限权政府"信念受到冲击。但是，随着政府日益强化的对市场的调节和干预，政府缺陷也很快暴露无遗：财政赤字、经济滞胀、机构膨胀以及腐败蔓延滋长，都成为难以克服的顽症。在这种历史条件下，以美国经济学家詹姆斯·布坎南为代表的公共选择学派应运而生。

如果说新制度经济学或法律经济学的旨趣在于用经济学方法分析一般法律制度，对宪法没有给予特别的注重和充分的研究的话，那么公共选择学派基本目的就是用研究市场的同样方法来说明政治和宪法问题。在《自由的限度》一书中，布坎南提出这样的论断："我们时代面临的不是经济方面的挑战，而是制度和政治方面的挑战。"②公共选择把经济学方法运用于非市场决策研究政治学的问题，因而有"新政治经济学"之称。而当代政治不是无规则的游戏，改进政治决策的关键在于变革决策过程据以进行的基本规则。1962 年，在奠定公共选择理论基础的合著《赞同的计算》中，布坎南和戈登·图洛克就表达过这样的思想："公共选择观点直接导致人们注意和重视规则、宪法、宪法选择的对规则的选择。"因而是一种"政治宪法的经济理论"。③ 1982 年 11 月，由美国遗产基金会发起在华盛顿召开了以"宪法经济学"为主题的讨论会，会议论文由会议组织者理查德·麦肯齐教授汇编成论文集《宪法经济学：制约政府经济权力》，于 1984 年出版，公共选择学派的另一别名"宪法经济学"也就得到了公认。

---

① See Economic Analysis of Law，pp. 618-619.
② 转引自［法］享利·勒帕日：《美国新自由主义经济学》，北京大学出版社 1985 年版，第 153 页。
③ 参见［美］布坎南：《自由、市场和国家》，北京经济学院出版社 1988 年版，第 22 页。

公共选择派提出了制约政府权力的两方面的理论依据:一是把经济学的核心假定"理性经济人"运用到政治领域,认定政治决策者与市场决策者一样也是理性、自利的人。布坎南认为,选民总是把选票投给能给他带来最大预期利益的人,由于信息费用的存在,一些选民会放弃投票,这也是合乎理性的。政府官员同样在谋求自身利益最大化,尽管他们有反映"公共利益"的愿望,但也不过是他们的众多愿望之一罢了。因此,他主张,如果要设计出能够制约掌权者权力和行使权力行为的宪法和法律条款,就一定要把掌权者也视为自身利益最大化的追求者。① 二是美国经济学家奥尔森的集体行动理论。奥尔森认为,集团成员对集团利益会有共同兴趣,而对于为获得这种利益需要支付的成本则没有共同兴趣。每个人都希望别人支付全部成本而自己得到一份收益。② 只有小集团才能有效地组织公共物品的供应,对于大规模集团则需要通过强制性的奖惩规则实行"选择性激励",以分摊集体行动成本。即使如此,大规模集团公共物品的供应仍低于最优水平,对集体行动不应抱有过高的期望。这就是集体行动的逻辑。按照上述两种理论依据,公共选择的核心问题就是:"在组织了政府并赋予它促进全体社会成员共同利益的必要权力后,如何阻止它为了少数人的利益运用其经济和政治权力损害公众?"③

对此,公共选择派的答案有两个:其一是,从政治上回归 18 世纪、19 世纪的立宪主义立场。布坎南声称,自己的理论是"18 世纪、19 世纪传统智慧精华部分的表达和再现"④。公共选择以社会契约论和个人主义为政治信条,崇尚民主、平等、自由、公平和个人权利的宪法价值观,认为宪法须适应民主的要求,民主应有宪法保障。其二是,从经济上复兴亚当·斯密倡导收支平衡的政治经济学传统,把"限权政府"的要求重点放在限制政府经济权力方面。布坎南批评凯恩斯主义把家庭肆意挥霍的愚蠢行为当作国家理财的明智之举,主张国家和家庭一样需要节俭和量入为出。⑤ 因此,公共选择学派主张制约政府征税、财政和货币方面的权力,实行预算平衡。

---

① 参见[美]布坎南:《自由、市场和国家》,北京经济学院出版社 1988 年版,第 28-29 页。

② 参见[美]曼瑟尔·奥尔森:《集体行动的逻辑》,上海三联书店、上海人民出版社 1995 年版,第 18 页。

③ Richar B. Mckenzie, Constitutional Economics, Preface by Edwin J. Feulner, Jr., Lexington, 1984.

④ James M. Buchanan, Constitutional Economics, Oxford, 1991, p.43.

⑤ 参见[美]布坎南:《赤字中的民主》,北京经济学院出版社 1988 年版,第 180-184 页。

公共选择自 20 世纪 60 年代出现以来,已经产生了广泛的实践和理论影响。自 70 年代开始,布坎南等人亲身参与倡导、草拟和讨论宪法修改建议,展开了宪法改革运动,在部分州获得了成功。到 80 年代,平衡预算与限制征税的宪法修正案草案得到了里根政府持续的支持,通过了参议院司法委员会的审查并被提交国会两院审议。该草案虽然于 1982 年秋被国会否决,但它在公众中的影响仍然长期存在。已有一些州吁请召集制宪会议,考虑限制政府的财政支出。从理论上看,新制度经济学、法律经济学的宪法与政治分析乃至一般宪法学和政治学理论,都受到公共选择的影响,正统的西方经济学家也不得不承认它的地位。应当承认,公共选择学派对宪法价值的重视、对宪法克服政府缺陷的功能分析、对集体行动的研究都具有较高的学术价值和一定的实际意义。但在运用理性经济人假定和主观价值论时则走向极端,甚至把公平税赋与个人或群体脱离共同体的自由联系起来,则是不可取的。而且,公共选择学派的理论具有高度的综合交叉性,包括了财政学、经济学、政治学、伦理学和宪法学等诸多学科,在内容上相互交错,并没有一个完整、系统而一致的"宪法经济学"体系。

三、挑战与回应:走向经济宪法学

经济学在宪法领域的开拓和渗透,法学对经济学方法的吸纳,已经对传统宪法学理论形成挑战。宪法学不得不面对挑战,创新理论,走向经济宪法学。

(一)宪法学对经济研究的初步尝试

有人考证,"经济宪法"问题是由德国宪法学家伯姆最先提出的。目前,在德国、法国、美国、日本和韩国等国家,"经济宪法"已经成为学者们公认的宪法学范畴,并受到专门的研究,经济宪法学理论体系的基本框架正在形成。[①]

在我国,宪法学理论一向坚持以马克思主义为指导,而马克思主义对宪法和法律的基本观点就是经济的观点,对宪法的经济研究本应成为我国宪法理论的优势,但遗憾的是,马克思主义对宪法的经济观被教条化,宪法的经济研究长期不受重视。直到 1992 年以后,宪法学界才对宪法与市场经济的关系、财产权的宪法保护、恢复罢工自由等与经济关系最为密切的宪法问题进行探讨,有的学者还提出了经济宪法的概念,开始运用经济学方法研究宪制和公民

---

① 参见徐秀义、韩大元:《宪法学原理》(上),中国人民公安大学出版社 1993 年版,第 206 页。

权利保障。① 这些探索显然是很有价值的,但还只是初步尝试,总的说来,表现出泛泛而谈甚于深入具体思考,感性认识多于理性分析的弱点,尚未进入拓展研究领域、更新研究方法的阶段。

(二)经济宪法学:宪法学的视角转换、领域拓展和方法更新

首先,要正确估价并利用经济学与宪法学各自的相对优势。经济学面对生产、交换和分配领域内普遍存在的数量关系,成功地将数学工具运用于人类行为与制度分析,因而"获得了其他社会科学无与伦比的技术上的优势"②。经济学利用这种优势完善了实证分析方法。构造许多理论分析模型,因而得以向其他社会科学领域扩张、渗透和入侵,人们形象地称之为"经济学的帝国主义"。有趣的是,"经济学的帝国主义"倾向在部分法学家身上表现得比经济学家明显得多,这些法学家不仅全面采信经济学,而且以效率概念取代正义概念,试图把传统的法律概念从法学中剔除掉,波斯纳代表了这一极端。其次,"不少传统的法学家瞧不起分析法律的经济学家的工作,却又因之忐忑不安。他们常常还没有弄懂经济的方法就试图反驳经济方法"③。著名法学家德沃金代表了全面否定经济分析的另一极端④,他的"法律帝国"与波斯纳的"经济帝国主义"适成对照。

笔者认为,对经济学在技术与方法上的优势视而不见,简单拒绝它们对宪法的分析价值,或者全面采信经济学来替代宪法学,都是不可取的。前者可能使宪法学丧失自己的阵地,失去对社会经济生活的影响力;后者忽视宪法价值,终将削弱宪法对社会经济关系的调节能力。因此,经济宪法学应当正视经济学在研究方法和技术上的优势,并予以吸收和采纳,使宪法学面向宪制建设、体制改革和经济建设实践,研究社会经济关系的宪法调整,摆脱单纯的条文注释和把目光盯在书面宪法上的局限性。同时,宪法作为根本法,是法律价

---

① 参见许崇德主编:《中华法学大辞典·宪法学卷》,中国检察出版社 1995 年版,第 305 页;拙作:《平等、自由和公民权利的经济观》,《法律科学》1995 年第 5 期;邹平学:《宪制的经济功能初探》,《法律科学》1996 年第 2 期。

② [美]罗伯特·考特、托马斯·尤伦:《法和经济学》,上海三联书店、上海人民出版社 1994 年版,第 9-10、11 页。

③ [美]罗伯特·考特、托马斯·尤伦:《法和经济学》,上海三联书店、上海人民出版社 1994 年版,第 9-10、11 页。

④ See R. Dworking，Why Efficiency? A Responce to Professor Callabresi and Posner，Hofstra Law Review 563(1980);参见朱景文:《对西方法律传统的挑战》,中国检察出版社 1996 年版,第 191 页。

值的集中体现,系统地确认了秩序、公正、自由、平等、民主、法治和人权等法律的基本价值,宪法学在对这些价值的规范研究方面具有优势。应继续拓展和深化这种研究,弘扬宪法的理想。可以说,经济宪法学就是要在坚持宪法理想的前提下,促使宪法学的视角从书面宪法向现实宪法转变。

其次,拓展宪法学的研究领域,在市场、个人与国家的动态关系中把握宪法。宪法是民主制度的法律化,"市场与民主的联系,从多方面估量,乃是一个惊人的历史事实"①。同样,平等、自由、人权、法治既不是个人主观愿望的结果,也不是来自政府掌权者的恩赐,而是内生于市场的价值机制、竞争机制的供求规律之中。不理解市场经济与宪法的关系,就不能理解市场,也不能理解宪法。

布坎南曾把当代社会面临的挑战说成是政治和制度方面而不是经济方面的挑战,是不全面的。美国经济学家和政治学家林德布洛姆的看法更为中肯,他说:"在世界上所有的政治制度中,大部分政治是经济性的,而大部分经济亦是政治性的。"②传统宪法学理论把宪法视为公法,宪法学眼中只有政治宪法,应当说是片面的。事实上,宪法不仅授予并制约公共权利,同时也确认、保障并限制私人权利,我们只能把宪法视为一切法律的母法。

因此,在经济学把政治、宪法作为自己研究领域的同时,宪法学也应向经济方面拓展,研究市场关系、市场机制及其对宪法的影响,形成经济宪法的理论。

再次,更新宪法学的研究方法。传统宪法学的研究方法单一而片面,只讲定性分析和规范分析,忽视定量分析和实证分析,定性分析被简化为揭示宪法的阶级性,规范分析被局限于宪法条文注释,因而难以说明复杂的宪法现象。

经济宪法学应继承和发展宪法学的现有研究方法,同时采纳经济学提供的新的研究方法与技术。定性分析应从宪法多层次的属性着眼,说明宪法的经济属性以及经济属性与法律属性和政治属性的关系,阶级性只是政治属性的一个重要方面。宪法领域也存在着大量的数量关系,选举制度、个人与集体、重大利益与一般利益等等都需要进行定量分析。经济宪法学应从经济学

---

① [美]查尔斯·林德布洛姆:《政治与市场》,上海三联书店、上海人民出版社 1994 年版,第 4 页。

② [美]查尔斯·林德布洛姆:《政治与市场》,上海三联书店、上海人民出版社 1994 年版,第 9 页。

中借鉴定量分析的方法与技巧。在运用规范分析方法时,应摒弃简单的条文注释。在对宪法现象进行价值判断时,必须把宪法价值与市场经济的机制联系起来分析。同时,宪法具有特定的经济功能,能够对经济增长作出贡献,宪法与经济增长的关系要运用实证分析方法来说明。实证方法不等于实证主义,实证主义思潮的势头在当代已开始衰退,但实证分析方法并不因此而丧失其运用价值。此外,经济宪法学应广泛运用经济学的理性经济人、资源的稀缺性和外部效应等基本假定,引入成本收益分析、均衡分析等经济学基本方法,以及效率价值,全面研究宪法及其与经济的关系,着重考察经济制度、经济权利和经济权力等经济宪法现象。

总之,建立市场经济体制、依法治国,必须注重宪制建设,在理论上"注重对宪法进行经济学论证或者说对经济进行宪法学论证"①。经济学与宪法学对各自研究领域的拓展和研究方法的更新,使它们之间的相互渗透、交叉与融合已经成为大势所趋。经济宪法学的产生乃是这一历史过程的逻辑结果,是宪法学对经济学挑战的积极回应。

---

① 文正邦主编:《走向 21 世纪的中国法学》,重庆出版社 1993 年版,第 173 页。

从科学分析到人文综合[*]

——中国宪法学通往成熟之路

摘　要：科学主义对我国宪法发展与法制现代化产生了极大的干扰，因此，要使宪法学走向成熟，就必须超越科学主义机械的分析方法，实现人文化的理论综合，即宪法学对社会人文学科的大综合，宪法学对部门法学的小综合，宪法学内部理论与实践的综合。

关键词：科学；人文；宪法学

法学是一门科学，宪法学则是法律科学的分支学科之一，这一论断在通用宪法教科书中普遍流行。显然，这不仅仅是一个"学科"与"科学"的语词使用问题，它表明，科学主义已经成为宪法学理论研究中根深蒂固的信条。我国宪法学走向成熟，不仅要创新理论，完善学科体系，更要注重研究方法上的突破。科学主义已经成为宪法学理论繁荣的障碍，超越科学主义机械的分析方法，实现人文化的理论综合，是中国宪法学通往成熟的必由之路。

一、分析与综合：科学与人文的方法分野

广泛渗透于社会人文学科中的自然科学方法，是由近代物理学开创的分析—还原法。[①] 在"整体等于它的各个组成部分之和"的假定前提下，自然科学通过分析和还原两个步骤来认识事物。分析就是把事物的整体分割为各个组成部分，在彼此孤立并与外界隔绝的"真空"状态中加以观察；还原就是把对事物各个组成部分的认识总括起来，作为对整体的知识。通过这种化整为零和积零成整，自然科学不仅极大地简约了人类的认识过程，促进了技术进步，

---

[*]　本文发表于《法律科学》，1999 年第 4 期。

[①]　参见吴国盛：《生命的飘逝》，《读书》1997 年第 8 期。

而且孕育了社会人文学科中严谨精密的实证科学。但正因为认识过程被简化，科学只能看到一个支离破碎的世界及其简单明了、确定不移并机械重复的规律。因此，宪法学既要继续弘扬科学精神，又要反对迷信科学方法的科学主义。科学主义对我国宪制发展与法制现代化已经产生以下三个方面的干扰。

第一，科学是通过把整体分解成部分来认识的。法治国家作为一项整体性"工程"，其基本价值取向是，在官与民的关系上更强调掌权者服从法律，在上级与下级关系方面更注重法律对上级权力的约束，其根本立足点则在于最高掌权者须毫无例外地受制于宪法和法律。科学主义的思路已经把依法治国分解成为依法治省、依法治市、依法治乡等等，最终的逻辑结果就是"依法治人"，这就与法治国家的宗旨背道而驰了。第二，科学的任务就是捍卫真理，清除谬误。在社会生活中，科学主义与一个阶级消灭另一个阶级的"极左"思潮是息息相通的。但社会问题的逻辑并非简单的两极对峙关系，采用非此即彼、一方消灭另一方的办法通常是有害无益的。市场交易要求通过平等竞争实现交易双方的利益，政治生活秩序的维护需要在各种社会力量之间保持利益均衡，市场经济与民主政治都离不开某种程度的妥协。美国宪法就是一个"大妥协"（Great Compromise）的法律结构。第三，科学分析是为了实行技术控制，"这种控制实际上是单方向的，它大大地改善人类的命运"①。按照科学主义的逻辑，客观事物是毫无例外地受自然规律的支配，可以通过技术规则来控制；人也要受社会规律的支配，可以运用法律规则来控制。如果政府运用法律控制个人就像工程师运用技术控制物质世界那样，公民与国家间双向制约的宪法关系就无从建立了。可见，科学分析方法入主宪法学，就意味着把支配个人命运的无限权力交给那些因认识了"客观规律"而拥有"绝对真理"的少数社会精英，从而为专制、极权大开方便之门。

人文主义认定"整体大于组成它的各个部分之和"，人以及人生存在其中的社会和自然界是一个整体，具有高度复杂性和不确定性，人的有限理性不可能全面认识它。科学只是关于可言喻事物的知识，科学分析所得到的对部分的认识的加总，不可能还原成对整体的系统的知识。在整体面前，人们越是频繁地挥舞科学的解剖刀，世界就越是把它的奥秘深深地埋藏起来。

人类社会与自然界一样存在着自发秩序。社会生活的自发秩序虽为人类

---

① ［美］布坎南：《自由、市场和国家》，北京经济学院出版社1998年版，第28页。

理性所不及，但并不是什么神秘的异己力量，而是人类在长期历史发展过程中形成的应付环境的社会文化、习俗和制度。应当承认并尊重我们尚未自觉认识甚至永远不能认识的自发秩序，而不能人为地干扰、破坏它们，否则我们将为此付出代价。例如，把自发的市场机制视为盲目的起破坏作用的力量，并试图以人为的计划取代之；把法律作为统治阶级不受约束的自由意志的表现，并试图创造出全新的规则来改造社会、改造人，都曾使我们付出了沉重代价。同时，社会生活与自然过程有一个重大区别，这就是人作为主体自觉而能动的参与，人的自由选择使得即使在相同条件下同样的历史过程也可能产生完全不同的结果。社会生活中不存在独立于个人选择之外的纯粹的客观规律，无论掌权者、理论家还是普通民众都没有宣告绝对真理或者强制推行客观规律的特权。

人文精神并不排斥科学，但它把科学分析严格限定在实证的范围内，尊重人对事物的价值评判，强调将部分置于整体的环境中、放在与外界相互作用的条件下来考察。因此，规范分析即对社会现象和人类行为进行价值判断，是社会人文学科基本的研究方法。自然科学与人文社会科学的任何结论都是有条件的，没有放之四海而皆准的普遍的终极真理。人文精神主导的宪法学承认人的主体性，注重公民对政治、经济和社会生活的参与，强调在公民权利与国家权力之间建立双向制约的宪法关系。按照这种精神，仅仅要求国家决策科学化是不够的，任何重大政治决策都应当人文化，有利于人的自由、全面发展和价值实现。宪法学应当积极寻求有效的权力制约机制，为民主、法治和人权找到适宜的制度空间，从而把宪制建设引向成熟。

二、失败与成功：科学与人文的实践绩效

西欧从传统社会向现代社会的转型，不是人为的"科学设计"的结果，而是一个内生的自发的社会进化过程。在这一过程中，人口数量的急剧变化与耕地数量的相对稳定之间存在着持久的张力。当人口大大增加、土地资源变得稀缺时，土地价值必然上涨，建立财产权法律保障制度就有了可能和必要；同时，人口的迅速增加导致生活水平持续下降，饥荒、瘟疫与战乱接踵而来，就会造成人口锐减，劳动力变得稀缺，价格不断上升。在劳动者有了更多讨价还价

的余地时,人权与公民权利法律保障制度就逐渐建立起来。① 科学主义把科技进步视为经济增长的终极原因,但是,如果没有保护发明者权利的专利法律制度,科学技术的进步是不可想象的。科技进步和经济增长只是现代化过程的结果,而不是它的动力或原因。以文艺复兴、宗教改革和启蒙运动倡导的人文主义为内在精神,以权利界定和保护为基本内容的现代法制的确立,才是欧洲现代化的真正持久的推动力。

在近代史上,西方殖民者往往通过殖民战争向其他国家和地区扩张其商业影响,许多落后国家首先接触的是西方"船坚炮利"的先进科学技术,作为先进科技副产品的科学主义成为这些国家指导现代化进程的方法论基础。科学分析方法不理解西欧现代化的人文渊源,只注重其经济增长的功效,看不到以法制现代化为核心的制度现代化对整个现代化战略的统摄意义,只能提出军事现代化、科技现代化和工农业现代化等低层次的现代化目标。但即使把所有这些要求叠加起来,也不可能得到一个现代社会。由于现代化问题的整体性、复杂性与科学方法的分割性简约性南辕北辙,现代化战略在这些国家屡遭挫折也就不足为怪了。

中国现代化进程是在西方冲击下出现的诱致性社会变革,而不是一个内生的社会进化过程,在很大程度上不得不借助于人为的设计和政府的推动。在救亡图存的紧迫压力下,人们力求找到某种能够立竿见影、迅速奏效的救国方案,这就使现代化过程具有浓厚的技术功利色彩,科技救国、教育救国、实业救国等等的口号曾一度极为流行。但所有这些片面救国方案与前述片面现代化方案一样,都失败了。中国百年现代化的沧桑历程表明,科学主义不可能成功地把我们引向繁荣昌盛,从科学主义单纯的经济现代化向人文主义整体现代化的战略转变是现代化通向成功之路。整体现代化的核心是人的现代化,包括文化现代化、经济现代化和制度现代化三个方面的内容。受政企分开和政教分离原则的制约,国家对经济现代化和文化现代化的推动作用是有限的,而在制度文明特别是法制现代化方面则可以大有作为。通过法制现代化,国家对物质文明和精神文明能够产生间接的然而却是更加深远的影响。因此,从科学分析向人文综合的方法论转变,要求我们抛弃法制建设和法学研究中的功利主义,把法制现代化作为整个现代化建设事业的关键,把宪制建设作为

---

① 可参见[美]道格拉斯·诺斯等著:《西方世界的兴起》,学苑出版社 1988 年版,第 34-35 页。

法制现代化的前提和基础。那种用经济立法冲击民事法律,用经济行政法替代宪法,排斥或者轻视宪法学理论研究的做法,对法制现代化甚至经济现代化都是有害无益的。

三、从分析到综合:宪法学通往成熟之路

自鸦片战争以来,科学主义随着对西方科学技术的引进逐渐在我国传播开来。在"五四"运动高擎民主与科学两大旗帜向封建传统全面清算的时候,科学主义与激进民主主义就在我国社会人文学科中结成同盟,并主宰了萌芽中的宪法学。20世纪90年代初,虽然也有学者对法学是科学的命题提出过疑问,但至今仍然没有触动宪法学的科学主义方法论基础。值得注意的是,在宪法学的晚近发展中,有学者以"社会权利分析"打破了沉闷已久的局面,进行了大胆的理论创新。不过,从方法上看,社会权利学说依然以分析、分解、加总和还原为基本的研究方法,显然没有突破科学主义的思路。[1]

当今时代是一个急剧变革的时代,变革时代面临着整体性和全局性的问题。我们需要的不是分析宪法学或者纯粹宪法学,而是综合宪法学。博登海默的综合法学,萨缪尔森对古典经济学派的新综合,已经成为变革时代的先声。他们虽然只是在同一学科内部不同派别的理论间的综合,但对我们仍不无启发。我国17世纪的科学家徐光启说过:"欲求超胜,必先会通。"从长远看,中国宪法学要跻身于世界学术之林,就须贯通古今、中西和文理,进行跨时空、跨文化的综合研究。就近期来说,宪法学要走向初步成熟,至少需要完成以下三个方面的理论综合。

一是宪法学对社会人文学科的大综合。在科学壁垒面前,僵化、贫乏的宪法学正面临着深刻的危机。自20世纪80年代末以来,我国共有过三次修宪,宪法学家除在1982年第一次大修宪中发挥过重大作用以外,1988年、1993年和1999年三次修宪都是由经济学家参与设计的。因此,必须破除科学主义在宪法学与其他社会人文科学之间人为设定的疆界,把宪法放在社会的整体环境之中,考察它与政治、经济、社会、文化、伦理、语言等诸多社会现象的相关性,形成由政治宪法学、经济宪法学、宪法社会学、宪法文化学、宪法伦理学、宪法语言学等各个边缘交叉学科组成的综合宪法学科群。

---

[1] 参见童之伟:《再论用社会权利分析方法重构宪法学体系》,《法学研究》1995年第6期。

二是宪法学对部门法学的小综合。在一国法律体系中，宪法是法之根本，是法的精神的集中体现。法制统一于宪法，其权威也来自宪法。阐明宪法所体现的法的精神是什么，其他部门法是否符合宪法，有无违宪现象，是宪法学不可推卸的责任，也只有宪法学才具有理论上的最终发言权。目前我国不同层次、不同部门的法律规范之间相互重叠、彼此冲突，法律权威受到损害，与宪法学理论的封闭性有很大关系。要突破部门法学之间僵化的界限，把宪法纳入国家的整个法律体系中去，从根本法、基本法律、普通法律的效力层次以及根本法、公法、私法的法制结构等方面阐释宪法与其他法律部门的关系。宪法学的重大课题就是从其他法律部门中探寻和提炼宪法精神，并把宪法的民主、法治、人权和限制政府原则输送到各个法律部门中去。

三是宪法学内部理论与实践的综合。理论的实践效用不应当成为刻意追求的目标，而是理论成熟的自然结果。不应过多地指责理论脱离现实，脱离实践的理论只能是低水平的理论，成熟的宪法学理论自然能够引导、建设和批评宪制实践。因为学者生活在他们所处的时代，正是时代向他们提出了理论问题，宪法学只要反映出时代的精神，就不会脱离实践。造成宪法学理论与现实相脱离的原因不是宪法学理论水平过高，而是它的理论长期停留在低水平上。宪法学理论工作者必须明确自己与宪制实际工作者之间的分工，自觉摆脱理论与实践低层次的统一，大力开展基础理论研究：首先要研究宪法学本身，把理论的系统化与领域拓展和方法更新结合起来；研究宪法基本理论，实现宪法的多层次属性、多元价值与多种存在形态的综合；研究宪法的基本问题，把公民与国家的关系放在市场经济、市民社会和国家的关联互动中考察，把公民权利与国家权力的关系置于产权、人权与政权的相互作用过程中去理解，把法制现代化和宪制发展放在物质文明、精神文明与制度文明的相关性中来探讨。

财产征用及其宪法约束[*]

随着改革开放的深入与社会经济的发展,非公有制经济已成为我国社会主义市场经济的重要组成部分。要继续鼓励、引导个体与私营等非公有制经济健康发展,必须健全财产法律制度,包括宪法保障与制约财产权的制度。一方面为防止政府运用强制性权力剥夺个人财产,宪法必须对财产权提供有效保护;另一方面,为满足社会公共利益的需要,宪法也要保障政府对财产依法征用、征税、收取合理费用、对违法犯罪者科以罚款或没收财产的必要权力,使财产权受到必要的限制。因此,在比较西方国家财产征用制度的基础上,阐明征用权及其制约的一般原理,具有现实意义。

一、征用权及其限制

对私人财产权最严厉的制约,无疑来自政府的强制征用。政府与企业和个人一样可以取得财产,取得的方法通常是购买。在宪法授权的范围内,这种购买可以是强制性的,这就是征用或强制购买。它与市场上发生的一般买卖关系的根本区别就在于具有强制性,私人财产所有者既不能拒绝出售,也不能任意要价。征用是宪法特别授予政府的一项权力,凭借这种权力,无论财产所有者是否愿意出售自己的财产,也不管他对财产的主观估价如何,政府均可按照宪法和法律规定的条件强行占有私人财产。

在正常情况下,征用所涉及的财产为不动产,包括土地和附着在土地上的建筑物等。这是因为,在铁路、高速公路、运河等公用设施的计划确定并开始实施后,由于预定工程经过地段的土地具有不可替代的价值,政府对这一特定

---

* 本文发表于《法商研究》,1999 年第 4 期。

土地的需求就没有弹性,从而使该地段土地所有者对政府处于垄断者的地位。所有者在掌握这种信息的情况下,就会利用自己的垄断者地位以拒绝出售相要挟,漫天要价。不借助强制征用权,政府就无法完成具有特定结构、需要占用较多土地的重大公用设施的建设与改造。通常,可以说,各国宪法确定的财产征用制度,实际上就是不动产征用制度。政府行使不动产征用权,只需遵守宪法关于征用财产的一般规定。

政府对动产的需求往往具有很大的弹性,可以在多个交易主体和多种交易客体之间作出选择。通常情况下,政府对动产的需要完全可以通过开放市场上的自愿交易得到满足,无须动用强制征用权。然而在战争、自然灾害、社会动乱等紧急情况下,为便于政府集中使用全国或一定区域内的人力、物力,以取得战争胜利、抵御灾害或恢复秩序,动产也可以成为征用的对象。动产征用只适用于特定情形,因而政府行使动产征用权不仅应遵循宪法关于财产征用的一般规范,而且还应符合戒严法关于政府在紧急状态下行使紧急处分权的特别规定。概括而言,首先,紧急情况的出现是征用动产的事实依据;其次,国家元首、政府首脑与行政首长依照宪法和戒严法宣告战争状态、紧急状态或总动员,是行使动产征用权的形式要件;最后,按照宪法和有关法律对征用财产的一般规定给予补偿,是动产征用的实质要件。

与动产一样,人力资源一般也不在政府的征用范围之内,除允许国家在依法惩罚与改造罪犯时使用强制劳动外。各国宪法通常都严格禁止强制劳动。只是为应付战争、灾害或动乱,政府才可以在宣告紧急状态后依法征用个人劳力。但必须将这种劳力征用与强迫劳动区别开来,以保护劳动者的人身、行动自由和获得报酬的权利。

除典型的政府征用以外,国有化、准征用和反向收购也属于征用的特殊形式。

国有化作为征用的一种特殊形式,是指政府通过有形财产征用或收购股票的方式将工业收归公有,并交由公共机构经营的行为。准征用是指由于政府行使经济管制权力,在财产的使用、收益等方面设定限制,致使占有人的财产价值下降的情况。如果政府采取征用行动,强制购买私人所有者的财产,就构成征用;相反,政府并不强制取得所有权,而是通过管制使财产的价值实质性降低,私人所有者可以通过起诉政府,请求法院判令政府购买其财产,这就构成反向收购(inverse condemnation)。

征用涉及不同法律部门的诸多法律问题,因而征用制度是一项综合性的法律制度。首先,政府行使征用权的目的是取得某项财产的所有权,并且需要支付赔偿或价款,具有民事购买的性质。其次,由于财产权的转移不以财产所有者的意愿为转移,财产估价也不取决于所有者的要价,最终依托于政府行政权的强制行使,因而具有行政行为的性质。最后,征用过程中个人与政府、财产权利与行政权力的关系必须保持平衡,以防止政府滥用权力侵犯公民个人利益或公民过度行使权利损害公共利益,因而需要宪法的调整。正如有学者指出的:"从来没有哪个制度否认过政府的征用权,重要的是征用的法律限制。"[①]政府征用权构成对财产权的实质性制约,而对政府征用权的宪法上的限制,反过来则是对财产权的宪法保障。

在我国,现行宪法制定时由于受计划经济体制的影响,没有保护个人财产权的专门规定,加上通常对作为征用对象的土地实行国家所有和集体所有,不允许出租或转让,因而并没有建立系统的私人财产征用制度。自 1988 年通过的宪法修正案将土地使用权转让合法化以来,除国有土地与财产外,国家要获得使用集体土地与其他财产的权利,就需要征用。《宪法》第 10 条第 3 款规定:"国家为了公共利益的需要,可以依照法律规定对土地实行征用。"这种只管授权,不管限权的宪法规范,是计划经济体制及其观念的产物。宪法授予国家征用财产的权力,而不为这种权力的行使划定范围、界限、方式和程序,再加上民法和行政法的不完善,没有形成有效保障公民财产权、制约政府权力的系统化的制度,国家征用权事实上不受限制,这就容易造成权力滥用,从而侵犯个人财产权。在我国,运用宪法制约政府的财产征用权,既是健全财产权法律制度本身的内在要求,也是依法治国、建设法治国家的迫切需要。

从世界各国立法例来看,各国宪法在明确授予政府财产征用权的同时,通常都从征用目的、补偿标准和征用程序三个方面予以限制。

二、征用的目的

征用的目的必须是为了公共目标。公共目标最初以公用为限,因而征用也叫公用征收。随着社会经济的发展,政府权力逐渐扩大,公共目标概念也发生了变化。一是公用征收。政府为满足公共需要征收来的财产必须由政府机

---

① ［美］路易斯·亨金等:《宪制与权利》,三联书店 1997 年版,第 156 页。

构使用,不能把从一些人手里征收来的财产交给另一些人使用。但是,公共目标与私人利益往往难以截然区分,有时私人利益也能假借公共需要之名,利用政府征用权为自己服务。对于这种微妙而细致的区别,通过制宪活动形成的宪法条款是难以圆满解决的,只有在行宪过程中通过宪法解释来划分。二是公益征用。征收得来的财产无论交由政府机构使用,还是由私人企业使用,只要能够实现公共利益,就符合公共目标要求。三是公共目的范围。公共安全、大众健康、道德、和平、安宁、法律和秩序,显然属于公共目标,为此征用财产自然是合乎宪法的。但在本世纪初以前的自由市场经济时期,许多国家的政府为了审美价值或历史价值而征用财产通常被认为是违反宪法的。

由于我国没有建立完整的个人财产征用制度,在征用方面也存在公私不分的混乱现象。人们通常把一切被征用的土地称为"国家建设用地",其中既有为政府负责的公共设施建设征用土地的,也有政府出面征地后交给各类企业从事一般经济活动的。前一类征用显然是为了公共需要,应当受到宪法的保护。后一类征用涉及两种情况,应当分别处理:一是政府根据法定权限与职责,按照国民经济和社会发展总体规划的要求,为设立经济开发区、居民住宅区,以及为公共卫生、保护环境等目标征用土地,即使交给企业使用,仍在政府宏观管理与调控的权力范围内,应受宪法保护。二是个别企业为了自身生存、发展与盈利需要使用土地,因属于微观经济活动,不应动用政府征用权。按照1988年颁布的宪法第二条修正案,"土地的使用权可以依照法律的规定转让",企业和私人经济开发用地的取得属于市场行为,应当通过市场交易方式进行,不能借助于政府征用的强制手段。政府直接出面为某些企业征地,就使得土地交易成为买方、政府与卖方的三角关系,从而把交易关系复杂化。这不仅人为造成交易成本上升,而且极易滋生腐败。在实行法治的条件下,政府介入市场,为某个企业征用其他企业、组织或个人财产属权力滥用,应予禁止。

三、征用的补偿

在实行法治的国家,政府对征用财产必须提供公平补偿。按照近代启蒙思想家们的观点,财产与生命、自由紧密联系在一起,无偿剥夺财产通常被视为与剥夺生命、自由无异。因为财产权既是个人谋生并改善生存条件的手段,也是他免于压迫和奴役的基本保障,政府无偿剥夺公民财产是严重违宪的行为。因此,各国宪法对财产的征用补偿往往都有专门的规定,以示对财产权的尊重。法国《人权宣言》、美国宪法修正案都是严格禁止无偿剥夺财产的。在英国，凡依法规的授权征用财产，都要提供补偿。按照议会至上观念，[①]英国议会可以授予无偿剥夺财产的权力，但必须以"明确的表述"说明法规具有此种效力。不过，议会实际上很少作出这样的授权。

至于征用为什么必须提供补偿，补偿到什么程度，往往是不同的人们有不同的看法，不同的国家也有不同的做法。传统宪法学理论从实现正义的目标出发，主张补偿标准应符合公平原则。世界各国宪法确定的征用补偿程度虽不相同，但它们多少都受到了传统宪法理论的影响。有的宪法要求"充分"补偿，有的规定"公平"或"公正"补偿，有的只需"适当"或"合理"补偿，这些措辞的选用是各国对被征用财产补偿程度不同的表现。一般而言，充分补偿对赔偿数量要求较高，是指补偿的价值至少不得低于被征用财产的价值，这是补偿的最高标准；而公平或公正补偿则要求补偿价值与被征用财产价值大体相当，属于中等补偿标准；适当或合理补偿是最低补偿标准，只要给予补偿即可，因为认定何为适当与合理的权力显然操于国家之手，被征用财产的人无权要价。通常，以充分和公平补偿为标准的宪法对于政府给予补偿的时间也有限制，有的要求预先补偿，有的则规定及时补偿。而以合理或适当为补偿标准的宪法，对补偿时间往往没有明确要求。从理论上说，具体补偿数额的确定，应当以财产所有人的损失而不是征用者的所得为基准；开放市场上的公平价格可以作为计算赔偿额的主要参照系；同时，财产对所有者的特殊价值，失去财产的间接损失，估价的时间界限等其他诸多复杂因素都需要综合考虑。

土地具有耐久价值和开发价值，如果把各项价值都计算在内，充分补偿的代价是极其高昂的。在英国，根据 1975 年《共有土地法案》，被征用土地的估价不再以开放市场的价格为依据，而是以现有利用价值为标准，不考虑土地的开发价值。对被征用房屋的补偿一般也排除了对商业信誉的赔偿。在德国，土地开发须得到政府机关许可，征用补偿同样不包括对开发价值的赔偿。这些国家在理论上认为，土地即使归私人所有，在土地之上也附着了国家主权，公民个人对土地的权利不仅要受土地自身特点（耐久性和不可再生性）的限制，同时也受到国家主权的限制。美国最高法院虽然承认土地"'公共利用'的

---

① 关于"议会至上"观念可参见[英]埃弗尔·詹宁斯:《英国议会》第一章"卓越的和绝对的权力"商务印书馆 1959 年版。

要求……与主权的治安权力属于同一个领域"，^①但仍然把开放权视为财产权的重要组成部分，要求对其给予补偿。

在我国城市土地归国家所有，政府征用的只能是土地使用权；在土地归集体所有的农村，土地征用具有所有权转移的性质，应当区别对待。无论哪种情况，都包含了土地权利转让，应当给予补偿。从 1954 年宪法颁布起，经过三大改造，到 1982 年宪法制定前夕，城镇土地权属发生了结构性变化，除私有房屋宅基地外，其余均归国家所有。1982 年宪法规定城镇土地属于国家所有，实际上无偿征用了城镇的私人宅基地。现在，住房改革向私人出售公房时收取宅基地使用费，就成为一个值得研究的问题了。

四、征用的正当程序

正当程序或者正当法律程序（due processof law），最初起源于英国的普通法，在 1215 年《大宪章》中就得到确认。^② 1789 年法国的《人权宣言》第 7 条、1791 美国宪法第 5 条修正案进一步丰富了正当程序的含义。英国上诉法院大法官丹宁勋爵认为，正当法律程序"系指法律为了保持日常司法工作的纯洁性而认可的各种方法：促使审判和调查公正地进行，逮捕和搜查适当地采用，法律救济顺利地取得，以及消除不必要的延误等等。"^③丹宁勋爵的说法只涉及司法权的运用，未能揭示正当程序概念的全部含义。无论在大陆法系还是英美法系各国，正当程序都是一个内涵丰富、外延广阔的概念。从最一般的意义上，可以把正当程序看成是法律为了保障个人权利所规定的政府行使权力必须经过的步骤、应当采取的方式、不可缺少的过程等。确切地说，当政府行使权力的行为可能对个人的权利与自由构成剥夺、限制、侵害或减损时，就应当由代表民意的机关根据宪法原则与要求，经过充分辩论，制定必要的法律规则；再由行政机关依照法定权限与程序，并在法律规则约束下行使权力；在

---

① Edward L , Barrtt and others , Constitutional Law Cases and Materials The Foundation Press INC 1989 , p. 593.

② 《大宪章》第 39 条规定："任何自由人如未经其同级贵族之依法裁判或经国法判决皆不得逮捕监禁没收财产剥夺法律保护权流放或加以任何其他损害"。第 52 条规定了保护财产权的正当程序："任何人凡未经其同级贵族之合法裁判而被余等夺去其土地城堡自由或合法权利者余等应立即归还之……"《人权宣言》第 7 条指出："除非在法律所规定的情况下并按照法律所指示的手续不得控告、逮捕或拘留任何人"。第 17 条强调了征用财产必须以"合法认定的公共需要所显然必需"为条件。美国宪法第 5 条修正案和第 14 条修正案分别指明了联邦和各州保护权利的正当程序。

③ ［英］丹宁勋爵：《法律的正当程序》，群众出版社 1984 年版，第 1 页。

行使权力的政府行为作出后,认为自己的权利与自由被非法剥夺、受到限制、侵害或减损的个人,有权诉请司法机关撤销行政机关采取的措施,司法机关依照法定程序审查争议双方的事实与理由后作出最终裁决。可以说,没有正当程序,政府权力的滥用就不会遇到任何障碍。一切法定权利都将因其不可操作性而变得毫无意义。

美国有学者不无道理地指出,正当程序本身就是对财产权重要的实质性的保护,它"包括了所有对政府干预财产权的行为所作的来自宪法的明示和默示的限制"①。正当程序不仅在保障个人的一般权利和自由方面发挥着关键作用,在保护财产权利、限制政府征用权方面也是不可缺少的。在我国法学和法律术语中,没有与正当程序完全对应的概念,"依照法律规定"可以算是比较接近的说法。但由于我国法学受分析法学影响较大,法律完全被视为国家意志,政府权力更体现了国家意志,二者的同质性使得权力行使即使"依照法律规定",也难以真正受到法律的实质性制约。因此,采取正当程序概念,健全保护权利、约束权力的法律程序是必要的。财产征用必须在立法、行政和司法各机关的参与下,全面经受正当程序检验。

政府要行使宪法特别授予的征用权,首先要有立法依据。立法机关制定法律,就征用的目标、征用机关及其权限、征用补偿与争议裁决等问题作出专门规定,是征用的前提条件。在英美法系国家,征用都是根据议会法案进行的。自18世纪以来,英国的土地强制征用一直是由议会通过私法案决定的,这种法案对征用哪块土地、征地的目的都要作出明确的规定。法律不仅要规定赔偿估算的规则,而且要指定确保能够遵循这些规则进行公平的赔偿估算批准的机构。第二次世界大战以后,在行政干预不断强化的冲击下,议会的作用日渐削弱,只在涉及征用特殊等级的土地时享有批准权。不过,工业国有化的决定一向被认为是涉及政府政策的重大决定,仍必须经过议会批准。议会在决定将某些资产或证券国有化时,都明确规定了补偿措施。在美国,国会、各州议会或市议会在土地征用方面都有制定法规的权力。美国人认为,当法规严厉禁止财产的某些用途,或要求财产能够被公共利用时,法规对财产的"剥夺"比征用问题更容易发生,由此产生了"准征用"概念,②许多案件都是围

<hr />

① [美]伯纳德·施瓦茨:《美国法律史》,中国政法大学出版社1990年版,第117页。

② 关于"准征用"概念的讨论,可参看谢哲胜:《准征收之研究:以美国法之研究为中心》,《中兴法学》第40期,台北1996年出版。

绕这种所谓"准征用"的各级议会法案进行的。在属于大陆法系的法国,征用的法律根据是议会于1877年制定的公用征收法典。议会长期享有对于特别重要的征用事项的批准权。但自1958年开始,这一权力被取消了。因而法国议会在征用问题上已不能有所作为。

征用就是强制购买,行政机关直接掌握着这种强制力,是征用的主体,享有征用决定权。是否需要征用、征用何处的哪种财产、何时进行,都取决于行政机关而不是财产所有者。但征用的强制性并不构成剥夺所有者发言权的理由。正当法律程序对财产权的保护,就是要为权利人提供申述意见的场所与程序,对征用权的制约,主要就是要求行政机关在整个征用财产的过程中严格履行一切法定的手续,包括对所有者意见的听取,以减少或消除自由裁量的可能性。美国法律要求行政机关在采取征用措施前举行听证会。在英国,自20世纪中期开始,行政部门"为履行法定职责,经内阁批准"后,都有征用土地的决定权,但必须遵守议会法案规定的程序。根据1946年《征用土地法案》,标准的征地程序是经内阁会议批准,发布强制购买令。内阁会议在核准强制购买令以前,通常要举行公开调查,以便能够事先获得所有相关信息和所有利害关系人的意见。在法国,司法机关被视为唯一有权判令转让、限制或剥夺财产权的机关,因而行政部门在征用程序中的活动仅限于一些准备工作,包括事前调查、批准公用目的、具体位置的调查、作出可转让的决定。[①]

司法机关是征用程序的最后关口,它以个案审理的方式,解决行政机关与所有者在征用及其补偿问题上的争议。按照英国的政体,议会具有道义上的至高无上的地位,而两党制与责任内阁制相结合,使内阁对议会立法享有事实上的领导权,因而法院审查的重点是行政权力的滥用而不是议会法律的合宪性。在财产征用过程中,法院的职责就是保证行政机关遵循法定权限和适当的程序。至于某块土地是否应当被征用,则留给对议会负有政治责任的政府去决定。补偿的数额既不能留给征用机关自由决定,也不能允许被征用财产所有者对公共经费漫天要价。在所有者与征用机关不能就补偿数额达成一致时,争议被提交土地法庭裁判,该法庭实际上是一种从事土地估价的专门化的独立法院。[②] 美国实行三权分立体制,各级行政部门的行政措施都分别以国

---

① 参见王名扬:《法国行政法》,中国政法大学出版社1988年版,第374页以下。

② E. C. S, Wade and G. Godfrey Phillips Constitutional and Administrative Law, Richard Clay Ltd 1977, p. 463.

会和各级议会立法为依据,多数征用方面的争议主要是围绕与财产使用相关的立法进行的,司法审查的重点不是行政权力的滥用,而是国会与各级议会立法的合宪性。在法国,财产权的转移和补偿数额的确定等实质性决定都是由司法机关作出的。普通法院中专门设立公用征收法庭,以司法裁判的方式作出征用决定。事实上,法官的权力非常有限,只审查行政阶段应当经过的各项程序是否完成,不能审查行政行为的合法性。只要程序完备,法官就必须作出肯定征用的裁决。申请征用的单位或被征用财产所有者不服裁判,可提起复核审诉讼,但审核征用的行政机关无上诉权。

在我国,关于征用的正当程序方面的立法还不完备,其他国家的相关做法值得我们研究和借鉴。

论财产权的宪法保障与制约*

    摘　要：宪法上的财产权是个人取得民事财产权的不可转让、不可剥夺的资格。它是个人享有的一项公权利，与主体的人身不可分离。正是在这种意义上，自然法学派认定财产权属于一项基本人权。宪法保护财产权，就是要使这种权利具有普遍性、排他性和不可剥夺性。保护财产权，关键是保护权利主体对剩余产品的索取权。

    关键词：财产权；宪法保护；目标；方法

    财产法律制度并不是一个单纯的民法问题，它首先是一个宪法问题。宪法不把财产权作为公民的基本权利加以保护，民法就难以充分发挥保护财产权的作用，物权法也会因失去了根本法支持而难以顺利制定出来，即使勉强制定颁布，在实施中也必然面临重重困境。因此，必须适时修改宪法，增加保护财产权的专门规定。

一、宪法上财产权的概念和意义

（一）财产权概念的宪法学解释

    长期以来人们未能明确区分宪法上的财产权与民法上的财产权，这就形成一种误解，似乎民法既然有保护财产权的制度，宪法再保护财产权则属多此一举。实际上，宪法的财产权与民法的财产权虽有联系，但并不是一回事，二者之间存在明显的区别。要弄清这种区别并进而明确宪法的财产权概念，首先应当从权利的构成要素分析入手。

---

  * 本文发表于《法学评论》，1999 年第 3 期。

自从美国分析法学家霍菲尔德(W. N. Hohfeld, 1879—1918)倡导对法律概念进行要素分析以来,法学家们已经提出了各种权利构成要素的理论。霍菲尔德本人认为权利是由特权和自由、权利要求、权力、豁免四个要素构成的。[①] 战前日本宪法学家美浓部达吉持三要素说,社会法学派代表人物庞德归结出权利构成的六个要素,张文显教授则从八个方面分析权利概念。[②] 笔者以为,权利概念固然涉及多种因素,但只有那些对于权利来说不可缺少的因素才能成为权利的构成要素。八要素说与六要素说过于宽泛,把某些并非权利构成不可缺少的因素也牵涉进来,而三要素说与四要素说则限定过严,剔除了构成权利的一些不可缺少的因素。笔者认为,五要素说比较合理。

　　在一国法律体系中,自由固然是一切权利不可缺少的构成要素,但不同法律部门中的权利所包含的其他要素并不完全相同。民商法中的权利更多地指向利益因素,诉讼法中的权利主要表现为一种主张或要求,行政法上权利(权力)通常牵涉某种权能,宪法上的权利则体现出主体的某种资格。据此,不仅可以从理论上把宪法的财产权和民法的财产权区别开来,而且在实践中也可以发挥宪法和民法各自在保护财产权方面的不同作用。如果一切权利都千篇一律地具备权利的所有构成要素,法律部门的区分就成为不必要了,有了民法对财产权的保护,财产权的宪法保障就成为多余的了。

　　财产权体现的主要不是主体与客体的关系,而是由于物的存在与物的使用所形成的主体间的关系,即人与人的关系,无论宪法上的财产权还是民法上的财产权都是如此。但宪法上的财产权作为一种与人身紧密关联的资格,往往比民法的财产权更加注重人际关系因素,且不明确地指向具体的客体,一个人并不因为暂时没有财产而失去宪法上取得、占有和使用财产的资格。民法上的财产权是以物为中介的人与人的关系的表现,有明确、具体的权利客体,对于一个没有财产的人来说,民法上的财产权是不存在的。民法上的财产权源于物权,是私权的一种,产生于商品交易过程中自愿的契约安排,其客体是某种具体的物品或服务,具有可转让性、可分割性和可依法剥夺性等特点。在宪法上,财产权属于人权,是一项公权利,与主体的人身不可分离,是由宪法确

---

　　① 参见(英)戴维·米勒、韦农·波格丹诺编:《布莱克维尔政治学百科全书》,中国政法大学出版社 1992 年版,第 611-612 页。

　　② 分别参见[日]美浓部达吉:《宪法学原理》,商务印书馆 1927 年版,第 47 页;[美]罗斯科·庞德:《通过法律的社会控制·法律的任务》,商务印书馆 1984 年版,第 48 页;张文显:《法学基本范畴研究》,中国政法大学出版社 1993 年版,第 74-81 页。

认的,具有强制性,全体公民据此可以普遍享有对物的排他的、不可转让、不可剥夺的支配权。财产权作为基本人权,在自然法学派和哲理法学派看来是毫无疑问的。但自19世纪后期开始,民法上漫无限制的财产权日益显现其弊端,人们将这些弊端归咎于自然法学派的财产权理论,使财产权在宪法上作为基本人权的地位不断遭受挑战。到20世纪初,社会连带主义法学在法国兴起,对自然法学派的财产权理论形成致命打击。从此,财产权被视为所有者的一种社会职务,消灭私有财产的声浪成为世界性潮流。[1]

实际上,把财产权视为基本人权,在逻辑上并不必然导致财产权不受限制的主张。自然法学派的主要代表洛克在认定财产权为不可剥夺的自然权利的同时,仍然承认财产权的合理限度。[2]但无论自然法学还是社会连带主义法学都满足于从法理上一般地谈论财产权,而没有区分公法上的财产权与私法上的财产权,因而它们都不能充分理解作为基本人权的财产权的不可转让、不可分割、不可剥夺性与作为民事财产权的有限性之间的关系。黑格尔在谈到所有权转让时,最早区分了物权的可转让性与人权的不可转让性:"那些构成我的人格的最隐秘的财富和我的自我意识的普遍本质的福利,或者更确切地说,实体的规定,是不可转让的,同时,享受这种福利的权利也永远不会失效。这些规定就是:我的整个人格,我的普遍的意志自由、伦理和宗教。"[3]只有正确区分公法与私法上不同的财产权概念,才能正确理解财产权作为基本人权的无限性与作为民事权利的有限性的相互关系。

(二)财产权宪法保护的意义

既然宪法与民法各自的财产权具有重大区别,民法对财产权的保护就不能替代宪法保障。宪法保障财产权的理论依据主要包括两个方面:其一,"确认财产权是划定我们免于压迫的私人领域的第一步"[4]。也就是说,财产权保障是建立法治、保障人权的基础。其二是经济方面的理由,人们通常把财产权保障视为促进经济福利和社会的效率的一个不可或缺的工具。

第一,财产权保障是建设法治国家的基础。近现代社会结构的一个基本

---

① 参见王世杰、钱端升:《比较宪法》,中国政法大学出版社1997年版,第121-123页。

② 参见[英]洛克:《政府论》下篇,商务印书馆1964年版,第21页。

③ [德]黑格尔:《法哲学原理》,商务印书馆1961年版,第73页。

④ [美]路易斯·亨金、阿尔伯特·罗森塔尔:《宪制与权利》,生活·读书·新知三联书店1997年版,第154页。

事实,就是私人领域逐渐摆脱政治国家的控制获得独立,成为整个市民社会的基础,并与公共领域形成二元对立。私域独立的首要条件是个人人格的独立和理性的充分运用,财产权正是个人人格和人类理性的外化。它不仅是市场自发秩序的前提,也构成社会自律的首要条件,因而是维护社会秩序,建立法治国家的基础。从逻辑结构上看,现代法制以财产权为基石,以公法与私法划分为基本特征,正是为了回应公域与私域二元对立的紧张关系。

人权是法治的核心内容,法治是人权的表现形式,保障基本人权已经成为近现代法制的基本价值目标。没有财产权,人权就没有实际内容。在19世纪以前的自由经济时期,人们也已经充分认识到财产权与人权的相关性。财产权被认为是一个人的自由意志的体现,是他的自由的外在领域。[①] 人自身作为目的所具有的价值,不能自己证明自己,只能通过财产权得到表现、得到确证。不承认财产权,个人就难以获得独立的人格,人的意志自由也必然趋于任性,以保障人权为目标的现代法制就不可能建立起来。

只有体现在财产权中的意志才不会成为主观的任性,而能够与理性相一致,"所有权的合理性不在于满足需要,而在于扬弃人格的纯粹主观性。人唯有在所有权中才是作为理性而存在的"[②]。任何人在财产的占有、使用和处分关系中,都会理性地进行成本收益核算,而不会滥用他的自由而招致破产。财产权受到蔑视总是与人权受到排斥紧密联系着的,因为在财产权得不到尊重的社会里,个人在自由意志支配下的行为将不受对成本收益进行理性核算的约束。由于个人对其行为没有"后顾之忧",法律秩序必然受到严重威胁。孟子说:"有恒产者有恒心,无恒产者无恒心。"也就是说,受保护的财产权可以稳定人心,而人心稳定是社会稳定的心理基础。只有以理性而非任性为基础的法制,才能促成良好的社会秩序。法国1795年《人和公民权利与义务宣言》也认为:"维护财产权是整个社会秩序的基础。"一种社会制度不允许个人拥有财产,就会造成人人处于赤贫状态,那么这样的社会是没有安定和秩序可言的,更不可能建立法治国家。

第二,财产权保障是提高经济效率、促进经济增长的重要手段。社会生产是在一定的制度规则约束下,物质资源与人力资源相互作用的过程。提高经济效率,需要普遍界定人们对各种生产要素的权利,物权是权利主体对物质资

---

① [美]伯纳德·施瓦茨:《美国法律史》,中国政法大学出版社1990年版,第143页。
② [德]黑格尔:《法哲学原理》,商务印书馆1961年版,第49页。

源的所有权,人权则是权利主体对人力资源的所有权,物权保护与人权保障都是经济增长不可缺少的条件。传统民法的财产权就是物权,注重物质资本对经济增长的贡献;即使现代民商法与人力资源密切相关的工业产权和知识产权的保护,也主要侧重于它们的物化形态。宪法则把财产权作为一项基本人权,无论在物质资源还是人力资源方面,都从确保人的主体资格的角度来保护权利,以充分发挥人力资源对经济增长的作用。这一点在工业产权、知识产权和制度创新方面表现得尤为突出。

舒尔茨指出,与所有物质资本投入的增长相比,美国国民收入持续增长的速度要高得多。把经济增长与物质投入增长之间的这个差额称为"资源生产力","是给我们的无知起了一个名称,而并没有消除我们的无知",只有人力投资状况的改善才能解释这种现象。[①] 用"科技进步"来说明经济增长,同样是给我们的无知起了一个别名。应当进一步追问,科技进步的动力是什么,为什么在一些地方科技获得巨大进步,而在另一些地方其更新却极其缓慢? 显然,科技进步是科技人员努力创新的结果,而科技人员能否实现技术更新,与法律制度对他们的激励方式有密切关系。只有当科技人员对其技术创新的成果享有财产(包括有形财产与无形财产)权的时候,才能实现技术创新。经济的增长和社会的进步并非只是技术创新的函数,同时也是制度创新的函数。要实现社会的制度创新,就需要运用宪法保障包括财产权在内的基本人权。如果没有宽松的社会环境,没有信仰自由、文学艺术创作自由和科学研究的自由,社会生活失去理性的指引,社会就难以进行制度创新,至少人类需要为此付出更加昂贵的代价。在宪法和法律没有充分界定个人财产权的条件下,公有财产的名义所有者是全体公民,由于集体行动成本过高,他们不可能有效行动起来行使权利;而事实上控制资源得以影响产出的是政府和国有企业管理人员,但他们并没有合法的剩余产品索取权。这样,财产权激励的关键因素——收益权就被置于共有领域,成为人人可以攫取的财富,不仅资源的产出不能达到最大化,而且会助长特权、腐败与投机。

二、财产权保护的目标

宪法对财产权的保护,应当使这种权利具有普遍性、排他性和不可转

---

① [美]西奥多·舒尔茨:《论人力资本投资》,北京经济学院出版社 1990 年版,第 6 页。

让性。

第一，财产权的普遍性（Universality）。宪法界定财产权，应当做到物皆有主，人皆有权，物质资源和人力资源都有明确的权利归属，不留权利空白。

物皆有主，是指一切物质资源都应当具有明确的产权归属。美国研究财产法的克里贝特教授提出的问题很好地表达了财产权的普遍性观念："在遥远的怀俄明草原上，一天清晨一只小鹿呱呱坠地。这只幼仔属于谁呢？"[①]民法上的物权客体是能够为人们所认识、控制和利用、可以满足人类某种需要的物品。宪法上的财产不仅包括民法上的物，而且也包括一国主权管辖下与权利主体相联系、尚未被人们所认识、暂时不能被利用来满足人类需要的一切自然资源和社会财富。就人类社会而言，绝大多数物质资源是稀缺的，如果不界定权利，对于有途径利用公共资源的人来说，资源的稀缺性就体现不出来。经验表明，没有对物质资源的产权界定，人们倾向于过度开发和使用稀缺的资源，从而造成不应有的资源耗损。如果不划分人力资源的权利，个人不能享有自己的劳动成果，就不会有人自愿劳动，人力资源就会因懒惰、懈怠而被闲置。普遍界定一切物质资源的权利，就是要把社会资源的稀缺性个体化，使人人感受到资源稀缺，必须珍惜并有效利用它。可见，物皆有主能够促进资源的有效利用。

人皆有权，是指一国境内的自然人应当无一例外地享有财产权利主体的资格，都有权取得、占有、使用财产，并能够从中获得收益，不受社会、经济、政治地位与身份的限制，国家、社会和他人不得歧视或剥夺个人的主体资格。在承认和保护国家、集体财产权的同时，宪法必须给予个人财产权以平等保护。个人不仅可以拥有生活资料，也可以拥有生产要素。如果生产要素完全集中于少数个人或机构之手，多数公民没有财产权主体资格，不仅经济发展将受到严重的制约，而且公民的平等、自由和独立也会受到威胁。因为生产的物质要素所有者通过垄断就业机会，直接控制了个人生计，个人为了生存将不得不屈从于生产的物质要素所有者专断的意志。

第二，财产权的排他性（Exclusivity）。在资源稀缺的世界上，必须设立排他性的财产权，以保证除法定的权利主体外，任何人都没有坚持使用资源的权利。资源的利用必须取决于财产所有人的理性决策，所有者可以自己使用资

---

① ［美］罗伯特·考特、托马斯·尤伦：《法和经济学》，上海三联书店、上海人民出版社 1994 年版，第 121 页。

源,也可以允许他人使用其资源。排他性意味着谁来使用资源的问题将由所有者决定而不必征得其他外在权威的同意。完整的财产权要求所有者对资源同时享有排他性的占有、使用、收益和处分等全部权利项,未经所有者的许可,任何人都不得侵入财产所有权的领域。

如果把主体独占全部权利项的财产权称为完整的财产权,那么当占有、使用、收益和处分等权利项被分配给不同的所有者时,事实上就出现了"所有权的残缺"。哈罗德·德姆塞茨提出:"所有权的残缺可以被理解为是对那些确定'完整的'所有制的权利中的一些私有权的删除。"①所有权残缺导致其经济激励功能的改变,对财产价值具有双重影响。其一,残缺的所有权可能降低财产的价值或交换价值。因此,宪法确认的财产权资格是一种完全的权利能力,而不是受限制的权利能力,应当具有完整性。任何个人作为财产权主体,都具有占有、使用、处分财产并从财产的使用中获得收益的权利。宪法上的财产权资格属于"非卖品",是不参与市场交易的,但它构成民事财产权利交易的前提。如果宪法确认的财产权资格出现残缺,就意味着从完整的财产权中永久性地剔除了一些权利项,使之处于市场交易之外,从而大大降低了财产交易的期值与现值,并减少了社会财富的总流动量。其二,在保持主体宪法上财产权资格完整性的前提下,民法将财产权划分为占有、使用、收益和处分等各个权利项,由权利主体根据各自实力和需要进行整体或部分权利交易,可以为财产流动提供便利。

第三,财产权资格的不可转让性(Untransferability)。宪法赋予个人的财产权资格,应当是不可分割、不可转让、不可剥夺、不受限制的。财产权是一项基本人权,就是在这种意义上讲的。宪法确认的财产权资格是强制赋予的,与个人的人身紧密关联,权利主体自己不能放弃或者出售,政府或他人也不能限制或剥夺。只有在个人的主体资格消失的情况下,财产权资格才能归于消灭。宪法上的财产权是一种完整的而非残缺的财产权资格,占有、使用、收益和处分诸项权利不可分割,不可缺少,不受主体身份的限制。

通常,人们所说的财产权的转让、分割、限制与剥夺,不是针对宪法上的财产权而是针对民法上的财产权而言的,宪法上的财产权资格本身就应当包括转让、分割、限制或剥夺民法上财产权的可能性。也就是说,财产权主体可以

---

① [美]科斯等:《财产权利与制度变迁》论文集,上海三联书店、上海人民出版社 1994 年版,第189页。

根据实际需要,按照自己的意志,把民法上的财产权作为整体转让给他人,也可将财产权分割为占有、使用、收益和处分等权利项,分别将其中一些权利项转让给他人;国家可依法将个人民事财产权的行使限制在符合道德风尚与公共利益的范围内,或依法剥夺违法犯罪分子的民事财产权。因此,宪法上不可转让的财产权资格本身,应当包括分割、转让民法上财产权的资格。

三、财产权宪法保护的方法

财产权利,首先是一种经济现象,是指人们在经济生活中通过资源控制形成的对产出的影响力。对此,宪法和法律既不能创造它,也不能消除它,而只能界定、维护并为其行使提供便利。一般说来,宪法和法律的基本功能就是界定权利,并通过司法机关维护权利,通过行政过程为公民行使权利提供服务。

第一,界定财产权的关键在于分配收益权,也就是经济学所谓剩余产品索取权。理想的财产权界定应当使权利具有普遍性、排他性和可转让性,宪法和法律对财产权利的界定越清晰,市场机制对经济主体的激励功能就越能有效发挥出来。因为在权利充分界定的条件下,任何人都不能没有代价地利用他人的资源获取收益,而只能充分利用自己的资源来改善自身的处境,他的资源将得到更有效的利用。

虽然法律对权利界分得越清晰,资源的使用越有效率,但事实上完全清晰地界定资源的占有权本身是很困难的。根据巴泽尔的研究结论,权利之所以难以完全清晰地界定,是因为商品属性的多样性、复杂性和可变性。[①] 绝大多数商品都具有多种属性,由于精确地测定并明确地界分这些属性成本过高,许多属性就被置于共有领域。不动产所有者对其不动产的权利就不是完整、清晰的,因为一个人享有权利的不动产与相邻人享有权利的不动产具有不可分割的属性,不动产所有者的权利就受到邻人相邻权的限制。人力资源与人身具有不可分离性,雇主只购买到了支配人力的时间,至于人力的使用程度,则是一个可变因素,雇主和雇工在使用人力资源时的占有权就是共有的。农业产出不仅受土地肥力、灌溉、日照等土地方面条件的制约以及受劳动者努力程度的影响,而且也与气候变化、自然灾害有关,这种可变因素也使精确界定占有权成为不可能。

① 参见[美]巴泽尔:《产权的经济分析》,上海三联书店、上海人民出版社 1997 年版,第 6 页。

同时,运用静态的法律来界定动态的使用权就更为困难。围绕资源使用权(使用权或者"经营管理权")进行的国有企业"两权分立"的改革,之所以难以达到预期的目标,是因为人们难以用法律把动态的资源使用过程凝固为确定的权利。因此,宪法和法律主要是通过划分收益权的方式来界定财产权的。国有企业的股份制改造,应当以界分剩余产品索取权为运作的轴心,宪法和法律在界定和维护财产权时,应当抓住收益权这个关键。财产权宪法保护的实质,就是通过界定和维护权利,使那些占有某种资源并能通过这种控制影响产出结果的人拥有剩余产品索取权,从而激励资源所有者有效利用他的资源创造更多的财富。要确定各种因素对产出相对影响的大小的成本通常是可以承受的,因而法律在界定财产权时应当使权利主体能够索取的剩余产品份额与他对产出影响的大小相适应。也就是说,对产出影响较大的一方,有权索取更多的剩余产品,相应地,影响产出能力小的一方则只能索取较少的剩余产品。如果宪法不保护个人财产权,不承认作为资源拥有者的个人剩余产出索取权,也就是取消了个人对财产的收益权。在没有剩余产出索取权,或者这种索取权没有分配到个人的情况下,资源拥有者就不会充分利用其资源来增加财富,因而也就不会出现剩余产出。可以说,没有财产权,就没有剩余产出,更不会出现经济增长。

第二,财产权保护方法及其成本分析。财产权的宪法保护不同于私法对财产权的保护。民商法通过确认交易伙伴平等权利、保证义务人承担给付义务、按照权利义务双方的意愿变更权利义务关系等方式全面保护财产权利,既有事前保护,也包括事中保护和事后保护。宪法通过划定公共权力与私人权利的界限,确认主体普遍享有的财产权资格,严格限定政府非法剥夺或违法征用个人财产的权力,对财产权主要进行事前保护;通过建立系统的司法机关来裁判民事、刑事与行政争讼,对财产权也实行事后保护;对资源使用过程往往不加干预。

无论通过私人交易调整权利的分配,还是由政府强制或者通过宪法和法律来界定权利,不管对财产权实行事前保护、事中保护或者事后保护,都要耗费一定的资源,因而财产权的界定与维护必须考虑成本问题。当界定财产权的边际成本等于边际收益时[①],进一步清晰地划分财产权就得不偿失了,剩下

---

① 边际成本就是生产另一单位产量的额外的或增加的成本。当追加的成本所得收益不断下降致使最后一个单位投入所得收益为零时,人们就会停止追加新的投资。

的资源就只能留在共有的领域。这说明,经济效率不仅仅要求尽可能清晰地界定财产权,而且需要经济地界定财产权。财产权保护要付出很高的费用,对政府而言,由私人通过市场交易来调整权利配置的成本通常低于政府强制分配权利的成本,运用私法方法保护权利的成本低于运用公法手段保护权利的成本。因此,现代法治国家需要明确区分公共领域和私人领域,并分别运用公法和私法加以调整。在私域,权利主体可以通过自愿交易实现权利的重新分配,私人协议具有优先于私法而适用的效力,国家不得干预;在私人交易中发生权利纠纷时,只要能够运用私法手段予以补偿的,私法就具有优先于公法而适用的效力;只有在公共领域,国家才能依照法定授权运用公法强制分配权利。国家通常只对受抢劫、盗窃、诈骗等少数严重侵犯财产权的犯罪行为所侵害的权利主体提供免费保护,并对罪犯提起公诉。对一般民事侵权由受害人自行决定是否请求国家保护,并承担这种保护所需要的费用,"不告不理"节省了国家保护财产权的费用。虽然对侵犯财产的犯罪实行国家公诉的成本明显高于自诉案件中国家承担的成本,但由于公诉保护的不仅是被害人的财产权,而且也保护了公共秩序和公众的普遍安全感,这对国家来说还是很合算的。

无论刑事法律对侵犯财产罪的制裁还是民事法律要求侵权行为人承担民事责任,都离不开宪法对财产权的保护这样一个大前提。宪法不保护财产权,刑法把严重侵犯财产权认定为犯罪,民法要求侵权行为人承担的民事责任,都变得没有宪法依据了。这种状况从制度上增加了国家保护财产权和个人行使财产权的成本。

第三,"私权私了"的原因分析。在实际民事、经济交往中,权利主体的利益受到侵犯,解决的途径不外四种:一是通过当事人自愿协商使受损害的权利得到补偿,二是诉请司法、仲裁机构强制加害人提供补偿,三是动用私人力量寻求补偿(通过讨债公司甚至黑社会势力),四是放任权利受损害而不寻求任何补偿。在我国社会经济生活中,大量的权利纠纷是通过第三或第四种途径了结的,即以不法的"私了"或"不了"了之。一些学者把这种现象归咎于经济主体缺乏法制观念,并试图通过普法教育从根本上改变这种状况。但是,私权"私了"或"不了"并不简单地是个法制观念问题,在很大程度上更是一个与体制导向有关的经济问题,与其说是权利主体缺乏权利意识,还不如说得出这种结论是因为法学家们缺乏宪法意识和经济意识。对于当事人来说,诉讼不仅要支付案件受理费,还要在诉讼中耗费大量的时间和精力。

权利是可以放弃的,主体究竟选择行使权利还是放弃权利,固然离不开其意志的自由决断,但更取决于他对成本与收益的理性核算。当行使权利的预期收益大于需要支付的成本时,财产权就得到充分行使,而在预期收益等于或者低于需要支付的成本时,权利主体通常会明智地放弃权利。被权利人放弃的权利所指向的利益并没有消失,而是进入了共有领域,成为剩余利益。他人花费一定代价可攫取这种利益,但这种攫取在所得收益等于边际成本的均衡点上会自动停止。因此,私权"私了"首先是由充分行使权利的成本收益状况决定的。在任何经济、法律与政治制度之下,都存在私权纠纷私下了结的情况。也就是说,任何制度安排都既不可能完全清晰地界定财产权,也不可能保证人人充分行使财产权。不同制度安排的优劣区分,仅仅在于权利界定的清晰度和权利主体行使权利的充分程度不同。

就我国法制的状况来说,私权纠纷不能"公了",主要导源于公法上的问题。最直接的原因是我国 1991 年《民事诉讼法》规定的案件审结期限缺乏应有的刚性,几乎没有时间上限。如其中第一百三十五条规定,一审案件的审结期限为六个月,同时允许经本院院长批准延长六个月,而且还可以报经上级法院批准再延长,但却没有时间的上限。第一百五十九条规定,上诉案件应当在三个月内审结,但本院院长批准后也可以延长,同样没有时间的上限。这种规定仅仅从给法院提供便利的角度出发,而很少从保护当事人财产权的角度考虑问题。在市场经济体制下,时间是一种极其宝贵的稀缺资源,时间的经济价值就足以使当事人对诉讼望而却步,只好将纠纷"私了"或者让其"不了"。民事诉讼法之所以有这样的安排,深层次的原因在于宪法的制度设计。我国宪法既未明确宣布基本人权原则,也不注重人权和公民权的实际保护,更没有规定制约国家权力的有效措施,反而把维护和巩固国家权力作为中心任务。这就为法院办事拖拉,巧立名目收取各种法外费用提供了方便,从而增加了当事人的诉讼成本和诉讼风险。因此,司法制度改革必须与宪法修改相互配合,宪法首先要确立基本人权原则,并将财产权作为基本人权予以保护。同时各部门法包括民事诉讼法都应当从保护权利着眼,把便利当事人行使权利作为制度设计的基本目标。这不仅是保持经济持续增长的需要,更是建立法治国家的应有之义。因为法治在形式上意味着法律至上,在实质上则要求良法之治,良法就是以保障人权为根本目标的法律制度。

代际冲突与宪制发展[*]

摘　要：制宪权的代际冲突是所有立宪国家在宪制发展中面临的共同问题。不成文宪法对制宪权的消解，事实上否定了人民主权原则；成文宪法过分依赖制宪权，又造成对宪法稳定性与权威性的破坏。中国宪制发展对制宪权具有更高的依赖性，我们必须在运用制宪权的过程中约束制宪权。既要大胆运用制宪权建立适应市场经济与依法治国需要的宪法规则，又不能滥用制宪权；在行使制宪权时既要尊重前人的合理选择，又要顾及子孙后代的需要，学会与先辈和后代分享制宪权。

关键词：制宪权；代际冲突；宪制发展

法律的目的在于安排未来，它期待着未来的人们遵循现有的规则。而民主政治的基本信条是，凡受规则约束的人都有权参与规则的制定，所有公民既然都受制于宪法，就应当有权参与制定宪法。这就出现了一个尖锐的问题：那些没有参与立宪的人们，为什么要受制于先辈制定的宪法呢？如果宪法的权威是绝对的，后人就没有与先辈平等的制宪权，无权进行任何宪法变革；如果后人拥有任意改革宪法的权力，任何宪法就都不可能得到遵守。这就是制宪权的"代际悖论"。研究和解决制宪权的代际冲突，对于中国宪制现代化具有重要意义。

一、解决代际冲突的两种模式：成文宪法与不成文宪法

不成文宪法的产生和发展基于习惯的逐渐变迁，往往无需制宪权的推动，成文宪法的制定和修改则需要能动的制宪权。成文宪法国家与不成文宪法国

---

[*]　本文发表于《法商研究》，2001 年第 6 期。

家制宪权的地位不同,解决制宪权代际冲突的方式也有重大差别。

第一,不成文宪法对制宪权的消解。英国不成文宪法解决制宪权代际冲突的基本方式是,强调宪法必须遵守,无论是当代人自己制定的还是先辈流传下来的。后人受制于前人,前人更有前人,任何一代人实际上都不拥有完整的制宪权。对制宪权的严格限制,事实上排除了制定成文宪法的可能性,形成了独特的英国不成文宪法。

在英美法系,人们习惯于把个人的权利和自由置于一切实在法、甚至宪法之上,"主张这些权利具有古老的、不可侵犯的习惯的性质……这样,在许多国家里,一种求助于'古代宪法'的习惯便生长——或者更确切地说,加强和恢复起来"①。英国宪法是世界上最古老的宪法,它是由从 1215 年到 20 世纪的700 多年里积累起来的宪法性法规、宪法惯例和法院判例构成的一个十分庞杂的规范体系,更多地体现了传统的连续性。"许多政治变革一直是逐步的、习惯上尊重各种传统的、牢固地坚持在习惯的形式上发展的,这是根深蒂固的。英国宪法的历史表现出来的连续性是任何其他国家无法比拟的。"②英国宪法的产生完成了人类历史上最深刻的制度变革,但制宪者在形式上始终表现出现实对历史的尊重,并要求未来受现在的约束。1689 年,英国议会在向威廉国王和玛丽女王的声明中宣称:"上下两院议员们谨以上述人民(指当时在世的英国人民)的名义,最谦卑忠诚地表达他们自己和他们子孙后代永远顺从之意。"这就意味着,子孙后代受前人宪法的约束,被永久性地剥夺了选择宪法的权利。

显然,不变的宪法传统与先例必然同变化了的人民意愿相冲突。用恪守传统和遵循先例来否定后人的制宪权,在理论上遭到了激烈的批判。马克思曾经猛烈抨击历史法学派说:"有个学派以昨天的卑鄙行为来说明今天的卑鄙行为是合法的,有个学派把农奴反抗鞭子——只要鞭子是陈旧的、祖传的、历史的鞭子——的每一声呐喊都宣布为叛乱……"③德国历史法学派执着于民族精神,英国历史法学派固守着古老传统,马克思的批判对二者都是适用的。杰弗逊指出,世界属于活人而不属于死者,死去的人没有任何权利,当然也不

---

① [美]卡尔·J.弗里德里希:《超验正义——宪制的宗教之维》,周勇、王丽芝译,生活·读书·新知三联书店 1997 年版,第 133 页。

② Vishnoo Bhagwa,Vidya Bhushan,The Constitution of Great Britain,⑯Sterling Publishers,1984,p.21.

③ 《马克思恩格斯选集》第 1 卷,人民出版社 1995 年版,第 3 页。

能再享有制宪权。在宪法实施过程中,传统与先例对制宪权的严格限定也为议会至上原则和司法审查制度所缓解。事实上,历届议会都有权以制定法规则改变宪法惯例,法院虽然遵循先例,也可以改变先前的判例。

第二,成文宪法对制宪权的推崇。按照法国革命的逻辑,现在受制于过去、活人被死人奴役是绝对不能容忍的。法国宪法的产生本身就是没有宪法的传统的中断,是现在对过去的背叛。正如《人权宣言》起草人西耶斯所说:"如果我们没有宪法,那就必须制定一部。"①1791 年《宪法》的制定,就是要结束法国没有宪法的历史。1793 年《宪法》第 28 条明确宣布:"这一代人不得使后代人服从他们的法律。"美国《独立宣言》也一反英国传统,宣称人民有权改变或废除侵犯他们生命、自由和追求幸福权利的政府,建立新的政府。美国宪法产生于殖民地对宗主国的反抗,是抛弃英国不成文宪法传统的结果,其序言在宣告"我们美利坚合众国人民……制定并确立本宪法"时使用的是现在时态,意在表明宪法起草者们无意于把自己的宪法价值观强加于子孙后代,承认每一代人随时都有自己创制宪法的权利。法国宪法与美国宪法的产生表现了进步与革新造成的历史间断性。

每一代人都有平等、完整和不受限制的制宪权的思想,与宪法的最高法律效力是不相容的,将其付诸实现的代价更是高昂,因而同样受到了尖锐的批评。伯克指责说:"我们很难找出一种谬论,它比下述主张对于所有的秩序和美好事物以及人类社会所有的和平和幸福,更具有颠覆性。这种主张认为,任何人类群体皆有权制定他们喜欢的法律;或者说法律不论其内容的好坏,皆可以从法律制度自身获得一切权威性。"②每一代人都应当有与前人有平等制宪权的民主要求,使法国频频爆发革命,政局动荡不安,宪法被不断地重新制定和修改。美国的宪法制定过程虽然深受法国启蒙思想影响,而在后来宪法实施的过程中,却在很大程度上回归到英国传统上,没有认真对待每一代人都有平等制宪权的要求。

第三,中国宪制运动中制宪权的代际冲突。制宪权的代际冲突是所有立宪国家面临的共同问题,中国宪制运动也无法回避。中国宪法不是从传统中自发孕育出来的,而是从西方成文宪法国家引进的,没有立宪者对制宪权的自

---

① [法]西耶斯:《论特权·第三等级是什么?》,冯棠译,商务印书馆 1990 年版,第 56-62 页。
② 转引自[美]爱德华·S. 考文:《美国宪法的'高级法'背景》,强世功译,生活·读书·新知三联书店 1996 年版,第 97 页。

觉运用,中国就不会有宪法。封建传统对宪制运动的抵抗越强烈,宪制运动的反传统倾向就越浓厚,宪法的产生和变革对制宪权就越具依赖性。风云激荡、灾变迭起的 20 世纪的重大主题,就是探寻中国宪制发展的道路。雄心勃勃的理性建构主义力图通过制宪权的运用,按照学者的理性设计,依靠政府的强制推动,制定出一部理想的成文宪法,使中国尽快走上宪制现代化的道路。从清末立宪失败开始,中国的宪制运动就义无反顾地走上了与传统彻底决裂的道路:辛亥革命与清政府决裂,新中国与旧中国决裂,下一代与上一代决裂,前一部宪法与后一部宪法决裂,宪法就像杂志一样被不断翻新。强烈的反传统倾向使每一代中国人在运用自己的制宪权时都无所顾忌,不计代价,造成极大的破坏和动荡,物质财富、制度资源都无法实现充分积累。传统与变革的激烈冲突既瓦解了封建传统,也消解了宪法价值,使中国在通往宪制之路上已无所适从。激进反传统倾向的形成是因为传统过于腐朽,不堪继承,而彻底否定了传统,我们又变得一无所有,这是中国宪制不可避免的悲剧。过度依赖制宪权的成文宪法,并没有带来预期的发展与进步,反而挫伤了人们对宪制与法治的信念。法典不能改变历史,历史却可以改变法典,因而有人提出中国法治应当依靠传统与惯例的自发积累,寻求本土资源的支持。① 不过,"本土资源"本身就不是本土化的,而是现代西方法治语境中的"后现代"话语,显然不能解决中国宪制现代化的问题。

二、解决代际冲突的理论逻辑:理性论与经验论

秩序需要在过去、现在与未来之间保持连续性,进步则要求暂时中断历史,寻找新的起点。如果革命是现在对过去的反抗,那么宪法就是现在对未来的约束。现在要约束未来,就必须尊重过去,保持历史的连续性;背叛过去,必然会被未来所背叛。正如伯克所说:"那些数典忘祖者也不会远虑他们的后代。"②但如果现在永远受制于过去,未来完全服从于现在,没有发展和变革,宪法也就无从出现。制宪权的"代际悖论"中,传统与变革的矛盾根源于社会进步的经验模式与理性模式的冲突。

第一,不成文宪法是经验积淀的产物。法治文明的发展是一个从习惯法到成文法、从成文法到法典法的过程。在人类理性能力尚未充分发展的早期

---

① 参见苏力:《法治及其本土资源》,中国政法大学出版社 1996 年版,第 5、13-19 页。

② 转引自[美]伯尔曼:《法律与革命》,贺卫方等译,中国大百科全书出版社 1993 年版,第 48 页。

社会,习惯和习惯法是法律的主要表现形式,法治文明的发展依赖于经验的积累。亚里士多德说过:"法律也允许人们根据积累的经验,修订或补充现行各种规章,以求日臻完备。"①在指出苏格拉底脱离经验的理性建构的危险性时,他说:"他却忘了积习、文教和法度的可以化民成俗,竟然信赖财产公有的方法,想凭以使城邦达成善德,而一心采取变法更张的手段。"②英国是世界上最早出现宪法的国家,早在 17 世纪科学革命发生以前,宪法性法规、惯例和判例已经开始形成,除了依靠经验积累外,别无选择。英国不成文宪法从法治秩序的稳定着眼,强调既存宪法规则的约束力,注重经验的逐渐积淀,依靠自发的宪法变迁来适应社会变革的需要,否定后人拥有任意创造和改变宪法规则的独立、完整的制宪权。这种解决方式虽然在理论上并不显得光彩夺目、雄辩有力,在宪法实施中却稳健有序,行之有效。美国最高法院霍尔姆斯大法官的格言"法律的生命不在于逻辑,而在于经验",就是对英美法律经验主义的真实描述。

在成文法典支配社会生活、人们对人类理性能力深信不疑的时代,不成文宪法的经验模式的确可以帮助我们避免理性的自负可能带来的危险。但是,在宪法发展的经验逻辑面前,我们也无需为理性而自惭形秽。经验需要理性指引方向,没有理性的指导,经验就成为盲目的、保守的力量,难以推动法治文明的进步。正如庞德所说:"法是通过理性所组织和发展起来的经验,由政治上有组织社会的造法或颁发机关正式公布,并受到社会强力的支持。"③长期封建专制统治、任意剥夺个人权利的经验,在中国积淀为阻碍法治文明进步的惯性力量,而同样的经历却促使英国较早出现了保障个人权利和制约国家权力的不成文宪法。如果我们在不成文宪法的经验演进模式面前,对自己的理性能力丧失了信心,无所作为,坐等"本土资源"孕育出宪制制度和法治文明,无异于守株待兔。

第二,成文宪法典的出现是人类理性充分发展的结果。理性主义法律观在西方法治史上源远流长,亚里士多德认为,法律的权威只能来自人的理性而非情欲和兽性。④ 西塞罗指出,法律是最高的理性。"这一理性,当它在人类

---

① [古希腊]亚里士多德:《政治学》,吴寿彭译,商务印书馆 1965 年版,第 168 页。

② [古希腊]亚里士多德:《政治学》,吴寿彭译,商务印书馆 1965 年版,第 57 页。

③ [美]罗斯科·庞德:《通过法律的社会控制·法律的任务》,沈宗灵、董世忠译,商务印书馆 1984 年版,第 110 页。

④ 参见[古希腊]亚里士多德:《政治学》,吴寿彭译,商务印书馆 1965 年版,第 169 页。

的意识中牢固确定并完全展开后,就是法律。"①近代科学革命迎来了理性主义高歌猛进的时代,孟德斯鸠在讨论影响人为法的因素时,把人类理性置于首要的地位,他说:"法律,在它支配着地球上所有人民的场合,就是人类的理性;每个国家的政治法规和民事法规应该只是把这种人类理性适用于个别的情况。"②成文法典是在商品交易过程中人类理性稳固确立与高度发展的结果,借助它,"相信理性力量的第三等级力图将法律生活从它所怀疑的司法特权阶层的指点中解放出来"③。法律法典化的实质就是法律的理性化,它标志着以人类理性为基础的成文法典对传统习俗的决定性胜利。正是成文宪法首开了法律法典化与理性化之先河。

然而,深受理性主义熏陶的思想家们,对成文法典推动社会进步的能力深信不疑,主张每一代人都有独立、完整而不受限制的制宪权。潘恩认为,人是会死的,人一旦死去,其权力和需要也随之消失,不再参与世事,他也不再有权指挥由谁来统治世界或如何组织与管理政府了。因此,"在任何国家里,从来不曾有,从来不会有,也从来不能有一个议会,或任何一类人,或任何一代人,拥有权利或权力来永远约束和控制子孙后代,或永远规定世界应如何统治,或由谁来统治;因此所有这种条款、法案或声明——它们的制定者企图用它们去做他们既无权利又无权力去做,也无力量去执行的事情——本身都是无效的。"④他主张,每过 30 年,每一项法律都应当被下一代修改或废除。杰弗逊进一步发挥了潘恩的观点,认为前辈制定的宪法和法律自然而然地与那些制定者一道寿终正寝了,"没有一个社会能制定出一部永久的宪法,或者哪怕是一部永久的法律"⑤。他宣称:"新一代人,就和过去所有各代人一样,有权为自己选择认为最能促进自己幸福的政体,并且适应它自己所处的、从前辈那里继承来的环境。"根据当时欧洲人口死亡率的最新统计数据,杰弗逊推算出修改宪法的周期为 19 至 20 年,他提议:"为了人类的和平与幸福,宪法应该规定每 19 年或 20 年提供这样做的庄严机会,使宪法得以定期修改。"⑥有趣的是,

---

① [古罗马]西塞罗:《国家篇·法律篇》,沈叔平、苏力译,商务印书馆 1999 年版,第 151 页。

② [法]孟德斯鸠:《论法的精神》(上册),张雁深译,商务印书馆 1961 年版,第 6、154 页。

③ [美]埃尔曼:《比较法律文化》,贺卫方、高鸿钧译,三联书店 1990 年版,第 52 页。

④ 《潘恩选集》,马清槐译,商务印书馆 1981 年版,第 115 页。

⑤ 转引自[美]埃尔斯特、[挪]斯莱格斯塔德编:《宪制与民主》,潘勤、谢鹏程译,生活·读书·新知三联书店 1997 年版,第 231 页。

⑥ 《杰弗逊选集》,朱曾汶译,商务印书馆 1999 年版,第 642 页。

杰弗逊的这一观点是在他卸任总统以后的 1816 年提出的,在美国宪法通过后的第 19 年和第 20 年,作为总统的杰弗逊并没有提出修改宪法的动议。也许,杰弗逊并不打算认真对待自己的理想主义观点。但在不少立宪国家,这种过高估计人类理性能力的绝对理性主义思潮被运用于立宪和行宪过程,结果是处处碰壁,常常被迫改弦更张。

第三,理性地对待传统经验。人具有自由选择的理性能力,每一代人都应当享有宪法选择权来决定他们生活于其中的制度环境。因为前辈曾经在历史上的某个时期做过某种决定,我们或子孙后代就永远不能改变这种决定,无权重新作出自己的决定,显然是非理性的、荒谬的。固守传统意味着死者对生者的奴役、既得利益的特权者对无权者的束缚以及强者对弱者的欺凌,总之是前者对后者制宪权的侵夺,是不公平的。一切都诉诸传统,社会不能发展,文明没有进步,也就无所谓历史与传统。在完全依赖传统的条件下,宪法的出现已是不可能的事,完善宪法、施行宪制更无从谈起了。显然不能要求中国宪制现代化过程固守 2000 多年来形成的封建传统,不能用"祖宗之法不可变"或者借口"历史的必然性"来阻碍宪制发展。法制现代化就是法律的理性化与法典化,运用制宪权制定适应市场经济和法治国家需要的宪法规则,是法制现代化的重要任务。我们不应在前现代化语境下谈论后现代话语,用乡土文化、民间习俗来贻误发展的机遇,重演落后挨打的历史悲剧。

进步需要经验的日积月累,革新需要深厚的传统支撑。当代人只能在自然提供并经过前辈改造的条件下选择自己的生存环境,我们在行使制宪权时既要尊重前辈选择的合理性,又要顾及子孙后代的利益,这种选择空间是非常有限的。我们接受前人的经验,正如我们继承先辈的财产一样。普芬道夫说过:"根据严格的自然法,任何人不受他人的行为的约束,除非继承了他的财产。因为财产应随其义务一起转移的原则自财产权确立那一天起就产生了。"①我们继承了前人的财产和环境,后代将要继承我们的财产和环境,人类历史的连续性要求当代人接受前人的合理选择和后代的需要对自己制宪权的限制,与前人和后代分享制宪权。如果把当代人的制宪权看成不受限制的最高权力,对过去的一切制度规则都要重新审查,甚至推倒重来,人们就没有时间和精力创造财富,享受生活,人生将成为难以容忍的负担。正是在这个意义

---

① 转引自[美]埃尔斯特、[挪]斯莱格斯塔德编:《宪制与民主》,潘勤、谢鹏程译,生活·读书·新知三联书店 1997 年版,第 239 页。

上，埃里希·弗罗姆认为，摆脱了外在权威获得独立和自由的人们，常常感到个人的无意义和无权力，渴望"逃避自由"①。爱德蒙德·伯克认为，虔敬地接受传统、用过去约束现在，可以使当代人免受作出艰难抉择之累。

在无限复杂的世界面前，我们的无知是无边无际的海洋，而我们的知识不过是无知大海中小小的孤岛，注定是有限的、残缺的，我们所能得知的最准确无误的知识就是我们的普遍无知。人类有限的理性能力不可能做到事事深思熟虑，传统、习俗和惯例为我们对绝大多数事项的处理提供了便利的指导。但传统或经验都不是什么神秘的力量，而是前人运用自己的理性能力应付环境的压力和挑战时形成的认知结构与行为结构。虽然由于时代与环境的变迁，我们已难以追踪其间存在的理性逻辑，但它们的最初形成与现代成文法一样具有理性的基础。成文宪法和不成文宪法都离不开人的理性选择，正如梅因所说："英国法律是成文的判例法，它和法典法的唯一不同之处，只在于它是用不同的方法写成的。"②前人并不比当代人高明，他们的理性能力甚至更为有限，因而习俗、惯例也并不必然优越于成文宪法。因此，中国宪制现代化应当有所为而又有所不为，即在人类智识许可的范围内，只要经过深思熟虑、充分讨论、审慎抉择，我们完全可以信赖自己的理性能力，大胆运用制宪权，制定适合中国实际的宪法规则，推进中国宪制现代化过程，而不应无所作为，坐失良机；在我们的理性不及的绝大多数事项上，则需要借鉴其他宪制传统，培养自己的宪制传统，并学会尊重这种传统，不能滥用制宪权，任意创造规则。

三、解决制宪权代际冲突的体制：自由宪制与民主宪制

基本人权和人民主权是近代宪法的两大价值支柱，欧陆宪法与英美宪法各执一端。我们不妨将以人民主权为支柱的欧陆宪制称为民主宪制，相应地，以个人权利与自由为支柱的英美宪制则是自由宪制。制宪权的代际冲突实质上反映了近现代宪制体制下自由与民主之间的紧张关系。

第一，民主宪制体制的两难困境。浸淫于人民主权理论、由法国大革命锻造出来的欧陆民主宪制把民主作为宪制的前提，认定宪法是人民意志的体现，制宪的目的就是保障民主制度。成文宪法的倡导者西耶斯从博丹的主权概念和卢梭的人民主权理论出发，认定制宪权属于国民，国民意志永远合法，它本

---

① 参见［德］埃里希·弗罗姆：《逃避自由》，陈学明译，工人出版社 1987 年版，第 57 页。
② ［英］梅因：《古代法》，沈景一译，商务印书馆 1959 年版，第 8 页。

身就是法律。因此,制宪权是不受限制的,它既不受任何先前存在的法律和规章的约束,也不受国民自己制定的宪法的约束。他说:"设想国民本身要受这些规章和宪法的制约,这是荒谬的。""国民不仅不受制于宪法,而且不能受制于宪法,也不应受制于宪法,这无异于说它不受制于宪法。"①在英国革命时期的普特内大辩论中,一位议员也提出过类似观点:"所有的人民,所有的民族都有改变和修订他们的宪法的自由和权力,如果他们觉得这些宪法是软弱的和不可靠的话。"②既然制宪权属于最高权力,它就应当完全自由,不能容许对它有任何限制。国民无论在任何时候、以任何方式表达出来的意志,都是最高的法律。国民有权表达自己的意志,这种表达就是宪法,国民也有权随时改变自己的意志,这就是宪法的修改。这种观点暗含着人治的逻辑,它认为权力本身并无过错,关键在于掌权者的身份,只要人民掌握着权力,怎样行使都无关紧要。宪制的根本不在于制约权力,而是保障权力掌握在人民手中。但是,由于宪法的至上性和权威性寄托于国民意志的最高性,国民随时改变意志的权利必然造成宪法的朝令夕改,威信扫地。最高的和无限的制宪权包含了自我否定的权力,它创造出来的宪法反而没有权威,正如全能的上帝创造不出一块他自己举不起来的石头一样。

第二,自由宪制对制宪权的先定约束。从英国传统中孕育出来的以自由为基本价值追求的宪制体制承认民主与宪制之间存在着深刻的张力,个人权利与自由是对多数决定的民主权利的先定约束。美国宪法学者埃尔斯特给宪制的定义是:"宪制指的是对多数派决策的一些限制,更具体地说,指的是那些在某种意义上自我施加的限制。"③制宪权并不是任意创造宪法的权力,应当受到先于制宪权、先于宪法而存在的个人权利与自由的约束。但问题是,民主是多数人决定政策的权力,宪法也是多数人的决定,用宪法来约束多数人的权力,等于要多数人自己约束自己的权力。自我约束在道德上虽然不可靠却是可能的,在法律上则是不可能的,这等于没有任何约束。因此,不少西方学者如博丹、普芬道夫、霍布斯、卢梭等都认为,多数人自己限制自己的制宪权,是自相矛盾、无法实现的。霍布斯说:"国家的主权者不论是个人还是议会,都不

---

① [法]西耶斯:《论特权·第三等级是什么?》,冯棠译,商务印书馆1990年版,第56、56-62页。
② 转引自[美]埃尔斯特、[挪]斯莱格斯塔德编:《宪制与民主》,潘勤、谢鹏程译,生活·读书·新知三联书店1997年版,第227页。
③ 转引自[美]埃尔斯特、[挪]斯莱格斯塔德编:《宪制与民主》,潘勤、谢鹏程译,生活·读书·新知三联书店1997年版,第2页。

服从国法……任何人都不可能对自己负有义务,因为系铃者也可以解铃,所以只对自己负有义务的人便根本没有负担义务。"①值得注意的是,这种观点主要是从民法学中引申而来的,如霍布斯就是在谈论"民约法(市民法)"的问题时提出人不能对自己承担义务的论点的。宪法是公法而不是私法,制定宪法属于集体选择而非私人选择。个人不能对自己承担义务,但集体可以也应当对组成集体的各个成员承担义务,因为集体的人格与集体各个成员的人格是各自独立的。

第三,走向自由民主宪制。中国宪法受大陆法系的长期影响,人们往往把宪制和民主等同起来,认为宪法是"民主制度的法律化",是对民主政治的确认和保障。毛泽东说过:"宪制是什么呢? 就是民主的政治。"②既然宪制就是民主政治,民主政治就是宪法,有了民主政治,再有宪法似乎显得累赘。宪法缺乏应有的权威,法律虚无主义盛行,与这种认识上的偏差不无关系。宪制发展已经走过了从英美自由宪制到欧陆民主宪制的历程,当代中国宪制应吸取二者的经验教训,走向自由民主宪制。

民主是宪法的基本价值追求之一,多数人的决定优越于少数人的决定,民主优越于专制,这是人所公认的常识。宪法的制定与民众的切身利害相关,受其影响的多数人自然应当有权参与宪法的制定,制宪权是多数人参与选择宪法的权利。人民不仅可以改变前辈不合时宜的决定,也有权改变自己曾经做出的错误决定。宪法的发展变革虽然不完全是人类精心策划的结果,但也绝不是自发活动的产物,而是一种自觉的发展。歌德说过,一种传统不能由继承而得,它必须被争取。即使不成文宪法的形成和演变也充满了各种社会力量为争取自身权利采取的自觉行动,成文宪法的制定和修改则更多地体现了制宪者的深思熟虑和自觉努力。伯尔曼指出:"及时变革是所有面临不可抗拒变革压力的法律制度获得生命力的关键。"③在市场经济发展与社会文明进步的潮流推动下,中国法制与宪制的现代化变革已经不可避免,自觉进行宪法变革是明智的选择。实行多数民主的制宪权是推动宪法发展变革的自觉力量,中国的宪制现代化过程离不开这种自觉力量的推动。

但是民主不是宪法的终极价值或唯一价值,而是保障公民权利与自由的

---

① [英]霍布斯:《利维坦》,黎思复、黎廷弼译,商务印书馆1985年版,第207页。
② 《毛泽东选集》第2卷,人民出版社1991年版,第732页。
③ [美]伯尔曼:《法律与革命》,贺卫方等译,中国大百科全书出版社1993年版,第25页。

手段,个人自由才是宪法的最终目的。如果宪法仅仅为民主手段服务,而不考虑个人自由之目的,无疑是舍本逐末。即使把保障民主制度的持久性作为宪法的重要目标,这一目标的实现也需要制约多数人的权力。这正如铁轨的目的是保障火车的安全行驶,但它的手段却处处表现了对火车的限制一样。宪制的基本精神是权力制约,只有把宪法视为对民主的规范和约束,对权力的制约,明确宪法与民主之间的互生互克关系,宪法对民主而言才是不可缺少的,宪制体制才能在此基础上形成。孟德斯鸠说过:"一切有权力的人都容易滥用权力,这是万古不移的一条经验。有权力的人们使用权力一直到遇有界限的地方才休止。"①权力滥用具有普遍性和必然性,即使是实行少数服从多数原则的民主权利也不能幸免。与任何权力一样,制宪权也是有限权力,它不仅受到前人与后代的限制,也受当代人的自我约束。

---

① [法]孟德斯鸠:《论法的精神》(上册),张雁深译,商务印书馆1961年版,第6、154页。

经济宪法学基本问题[*]

摘　要：经济宪法学以财产权为基石范畴，把公民权利与国家权力的关系理解为个人财产权与国家财政权的冲突，并把这一冲突置于产权、人权与政权的相互作用中考察。财产权在公民权利体系中处于核心地位，权利保障首先要承认和保障个人的财产权。财政权是国家经济权力乃至一切权力的根本，实行宪制必须建立对财政权力的约束。

关键词：宪法学；经济宪法；财产权；财政权

我国宪法学受多方面因素的影响，不仅无力解答宪制建设面临的问题，在建构自身学科理论体系方面也显得力不从心。研究经济宪法，可以从不同视角观察宪法现象，有助于改善宪法学理论，对于协调经济增长与宪制发展的关系，也具有一定的现实作用。

一、经济宪法学的理论定位

（一）经济宪法学的研究领域

简单地说，经济宪法学就是关于经济宪法的系统化的理论。经济宪法的概念起源于德国的经济法理论，是由该国学者弗兰茨·伯姆最先提出来的。他把经济宪法定义为一种有关"经济与社会的合作程序"的种类与方式的综合决定。经济法学者林克提出，经济宪法是指"国家为了确定经济自由的范围，施行监督或经济统制，所依据的基本法律原则与宪法规范"^②。在德国等大陆

　＊　本文发表于《法学研究》，2001年第4期。

　②　　参见施启扬、苏俊雄：《法律与经济发展》，台北正中书局1974年版，第74页。

法系国家,随着近代自由市场经济的终结,国家获得了全面干预经济的权力,规范和限制国家经济权力的经济宪法应运而生。

虽然英美法学界不承认经济宪法的存在,但人们可以从其经济学理论中推导出经济宪法概念。美国经济学家詹姆斯·布坎南等人在20世纪60年代创立公共选择学派,提出了"宪法经济"的概念。按照这一概念,17至19世纪的经济是自由市场经济,依靠市场自发调节、放任经济自由发展是其显著特征;19世纪末到20世纪70年代的经济是政府统制经济,其特点是国家权力广泛扩张、政府全面干预经济生活;未来的经济应当是宪法经济,即在宪法规范下市场机制与政府干预相协调的混合经济。

比较而言,德国法学家虽然也承认作为原理、原则的经济宪法的存在,但他们的经济宪法主要是一个实证性的概念,是指确认个人经济自由、约束政府经济权力的根本法规范;美国经济学家的宪法经济更多的是一个规范性概念,是指宪制过程的经济原理、原则或观念,同时学者们也承认调整经济活动的根本法规范的存在。综上所论,经济宪法就是按照市场经济的原理和规律确立起来的,保障公民经济权利与自由、制约国家经济权力的根本法规范,以及据此形成的宪治经济秩序。这一概念具有三个方面内涵。

第一,经济宪法应当体现市场经济的原理和规律。市场经济促成了市民社会与政治国家的分离,国家职能主要是健全法制、实行法治,维护社会公共利益,经济事务和精神事务已经成为私人事务。宪法的制度设计应当符合政企分开、政教分离的要求,限定政府权力的范围。先有分化,而后才有整合,不能公私混淆。只有首先厘定市场与政府的界限,确立公、私法二元分立的法制结构,然后才有混合经济或公、私法的融合。这是观念形态的经济宪法。

第二,经济宪法是调整个人与国家、国家机关与国家机关在经济活动中的关系的基本原则和根本法规范。这些基本原则和根本规范是通过确认和保障个人经济权利与自由,授予并限制国家与国家机关的经济权力,实现权利(权力)的合理、有效配置,调整经济关系的。这是书面形态的经济宪法。

第三,经济宪法是一种宪治经济秩序。现实的经济宪法,就是个人和社会经济组织行使经济自由和经济权利,充分发挥其创造性,国家恪守宪法原则和规范行使经济权力、履行经济职责,形成的资源配置市场化和权利(权力)配置法治化的宪治经济秩序。

总之,经济宪法学就是研究宪法的经济原理、经济规范与宪治经济秩序的学科。

（二）经济宪法学的学科地位

经济宪法学的学科地位，就是它在宪法学体系中的地位、在法学中的地位，以及与其相关学科——经济学之间的关系。

第一，经济宪法学是宪法学科群的一个重要组成部分。20 世纪的宪法学在方法上需要实现从科学分析向人文综合的转变，从学科体系上就是要冲破宪法学与其他人文社会学科之间人为的藩篱，把宪法放在社会的整体环境之中，考察它与政治、经济、社会、文化、语言等各种社会现象的关系，形成由政治宪法学、经济宪法学、宪法社会学、宪法文化学和宪法解释学等各边缘交叉学科组成的综合宪法学学科群。① 宪法学的理论体系有广义和狭义之分，狭义的宪法学体系是指对宪法的理论知识和实际知识的结构、次序所作的符合逻辑的安排，广义的宪法学体系则是指以宪法学原理为主干，包括各分支学科群组成的相互关联、相互补充的理论体系。可见，经济宪法学是宪法学科群中的一员，是广义的宪法学理论体系的组成部分。

第二，经济宪法学在法学中的地位。经济宪法学研究是由德国经济法学家首倡的，是政府权力全面扩张的产物，与人们对市场缺陷的认识有着非常密切的关系。德国经济法学研究的领域比较庞杂，包括经济私法、经济刑法、经济行政法和经济宪法。在经济自由主义复兴的大潮中，大陆法系的经济法学正日渐分化。我国不宜全面采信德国的经济宪法理论，因为中国从来就不曾有过一个独立的经济法部门。一度备受法学界青睐的经济法，除属于民商法的内容外，一部分是经济行政法，另一部分就是经济宪法，分别构成行政法学和宪法学的研究范围。不存在独立的"经济法"部门，也就不可能有系统的"经济法学"。考虑到宪法学与行政法学的紧密关系，不妨把二者的经济规制研究合并称为"经济公法学"，以与经济私法相区别。② 经济宪法学与经济行政学一样，都属于公法学的一部分，是宪法学和行政法学的边缘学科。

第三，经济宪法学属于宪法学与经济学之间的交叉学科，既是宪法学的子学科，又是经济学的分支学科。英美法系不承认经济法的存在，法学家们并不留意经济宪法。詹姆斯·布坎南等人创立的"宪法经济学"（公共选择学派）运

---

① 参见赵世义：《从科学分析到人文综合——中国宪法学通往成熟之路》，《法律科学》1999 年第 4 期。
② 关于经济公法与经济私法划分的有关观点，可参见［德］罗尔夫·斯特博：《德国经济行政法》，中国政法大学出版社 1999 年版，第 14 页。

用经济学方法,研究约束人类经济和政治选择的宪法规则和制度,认为在市场上自利的"经济人"在转变为政治过程中的投票人或官员时,其自利的品格不会发生根本变化,掌权者滥用权力具有不可避免性。因此,约束政府权力,防止掌权者滥用权力是宪法经济学的核心问题。① 这就完全回到了古典宪法学的限权政府立场上。布坎南声称,他的理论是"18世纪、19世纪传统智慧精华部分的表达和再现"。② 但宪法经济学不是古典宪法学的简单重述,它的贡献在于为重塑古典宪法学的基础理论奠定了方法论基础。

从经济学的视角来看,"宪法经济学"是经济学的子学科,侧重于发展关于宪法的经济理论;从完善宪法学理论体系的目标着眼,经济宪法学是宪法学的分支学科,重点在于发展关于经济的宪法理论;从更宏观的层次上来说,经济宪法学属于宪法学和经济学的交叉学科。如果说经济学是研究如何有效配置稀缺资源的学科,宪法学是研究如何合理配置稀缺权利的学科,那么经济宪法学就是研究资源配置与权利配置关系的学科。它吸收经济学原理、借鉴经济学方法,研究宪法的经济规范和经济的宪法规范,把经济的宪法理论和宪法的经济理论结合起来,建立自己的理论体系。

二、研究经济宪法学的意义

研究经济宪法学的理论意义在于,重塑宪法学的理论基础,增强宪法学的理论适用性和现实针对性。

(一)重塑宪法学的理论基础

经济宪法学最重要的理论价值之一,在于重塑宪法学的理论基础,为宪法学的繁荣发展找到社会和经济的理论支点,有效应对古典宪法学面临的挑战。这里要明确几个问题。

1.古典宪法学的根本缺陷

17世纪、18世纪由洛克、孟德斯鸠、卢梭等启蒙学者所倡导,19世纪经戴雪、艾斯曼、马歇尔等法学家完成的古典宪法学体系,由宪法总论、公民权利论和国家权力论三个主要部分组成。宪法总论以基本人权为逻辑起点和终极归

---

① See Richard B. Mckenzie. Constitutional Economics: Containing the Economic Powers of Government. Lexington Books,1984, Preface.

② James M. Buchanan. Constitutional Economics, Basil Blackwell,1991, p.43.

宿,以人民主权为权力来源,以分权制衡为运行机制,以法治为制度保障,系统阐发一系列宪法基本原理,揭示各项宪法基本制度之间的逻辑关系。公民权利论以自然法学说为依据论证天赋人权,认为在国家出现以前,人类生活在自然状态中,根据自然法享有生命、自由、财产等自然权利。由于自然状态存在诸多不便,权利易遭侵犯,人们相约组成国家。因此,生命、自由和财产是人的不可转让、不可剥夺的权利,国家的目的就是保护这些权利不受侵犯。国家权力论以社会契约论为基础,按照人民主权、三权分立和法治原则组织国家机关并分配权力。国家是人们订立社会契约建立起来的①,其正当权力来自被统治者的同意。为防止掌权者滥用人民授予的权力,应当把国家权力划分为立法、行政和司法三个部分,分别由不同的机关掌握,使它们彼此牵制,互相平衡。无论民主制度的实现、还是分权体制的运行,都必须在法治的框架内进行,因此,奉行法治、尊崇宪法是国家权力运行的基本要求。

古典宪法学理论体系的逻辑是,用人民主权来证明按分权制衡原则运行的国家机关体系的合法性,以基本人权来说明民主制度的合理性,又以自然法学说论证天赋人权的正当性。这一理论体系具有强大的生命力,300多年来,它的绝大多数基本原理已经对世界各国宪法和宪制产生了并将继续发挥深刻的影响。但是,作为这一庞大体系之理论基础的自然法学说和社会契约论却日渐暴露出其固有的理论缺陷。在20世纪前期,遭到了英国的詹宁斯、法国的狄骥、德国的施密特等宪法学家的猛烈抨击。这些批判虽然正确地否定了国家至高无上的主权,却没有切中古典宪法学理论基础的要害。我认为,古典宪法学的根本缺陷集中表现为理论基础脆弱,具体可从以下三个方面来分析。

其一是理论原点的虚构性。按照自然法学说,基本人权是自然权利转化而来的,自然权利是从自然法中推导出来的,而自然法又来自"自然状态"这一理论虚构。从这一虚构出发,古典宪法学又把按照人民主权组织起来、按照权力分立运行的国家制度建立在另一个理论虚构——"社会契约"之上。这就暴露了自然法学派找不到人权产生和存在的历史依据的弱点。

其二是理论建构的非经验性。自然法学派过分依靠雄辩的逻辑推理来建构宪法的价值体系,把基本人权抽象化,未能联系经济发展与社会分化的经验

---

① 社会契约论"把宪法看作公民与政府之间的一种社会关系、一份契约,类似于设定市场交换条件的契约"。[美]奥德舒克:《立宪原则的比较研究》,载《市场社会与公共秩序》,三联书店1996年版,第128页。

证据说明人权产生和存在的历史过程和现实基础,缺乏说服力。①

其三是基本结论的武断性。自然法学派找不到人权的历史基础和现实依据,无法为人权提供合理根据,只能武断地宣称人权与生俱来,不言而喻,不证自明。正如布莱克所说:"形式宪法学没有正确认识社会、国家与法律的相互联系,易导致宪法学危机。"②自然法学派不能为基本人权提供坚实可靠的根据,是古典宪法学危机的症结所在。

2.中国宪法学的困境与出路

在西学东渐大潮的簇拥下,清末主要从日本输入宪法理论,民国时期大量引进英美宪法观念,形成了以西方古典宪法学为理论依据的宪法学体系。从20世纪50年代开始,通过彻底废除旧法律、抛弃旧法学,全面照搬苏联的国家法学说,到80年代初形成了中国宪法学体系。无论在研究方法、体系结构还是具体内容方面,它都存在严重缺陷,严格说来还不能自成"体系"。③ 在反思其理论缺陷的基础上,一些学者提出了重构宪法学体系的设想,并为此做出了一定的努力,使中国宪法学在某种程度上恢复了古典宪法学传统。但这样一来,当代的中国宪法学就与古典宪法学一样,必须面对实证主义、功利主义对其理论基础的挑战。

我国宪法回避了人权的措辞,宪法学倾向于以人民主权取代基本人权的基础地位。④ 这种取代颠倒了目的和手段的关系,不是理论上的进步,而是倒退。因为人民主权只是手段,最终目的是保障基本人权的实现。肯定基本人权在宪法学中的基础地位,必然带来人权来源这个宪法学迄今不能圆满解答的问题。多数中国学者都承认,"'人权'不是天赋的,而是历史地产生的"⑤。至于到何处去寻找人权产生的历史,马克思1859年在《政治经济学批判》的序言中已经指明了出路:"法(即权利——引者注)的关系正像国家的形式一样……根源于物质的生活关系……黑格尔按照18世纪的英国人和法国人的先

① 美国实用主义法学家霍尔姆斯说过:"法律的生命不在于逻辑,而在于经验。"See Anthony Lewis Make No Law,Random House,1991,p.48.

② 转引自徐秀义、韩大元主编:《现代宪法学基本原理》,中国人民公安大学出版社2001年版,第392页。

③ 关于20世纪80年代中国宪法学缺陷的论述,可参看童之伟:《用社会权利分析方法重构宪法学体系》,《法学研究》1994年第5期;刘茂林:《也谈宪法学体系的重构》,《法学研究》1995年第1期等。

④ 不少宪法教材都把人民主权作为宪法的首要原则,"现代宪制理论的基石"。参见秦德君:《政治设计研究——对一种政治历史现象之解读》,上海社会科学院出版社2000年版,第167页。

⑤ 《马克思恩格斯全集》第2卷,人民出版社1995年版,第146页。

例,概括为'市民社会',而对市民社会的解剖应该到政治经济学中去寻求。"①由此出发,探寻人权的经济本源,吸收古典宪法学成果,是中国宪法学的出路所在。

3.经济宪法学揭示了人权的经济本源

美国经济学家道格拉斯·诺斯等的"资源比价变动理论"和西奥多·舒尔茨的"人力资本"理论,为揭示人权产生的经济动因提供了有益的启示。

据此可以说,人权要求获得普遍承认和制度化的保障,是近代市场经济发展的结果。土地和劳动力相对稀缺程度的变化,使这两种生产要素的比价不断变化。当人口增长,土地资源变得稀缺时,地价的上升使确认和保护财产权有了必要和可能。当人口减少,劳动力因稀缺而价格上扬时,劳动者就有了讨价还价的余地和选择自由。在劳动力升值的时候,劳动者的某些基本要求就被认为是正当、合理的,成为个人的权利。随着劳动力价格的稳步攀升,人力资本对经济增长的贡献也显著增加,劳动力经济价值的增长最终导致人的伦理价值的全面提高,从而产生了确认和维护人的价值、尊严与福利,保障人权与公民权利的普遍要求。这些要求最初获得道德认可,作为习惯权利积累下来。当无数的道德权利和习惯权利结成一体时,成文法就开始对财产权、个人权利和自由作出明确的规定,与此同时宪法也就产生了。西奥多·舒尔茨指出:"人的经济价值之不断增长也迫使社会额外设立一些有利于人力因素的权利。"②因此,宪法的出现和基本权利的宪法保障,是社会对人的价值提高作出的反应。用经济宪法学重构人权理论,不仅有效回应了实证主义、功利主义对古典宪法学理论基础的诘难,而且为建立科学、合理的宪法学理论体系找到了坚实的经济支点。

(二)增强宪法学理论的适用性和针对性

在理论与实践的关系上,实践具有主导性,理论具有从属性。把这一思路贯彻到底,就应当承认理论与实践之间的紧张关系首先是实践方面的问题。传统宪法是政治宪法,其主要任务是建立国家制度、组织国家机构。在这一任务完成后,宪法除了可以使人想起当年推翻帝制、争取宪制的光荣历史外别无用处,因而备受冷落。对此,德国行政法学家奥托·麦耶有"宪法消失,行政法

---

① 《马克思恩格斯选集》第2卷,人民出版社1995年版,第32页。
② [美]西奥多·舒尔茨:《论人力资本投资》,北京经济学院出版社1990年版,第30页。

长存"的感慨。① 在大陆法系和受其影响的国家,由于立宪制与常规政治截然区分,宪法理论只在立宪制治时期引起广泛关注,在常规政治中往往难以取得共鸣。英美法系把宪法作为法律之一种,由普通法院在司法过程中适用,因而宪法理论比较繁荣,与法治实践的关系也相对协调。政治宪法的基本功能是权力制约,在广大第三世界国家必然遇到掌权者和权势集团的阻挠。宪法学者为了规避政治风险而克制言论,自缄其口,宪法学长期处于"惨淡经营"状态,就不足为怪了。这就产生了宪法理论与社会实践之间常见的紧张关系。在我国,几乎每部宪法教科书都在强调理论联系实际的学习和研究方法,但中国宪法理论与社会实践的矛盾更为突出,与我们的宪法实施状况不无关系。

同时,宪法理论与社会实践的紧张关系也有宪法理论自身的原因。理论联系实践,就是要求理论为多数人的利益服务。但传统的政治宪法学把民主奉为意识形态,不自觉地把政府与多数人等同起来,似乎只要为政府目标服务,就是为多数人服务,理论与实践就结合起来了。宪法学热衷于国家与政府、政党与阶级、历史与未来的大叙事,对具体个人及其权利的小叙事不足,终极关怀过热,当下关怀缺乏。这种与多数人切身利益无关的理论,就是脱离实践的理论。在立宪制与常规政治截然区分的现有体制条件下,宪法学不能自我封闭,把自己陷于国家制度和国家机构的夹缝中不能自拔,而应大胆开拓,把握时代的主旋律,走向经济宪法学。

经过 3 个多世纪的革命、战争和动荡,和平与发展已经成为 20 世纪的大趋势。发展经济,完善法治,保障人权,谋求人民幸福,是时代的主旋律。早期立宪国家的宪法大多确认了个人财产权和契约自由,20 世纪 80 年代末以后重新制定的宪法,还进一步规定了个人经济自由与经济权利以及政府经济权力及其制约。中国经济的快速增长,也是宪法上所有制结构、经济体制等制度变革的结果。以解决政治冲突为基本功能的政治宪法向以利益协调为主要特征的经济宪法转变,已经成为宪法发展的世界性趋势。加强对个人财产权利、经济自由与经济权利的宪法保护,强化对政府财政、税收、货币等经济权力的宪法制约,在未来应当成为国家规制经济的基本方式。经济宪法既是时代的主旋律,也是宪法理论切入社会实践的入手点。研究经济宪法,不仅可以提供时代前沿问题的答案,而且有助于把宪法学融入实践,充分发挥理论对社会实

---

① 陈新尼:《公法学札记》,台湾三民书局 1993 年版,第 3 页。

践的影响力。

（三）经济宪法理论的学术影响

到目前为止，虽然系统的经济宪法学理论体系尚未建立起来，但经济宪法理论的影响在不断增加，其重要的理论与实际价值正日益为世界各国学者所公认。美国法学界历来回避经济行政法或经济宪法，但自从 20 世纪 70 年代芝加哥大学法学教授波斯纳倡导法律的经济分析以来，经济学文献越来越多地进入了宪法学的视野。布坎南、林德布洛姆等人的新政治经济学研究涉及多学科领域，克服了知识专业化的限制，"把理论和实践以某种形式……结合起来"，被宪法学家认为是宪制理论与当代社会科学成果相结合最卓有成效的努力，使人从中获益匪浅。[①] 大陆法系的经济宪法研究起步较早。在德国，以经济行政法为主包括经济宪法在内的经济公法，已经成为大学经济学专业学生的必修课、法学专业学生的选修课。

在中国，经济的法律调整长期被看作是经济法、民法问题，经济宪法研究始于 20 世纪 90 年代中后期。起步较晚，研究进展缓慢，学科尚在形成之中，更谈不上进入法学教育课程体系。在加入世界贸易组织过程中，法学家们最初把 WTO 当作经济法问题，后来又作为国际法问题来研究。最后学者们发现，世贸组织首先是一个宪法、行政法问题。在加入世贸组织的刺激下，经济宪法学作为宪法学的一个分支学科的地位正逐渐得到宪法学界的承认和重视。[②]

三、经济宪法学的体系

（一）经济宪法学的基石范畴

古典宪法学是以基本人权为基石范畴建立起来的理论体系。基本人权是一个复合概念，其中究竟包含着多少项具体权利并不明确。如美国《独立宣言》以"生命、自由和追求幸福"为基本人权，法国《人权宣言》的基本人权则是"自由、财产、安全和反抗压迫"，其他各国宪法就更难以在基本人权的范围上达成共识了。古典宪法学以这样的概念充当基石范畴，自然难以构建协调一致的理论体系，但它把目光投向基本人权，为确定宪法学的基石范畴划定了适

---

① 参见［美］埃尔金、索乌坦编：《新宪制论》，生活·读书·新知三联书店 1997 年版，第 12 页以下。
② 可参见许崇德主编：《中华法学大辞典·宪法学卷》，中国检察出版社 1995 年版，第 305 页；徐秀义、韩大元主编：《现代宪法学基本原理》，中国人民公安大学出版社 2001 年版，第 449 页。

当的范围。在《独立宣言》和《人权宣言》列举的基本人权中,生命是人类社会存在的前提,安全是一切社会秩序的基本追求,二者都是人生的最低要求,而宪制需要更高的起点。反抗压迫是针对不民主的制度的解构性权利,不是建构宪制制度的基石;自由权在宪法上无疑具有极其重要的地位,但它与基本人权一样是一个复合概念,包含了经济自由、政治自由和精神自由等多项权利,难以捉摸、不易界定;至于"追求幸福"则因概念过于模糊,不成其为严格的宪法术语。可见,这些权利概念都不宜充当宪法学和经济宪法学的基石范畴。选择宪法学和经济宪法学的基石范畴,就是要寻找宪法产生的历史起点和整个宪制制度的基石。在近代的两个政治宣言中,只有财产权概念符合这一要求,可以充当宪法学和经济宪法学的基石范畴。这就需要确定有没有宪法上的财产权,它是不是宪法产生的历史起点和建构宪制制度的基石。

首先,财产权并非只是民商法上的私权利,同时也是宪法与行政法上的一项公权利。① 从内涵来说,宪法上的财产权属于基本人权,是一项公权利,与主体的人身不可分离,是由宪法强制性确认的、各个个人普遍享有的不可转让、不可剥夺的支配物的资格。对一个没有财产或被剥夺财产的人来说,民法上的财产权是不存在的,但他仍然享有宪法上获得和占有财产的资格。宪法的财产权理论,应包括财产权的不可侵犯性、财产权的法律制约和财产的征用与补偿三个方面的内容。

其次,财产权是宪法产生的历史起点。正如本文已经指出的那样,在近代西欧,随着人口的增加,土地等生产的物质要素变得稀缺,为保证这些稀缺的物质资源得到有效利用,财产权逐渐被创造出来。市民等级获得财产权保障以后,经济实力日益膨胀,封建君主在财政危机的压力下不得不向市民等级提出金钱要求,市民等级趁机向君主提出权利要求。英国国王通过授予第三等级各种特权和自由来换取他们的财政支持,后者则以金钱购买权利,成功地达到了制约王权的目的。② 法国宪法的产生同样与国王面临的财政危机有关,与英国不同的是,国王与第三等级在讨价还价时互不相让,以至双方不能成功地进行金钱与权利的交换,第三等级只得用暴力夺取政权。美国宪法也是在

---

① 关于宪法上的财产权概念,可参见赵世义:《资源配置与权利保障》,陕西人民出版社 1998 年版,第 130 页;《论财产权的宪法保障与制约》,《法学评论》1999 年第 3 期;林来梵:《论私人财产权的宪法保障》,《法学》1999 年第 3 期。

② 参见[美]道格拉斯·诺斯、罗伯特·托马斯:《西方世界的兴起》,学苑出版社 1988 年版,第 115 页以下。

殖民地与宗主国发生贸易和税收争执的过程中出现的。可以说,近代宪法产生的直接动因并不是启蒙学者反复论述过的那些崇高理想和原则,而是金钱与权力相互较量,财产权最终战胜财政权的结果。

最后,财产权是整个宪制制度的基石。财产权不仅是市场经济自发秩序的前提,而且也是社会自律的条件,同时也是法治国家的基石。近现代社会结构的一个显著特征,就是私人领域逐渐摆脱政治国家的控制获得独立,成为整个市民社会的基础,并与公共领域形成二元对峙。其中,"财产权是划定我们免于压迫的私人领域的第一步"。① 在此基础上建立起来的近现代法制,则是以财产权为基石、以私法和公法的划分为结构性特征的。财产权保障不只是个人获得自由、追求幸福不可缺少的手段,也是社会公共秩序赖以建立的基础。法国 1795 年《人和公民权利与义务宣言》正确地指出:"维护财产权是整个社会秩序的基础。"财产得到了保护,自由、秩序以及其他一些基本宪法价值的实现也就有了保障。

(二)经济宪法学的基本原理和体系框架

宪法的基本功能是调整公民与国家的关系,调整方式主要是在公民与国家之间合理配置权利,划定公民权利与国家权力、公民义务与国家职责的界限,保障公民权利和制约国家权力。如果说宪法学的基本问题是公民权利与国家权力的关系问题,那么经济宪法学的基本问题就是公民经济自由与国家经济权力的关系问题,对这一基本问题的系统化的理论研究,构成了经济宪法学的理论体系。这一体系可以分为三个主要部分,即经济宪法总论、经济权利论和经济权力论。

1.经济宪法总论

以财产权为基石范畴,公民与国家的关系可以理解为个人财产权与国家财政权的冲突,并把这一冲突置于产权、人权与政权的相互作用中考察。由此可以阐明市场经济是宪治经济、宪法的经济中立原则、从资源配置到权利配置的规律等经济宪法学基本命题,全面研究公民经济自由与国家经济权力的关系及其宪法调整,揭示宪法产生的经济动因、宪法的经济属性和经济功能。

首先,经济宪法学的首要命题是宪治经济原则。宪法是市场经济发展的

---

① [美]路易·亨金、阿尔伯特·罗森塔尔编:《宪制与权利》,生活·读书·新知三联书店 1996年版,第 154 页。

产物。现代市场经济是市场机制与政府干预以不同方式结合起来的混合经济，我们所能有的最好的经济体制只能是"在不完善的市场和不完善的政府以及二者之间不尽完善的组合间的选择"①。市场失灵、政府缺陷和政府与市场结合方式上的不完善，都迫切需要良好的宪法与法律制度来克服。民商法着重于纠正市场失灵，行政法主要克服政府缺陷，宪法全面规范市场行为和政府行为，能够有效地矫正市场与政府结合方式上的缺陷。因此，市场经济是宪治经济，在尊重市场机制、保持必要的政府干预的同时，必须依靠宪法来划清市场与政府的界限，强化宪法对政府经济权力的约束。

其次，宪法的经济中立原则。经济宪法学认为，宪法并没有全面统制经济、解决一切经济问题的巨大魔力，因而必须奉行经济中立原则。②经济是社会生活中最活跃的领域，处于不断变化发展过程中，而宪法作为政治法律制度结构的核心，必须保持一定程度的稳定性。要协调宪法的相对稳定性与经济生活的复杂多变性之间的矛盾，宪法对经济制度就不宜规定得过多、过细，经济政策应完全留给执政党和政府根据经济形势灵活掌握、自主决定。宪法规制经济的方式主要是保障个人与组织的经济自由和经济权利，限制国家的经济权力，并由法院来实施这些根本经济规则。违背经济中立，不是宪法阻碍了经济发展，就是经济发展损害了宪法的最高权威，迟早会引起宪法危机。

最后，从资源配置到权利配置是宪法产生、发展的一般规律。这一规律不仅可以解释近代宪法的产生过程，也有助于说明我国改革开放的实践。封建制度下，国家的职能就是垄断、配置一切资源。国土和人民被君主作为私产层层分赐给大小贵族与各级官员，从而建立起前者与后者之间绝对的支配服从关系。市场经济的发展把财富转移到市民等级手中，资源配置的市场化，必然要求权利配置法治化，取消国家配置资源的职能。我国改革开放的过程，也是国家职能从资源配置转向权利配置的过程。在依法治国、实行宪制的条件下，国家的权利配置必须受到宪法约束。

---

① ［美］查尔斯·沃尔夫：《市场或政府——权衡两种不完善的选择》，中国发展出版社 1994 年版，第 1 页。

② 所谓经济中立，就是宪法作为竞争的基本规则，并不涉及社会经济制度和国家经济政策，对各种经济主体一律给予平等保护。德国联邦宪法法院在 1954 年投资援助一案的判决中说："基本法在经济事务上的中立立场仅仅在于这样的事实：即'制宪权'并没有采纳某种特定的经济制度。这样立法机关就可以在不违背基本法的前提下，实行它认为合乎具体情况的经济政策。"

2.经济权利论

权利理论不成体系、缺乏明确的逻辑思路,成为传统宪法学的薄弱环节,我国宪法学教程基本上是按照宪法条文顺序来介绍公民权利的。经济宪法学以财产权为权利的起点,在契约自由与劳动权冲突与协调的逻辑结构中,展开经济自由和经济权利二元对峙的权利体系。财产权在这一体系中处于核心地位,财产权没有保障,一切权利将毫无保障,权利保障首先要确认和保障个人的财产权。经济自由是适应市场经济的效率要求,人们自由开展经济活动,不受政府干涉的权利。其中契约自由是经济自由乃至一切自由的集中表现。贸易是自由的先导、迁徙是自由的延伸、罢工是自由的升华,经营自由、工会自由、职业自由等也都是经济自由不可缺少的部分。经济权利是在经济大萧条以后适应政府干预经济、推行福利国家政策的需要产生的,其中劳动权是权利的普及,最低工资保障、最低生活水平保障和社会救济等经济权利成为权利的最后屏障。经济自由和经济权利是一枚硬币的两面,前者强烈要求限制国家的经济权力,反对专横干涉和非法勒索,而后者依靠国家干预经济来提供社会福利,二者之间必然发生尖锐的冲突[①],这种冲突反映了平等与效率之间的张力。按照经济宪法学权利体系的逻辑构思,从更广泛的意义上,可以用财产权、言论自由与信仰自由的三元互生、互克关系来构筑整个宪法学的权利体系。

3.经济权力论

经济宪法学以征税权为逻辑起点,以财政权为核心内容,建构以货币发行权为主要手段的国家经济权力体系,其思路如下。

第一,国家是靠税收来维持的。税收来源于个人财产,归于国家财政,既是公民权利的终点,也是国家权力的起点,它把公民权利与国家权力联结起来。国家权力来源于公民权利,正如国家财政收入来源于公民纳税一样。近代宪法就是在限制国家征税权的过程中形成的。

第二,财政权是国家经济权力乃至一切权力之根本,只有财政约束才是对权力的硬约束,没有财政约束的权力是专断的权力。国家权力包括理与力两个方面,国家的合法性、政府权力的正当性来自公民的同意,这是权力之"理"的来源。正当、合法的国家权力建立以后,就向公民提供秩序和权利保护以换

---

① 可参见汪丁丁:《永恒的徘徊》,四川文艺出版社 1996 年版,第 71 页。

取财政收入,国家利用这种收入可以进一步向公民购买合法性如政府财政转移支付、扶贫救济、资助科研项目、兴办广播、电视、报刊等。财政收入不仅是国家权力之"力"的来源,也构成国家合法性的根基。法外资金是非法权力的支柱,财政立宪要求国家以税收为唯一合法的财政收入渠道,杜绝法外收费、创费和预算外资金。财政收入来自人民,理应由人民代表机关决定其使用,强化对政府财政支出的预算约束。各国宪法历来注重对政府的财政约束,赋予议会以最终的财政决策权,古典宪法学在研究议会职权时也有所讨论,但并不占有重要地位。日本是一个例外,比较注重财政权理论,宪法学著作往往辟有专章讨论财政权①。在我国,财政权不属于立法权,而是行政权,在宪法学体系中完全没有财政权理论的位置,经济宪法学可以填补这一理论空白。

财产价值是用货币衡量的,币值稳定不仅是经济健康发展的条件,也是个人财产保持价值的基础。发行货币是国家的重要经济调控权。在法定金本位货币体制下,黄金等贵重金属的自然可获得性使货币供应受到限制,币值稳定是自发实现的,因而早期宪法往往没有货币规则。现代经济实行信用货币,只有通过货币立宪和立法来控制中央银行的货币发行权,才能保持币值稳定。因此,经济宪法学要研究国家货币发行,建立货币权及其宪法约束的理论。

---

① [日]杉原泰雄:《宪法的历史:比较宪法学新论》,吕昶等译,社会科学文献出版社2000年版,第2页。

宪法学的方法论基础[*]

摘 要：任何理论都是以一定的世界观、社会观和人性观为前提建立起来的，资源的稀缺性、社会单位的个体性和人类理性的有限性是宪法学的方法论基础。宪法学只能接受一个没有目的和意义的世界，以及人在其中微不足道的地位，放弃对制度完美性的苛求。

关键词：宪法学；方法论；稀缺性；个体性；理性

无论人们能否自觉意识到及是否明确表达出来，宪法学理论是以一定的世界观、社会观和人性观为前提建立起来的，这些或明或暗的前提即宪法学的理论基础。方法论即理论对自身的自觉审视。明确阐释指导我们研究工作的理论基础，是宪法学方法论的重要内容。我国宪法学的方法论基础主要包括资源的稀缺性、社会基本单位的个体性和人类理性的有限性等。

一、资源的稀缺性

宪法学的世界观可以简单地归结为资源的稀缺性。

上帝已于昨夜悄然离去，把人类孤独地遗弃在冷落、无情而空虚的宇宙之中。这是一个不幸的消息。人不过是天涯过客，他的灵魂将随着肉体的死亡而随风飘逝。更让人痛心的是，宇宙可能是一个耗散结构，随着热能的耗散，不再有今夜星光闪烁，不再有明天的太阳升起，一切事物包括人类社会都将消失在均匀辐射的热寂之中。"人只不过是宇宙中的一个弃儿，是被创造出他来的各种力量所抛弃的。他无父无母，全知和仁爱的权威既不援助他也不引导他，他只好自己照顾自己，并且靠自己有限的智力在一个冷漠无情的宇宙之中

---

* 本文发表于《法学评论》，2002 年第 3 期。

摸索自己的出路。"①宪法学必须接受没有目的和意义的世界,以及人在其中微不足道的地位,抛弃一切关于世界意义与人类使命的说教。人不是上帝创造出来的世界主宰,物质世界也不是为了满足人类的贪婪而存在的。茫茫宇宙,生命的形成纯属偶然,人的出现更属难得的幸运。人类没有理由自命不凡,以物质世界的主人自居,企图从根本上改造这个世界,重新安排它的秩序。从柏拉图的理想国、基督教的千年王国到近现代的空想社会主义,种种荒谬绝伦、贻害无穷的乌托邦幻想,都是对人在宇宙中的地位估计过高的结果。

人的问题永远是:无穷的欲望,有限的资源。有着无限需要的人生活在一个资源稀缺的世界上,不得不面对各种纷争与不幸:食品短缺造成的饥荒,土地稀缺引起的殖民掠夺,伴随着土地、能源稀缺而来的局部冲突和世界大战,人类生活的各个方面无不受到稀缺性的制约。任何时候,物产都不可能丰富到人人自由取用的程度,不存在什么千年王国、永恒正义。这是各门科学必须共同面对的现实,也是它们能够存在的理由。如果资源无限丰富,取之不尽,用之不竭,就无需生产和交换,也不会出现利益的冲突,就没有必要创造出宪法和法律来界分人们之间的权利和义务,研究宪法学也就成为多余的了。但这并不是值得向往的千年王国,而是人类文明的末日。劳动创造了人自身,人类文明的全部动力就在于为生存和发展而奋斗。如果资源无限丰富,人类无需劳动,无需奋斗,没有压力,智识将无限退化,最终导致人类文明连同人类自身的毁灭。因此,资源无限丰富性的乌托邦设想是荒谬的。

权利产生于稀缺,没有稀缺就无所谓权利的界分。在大规模工业化带来严重的环境污染以前,从来没人试图取得空气的所有权;在都市化造成极度拥挤以前,也没人想到对阳光的权利,对隐私的权利;到目前为止,还没人为划分海水的产权做过认真的努力。空气、阳光和海水通常都是富有资源,人们可自由使用富有资源而不会发生冲突,也就无需界分权利。只有稀缺资源的使用才会引起利益冲突,权利的界定就有了必要。在人口迅速增长,土地等自然资源变得相对稀缺的条件下,为了使现有资源得到有效利用,缓解资源稀缺引起的利益冲突,财产权被创造出来。在物质资源日益稀缺的条件下,经济增长必然转向对人力资源的依赖,以寻求资源替代。经济的高度发展引起了人力资源的稀缺,促使劳动力价格上涨。随着人力资源经济价值的不断增长,人的伦

---

① [美]卡尔·贝克尔:《18世纪哲学家的天城》,何兆武译,生活·读书·新知三联书店2001年版,第23页。

理价值最终也得到普遍提高。人生短促,没有来世,生命、健康、自由在时间约束下显得格外珍贵。个人要追求人生幸福,实现人生价值,就须成为自己短暂人生的主宰。这些"永恒真理"都是在经济高度发展,人力资源变得稀缺以后,才被人们所理解和接受的。同样,国家合法性的根基在于它的财政状况,它通过向社会提供秩序和权利保护来换取财政收入。财政危机导致了封建国家的破产和民主制国家的出现,而现代民主制国家的任何重大制度变革,也都是在严酷的财政压力下开始的。可以说整个宪制制度都是稀缺性的产物。

宪法学必须把宪法的制度设计与运作同资源的稀缺性联系起来,承认人与人之间的利益冲突具有长期性和不可避免性,把资源配置的实质理解为权利配置。

二、方法论的个体主义

方法论上的个体主义包括两个方面:组成社会的基本单位是个人,个人具有自利的天性。

第一,个体是构成社会的基本单位。社会是由个人组成的,个体是社会的基本单位。个人是大自然的造物,他孤独地面对这个世界,独自应付环境的压力和挑战。集体只是人类的造物,是为弥补个体力量之不足和行动之不便而创造出来的,其最终目的是满足个体生命活动的需要。个体才是经验中的实体,他的生命活动、喜怒哀乐,他人和集体既无从察知,也难以分享。集体并非实体,它既无生命,亦无意志与情感,集体生命、国家意志不过是人类精神的虚构。萨拜因等在总结国家人格学说时指出:"在这方面,国家也和其他团体一样。它也是一个法人,因为它被法律所承认。而它的权能是从这个来源产生的。所以,国家不在法律之先……国家的合法权力是从法律得到的。"①

集体和国家不是真正的"人",而只是法律适应集体行动的需要拟制出来的法人。集体需要行动,却没有生命与意志,为了解决这一矛盾,法律设置了法人代表、国家元首和政府首脑,并以他们的意志来指挥、控制并协调集体行动。所谓国家意志、集体意志或者法人意志,不过是国家、团体和法人的代理人的意志,国家利益、集体利益也只能是组成国家和集体的各个成员利益的集合。集体行动的逻辑个人行动,是组成集体的各个个人在集体代理人的协调

---

① [荷]克拉勃:《近代国家观念》,王检译,商务印书馆 1957 年版,第 33-34 页。

下采取的共同行动。至于阶级、阶层、民族等只是具有某些共同特征的人类群体，它们既没有意志，也无法采取有效的行动。

集体行动以实现个人利益为归宿，不是实现集体多数成员的个人利益就是实现集体代理人的个人利益。宪法和法律配置权利的目的就是要防止集体代理人利用集体力量谋求一己的私利，实现利益的合理分配，缓解个人间的利益冲突。以集体为利益单位是不解决问题的，因为集体代理人以权谋私的方便依然存在，集体成员间还会为利益再分配发生冲突。只有把个体作为基本单位，把权利、利益和责任落实到个人，才能最终缓解冲突。宪法学应从人类个体的角度观察问题，抛弃"国家意志""统治阶级意志"之类的精神虚构，直面人类的个体。

第二，个人具有自利的天性。关于人性的善恶，人们有各种不同的主张。中国古人认定"人之初，性本善"，人之为恶，乃是后天环境影响造成的。这在逻辑上是说不通的，既然人人都是善，环境中的恶又从何而来呢？对人性的乐观情绪在实践中往往表现为软弱的道德说教和赤裸裸的暴力镇压两个极端，这显然不利于实行法治。基督教认为，由于人类始祖亚当和夏娃在伊甸园偷食智慧禁果，犯有原罪，因而人性是邪恶的。西方法治传统就是在这种人性的幽暗意识基础上孕育成长起来的，其基本经验是"以恶制恶"，即承认在社会生活中恶的存在具有必然性，用一种恶去制约另一种恶。例如，市场上的生产、经营者为达到利润最大化的目的，会不惜损害消费者利益，而市场机制迫使他们彼此竞争，消费者的利益就有了保障。

从市场机制和法治发挥作用的机理来看，与其把人性看成善，不如假定人性恶。马克思和恩格斯也承认："各个人的出发点总是他们自己。"①我们曾把消除犯罪甚至消灭一切罪恶作为自己的目标，但实践证明，相对于人类的德行、智慧和能力来说，这是一个难以企及的目标。在人类生活中，善与恶形影相随、不可分离，我们不可能完全消灭恶而单独保存善。恶植根于人的本性之中，只有毁灭人类、毁灭一切才能最终消除恶。因此，宪法的任务不是简单地区分出好人和坏人、人民和敌人，再把后者消灭掉而将前者留下来。犯罪与人类历史一样古老，不可能真正消灭。因为什么行为是犯罪不仅取决于行为在客观上造成损害的程度，也取决于社会在主观上对个人各种行为的容忍程度。

---

① 《马克思恩格斯选集》第1卷，人民出版社1995年版，第119页。

在重大危害行为被消除后,社会对个人行为的容忍度可能会下降,一些轻微危害行为就会被认为是严重的犯罪。最初"严打"的目标是把犯罪分子一网打尽,后来又经过多次"严打",犯罪依然存在,社会治安形势依然很严峻。因此,犯罪与邪恶具有长期性,只能通过法治来遏制,不能依靠搞"运动"来消除。

生命必然有所追求,一切生命现象都有自我实现、自我扩张、自我延续的自然趋向。人不仅具有肉体生命的追求,更有精神生命的追求。个人为了实现、扩展和延续自身的生命,不断创造物质财富,追求新的精神境界,这是人类社会存在的基本前提和文明发展的根本动力。正因为人人都深切关注自身利益,不断追求和实现自身利益,法律规则才能对人的行为发生作用。追求和实现自身利益,不仅是对自己的生命负责,也是每个人对社会的延续和发展应尽的职责。一个无所追求,把自己的生存寄托在别人利他行为上的人,是不会努力创造财富和享受生活的,终将成为社会的负担。

权利的设定,缘于利在其中。正因为人具有自利的天性,就需要宪法和法律制度确认和保障人权与公民权利,以满足人们合理自利的需要,维护个人的正当利益不受侵犯。如果人人都舍弃自身利益,利他也就失去了意义;当每个人都没有顾忌自身利益的"后顾之忧"的时候,人类行为将无法调控,法治和秩序将失去赖以存在的基础。个人关注自身利益远胜于关心他人利益。人类生性贪婪,具有无穷无尽的欲望,在没有规则和制度约束的条件下,无论普通公民还是政府官员,无论他属于哪个民族、国家或群体,都可能不择手段、不惜损害他人以谋求自身利益。宪法和法律为个人设定义务,就是为了防止人的贪婪对公益和他人利益的侵犯。

"当个人由市场中的买者或卖者转变为政治过程中的投票者、纳税人、受益者、政治家或官员时,他们的品性不会发生变化。"[①]不仅普通个人具有自利的天性,政府官员和国家同样具有自利的倾向。在没有规则制约的情况下,市场上的生产、经营者将不惜以消费者利益为代价来达到利润最大化的目的,政府官员同样可能以选民利益为代价来实现自身权力的最大化。因此,许多思想家都认为国家或政府是一个不可避免的祸害。例如潘恩就曾写道,政府"即使在其最好的情况下,也不过是一件免不了的祸害;在其最坏的情况下,就成了不可容忍的祸害;因为当我们受苦的时候,当我们从一个政府方面遭受那些

---

① 詹姆斯·布坎南:《宪法经济学》,载刘军宁等编:《市场社会与公共秩序》,生活·读书·新知三联书店1996年版,第342页。

只有在无政府的国家中才可能遭遇的不幸时,我们由于想到自己亲手提供了受苦的根源而格外感到痛心"[①]。帕金森定理揭示,当今世界各国普遍存在的机构膨胀、冗员增加,政府规模自发扩大的趋势,其动因之一就是官员谋求自身权力的最大化。正是扩张权力的内存需要,使官员制造官员,机构设置机构,政府增长呈现棘轮效应。没有宪法为权力设置的界限,这些官员的个人利益就会以国家、集体的名义压倒多数公民和集体成员的个人利益。

三、方法论的有限理性主义

宪法学对人类能力的基本观点是有限理性主义,即每个人都具有发现自身利益的认识能力和实现自身利益的行为能力,但这种认识和行动的能力是有限的。

第一,个人在一定程度上都具有认识和实现自身利益的能力。个人的物质需求和精神需要及其满足程度,只有他自己才有最深切的感受,他人无法确切地认识和了解。任何先知的教诲、权威当局的计划,都不能代替个人对幸福的主观体验。启蒙运动不是由少数先知去教导多数人应当怎样生活,而是引导"人类脱离自己加之于自己的不成熟状态",使人们"在一切事情上都有公开运用自己理性的自由"[②]。只要能够自由运用自己的理性,经过深思熟虑、充分讨论、审慎选择,人们不仅能够认识自身利益的所在,而且能够采取适当的行为实现自己的利益。市场就是个人自由运用自己独特的知识、信息,自由选择一定行为来实现自身利益的经济结构。民主政治的基本信念就是,每个人是其自身利益的最佳判断者,凡是与决策利害相关的个人都有权参与决策的制定。人类理性既是个人作为自立、自主、自治的权利主体,享有权利并承担义务的前提,也是国家合理预期、有效调控人们的行为,进行社会管理的基础。如果人都失去理智,不可理喻,其行为就难以预测,无法控制,他们就既不配享有权利,也无力承担义务,更不能追究其法律责任。这样,国家管理将无法进行,社会秩序也不复存在。

法律是人类理性的体现,宪法正是这种理性的自觉运用。宪法学应崇尚理性,用理性之光照亮人类制度文明的前景。民主宪制是一种常识政治,并不需要高深的学问。只要经过启蒙教育,去除政治蒙昧,普通公民都有参政决策

---

① 《潘恩选集》,商务印书馆1981年版,第3页。

② [德]康德:《历史理性批判文集》,何兆武译,商务印书馆1990年版,第22、24页。

能力。借口"民智未开,不能骤行宪制",长期实行"训政",最终导致了国民党在大陆的倒台。胡适曾说:国民党的失败,不是骤行宪制之过,乃是始终不曾实行宪制之过。[①] 我们在农村实行村民自治、"海选"村干部的经验表明,经济、文化落后并非实行民主政治的最大障碍,至于文明程度更高的城市就更不存在什么客观上的障碍了。宪法学者要有平常心,不能把民众看成阿斗,去充当先知先觉的救世主,也不能把官员都当作救世主。相信群众,即相信群众的理性精神,依靠群众,即依靠群众的自治能力。

第二,人类理性是不完全的、有限的。人自身的生理、心理、文化和社会局限性,加上环境的复杂性和不确定性,使任何人都不可能全面收集和正确处理与决策相关的全部信息,也不可能作出完全正确的决策并正确地实施这些决策。英国科学哲学家卡尔·波普尔指出:"尽管我们各人所有的各种点滴知识大不相同,在无限的无知上却全都一样,记住这一点对我们所有人都会是有益的。"[②] 人类社会与自然界一样存在着自发秩序,这种秩序虽然为人类的有限理性所不及,但并不是什么神秘的异己力量,而是人类长期发展过程中形成的应付环境挑战的社会文化习俗和制度。我们必须尊重这些自发秩序,不能人为地干扰、破坏或试图取消它们。我们一度把自发的市场机制视为盲目的破坏性力量,企图以人为的计划取代之;彻底废弃过去形成的法律,按照掌权者的任意创造新的法律规则,都曾使我们付出了沉重的代价。詹姆斯·麦迪逊强调:"必须进一步节制我们对人的智慧的力量的期望和信赖。"[③]我们必须尊重社会自律的秩序,自觉培养宪制传统并学会尊重这种传统,不能滥用制宪权和立法权,任意创造规则。任何人都没有资格以救世主自居,掌握不受限制的权力。掌权者的理性同样是有限的,即使政府及其官员都把公共利益作为唯一目标来追求,理性的有限性也使他们不可能全面掌握决策的相关信息、完全正确地作出决策并正确地执行其决策。在国家和社会管理的问题上,"还是要靠法制,搞法制靠得住些"[④]。必须依靠法治,运用宪法和法律的力量来约束权力,强化对官员行为的监督和控制,以矫正政府缺陷,减少腐败和权力滥用对人民权利的侵损。

---

① 《胡适选集》,天津人民出版社 1991 年版,第 244 页。

② [英]卡尔·波普尔:《猜想与反驳》,傅季重等译,上海译文出版社 1986 年版,第 41 页。

③ [美]汉密尔顿、杰伊、麦迪逊:《联邦党人文集》,程逢如等译,商务印书馆 1980 年版,第 181 页。

④ 《邓小平文选》第 3 卷,人民出版社 1993 年版,第 379 页。

宪法学在高扬理性旗帜、追求真知的同时，必须承认人的无知和理性的缺陷，不能过高地估计人的德性、智慧和能力。理性可以帮助我们不断接近真理，但有限的理性永远无法使我们企及终极的真理。那种认为在无限的世界面前，人类有着无限的认识能力，最终可以认识世界的规律，并能够据此根本改造这个世界的观点，乃是人类致命的自负，将把人类引向通往奴役之路。知识非真知，对无知的理性认识才是真的知识。学者要避免"知识的僭妄"，官员要避免"权力的僭妄"，保持谦逊的本色。人文社会科学的结论都是或然性的、有条件的，不必奢望自己的结论放之四海而皆准，试图提出什么永远颠扑不破的真理；更不应把权力当真理，用强权推行一己之偏见。

为私法正名[*]

摘　要：公、私法的划分是罗马法的遗产，虽经蛮族入侵的打击，依然可以在中世纪复活，虽受自由主义的长期抵制仍能嵌入大陆法系，并在当代被世界各国普遍接受，显示了其强大的生命力。然而，对这种划分的每一次继受都伴随着权力的集中和扩张。十月革命使公法扩张、私法退却到达了它的逻辑终点，公法最终完成了对私法的征服和吞并。只有完成从自觉的法律向自发的法律、从创造的法律向发现的法律、从制定法向判例法的三大转变，才能明确私法的根本重要性，从而摆正法制建设中的公、私法关系。

关键词：私法；公法；判例法

如果说古希腊为人类贡献了民主政治的架构，那么古罗马就为人类贡献了法治的基础，公法与私法的划分是罗马法的重要遗产。在当代，无论是在复兴罗马法的基础上建立起来的大陆法系、以普通法为基础成长起来的英美法系，还是一度与西方法制主流传统决裂的苏联东欧国家，公法与私法的划分都已经成为法律制度的一项重要原则，成为制定和实施法律的基础，成为法学研究的前提。① 但是，公、私法的划分经过 1000 多年的不断演进，最终的结果却是国家权力侵蚀个人自由、公法凌驾于私法之上。现在已经到了为私法正名的时候了。

---

* 本文发表于《中国法学》，2002 年第 4 期。

① 日本学者美浓部达吉说："公法和私法的区别，实可称为现代国法的基本原则。国法的一切规律，无不属于公法或私法之一方，且因所属而不同其意义。"参见［日］美浓部达吉：《公法与私法》，商务印书馆 1937 年版，第 2 页。赤板昭二也说："……两者的区别和对立已经形成现代法律制度的基本结构，从而成为法学的体系。"参见［日］赤板昭二：《法学基本原理》，转引自王勇飞编：《法学基础理论参考资料》，北京大学出版社 1985 年版，第 1448 页。

一、初衷与误导：罗马法学家划分公、私法的利益标准

追本溯源，公法与私法的划分始于公元 3 世纪古罗马帝国向专制君主制转变的时代。当时的法学家乌尔比安（Ulpianus，170—228）是这一划分的始作俑者，他首次提出利益说作为区分公法与私法的标准："法律研究分两方面来说。公法是涉及罗马国家的关系，而私法是涉及个人的利益。"①正是乌尔比安最初给了人们一种印象，似乎"私法只服务于特定个人的利益，而只有公法才服务于普遍利益"②。这就是公、私法划分中包含的最早的误导性因素。虽然乌尔比安的才能在于阐述和编纂，缺乏观点的独创性，但"君主所好皆为法律""君主不受法律约束"等维护君主专制权力的格言却是通过他对法律的评论才得以流传后世的。③ 乌尔比安的著作分别为公元 6 世纪罗马皇帝查斯丁尼（Justinian，483—565）的《学说汇编》和《法典汇编》提供了 1/3 和 1/5 的资料，区分公法与私法的标准自然也完全为皇帝所采用："法律学习分为两部分，即公法和私法。公法涉及罗马帝国的政体，私法涉及私人利益。"④公法与私法的划分最初由君主专制时代的法学家提出，后来又为东罗马皇帝所采用，成为当时占主导地位的官方法律学说。这一事实也在公、私法的划分与专制权力之间建立了某种关系，使后来的人们能够利用公法服务于国家权力集中和扩张的目的。

然而，这似乎并不是罗马法学家划分公、私法的初衷。最初，公、私法的划分并不像后来的人们所理解的那样是一项法律原则，更没有被看成是对法律制度的结构性划分。罗马法学家区分公法和私法，主要是为了研究和学习的便利，无论是乌尔比安还是查士丁尼都明确指出了这一目的。值得注意的是，罗马法学家们在把法律区分为公法与私法之后，就把公法弃之不顾，专心研究私法去了。由于他们的努力，古罗马的私法极为发达，形成了包括自然法、万民法和市民法的私法体系。我们应当从行动而不仅是言语来考察罗马法学家

---

① 《审判和法》，第一卷第一部分，第 1 编第 4 节丁项，转引自［法］莱翁·狄骥：《宪法论》第 1 卷，商务印书馆 1959 年版，第 484 页。

② F. A. Hayek. Law, Legislation and Liberty（China Social Sciences Publishing House，1999），p132. 另参见［英］哈耶克：《法律、立法与自由》第一卷，中国大百科全书出版社 2000 年版，第 209 页。

③ 参见［意］朱塞佩·格罗索：《罗马法史》，中国政法大学出版社 1994 年版，第 378 页；上海社会科学院法学研究所编：《法学流派与法学家》，知识出版社 1981 年版，第 139-140 页。

④ ［古罗马］查士丁尼：《法学总论》，商务印书馆 1989 年版，第 5-6 页。

划分公法与私法的动因,他们的行动而不是言语表明了这种划分的另一个更深层次的目的,即为了更好地研究私法。如果公法与私法的区分对罗马法学家还有什么更深刻的含义的话,那就是他们倾向于认为私法构成法律的基础,与公法相比,私法具有更加重要的地位。或许,罗马法学家区分公法与私法的初衷正在于此,只是乌尔比安未能把它明确表达出来。

总之,由于公、私法划分出现于古罗马的专制时代、为专制君主所利用,加上划分标准的误导以及公法内容的不确定性,使得罗马法学家划分公、私法的初衷后来被湮没无闻,公、私法的关系被颠倒,公法长期沦为强权的工具。

二、专制与自由:注释法学和孟德斯鸠对公、私法划分的讹传

在中世纪早期,国王和领主对其王国与领地的权利与私人财产一样,可以作为遗产、嫁妆或抵押物,受同样法院的管辖,公法与私法的区分完全销声匿迹。从 11 世纪后半期罗马法复兴开始,围绕着是否需要重新确立公法与私法的区分专制主义与自由主义展开了激烈的斗争,最后以公、私法的二元分立和自然法学派的胜利告终。

11 世纪末,在意大利的一家图书馆,一部包含查斯丁尼编纂的法律文件和文献的一部古代手稿被发现。手稿的发现拉开了罗马法复兴的序幕,使 12 世纪成为"一个法律的世纪"(梅特兰语)。在意大利波伦亚等大学讲授罗马法的过程中出现了前注释法学派,该学派的代表人物伊尔内留斯(Guamerius)"最终将法律从修辞学中分离出来,赋予它作为独立研究对象的完整地位,它的基础不再是摘句或概要,而是《民法大全》的文本"[1]。前注释法学派架起了沟通古代罗马法和近代欧洲大陆法系的桥梁,近现代法律中公法与私法的划分就是由前注释法学派在他们的著作和罗马法课程的讲授中首先确立的。该学派坚信罗马法是理性的化身、理想的法律,可以适用于一切时代和所有的地方,因而强调法律解释绝对忠实于《查斯丁尼法典》原文,在法律与现实发生矛盾时必须由现实来适应法律,而不是让法律适应现实。他们相信日耳曼皇帝相当于《查斯丁尼法典》所说的君主,享有罗马皇帝的全部权力。乌尔比安的两条公法格言——"君主所好皆为法律"和"君主不受法律的约束",无疑是为皇帝的专制政策辩护的最好理由,这又一次给公法打上了专制的印记。

---

[1]　Charles Haskins,The Renaissance of the Twelfth Century,Cambridge,Mass. ,1927,p. 199.

但前注释法学派毕竟无法使当时的封建制度适应罗马法的要求,以14世纪的法学家巴托鲁斯(Bartolus,1314—1357)为代表的后注释法学派抛弃了前者的法条主义方法,强调在法律与实际相抵触的地方,必须使法律切合实际。[①] 与当时的制度实际不相符合的公、私法的区分在意大利也就难以为继了。在法国,16世纪的公法学家博丹(Bodin,1530—1595)反对直接采用罗马法,希望有一个独创的法典,并力图创立一个放之四海而皆准的法学体系,他的《国家论六卷》只完成了这一体系中相当于公法学的部分。其中,博丹通过创造主权概念,建构主权理论,为法国的专制主义辩护。德国在17世纪中期将公法与私法区分开来,也是为了使政府的事务不受法院管辖。无论在意大利、法国和德国,还是在其他国家,由于17世纪中期以前求助于公法的主要是专制君主及其辩护士,公、私法的划分因受到自由主义的抵抗,没有获得普遍认可和采行。

罗马法复兴的浪潮也一度波及英格兰,被梅特兰(Maitland,1850—1906)错误地称为"糟糕的罗马法学家"的王座法院法官布莱克顿(Bracton,1216—1268)不仅精通英国法律,也熟知罗马法。他在13世纪中后期写成的《英格兰的法律与习惯》一书中不注明出处就从《学说汇编》中引用约500个段落,并理所当然地称之为英格兰法律[②],其中提及公法与私法的段落后来被英美学者广泛引用。但是,自由主义和普通法的传统使英国能够长期抵制公、私法的划分。在政治上,由于公法与强有力的专制君主相联系,英国作为自由主义的发祥地,对公法与私法的划分一向持怀疑态度。自由主义者认为,统一的法律是自由、平等的屏障,而出现在私法之外和凌驾于私法之上的公法是专制主义的表现,他们把抵抗公法的独立作为反抗专制主义的事业的一个重要方面。在法律上,普通法传统长期坚持的一个信条是,法律乃是一个不可分割的体系,它适用于政府及其官员正如同它适用于公民个人一样。直到19世纪末,著名宪法学家戴雪(Dicey,1835—1922)依然在捍卫这一普通法传统。可见,较少受到罗马法影响的英国自由主义者虽然拒绝了公法与私法的区分,却保留了罗马法学家区分公法与私法时注重私权的精神。

---

① Quentin Skinner,The Foundations of Modem Political Thought,Cambridge University Press,1978,pp. 7-9.

② 参见[美]伯尔曼:《法律与革命——西方法律传统的形成》,中国大百科全书出版社1993年版,第147页。

17 世纪、18 世纪的绝大多数启蒙学者对公、私法的区分不感兴趣,他们把公法问题作为政治理论问题来研究,这也许是因为他们希望使公法摆脱不名誉的过去。即使为王权辩护的霍布斯(Hobbes,1588—1679),也没有明确谈及公、私法的区分,他表示自己不赞成像罗马法学家那样去"说明某地的法律情形如何,而是要说明法律本身是什么,就像柏拉图、亚里士多德、西塞罗和许多其他不以研究法律为业的人所做的那样"[①]。这似乎是向我们暗示,他对公法与私法的区分是持否定态度的。孟德斯鸠(Montseqieu,1689—1755)是少数明确支持公、私法划分的启蒙学者之一。他首先把法律划分为自然法和人为法,在人为法中,除国际法外,还区分出政治法和民法(实际即公法和私法)。与乌尔比安一样,孟德斯鸠也采用利益说作为区分政治法和民法的标准,他说:"规定私人继承的是民法,民法是以私人的利益为目的的。规定王统继承的是政治法;政治法是以国家的利益与保全为目的的。"[②]如果说查斯丁尼的官方化转载强化了乌尔比安利益说流传后世的能力,那么,经过孟德斯鸠的采纳,利益说就获得了广泛、深刻的影响力。为孟德斯鸠始料不及的是,他的讹传使利益说成为 20 世纪的掌权者扩张国家权力、限制个人自由,并最终将公法凌驾于私法之上的理论依据。当然,与前注释法学派和中世纪后期的公法学家不同,包括孟德斯鸠在内的启蒙学者研究公法的目的不是为了服务于专制,而是为了自由。他们运用自然法和社会契约论对公法进行了根本改造,设计出了一整套宪制制度,以防止国王与官员凌驾于人民之上或超越于法律之外,去控制和干涉私人生活。正是由于他们的努力,才使公法最终摆脱了专制主义的可耻印记,能够与私法自治相协调,共同成为保障个人自由、制约国家权力的有力武器,使公法与私法的区分最终能够与罗马法学家的初衷结合起来。

　　与启蒙学者不同,国王和政府对公、私法的划分表现出极大的热情,德国、奥地利政府在大学设立公法教授职位,使公法进入了大学课堂。鉴于传统势力和教士团体的反对,法国政府未能在大学设立公法教授职位,却于 1773 年在直接依赖于王室的法兰西皇家学院设立了公法教授职位,以吸引在国外从

　　① [英]霍布斯:《利维坦》,商务印书馆 1985 年版,第 205 页。
　　② [法]孟德斯鸠:《论法的精神》(下册),商务印书馆 1963 年版,第 191 页。孟德斯鸠还说:"社会是应该加以维持的;作为社会的生活者,人类在治者与被治者的关系上是有法律的,这就是政治法。此外,人类在一切公民间的关系上也有法律,这就是民法。"《论法的精神》(上册),商务印书馆 1961 年版,第 5 页。

事过公法研究的法国青年。① 随着私法自治观念的广泛传播,19 世纪的法国、意大利、德国和奥地利等欧洲大陆国家纷纷编纂各自的民法典,公法和私法的划分在大陆法系最终得到了制度化的采用。但值得注意的是,支配法典制定过程的既不是民众,也不是法学家,而是执政者、国王与政府。在法国,"激励那些法典起草者们的,不是在 19 世纪流行的自由主义的思想,而是 18 世纪的国家主义","在这些条文中,最先发现个人主义原则的是 19 世纪的法典注释者们"。② 按照拿破仑的愿望,法典被草拟得能够适应不同体制的政府,这就为后来的解释者留下了自由发挥的广阔余地,使 19 世纪的自由主义和个人主义法学家们能够把它变成个人财产权和契约自由的可靠保障。在德、奥等国家,君主们制定法典同样不是为了保护个人财产权和契约自由不受政府干涉,而是为了扩大权力干预的领域。民法的法典化表明公权开始公开支配私权,公法已经高居于私法之上。

在 20 世纪前半叶,德国、法国等大陆国家的学者拉班德(Laband,1831—1918)、卡尔·施密特(Carl Schmitt,1888—1985 年)等运用公、私法划分的理论,公然为国家主义甚至纳粹主义辩护。狄骥(Duguit,1859—1928)所说:"这些作家的思想在公法和私法之间作出绝对分立,显而易见是想建立无所不能的有利于中央权力的法律结构。"③长期抵制公、私法划分的英美法系各国在推行福利国家政策的过程中,也形成了庞大的官僚机构和众多的行政法规,因而不得不接受公、私法的划分。正如美国社会法学派的代表人物庞德(Pound,1870—1964)所说,公法"正在逐步吃掉私法","公共机关的职务正在取代每一个公民私人的普通权利和义务"。④

自乌尔比安首倡公、私法的划分以来,无论前注释法学派、19 世纪的欧洲君主国,还是 20 世纪的英国和美国,对这种划分的每一次继受都伴随着权力的集中和扩张,公法日益凌驾于私法之上,私法的阵地不断受到公法的侵蚀,罗马法学家以私法为重心来区分公法与私法的初衷已经完全被遗忘了。公法并吞私法的决定性步骤是由十月革命后的俄罗斯于 20 世纪 20 年代初率先采

① See generally, R. C. van Caenegem, An Historical Introduction to Westem Constitutional Law, Cambridge University Press,1995,pp. 4-5.

② [美]詹姆斯·高德利:《法国民法典的奥秘》,载梁慧星主编:《民商法论丛》第 5 卷,法律出版社 1996 年版,第 554 页。

③ [法]莱翁·狄骥:《宪法论》第 1 卷,商务印书馆 1959 年版,第 486 页。

④ [美]罗斯科·庞德:《通过法律的社会控制·法律的任务》,商务印书馆 1984 年版,第 104 页。

取的,它拒绝了公、私法的划分,实际上取消了私法,随后建立起来的社会主义政权也都效仿俄国取消了这一划分。这样,公法扩张、私法退却终于到达了它的逻辑终点,公法最终完成了对私法的征服和吞并。

三、内部规则与外部规则:哈耶克对利益标准的批判

除了自由主义以外,法律实证主义、社会法学派也都从各自的立场反对公、私法的划分,我们可以轻易举出奥斯丁(Austin,1790—1859)、凯尔森(Kelsen,1881—1973)、狄骥、庞德等著名法学家对这一划分的批判。[①] 由于计划经济对权力集中的需要,早期社会主义国家无疑走在反对公、私法划分的理论前列。早在1922年俄国开始实行新经济政策时,列宁就说过:"我们不承认任何'私人'性质的东西,在我们看来,经济领域中的一切都属于公法范畴,而不是什么私人性质的东西……因此必须对'私法'关系更广泛地运用国家干预;扩大国家废除'私人'契约的权力……"[②]有趣的是,与列宁同时代的法国法学家戈罗乌席夫(Gorovtseff)支持公、私法划分的理由,竟然与列宁反对这一划分的理由如出一辙。他说:"至于公法……这只是由于国家全权界限(原始的)不断发展,由于国家对天赋自由界限的发展,公法概念、作为公民的个人概念也随着发展,就是说,作为某种对国家——人世间上帝——面前所有权利的积极主体来看的概念。由此便得出结论说,这是国家的天赋自由。它便是十足的公法主体,并以一般规则来抽象地作成这种法律领域内具体构成的客体。"[③]可见,在国家权力急剧扩张的20世纪,无论保留还是取消公、私法的划分,都能导出有利于权力扩张的结论。公、私法划分从权力集中开始,以权力集中告终。这就使我们在讨论公、私法的划分时常常陷入进退两难的困境。

20世纪的著名经济学家、社会政治哲学家和法学家哈耶克的法律学说,为我们摆脱这种困境,清除罗马法学家在划分公、私法的标准方面的误导,摆

---

① 英国分析法学家奥斯丁从维护国家集权出发,认为只有主权者的具有强制性的命令才是真正的法律,根据舆论建立起来的法律"仅仅是隐喻性或象征性的法律,是非严格意义上的法律",公法与私法并没有什么不同(可参见《西方法律思想史资料选编》,北京大学出版社1983年版,第500页);狄骥认为,公、私法划分的理论为国家全权提供了一种法律基础,其结果是危险的;纯粹法学家凯尔森用规范的等级来说明法律,把各种法律区分为基本规范、宪法、一般规范和个别规范,否认公法与私法的区别;庞德对公、私法划分同样持保留态度。

② 《列宁全集》第42卷,人民出版社1987年版,第427页。

③ 转引自[法]莱翁·狄骥:《宪法论》第1卷,商务印书馆1959年版,第487页。

正公法与私法的关系,并最终为私法正名提供了深刻的启示。

（一）私法的再发现

古希腊哲人用"自然"与"人为"的现象二分法来看待事物,把社会生活的规则看成完全是人为的结果,不能理解自生自发秩序的存在,因而他们看不出公、私法的区别。法律实证主义不加怀疑地接受了二分法,为社会生活确立规则的权力日益被转移到政府机构的手中。哈耶克对相信人类全知全能、可以通过刻意设计创造制度和法律的建构论的理性主义持怀疑态度,他说:"不管我们对每一单独的立法行为预先进行多么周密的考虑,我们都不可能随心所欲地完全重新设计整个法律制度,也不可能依照一个协调一致的设计方案对它进行彻底的改造。"①从整体上来说,法律绝对不是任何人刻意设计的结果。哈耶克由此洞见了在"自然"的现象与"人为"的现象之外,还存在着作为"人之行为而非人之设计"的第三现象。在立法者人为制定的公法之外,还存在着社会生活的自生自发秩序赖以确立的那些并非立法者设计出来的私法规则。

（二）公、私法关系的重建

哈耶克把法律区分为内部规则与外部规则,内部规则即普遍的正当行为规则,是法官在矫正妨碍或侵扰秩序的行为时力求发现和阐明的规则。各个个人虽然并不清楚地知道、更不能明确地表达这些规则,但当他们利用自己独特的知识和信息应付面临的特殊情势,自由地追求各自的目标时却能够默会这些规则。人之所以能"从心所欲而不逾矩",或许正是由于具有默会需要他遵守的正当行为规则的能力。内部规则是法律人的法律,是人之行为而非人之意图的结果,只有它们才是真正意义上的法律:"唯一的法律,就是法律人的法律"②。

与内部规则相对应的是外部规则,是立法机关制定的组织政府服务活动的组织规则。组织规则并不确立正当行为规则,而只是指导政府所采取的措施,虽然也被称为"法律",但并不具有法律的普遍性、适应性和持久性等全部属性。哈耶克明确地把传统的公法与私法划分同他的内部规则与外部规则的

---

① F. A. Hayek, Law, Legislation and Liberty, China Social Sciences Publishing House, 1999, p. 65.

② F. A. Hayek, Law, Legislation and Liberty, China Social Sciences Publishing House, 1999, p. 94.

区分联系起来,甚至等同起来,为理顺公、私法的关系奠定了基础。他说:"正当行为的普遍规则与政府组织规则之间的区别,同私法与公法之间的区别紧密联系,有时候二者显然是等同的。"①从哈耶克的法律分类理论出发,势必得出这样的结论:公法凌驾于私法之上并逐渐取代私法,实际上就是用组织规则取代正当行为规则,使所谓的法律以真正的法律的面目出现,让权力的法律凌驾于自由的法律之上。这一趋势颠倒了法律与权力的关系,似乎不是权力来自法律,而是法律源于权力。

(三)对利益说的批判

据有人统计,划分公、私法的标准有 12 种或 17 种之多,主要有利益说、性质说、主体说等。② 性质说主张,规定权力关系的法律是公法,规定权利关系的法律是私法;主体说认定,规定国家与国家、国家与个人关系的为公法,规定个人与个人关系的为私法;前述乌尔比安首倡的利益说,是历史最悠久、对后世误导最严重的划分标准,它主张根据法律所保护的利益来区分公法与私法,保护个人利益的是私法,保护国家利益的为公法。由于这些学说都从法律自身提取某种要素作为划分公、私法的标准,用法律的要素对法律进行划分实际上犯了一个循环论证的逻辑错误。正因为如此,人们才会在公、私法的划分标准上长期争论不休,谁也说服不了谁。区分法律的标准不应从法律本身去寻找,而应在人们的社会生活中去寻找。哈耶克从法律之外寻找法律的分类标准,矛头直指利益说。他指出,传统的划分公、私法的利益标准认定,私法只能保护个人利益,只有公法才能保护公共利益。这不仅无法把公法与私法区分开来,反而在法学理论中混淆视听,制造混乱,是一个是非完全颠倒的标准。这种观点的理论基础就是建构论的理性主义,以为只有经过人类的刻意追求,才能达成某种可欲的结果,而所有可欲目标的实现,也都是人类刻意追求的结果。实际情况是,"对于每个人来说,社会的自生自发秩序为我们所提供的东西,比政府组织所能够提供的绝大多数特定服务要重要得多"③,哈耶克为我们提供的划分公、私法的标准可以称之为动力标准,这一标准从源头上澄清了

---

① F. A. Hayek, Law, Legislation and Liberty, China Social Sciences Publishing House,1999, pp. 131-132.

② 参见杨幼炯:《当代政法思潮和理论》,台北中华书局 1965 年版,第 3-4 页。

③ F. A. Hayek, Law, Legislation and Liberty, China Social Sciences Publishing House,1999, pp. 132-133.

法学界在公、私法区分标准上的混乱。

总之,哈耶克的法律学说不仅为我们廓清了公、私法划分理论上的混乱,强调了私法的极端重要性,而且对我们建设法治国家也有着重要的参考价值。当然,与所有伟大思想家的富有洞察力的思想一样,哈耶克的法律学说也不是放之四海而皆准的真理。这种理论或许适合于自生自发秩序保持完好,法律的自发生成机制未受重大创伤的英美法系国家。在那些法律的自发生成机制已经遭到不同程度破坏的大陆法系,尚未形成这种机制的发展中国家或社会主义国家,可能在相当长一段时期内,法治的进程在很大程度上还有赖于国家立法的推动。

四、抛弃与保留:我们对公、私法划分的观点

早在 20 世纪 80 年代末,我国就有学者批判了乌尔比安的利益标准,指出民法才是真正保护公共利益的"公益法"。[①] 社会的发展往往不理会人的主观愿望,人类不得不经常面对"有心栽花花不开,无意插柳柳成荫"的尴尬局面。公共利益、普遍利益从来不能抽象地存在,总是寓于个人的特殊利益之中,社会的公共利益就在于人类每个个体生命活力的充分展现、创造才能的全面发挥、正当利益的完全实现。民商法平等地保护了每个个人利用其独特的知识、信息和资源谋求自身正当利益的自由,也就促进了社会的普遍利益和公共利益的实现。如果按照区分公、私法的利益标准,民商法这样的私法就应当被划到"公法"中去了。就刻意追求公共利益的公法来说,情况正好相反。无论"统治"一词意味着什么,人类历史的绝大多数时期都是少数统治多数[②],即使多数有幸建立民主政治,也往往因内部纷争不能持久,最终让位于专制统治。这是因为集体行动是有成本的,集团规模越大,其行动的成本就越高,大的集团只好听任行动成本更低的小集团摆布。除非使用暴力强制或以暴力相威胁,

---

① 参见李龙:《公益法简论》,人大复印报刊资料《法学》1988 年第 12 期,原载《湖北师范学院学报》1988 年第 3 期。其中作者认为,"民法不仅是保护个人的合法权益,而且首先是保护商品交换的顺利进行,'由于民商法能够'促进生产与交换的发展,既有利于社会的进步,也有利于社会成员正确相处,有利于社会秩序的稳定",因而实际上是公益法。

② 正因为如此,美国行为主义政治学的先驱哈罗德·拉斯韦尔把政治学定义为"对权势和权势人物的研究"。参见[美]拉斯韦尔:《政治学——谁得到什么? 何时和如何得到?》,商务印书馆 1992 年版,第 15 页,关于少数统治或精英政治,另参见[美]乔万尼·萨托利:《民主新论》,东方出版社 1993 年版,第 134 页以下。

国家这样巨大的集团就无法采取有效的行动。① 在运用公法刻意追求公共利益的过程中,国家可以获得至关重要的地位,而控制国家暴力的权势集团就能够以公共利益为名,强制实现其特殊利益了。即使在我国这样没有特殊权势集团的国家,仍然存在着官员贪污腐败、假公济私的可能性。如此看来,某些不能约束国家权力的宪法、甚至为小集团特殊利益的实现大开方便之门的行政法,似乎又可以归入"私法"了。公共利益并不总是处在私人利益的对立面,与私人利益的关系也不是水火不容的,它常常不是在国家的刻意追求中实现的,而是在个人谋求自身利益的过程中实现的。私人利益没有保障,个人自由创造的活力得不到发挥,社会进步将失去动力,真正的公共利益也将没有藏身之所。不实行法治,公法就可能被权势集团用来假公济私,同样,在良好的法治条件下,私法也能够"假私济公"。② 我们认为,只有彻底抛弃利益标准,放弃把同一法律部门全部归入公法或私法的做法,才能明确公法与私法的划分,摆正公、私法的关系为此,必须从观念上和制度上完成以下三个转变。

(一)从自觉的法律向自发的法律转变

现代法学主流学派把国家立法作为法治进步的根本动力,其结果是公法泛滥、私法萎缩;后现代法学思潮从民间寻找法治发展的动力,实际上是教导人类完全放弃完善法治的努力,这两种方案都无助于我国走向法治国家。我们认为,法治进步的根本动力既不是国家的权威,也不是空洞的"民间"或"地方",而是在广大公民参与下"看不见的手"与"看得见的手"相结合的复合动力机制。这种机制不仅可以帮助我们摆脱现代与后现代在法治的建构和解构问题上的纠葛,而且有利于我们更加深入地理解公、私法各自的特征和内涵。

古典经济学家亚当·斯密曾经说过,个人在追求自身利益的时候,"受着一只看不见的手的指导,去尽力达到一个并非他本意要达到的目的。也并不因为非出于本意,就对社会有害。他追求自己的利益,往往使他能比在真正出于本意的情况下更有效地促进社会的利益"。③ 斯密最初在经济生活中发现

---

① 参见[美]曼瑟尔·奥尔森:《集体行动的逻辑》,上海三联书店、上海人民出版社 1995 年版,第 18 页。

② 参见赵世义等:《从资源配置到权利配置》,《法律科学》1998 年第 1 期。其中作者认为,在健全的法治环境中,私人选择的逻辑是"假私济公"(由于打印错误,文章将"假私济公"误为"假公济私");在制度约束不健全的情况下,公共选择容易导致假公济私。

③ [英]亚当·斯密:《国民财富的性质和原因的研究》,下册,商务印书馆 1974 年版,第 27 页。

的这只"看不见的手",实际上是一只无所不在的手,政治的、精神的等诸多社会领域,无处不受到它的支配,人类的法律生活也一样不能离开它的指引。不仅公共利益在绝大多数场合不是通过精心设计制定和实施公法来实现的,而且法律也主要不是通过刻意的立法得到完善和发展的。

一个朴素的真理告诉我们:法律来自生活,而不是生活源于法律。权利不是法律派生的,法律却是适应权利保障的需要出现的。法庭审判并不只是解决个别纠纷的一个戏剧性场面,原告起诉、被告应诉和法官裁判的过程,充分展现了法律成长的动力机制。其中,原、被告启动了诉讼过程,双方律师提出了应当适用何种法律规则的主张。当依照现行法律无法胜诉时,他们就会诉诸"固定不变的、不成文的习惯",或者"诉诸自然法"。①职业法官在原、被告权利的两难困境中寻找、阐释法律规则,当现有规则不能适应解决纠纷的需要时,他将修正它们。法制的进步主要不是依靠立法者的精心设计,而是在个案的具体情景中,当事人和律师对规则的诉求、法官对规则的阐释。在这一过程中,当事人、律师对有利于自身权利的规则的诉求,法官对适用于本案的特定规则的发现与阐释,都是自觉的,而对于法律的整体结构和未来方向,他们又都是不自觉的。由此成长起来的法律就是自发的法律。法律领域中也有一只"看得见的手",即制定成文法的立法机关。立法是一个自觉的过程,由此产生的法律就是自觉的法律。法制的进步以当事人的诉求为原动力,以法官、律师、检察官等职业法律家的阐释为主导力量,立法者的推动作用在其中通常只具有次要的地位。无论在职业法律家主导的法律自觉生成中,还是在立法机关制定法律的过程中,普通公民的参与都是必不可少的。所不同的是,在法律的自发成长中,个人以个案当事人的身份个别地参与法律规则的形成;在立法机关制定法律的过程中,公民以集体成员的身份参与发现法律规则的活动。因此,法制进步的动力机制就是在公民参与下,以法律家发现、阐释和修正法律为主导,由立法机关制定法律为补救手段的复合动力机制。

因此,公法与私法的区别在很大程度上可以视为自觉的法律与自发的法律之间的区别。依法治国,首先需要培育法律的自发生成机制,形成保护个人自由的完备的私法体系,把个人自由创造的活力充分释放出来,为促进社会的繁荣发展和公共利益的实现服务。

---

① 参见[美]爱德华·考文:《美国宪法的"高级法"背景》,生活·读书·新知三联书店 1996 年版,第 1 页。

（二）从法律的创造向法律的发现转变

法律不是人类任意创造出来的，而是逐渐被人们发现的，任何圣哲或先知都没有资格随心所欲地为人类的行为立法。[①] 这绝不是什么新奇的观点，早期埃及的国王并不把自己的意志当成法律，即使到了罗马帝国晚期，君主们在私法问题上仍然不愿采取立法手段，欧洲"中世纪的思想中没有立法的概念"。[②] 从汉谟拉比法典和《法经》到《国法大全》与蛮族法典，都不过是对业已存在的习惯、法令与学说的记载，把它们的作者看成这些法典的创造者是不适当的。产生于 19 世纪的一系列伟大的民法典常常被当作人类在法律方面的创造力的见证，但实际情况却完全相反，《拿破仑法典》起草委员会主席包塔利斯告诉我们：编纂法典的目的"不是变更法律，而是向公民们提供新理由去喜欢这些法律"。[③] 对于古代和近代的纯朴头脑来说，人类自己创造法律是难以想象的。

只是在奥斯丁分析法学的倡导下，法律实证主义盛行，由人类自己创造法律的奇思妙想才终于获得了现代人的普遍赞同。按照法律实证主义的观点，"法律仅仅是统治者所命令的东西，从而基于这种条件，统治者所命令的任何东西，也就都是法律。"[④]以这种思潮为理论基础的法律意志论，把法律看成是人类无中生有地创造出来的，立法者可以自由地创造法律，也能够随时随地地改变法律。法律本质的意志论、法律形成的造法论剥离了法律的社会根基，使之完全仰仗于掌权者的意志，对立法泛滥，法律朝令夕改起了推波助澜的作用。马克思不仅在《共产党宣言》中批判了用法律体现某个优势阶级或特权集团的意志和利益的"偏私"做法，而且始终认定法律不是立法者的创造或发明，无论涉及经济关系还是精神关系，无论公法还是私法，都只是对既存规则的发现和表述。他说："立法者……不是在制造法律，不是在发明法律，而仅仅是在表述法律，他把精神关系的内在规律表现在有意识的现行法律之中。"在《哲学的贫困》中，他指出，"法律只是事实的公认"，"无论是政治的立法或市民的立

---

① 可参见关太兵、赵世义：《立法的实质：发现民众心中的法》，《西南民族学院学报·哲学社会科学版》1998 年第 3 期。

② ［美］卡尔·弗里德里希：《超验正义——宪制的宗教之维》，生活·读书·新知三联书店 1997 年版，第 125 页。

③ ［美］詹姆斯·高德利：《法国民法典的奥秘》，载梁慧星主编：《民商法论丛》第 5 卷，法律出版社 1996 年版，第 554 页。

④ ［美］E. 博登海默：《法理学—法哲学及其方法》，华夏出版社 1987 年版，第 110 页。

法,都只是表明和记载经济关系的要求而已"。在谈到立法权时,马克思也表达了这样的观点:立法权并不创造法律,立法者只不过是在揭示和表述法律。① 因此,不能把法律本质的意志论和法律形成的创造论这两种显然属于法律实证主义的观点强加给马克思,再以马克思主义在中国的声誉去维护它们对我国法律界的支配地位。

真正的法律规则只能在特定的情景中被发现,系统地创造一整套法律规则的任务超出了人类的理性能力。无论职业法律家的法律还是代议机构的立法,都不能无中生有地创造新的规则,他们只能表述、阐释、澄清或修正既有的规则。只有在这种意义上,"立法"一词才不致引起误解。职业法律家面对个案提出的问题、提供的知识和信息,能够发现解决该问题并对类似案件反复适用的个别规则。没有具体个案而发布普遍运用的司法解释,未经亲自审判而预先对法律问题作出批复、解答,都无助于法治秩序的形成。经由职业法律家得以发现和阐明的规则,无论涉及什么领域,都属于私法。代表机关面对人民普遍关注的重大问题,也可以找到解决该问题及同类问题的一组规则。那些能够适应时代变化、持久发生效力的宪法,往往是在一个国家或民族面临进退维谷的特殊困境,为了解决特定问题而制定出来的。在特定困境已经通过别的方式摆脱以后,一般地、抽象地制定的宪法,往往没有多大用武之地。同时,立法或法典编纂的作用还在于补救现有规则之不足,使凌乱的规则系统化,并改变或变通"那些与目前秩序相抵触或经验表明不便利的规定"②,不能从中追求更多的东西。哈耶克完全否定代表机关发现规则的可能性,以至否定宪法的根本法地位,显然过分低估了人类自觉发展法律的能力,犯了对法律实证主义矫枉过正的错误。19世纪末以来真正由立法机关创造的法律,可以称为政策性法律,主要包括大量的行政法、经济法规定,实际上都是公法。否定它们存在的必要性和已经发挥的作用,无疑是走得太远了,但是,也不能容许它们凌驾于职业法律家发现的规则之上,或者与之等量齐观。因此,创造的法律与发现的法律的关系,也可以用来说明公法与私法的差别。

---

① 分别参见《马克思恩格斯全集》第 1 卷,人民出版社 1972 年版,第 183 页;《马克思恩格斯全集》第 4 卷,人民出版社 1995 年版,第 124、121-122 页。

② [美]詹姆斯·高德利:《法国民法典的奥秘》,载梁慧星主编:《民商法论丛》第 5 卷,法律出版社 1996 年版.第 554 页。

（三）从制定法到判例法的转变

公、私法划分的历史演变给予我们的最深刻的启示是，中国依法治国，建设社会主义法治国家的过程，将是一个从制定法走向判例法的过程。法律的确定性是公正的体现，同样的规则适用于同类的事件，应当得到相同的结果，这只有通过判例的约束才能做到。承认判例具有法律效力，是实行法治的关键。"说明什么是法律乃是司法部门的重要职权和职责。必须由那些将规则适用于特定案件的人们来解释和说明规则。"①法院作为法律适用的专门机关和常设机关，拥有较多的时间和精力思考法律问题，发展和完善法律的重任主要应当由法院来承担。法律乃是一门艺术、一种职业，把握这种艺术、操持这一职业，需要长期的经验。中世纪的英国大法官福蒂斯丘（Fortescue）爵士在《英国法礼赞》中指出："要在法律方面成为专家，一个法官需要花 20 年的时光来研究，才能勉强胜任。"另一位英国大法官柯克（Coke，1552—1634）也说："一个人只有经过长期的学习和实践，才能获得对它的认知。"②实行法官职务终身制，保持法官待遇稳步提高，从人事、财政等各方面保证法院不受地方特殊利益的控制，是实行判例法的前提。无论什么人都可以充当法官、随时可以撤换法官，无论怎样裁判都能够生效的局面，确实到了非改变不可的时候了。

完全依靠立法机关推动法治的进程是不够的。立法机关承担着议决政府的财政、人事、政策和监督政府工作等多种职责，加上会期有限，成员众多，在对法律进行深思熟虑方面，往往缺乏足够的时间和精力。作为民意代表机关，由于公共舆论、人民意志经常发生变化，立法机关倾向于适应不断变化的民意，因而制定法往往缺乏稳定性，需要经常修改。

立法机关由于代表广泛性的需要，成员来自各行各业，多数并不精通法律，任期制使他们不可能长期积累法律经验。这样，制定法常常更接近于政策，属于政策性法律，欠缺法律应有的持久性、适应性和技术性特征。将立法驶入"快车道"是危险的，试图通过"大立法"进入"立法时代"，建成法治国家的努力，最终可能损害法律的信用。③

制定法与判例法都有追求公共利益的目的，只是实现公共利益的途径有

---

① Saul K. Padover, The Living U. S. Constitution, New American Library Limited, London, 1968, p. 140.

② ［美］考文：《美国宪法的"高级法"背景》，生活·读书·新知三联书店 1996 年版，第 34 页。

③ 参看阿计：《大立法》，四川人民出版社 1997 年版，作者前言。

所区别。制定法通过限制公共权力直接追求公共利益,但它易于为掌权者所扭曲,从而间接地服务于权势集团的特殊利益;判例法通过保障个人权利间接地实现公共利益,途径虽然是间接的,但结果往往更加可靠。在这种意义上,可以认为制定法主要是公法,而判例法主要是私法,公、私法的区分相当于制定法与判例法的区别。在我国走向法治国家的过程中,经过立法机关深思熟虑的制定法还将发挥极其重要的作用,但也必须从长远着眼,逐渐培育出判例法的成长机制。

总之,公、私法的划分虽经蛮族入侵的打击,依然可以在中世纪复活,受自由主义的长期抵制而能够嵌入近代大陆法系,在当代甚至获得了世界性的普遍认可,显示了强大的生命力。正如美国学者梅利曼所说:"公、私法划分不断演进和发展的历史,使这种划分产生了极大的权威,并与大陆法系各国的文化交融在一起,这样,法学家们在几个世纪中所创造和发展的公法、私法概念,就成为基本的、必要的和明确的概念了。"①公、私法的划分之所以具有强大的生命力,是因为它切合了法律制度多元结构的机理。法律不是一元的,甚至也不只是二元的,而是多元的,只有对法律制度进行结构、层次的区分,才能深刻地认识它、充分地运用它并恰当地建设它。

---

① [美]梅利曼:《大陆法系》,知识出版社 1984 年版,第 107-108 页。

再版后记

　　青年赵世义是我大学同学的同学的同学,他学法律,我学英语,虽身处同一城市却就读不同大学,原本没什么交集,但上帝那只"看不见的手"于上世纪八十年代中期的一个冬天让我们在武汉大学珞珈山下不期而遇。那时,湖北巴东山民出身的赵世义当然不富,个头又不高,也就谈不上帅。当他蓦然出现在眼前时,我首先看到的是一个活力赵世义,且是一活力四射的段子手,凡他所在之处笑声朗朗气氛欢愉,后来听他讲苏格拉底、休谟、孟德斯鸠虽然懵懂却无不风趣。此人读书不少,里外透着股书卷理论气,但又不乏诗意浪漫豪情。当年学子多文学青年,赵世义也不例外,诗人自诩,两年多的恋爱书信自然不乏诗赋。但最为动人的是经济拮据的他对生活的那种热爱,那一种热爱现在来看是只有在穷困巴山环境里才能哺育出的一朵美丽奇花,是一份生命厚礼,其芳香沁人肺腑。这份热爱使他骑车带我去看山花烂漫,东湖邀游,风中起舞,雨里欢歌。不知他对宪法专业的热爱、对宪治理想的执着是否也由此而来。

　　婚姻中作为丈夫的赵世义赤诚而坚忍,对我各种小性子坏脾气照单全收,爱里包容。至今还记得他在拖地板洗衣服时哼唱的那些跑调歌,虽动作笨拙,却勉力勤恳。他案头苦读的身影为我和女儿撑起一片晴朗天。作为父亲的赵世义对女儿疼爱有加,女儿的一切要求无论在我看来合理的还是不合理的,都可以在爸爸那里得到完全满足。这很不符合作为法律学人赵世义的秉性,似乎在女儿面前一切的规范原则都可以坍塌,唯剩慈父没有边界的爱。

　　"二十年斯人已去,风住尘香花已尽",是为念。感谢上帝赐给我丈夫赵世义!

梅 艳

2022 年 5 月 25 日